Bauwelt Fundamente 46

Herausgegeben
von Ulrich Conrads

Beirat
für das Programm
der Reihe:
Gerd Albers
Hansmartin Bruckmann
Lucius Burckhardt
Gerhard Fehl
Rolf-Richard Grauhan
Herbert Hübner
Werner Kallmorgen
Frieder Naschold
Julius Posener
Dieter Radicke
Mechthild Schumpp
Thomas Sieverts

Gerd Albers
Unter Mitarbeit von Klaus Martin

Entwicklungslinien im Städtebau

Ideen, Thesen, Aussagen 1875–1945: Texte und Interpretationen

Bertelsmann Fachverlag

© 1975 Verlagsgruppe Bertelsmann GmbH/
Bertelsmann Fachverlag, Düsseldorf
Umschlagentwurf von Helmut Lortz. Auf der Vorderseite
der Bebauungsplan für das Tempelhofer Feld in Berlin
von Hermann Jansen, 1911; auf der Rückseite das Wettbewerbs-
projekt von Hinsch und Deimling (3. Preis) für die Reichs-
forschungssiedlung Berlin-Haselhorst, 1928.
Satz: G. Hartmann, Braunshardt
Druck: Mohndruck Reinhard Mohn OHG, Gütersloh
Alle Rechte vorbehalten · Printed in Germany
ISBN 3-570-08646-1

Inhalt

Zur vorliegenden Arbeit

Vorbemerkungen

1. Zum Anlaß der Arbeit 9
2. Zur Methode der Untersuchung 13
3. Zur Auswahl der Autoren und ihrer Werke 15

Zusammenfassende Darstellung der Entwicklung von 1875–1945

Vorbemerkung 20
1. Städtebau als Disziplin 20
2. Das Wesen des Planens 28
3. Grundlagen des Planens 33
4. Ziele des Planens 36
5. Organisation des Planens 45
6. Rechts- und Kostenfragen des Planens 48
7. Strukturordnung als Planungsaufgabe 54
8. Gestaltung als Planungsaufgabe 72
9. Sanierung und Stadterneuerung 82

Wandlungen des Theorieverständnisses im Städtebau   84

Quellen

Erster Zeitabschnitt: 1875 bis 1895 103
1. Reinhard Baumeister
2. Camillo Sitte
3. Joseph Stübben

Zweiter Zeitabschnitt: 1895 bis 1915 138
1. Ebenezer Howard
2. Raymond Unwin
3. Eugen Faßbender

Dritter Zeitabschnitt: 1915 bis 1930 174
1. Cornelius Gurlitt
2. Karl Brunner
3. K. A. Hoepfner

Vierter Zeitabschnitt: 1930 bis 1945 226
1. Gottfried Feder
2. Heinz Wetzel
3. Fritz Schumacher

Literaturverzeichnis 264

Zur vorliegenden Arbeit

Diese Veröffentlichung stellt die Kurzfassung einer Untersuchung dar, die durch die Deutsche Forschungsgemeinschaft gefördert und damit ermöglicht wurde. Klaus Martin hat an der Auswahl der ausgewerteten Werke mitgearbeitet, die Textauszüge zusammengestellt, in einem ersten Gliederungssystem geordnet und ihren Inhalt in einer Synopse von Kurzfassungen der einzelnen Bücher dargestellt. Auf der Grundlage der dabei gewonnenen Erkenntnisse hat der Verfasser das Gliederungssystem überarbeitet, die Zuordnung der Zitate darauf abgestimmt, diese im erforderlichen Maße gekürzt und die zusammenfassende Interpretation vorgenommen, die das erste Drittel dieses Buches ausmacht.

Vorbemerkungen

1. Zum Anlaß der Arbeit

Der Städtebau, seit etwa zehn Jahren von einer verhältnismäßig unbeachteten Spezialdisziplin zu einem mitten im Blickfeld der Öffentlichkeit liegenden Tätigkeitsgebiet geworden, ist seinem Wesen nach auf Handeln gerichtet – auf ein Handeln, das lange Zeit in erster Linie als Kunst verstanden wurde. Allerdings ist diese Kunst schon vor mehr als hundert Jahren von dem Wiener Kunsthistoriker Eitelberger v. Edelberg als „ein Kind der Not, eine Frucht der Bedürftigkeit des menschlichen Geschlechts" bezeichnet worden; nach seinen Worten vermag sie „sich nicht all' den Folgen zu entziehen, die daraus entspringen, – und darf sich ihnen auch nicht entziehen. Da soll sie zeigen, daß sie den Zwecken der Gesellschaft dient, da muß sie in jedem ihrer Werke auch diesen Zweck an ihrer Stirne tragen".[1] Diese Aussage könnte man als ein Bekenntnis zur funktionsbestimmten Form auffassen, und tatsächlich entstammt sie dem gleichen Jahrzehnt wie Horatio Greenoughs Wort: „By beauty I mean the promise of function", an das später Louis Sullivan sein berühmtes „form follows function" anschloß.

Folgerichtig wirft Eitelberger auch die Frage nach den Bedürfnissen, den „Lebenszwecken" auf, denen Stadtbauten und Stadtanlagen dienen sollten, und rund anderthalb Jahrzehnte später fordert Adelheid Gräfin Dohna-Poninski („Arminius") in einer Schrift über die Wohnungsnot „eine gesunde Theorie über die Architektur der Großstädte, sowie der Städte überhaupt".[2] Eine theoretische Fundierung des Städtebaus ist seither häufig gefordert worden, und gerade in der letzten Zeit, in der die politische Tragweite städtebaulicher Entscheidungen klarer erkannt worden ist, ist dieser Anspruch mit besonderem Nachdruck vorgetragen worden. Gewiß gibt es inzwischen vieles, was gemeinhin als Planungstheorie bezeichnet wird, aber das meiste davon läßt sich für das konkrete Handeln allenfalls mittelbar nutzbar machen; andererseits aber erscheinen frühere normative Aussagen zu städtebaulichen Fragen – wie sie etwa

---

1 Eitelberger v. Edelberg, Rudolf: „Über Städteanlagen und Stadtbauten, Wien 1858, S. 5.
2 Arminius, „Die Großstädte in ihrer Wohnungsnot und die Grundlagen einer durchgreifenden Abhilfe", Leipzig 1874.

in der Charta von Athen enthalten sind – vielen unaktuell, überholt, wenn nicht gar schon im Ansatz verfehlt. Das wiederum hängt mit einer Besonderheit mancher technischer Disziplinen zusammen, die sie von anderen akademischen Fachrichtungen trennt – ihrem spezifischen Verhältnis zur eigenen Entwicklungsgeschichte.

Dabei muß man in Rechnung stellen, daß der Städtebau, so wie er sich heute als Disziplin mit zunehmender Eigenständigkeit darstellt, im wesentlichen aus den Wurzeln des Bauwesens erwachsen ist – aus der Architektur und dem städtischen Ingenieurbau. Gewiß gab es schon im 19. Jahrhundert Überlagerungen mit sozialpolitischen und ökonomischen Zielen und Motiven, aber eine Verbindung zur Denkweise nichttechnischer Disziplinen ist erst in den letzten Jahrzehnten hergestellt worden. Nun ist das Verhältnis der Ingenieurwissenschaften und vor allem der Architektur zur zeitlichen Entwicklung durchaus gegenwartsbezogen; es zählt das, was zum jeweiligen Zeitpunkt an technischen Möglichkeiten und an gestalterischem Vokabular zur Verfügung steht. Das war zumindest in der Architektur nicht immer so; die Architektur des 19. Jahrhunderts lebte vielmehr aus der Beherrschung des Formenschatzes vergangener Jahrtausende und aus der Übereinkunft, daß dieser Formenschatz sich dazu anbiete, den Bedeutungsgehalt der einzelnen Bauaufgaben sichtbar zu machen. Die Abwendung von dieser Grundhaltung, so begründet sie entwicklungsgeschichtlich erscheint, verrringert fast zwangsläufig das Interesse des Architekten an der Geschichte des Bauens insofern, als sie ihm nicht mehr eine zu beherrschende und zu verwendende Materie bietet, sondern nur noch ein Bildungsgut bedeutet, dessen Erwerb vielen als Pflichtübung erscheint. Das Bewußtsein tiefgreifender Wandlungen, denen unsere Zeit ausgesetzt ist, tut ein übriges, um das Interesse auf die Lösung künftiger Fragen zu richten und nicht auf die Beschäftigung mit dem Denken und Handeln einer Zeit, die – so scheint es vielen wenigstens – anderen und begrenzteren Problemen gegenüberstand als die unsere.

Hinzu kommt nun, daß Baugeschichte und Bauformenlehre im akademischen Gefüge in der Regel einen Bereich überdecken, der, aus gebührendem Abstand betrachtet, sich bereits perspektivisch geordnet darstellt. Die unmittelbare Vergangenheit, eben wegen mangelnder Distanz perspektivisch noch nicht voll zu überschauen und einzuordnen, erfährt meist nicht die gleiche Aufmerksamkeit. So ist es verständlich, wenn das Bewußtsein der Kontinuität in der Architekturentwicklung nur wenig ausgeprägt ist; für viele bleiben die geschichtlichen Wurzeln der eigenen Planungs- und Gestaltungsprinzipien gerade für die besonders wichtige Periode der unmittelbaren Vergangenheit – der letzten fünfzig Jahre etwa – weitgehend im Dunkeln. Das bedeutet, daß die Grundauffassung des Architekten von seinem gegenwärtigen Tun meist nicht durch eine geschichtliche Betrachtungsweise beeinflußt wird, wie das bei geisteswissenschaftlichen Disziplinen die Regel ist.

Das mag vielleicht unbedenklich sein für den, der ein eigenständiges und abgeschlossenes Werk nach den jeweils gültigen Maßstäben seiner Zeit schafft — für den Architekten und den Ingenieur im Rahmen seiner Einzelaufgabe. Sobald er in einem historischen Rahmen — und sei er auch nur wenige Jahrzehnte alt — zu arbeiten hat, ändert sich das Bild: dann kann der Mangel an Verständnis für die Gesetze, nach denen die Architekten früherer Generationen angetreten waren, sehr deutlich spürbar werden.

Der Städtebauer aber arbeitet stets in einer solchen Umgebung, außer in jenen seltenen Fällen, in denen eine Stadt „auf der grünen Wiese" zu entwickeln ist. Für ihn ist es wesentlich, daß es ihm gelingt, „das Gegenwärtige als ein Gewordenes (zu) sehen".[3] Erst dann nämlich wird er in der Lage sein, seinen eigenen Beitrag, seine Rolle im Rahmen eines Entwicklungskontinuums richtig einzuschätzen. Eine solche Entwicklung kann natürlich nicht nur — und nicht einmal in erster Linie — als eine technische gesehen werden; ihr Verständnis muß auf eine umfassendere Sicht auch der geistigen Voraussetzungen gegründet sein.

Daß hier ein Problem liegt, zeigt die städtebauliche Literatur unseres Jahrhunderts recht deutlich; mehrfach begegnen wir Zeugnissen eines gebrochenen Verhältnisses zur unmittelbaren Vergangenheit. Es ist ein Verhältnis der Antithese oder zumindest der Kritik, in dem sich der Pendelschlag von Zielvorstellungen, daran geknüpften Erwartungen, Enttäuschungen und gegenläufigen Zielvorstellungen niederschlägt; man kann darin auch eine spezifische Ausformung der Spannung zwischen aufeinanderfolgenden Generationen sehen.[4]

So läßt sich im Ablauf der letzten zehn Jahre eine eigentümliche Veränderung in der städtebaulichen Literatur und in verwandten Aussagen erkennen, die sich auf das Verhältnis einerseits zur frühindustriellen städtebaulichen Entwicklung, andererseits zu den städtebaulichen Auffassungen und Leistungen der ersten Jahrhunderthälfte bezieht. Bis zur Jahrhundertmitte, durchweg auch noch bis 1960, waren die Gründerzeit, die große Ballung, die steinerne Stadt Manifestationen des Sündenfalles im Städtebau, gegen den es sich mit einer neuen Vision der gesunden, der organischen, der gegliederten und aufgelocker-

---

3 Freyer, Hans: „„Die deutsche Stadt — Geschichte und Gegenwart", in: Entwicklungsgesetze der Stadt, Köln-Opladen 1963.
4 Aneurin Bevan, als britischer Gesundheitsminister seinerzeit für den Städtebau zuständig, hat 1948 dazu eine sehr treffende Bemerkung gemacht: „Ich kann nicht oft genug wiederholen, daß man uns alle heute beurteilt nach der Anzahl der Häuser, die wir bauen. Aber das wird bald anders sein. Bald wird man uns an der Qualität der von uns gebauten Häuser messen und an der Art und Weise, wie wir sie angeordnet haben. Haben wir willkürlich Bäume gefällt? Haben wir die Eigenschaften des Geländes mangelhaft ausgenutzt? Haben wir wirklich Häuser gebaut, für unsere Kinder uns noch dankbar sein werden? Dann sehen Sie, dann wird die Wohnungsfrage quantitativ gelöst sein, und man wird das geistige und gefühlsmäßige Klima, in dem wir heute zu bauen versuchen, nicht mehr kennen. Der Druck der Wohnungsnot wird gewichen sein, aber die Häuser werden stehen als Zeichen dessen, was wir getan haben." (R.I.B.A. Journal, Juli 1948, S. 383).

ten Stadt abzusetzen galt. Der Umschlag kam schnell, durch das Zusammentreffen verschiedenartiger Einflüsse bewirkt; an die Stelle der Erfüllung der Träume vom schöneren und harmonischeren Leben in der aufgelockerten Stadt trat die Ernüchterung durch Monotonie, Zersiedlung, mangelnde Urbanität, den allgegenwärtigen Autoverkehr, die Verödung der Innenstädte, die Sterilität der Schlaftrabanten: über Nacht füllte sich das Vokabular der Kritik mit neuen Bildungen. Gleichzeitig begann neben einer sentimentalischen Romantisierung der Gründerzeitstadt — kennzeichnend das Buch von Siedler und Niggemeyer „Die gemordete Stadt"[5] — eine Bemühung um gerechtere Würdigung der bis dahin so geschmähten Gründerzeit; selbst Hobrecht — lange für die städtebauliche Literatur jener Schwarze Mann, als den Eberstadt ihn gezeichnet hatte — fand seine Verteidiger.

Aber es ist nicht die Geschichte der Wertungen, die hier im Mittelpunkt steht. Sie bleiben zwar im Blickfeld, weil sie die Fülle konkreter Zielvorstellungen, sachlicher Grundsätze, methodischer Vorschläge jeweils maßgeblich beeinflussen, aber in erster Linie ist diese Untersuchung auf eben diese methodischen und inhaltlichen Grundsätze gerichtet, auf die faßbaren und konkreten Aussagen und Richtlinien zum Städtebau. Hier von Theorie zu sprechen, mag bei der Praxiszugewandtheit dieser ersten Vorschläge vielleicht zu anspruchsvoll erscheinen; gleichwohl geht es durchweg um den Versuch, empirische Ansätze zu systematisieren und aus gleichsam handwerklichen Erfahrungen zu allgemeinen Handlungsrichtlinien vorzustoßen. Auch auf diesem Gebiet ist die Kontinuität der städtebaulichen Literatur wenig ausgeprägt, weil offenkundig die Vertreter der Disziplin eine systematische Erfassung und Fortentwicklung dieser methodischen Ansätze nicht als zentrale Aufgabe empfanden. Anscheinend behielt hier die Herkunft auch des im akademischen Bereich tätigen Städtebauers vom architektonischen Entwurfslehrstuhl und sein damit zusammenhängendes Selbstverständnis als schöpferischer Künstler noch lange die Oberhand gegenüber den gleichzeitig vorhandenen Ansätzen zur Erschließung neuer, auf Kooperation verschiedener Disziplinen angewiesener Aufgabegebiete. So gehören Rückgriffe auf frühere methodische Ansätze und kritische Verfolgung bestimmter Themenkomplexe über längere Zeiträume hinweg — etwa in ihrer Ausformung bei verschiedenen städtebaulichen Autoren — zu den Seltenheiten. An dieser Stelle soll deshalb die vorliegende Arbeit eine Lücke schließen helfen. Sie soll Aussagen in der städtebaulichen Literatur aufspüren und miteinander in Beziehung setzen, die auf eine theoretische Durchdringung des Gegenstandes, des Verfahrens und des Instrumentariums der städtebaulichen Planung gerichtet sind. Aus praktischen Gründen mußte das Material der Untersuchung begrenzt und auf eine Reihe von Werken eingeengt werden, deren Auswahl durch das Bemühen bestimmt war, einen repräsentativen Querschnitt durch die Denkansätze der einzelnen Zeitabschnitte zu legen.

5 Siedler, J. und E. Niggemeyer: „Die gemordete Stadt", Berlin, 1964.

Es soll also untersucht werden, in welchem Ausmaß systematische Ansätze zu einer Theorie der städtebaulichen Planung nachweisbar sind und wieweit sie über die Jahrzehnte hinweg Gültigkeit behalten haben. Das erscheint gerade deshalb besonders wichtig, weil sich in der letzten Zeit eine deutliche Veränderung im Städtebau abzeichnet: eine Veränderung, in der sich der Wandel unseres Verhältnisses zur Entwicklung von Wirtschaft und Gesellschaft ebenso wie der Wandel unseres Staatsverständnisses niederschlägt. Es ist dieser neue Denkansatz — auf den im einzelnen hier nicht eingegangen werden kann —, der das Verhältnis zur Vergangenheit noch mehr verschiebt: sie erscheint vielen — vor allem jüngeren — Planern heute als eine Periode der gesellschaftlich unreflektierten, gleichsam naiven Planungsversuche, die eben wegen dieser Begrenztheit keinen nennenswerten Beitrag zur Bewältigung der Gegenwartsprobleme zu liefern vermöchte. Es wird im folgenden zu klären sein, ob und wieweit dieser Schluß berechtigt ist.

2. Zur Methode der Untersuchung

Als Quellen für die beabsichtigte Untersuchung kamen einerseits konkrete Planungen, andererseits allgemeine Literaturaussagen aus dem fraglichen Zeitraum in Betracht. Die erste Möglichkeit mußte ausscheiden, da die Beschaffung gleichwertiger Unterlagen schwierig, die Auswahl der Projekte willkürlich und ihre Interpretation mit erheblicher Unsicherheit belastet gewesen wäre. Denn in jedem Falle überlagern sich den theoretischen Grundgedanken zahlreiche zeit- und ortsgebundene Einflüsse, die einer schlüssigen Ableitung etwa zugrundeliegender theoretischer Konzepte im Wege stehen.

So ergibt sich aus sachlichen Gründen eine Beschränkung auf die Literaturquellen, ohne daß dabei allerdings ganz deutlich werden kann, wie weit solche verbalen Aussagen tatsächlich das planerische Geschehen beeinflußt haben. Auch innerhalb der Literatur mußte aus arbeitsökonomischen Gründen eine Auswahl getroffen werden. Das Bemühen, diese Auswahl möglichst repräsentativ zu gestalten, kann das dabei auftretende subjektive Element nicht ausschalten; das gewählte Verfahren bleibt jedoch nachprüfbar und erlaubt gegebenenfalls eine Ergänzung durch Untersuchung weiterer Arbeiten auf der gleichen Grundlage. Im einzelnen ergeben sich folgende Arbeitsschritte:
1. Aus der allgemeinen Kenntnis des Bearbeiters heraus wurde der Entwicklungsablauf in Zeitabschnitte unterteilt, die jeweils durch eine gewisse Übereinstimmung in der Sicht der Probleme gekennzeichnet sind. Dabei wurde folgende Unterteilung gewählt:

Von 1875 bis 1895,   Von 1915 bis 1930,
Von 1895 bis 1915,   Von 1930 bis 1945.

Im ersten Zeitabschnitt haben wir es mit den Anfängen systematischer Aussagen zu den Problemen des Städtebaues im industriellen Zeitalter zu tun, die in der Regel noch von sehr verschiedenen Standpunkten aus formuliert werden. Demgegenüber vollzieht sich im ersten Jahrzehnt des 20. Jahrhunderts ein deutlicher Wandel zu einer umfassenderen Betrachtungsweise; da man die Schriften von Theodor Fritsch[1] – 1896 – und Ebenezer Howard[2] – 1898 – als ersten Niederschlag dieser Tendenzen gelten lassen kann, schien die Wahl des Jahres 1895 als Zäsur sinnvoll. Eine ähnliche Schwelle bringt der erste Weltkrieg mit sich; die Literatur der zwanziger Jahre hat die Wandlungen des ersten Jahrzehnts schon verarbeitet und weist ein relativ hohes Maß an Einheitlichkeit der Grundauffassung auf. Gegen sie wiederum hebt sich in der realen Entwicklung die Zeit nach 1930 – durch Depression und Nationalsozialismus geprägt – sehr deutlich ab; warum dieser Unterschied in der Literatur nicht mit gleicher Schärfe sichtbar wird, ist weiter unten zu erörtern.

2. Innerhalb dieser Zeitabschnitte wurden jeweils drei als repräsentativ anzusehende Autoren ausgewählt; auf die Kriterien dieser Auswahl wird weiter unten eingegangen. Von jedem Verfasser wurde ein Werk untersucht mit dem Ziel, daraus Einsichten in die für diesen Autor maßgebliche Betrachtungsweise der theoretischen Aspekte im Städtebau zu gewinnen. In einem Falle, in dem das Werk mehrere Auflagen erfahren hat, die in verschiedene Zeitabschnitte fallen[3], wurden auffällige Veränderungen der zweiten Auflage mit aufgenommen, soweit sie Hinweise auf Wandlungen in der Einstellung des Verfassers zu städtebaulichen Fragen geben.

3. Von jedem Autor wurden die wichtigsten und kennzeichnendsten Aussagen wörtlich erfaßt und unter ein Gliederungsschema eingeordnet, das 40 Sachbereiche in 9 Themengruppen zusammenfaßt. Dieses Ordnungssystem wurde zunächst als unabhängiges Kategorienschema aufgestellt und nach Vorliegen der Auszüge in einigen Punkten verändert und ergänzt. Die Textauszüge sind im Anhang, nach Zeitabschnitten geordnet, zusammengefaßt. Innerhalb der Zeitabschnitte sind die Aussagen nach Themen gegliedert, die zu den nachstehenden Themengruppen zusammengefaßt wurden:

    1. Städtebau als Disziplin
    2. Das Wesen des Planens
    3. Grundlagen des Planens
    4. Ziele des Planens
    5. Organisation des Planens
    6. Rechts- und Kostenfragen des Planens

---

1 Fritsch, Theodor: „Die Stadt der Zukunft", Leipzig 1896.
2 Howard, Ebenezer: „To-Morrow, a Peaceful Path to Real Reform", London 1898.
3 Stübben, Joseph: „Städtebau", Darmstadt 1890, 2. Aufl. Stuttgart 1907, 3. Aufl. Leipzig 1924.

7. Strukturordnung als Planungsaufgabe
  8. Gestaltung als Planungsaufgabe
  9. Sanierung und Stadterneuerung

Diese Gliederung bildet zugleich den Ausgangspunkt für die zusammenfassende Darstellung und Interpretation der einzelnen Aussagen, wobei jeweils ein Thema über alle vier Zeitabschnitte hinweg verfolgt wird. Soweit dies zur Abrundung des Bildes erforderlich schien, wurden auch neben den untersuchten Schriften einzelne andere Quellen herangezogen.

4. Zum Abschluß wird der Versuch gemacht, die Wandlungen im Verhältnis zur Theorie, die sich aus den ausgewerteten Unterlagen erkennen lassen, zu erfassen und zu interpretieren. Dabei erfahren auch Standort und Beitrag der einzelnen Autoren eine kurze Würdigung. An dieser Stelle wird der zeitliche Rahmen der Untersuchung insofern überschritten, als auch die spätere Entwicklung bis zur Gegenwart wenigstens in ihren Grundzügen mit einbezogen wurde.

3. Zur Auswahl der Autoren und ihrer Werke

Erster Zeitabschnitt 1875–1895

In diese frühe Phase des Städtebaues in der heraufkommenden industriellen Gesellschaft fallen die ersten Bücher in deutscher Sprache, die als städtebauliche Fachveröffentlichungen zu bezeichnen sind. Vor der gewählten Schwelle von 1875 gibt es einige wenige Veröffentlichungen, die städtebauliche Zusammenhänge berühren; sie beschränken sich dabei aber auf Teilaspekte und sind insofern für das Ziel dieser Untersuchung nur bedingt geeignet. In einzelnen Fällen wird bei der Interpretation des Ergebnisses auf sie Bezug genommen; es handelt sich dabei um einen im Druck vorliegenden Vortrag des Wiener Kunsthistorikers Rudolf Eitelberger von Edelberg aus dem Jahre 1858[1], der durch den im Jahre zuvor ausgeschriebenen Wettbewerb zur Bebauung des Wiener Rings – einer aufgelassenen Befestigungszone – ausgelöst wurde, um eine Kritik des Berliner Statistikers Ernst Bruch am Berliner Bebauungsplan von Hobrecht, die 1870 in einer Fachzeitschrift veröffentlicht wurde[2] und in vieler Hinsicht ihrer Zeit vorauseilt, und um ein Buch der Gräfin Adelheid Dohna-Poninski, die sich unter dem Decknamen „Arminius" mit der Wohnungsnot in den Großstädten auseinandersetzt und dabei auch zu städtebaulichen Vorschlägen kommt[3].

---

1 Eitelberger v. Edelberg, a.a.O.
2 Bruch, Ernst. „Die bauliche Zukunft Berlins und der Bebauungsplan", Deutsche Bauzeitung, 4. Jahrhrg. 1870, Berlin, S. 71 ff.
3 Arminius, a.a.O.

Das erste eigentliche Fachbuch in deutscher Sprache — aus der Feder des aus Hamburg stammenden Reinhard Baumeister, Professor der Ingenieurwissenschaft am Polytechnikum Karlsruhe — erscheint im Jahre 1876 und bleibt über ein Jahrzehnt ohne jede Konkurrenz[4].

Erst 1889 veröffentlicht der Wiener Camillo Sitte, Direktor der dortigen Staatsgewerbeschule, ein weiteres Buch mit der Absicht, den bisher unterbewerteten künstlerischen Aspekt im zeitgenössischen Städtebau wieder zur Geltung kommen zu lassen[5]. Im Jahre darauf erscheint im Rahmen des Handbuchs der Architektur ein Band „Städtebau" von Joseph Stübben, städtischem Baubeamten in Köln, später in Berlin, der das Thema ähnlich umfassend behandelt wie Baumeister[6]. Was sonst an städtebaulichen Schriften und Zeitschriftenartikeln in diesem Zeitabschnitt veröffentlicht wurde, ist zahlenmäßig gering und in seiner fachlichen Wirkung nicht sehr bedeutend, so daß mit den drei untersuchten Werken tatsächlich der Kern der deutschsprachigen Städtebauliteratur in diesem Zeitabschnitt erfaßt ist.

Zweiter Zeitabschnitt: 1895—1915

Dieser Zeitraum ist durch die Schärfung des Bewußtseins für die städtebaulichen Probleme und durch die allmähliche Herausbildung dessen gekennzeichnet, was man als städtebauliche Disziplin bezeichnen kann. Es mag überraschen, daß für diesen Zeitabschnitt kein „reichsdeutscher" Autor gewählt wurde. Henrici[7] und Hercher[8] wären dafür in Betracht gekommen, doch sind die Veröffentlichungen beider Autoren jeweils nur auf Teilbereiche gerichtet. Da jedoch nach Möglichkeit solchen Werken der Vorzug gegeben werden sollte, die auf den Städtebau in seiner Gesamtheit eingehen, waren sie weniger geeignet als die Bücher Raymond Unwins[9] und Eugen Faßbenders[10]. Daneben wurde Ebenezer Howard wegen des weltweiten — und gerade in Deutschland bereitwillig aufgenommenen — Einflusses seiner Gartenstadtthese einbezogen[11]. Daß auf diese Weise mit Howard und Unwin zwei Engländer nebeneinanderstehen, mag als Ungleichgewicht erscheinen; indessen ist der englische Einfluß — auch

---

4 Baumeister, Reinhard: „Stadterweiterungen in technischer, baupolizeilicher und wirtschaftlicher Beziehung", Berlin 1876.
5 Sitte, Camillo: „Der Städte-Bau nach seinen künstlerischen Grundsätzen", Wien 1889.
6 Stübben, a.a.O.
7 Henrici, Karl: „Beiträge zur praktischen Ästhetik im Städtebau", München o. J. (etwa 1905).
8 Hercher, Ludwig: „Großstadterweiterungen", Göttingen 1904.
9 Unwin, Raymond: „Town Planning in Practice", London 1909, deutsch: „Grundlagen des Städtebaus", Berlin 1910.
10 Faßbender, Eugen: „Grundzüge der modernen Städtebaukunde", Leipzig und Wien 1912.
11 Howard, a.a.O.; 2. Aufl. 1900 unter dem Titel „Garden Cities of To-Morrow", deutsch „Gartenstädte in Sicht".

dank Muthesius und Werner Hegemann – in diesem Zeitraum so ausgeprägt, daß sich ein solches Übergewicht vertreten läßt, zumal beide Schriften sehr bald nach ihrem Erscheinen – die Unwins sogar bereits im folgenden Jahre – in deutscher Übersetzung veröffentlicht wurden.

In Österreich fällt neben Faßbenders Buch noch Otto Wagners Großstadtstudie in diesen Zeitraum[12]; sie ist allerdings im Ansatz erheblich enger und weist zudem formalistische Züge auf, so daß sie für eine Auswertung wenig geeignet ist.

Eine Bereicherung der literarischen Szene bringt die im Jahre 1904 begründete Zeitschrift „Der Städtebau", die naturgemäß eine Reihe von sachlichen und methodischen Beiträgen zu unserem Thema enthält – vor allem aus der Feder von Theodor Goecke –, aber einer zusammenfassenden Auswertung weniger leicht zugänglich ist als Buchveröffentlichungen einzelner Autoren.

Aus der wachsenden Vielfalt weiterer Veröffentlichungen verdient noch Werner Hegemanns Bericht über die Berliner Städtebauausstellung von 1911 Erwähnung[13]; bei aller Anerkennung des von ihm ausgegangenen Einflusses kam er jedoch für eine Auswertung im Sinne der vorliegenden Untersuchung kaum in Betracht.

Dritter Zeitabschnitt: 1915–1930

Dieser Zeitabschnitt ist vor allem in seinem mittleren Jahrfünft, also in den Jahren unmittelbar nach dem ersten Weltkrieg, außerordentlich fruchtbar, was städtebauliche Veröffentlichungen betrifft. Dabei mag es einerseits um eine Art Nachholbedarf für die Unterbrechung durch die Kriegszeit gehen, andererseits wirkt sich aber auch die Überlagerung von funktionellem Denken und sozialem Engagement aus, die die zwanziger Jahre in Architektur und Städtebau auf besondere Weise geprägt hat.

Die drei ausgewählten Autoren vertreten sehr unterschiedliche Betrachtungsweisen: Gurlitt[14] die des umfassend gebildeten Kunstwissenschaftlers mit Interesse und Blick für städtebauliche Zusammenhänge, Hoepfner[15] die des auf das Praktische gerichteten, aber zugleich die Gesamtproblematik erkennenden Ingenieurs und Brunner[16] – obgleich Ingenieur wie Hoepfner – die des abstrahierenden und generalisierenden Wissenschaftlers; seine Arbeit könnte als erstes Beispiel für eine planungstheoretische Schrift im engeren Sinne gelten.

In diesen Zeitabschnitt fallen außer den drei ausgewählten Autoren noch Paul Wolf, Theodor Fischer, A. E. Brinckmann, Roman Heiligenthal und Her-

12 Wagner, Otto: „Die Großstadt. Eine Studie über diese", Wien, 1911.
13 Hegemann, Werner: „Der Städtebau nach den Ergebnissen der allgemeinen Städtebau-Ausstellung in Berlin" 2 Bände, Berlin 1911 und 1913.
14 Gurlitt, Cornelius: „Handbuch des Städtebaus", Berlin 1920.
15 Hoepfner, K. A.: „Grundbegriffe des Städtebaus", Berlin 1. Bd. 1921, 2. Bd. 1928.
16 Brunner, Karl: „Baupolitik als Wissenschaft", Wien 1925.

mann Ehlgötz mit umfassend angelegten Arbeiten[17]. Zusätzliche Gesichtspunkte hätte vor allem die Einbeziehung von Heiligenthal mit seiner sehr starken Betonung des wirtschaftlichen Aspektes erbracht; sie mußte aber aus Gründen der Arbeitsökonomie unterbleiben. In Praxis und Lehre einflußreich, aber in der Literatur kaum spürbar war in jener Zeit das Wirken Hermann Jansens. Aus dem Ausland muß in diesem Zeitabschnitt vor allem Le Corbusier erwähnt werden, dessen „Urbanisme" 1924 in Frankreich und 1929 in deutscher Übersetzung erschien[18]. Von der Einbeziehung dieses Buches wurde indessen abgesehen, weil – bei aller Faszination, die Le Corbusiers Persönlichkeit und seine brillanten Formulierungen ausübten – sein konkreter Einfluß auf den deutschen Städtebau gering war.

Vierter Zeitabschnitt: 1930–1945

Diese Jahre sind in Deutschland durch das Erlahmen der Bautätigkeit in der Depression und durch den Nationalsozialismus gekennzeichnet.

Hier war die Auswahl schwierig, weil das Ausgangsmaterial begrenzter und heterogener ist als das des vorigen Abschnitts. Gottfried Feder[19] wurde nicht so sehr wegen seiner repräsentativen Rolle als Nationalsozialist einbezogen, sondern im Hinblick auf seinen methodischen Ansatz; Heinz Wetzel[20] verkörpert wiederum – wie Jansen – den Typ des stärker in Praxis und Lehre wirkenden Städtebauers, der aber wenigstens einmal in dieser Untersuchung ins Blickfeld kommen sollte, und Fritz Schumacher, nicht nur einer der bedeutendsten, sondern auch der literarisch fruchtbarsten Städtebauer der ersten Jahrhunderthälfte, wurde hier eingeordnet, obwohl er für den Zeitgeist keineswegs repräsentativ ist und mit seinem praktischen Wirken eher in den vorhergehenden Zeitabschnitt gehört. Andererseits ist die hier ausgewertete und posthum veröffentlichte Schrift tatsächlich erst um 1940 entstanden und enthält auch einige Gedanken, die in seinen früheren Arbeiten nicht oder nicht so klar zum Ausdruck kommen. Insofern erschien es vertretbar, aus seinem umfangreichen Oeuvre die beiden hier zusammengefaßten Artikel auszuwählen, zumal sie seine Auffassung in konzentrierter Form wiedergeben und eine Art Vermächtnis darstellen[21].

17 Wolf, Paul: „Städtebau", Leipzig 1919
   Fischer, Theodor: „Sechs Vorträge über Stadtbaukunst", München 1920
   Brinckmann, A. E.: „Stadtbaukunst", Berlin-Neubabelsberg 1920
   Heiligenthal, Roman: „Deutscher Städtebau", Heidelberg 1921
   Ehlgötz, Hermann: „Städtebaukunst", Leipzig 1921.
18 Le Corbusier: „Städtebau", Stuttgart 1929.
19 Feder, Gottfried: „Die neue Stadt", Berlin 1939.
20 Wetzel, Heinz: „Wandlungen im Städtebau", Stuttgart 1942.
21 Schumacher, Fritz: „Vom Städtebau zur Landesplanung" und „Fragen städtebaulicher Gestaltung", Tübingen 1951. Ferner wichtig als Quellen für Schumachers Auffassung: „Kulturpolitik. Neue Streifzüge eines Architekten", Jena 1920, „Probleme der Großstadt", Leipzig 1940.

Im übrigen sind Buchveröffentlichungen zum deutschen Städtebau in dieser Zeit seltener als im vorigen Abschnitt; dies gilt auch für Zeitschriftenartikel. So ging die Zeitschrift „Baupolitik" in der älteren Monatsschrift „Städtebau" auf, die wiederum unter dem Druck der Wirtschaftskrise auf einen Anhang zu „Wasmuths Monatsheften für Baukunst" zusammenschrumpfte. Ausländische Fachbücher aus dieser Zeit sind ohne nennenswerte Resonanz in Deutschland geblieben. Die Charta von Athen, deren Entwurf in diesen Zeitraum fällt, wurde nur kurz gestreift, da sie erst in den vierziger Jahren in englischer und französischer Fassung veröffentlicht wurde und in Deutschland erst nach 1950 Verbreitung zu finden begann. Um diese Zeit lagen bereits die ersten städtebaulichen Bücher der Nachkriegszeit vor[22], deren Würdigung einer anderen Untersuchung vorbehalten bleiben muß.

---

22 Als Beispiele seien genannt:
Reichow, Hans-Bernhard. „Organische Stadtbaukunst", Braunschweig 1948. Rainer, Roland: „Städtebauliche Prosa", Tübingen 1948. Schwagenscheidt, Walter: „Die Raumstadt", Heidelberg 1949.

Zusammenfassende Darstellung der Entwicklung von 1875 bis 1945

Vorbemerkung

Sucht man aus der Fülle der Einzelaussagen nun ein zusammenhängendes Bild der Entwicklung des methodischen Denkens abzuleiten, so liegt es nahe, eine Querschnittsbetrachtung auf der Grundlage der gewählten thematischen Gliederung anzustellen. Diese ist im folgenden unternommen, wobei außer den zitierten Stellen der ausgewerteten Werke auch mehrfach Aussagen anderer Autoren herangezogen wurden. Dies trifft besonders für diejenigen Themen zu, bei denen die Beschränkung auf die ausgewählten Werke zu Lücken im Gesamtbild führen könnte. In erster Linie handelt es sich dabei um Themen von grundsätzlicher Bedeutung; bei den mehr technischen Sachgebieten reichte in der Regel die Bezugnahme auf die ausgewerteten Schriften aus.

1. Städtebau als Disziplin

1.1 Wesen und Aufgaben des Städtebaus

Baumeisters Erläuterung der Aufgaben einer Stadterweiterung – „neue Wohnungen zu schaffen und den Verkehr zu erleichtern" – wird zwar schon bald darauf durch anspruchsvollere Formulierungen ergänzt und erweitert, aber sie umreißt zugleich in ihrer Beschränkung auf die augenfälligsten Erscheinungen die Vorstellung vom Städtebau, die bis in die jüngste Zeit hinein im öffentlichen Bewußtsein vorherrschte. Verfolgt man die sich zunehmend differenzierenden Aussagen in der fachlichen Literatur, so finden sich neben nüchtern funktionsbezogenen Darstellungen der vielfältigen Sachaufgaben immer wieder Formulierungen von manchmal bekenntnishaftem Charakter, in denen die Bedeutung des Städtebaus für das menschliche Wohlbefinden, für das reibungslose Zusammenleben der Gesellschaft betont wird. Sitte spricht – wie übrigens Le Corbusier fünfunddreißig Jahre später[1] – vom Glück des Menschen, Stübben

---

[1] „Ein Städtebau, der sich um Glück und Unglück sorgt, der es sich zur Aufgabe macht, das Glück zu schaffen und das Unglück zu verbannen, das wäre eine würdige Wissenschaft in dieser Zeit der Verwirrung". Le Corbusier, Städtebau, Stuttgart 1929, S. 53 (Original: „Urbanisme", Paris 1924).

bezeichnet den Städtebau als „eine umfassende, fürsorgende Tätigkeit für das körperliche und geistige Wohlbefinden der Bevölkerung".

Im Untertitel der 1904 von Goecke und Sitte begründeten Zeitschrift „Der Städtebau" deutet sich eine Zusammenschau der im ersten Zeitabschnitt noch deutlich getrennt gesehenen Aspekte an: „Monatsschrift für die künstlerische Ausgestaltung der Städte nach ihren wirtschaftlichen, gesundheitlichen und sozialen Grundsätzen" – sicher eine bewußte Abwandlung von Sittes Buchtitel: „Der Städtebau nach seinen künstlerischen Grundsätzen". Als Sachaufgaben, für deren Lösung es der Grundsätze bedarf, werden wirtschaftliche, gesundheitliche und soziale genannt; das künstlerische Element steht nicht als weitere Aufgabe daneben, sondern durchdringt die ersten drei, stellt gleichsam den Modus ihrer Lösung dar.

Im Vorwort zum ersten Heft dieser Zeitschrift wird der Städtebau als „Vereinigung aller technischen und bildenden Künste zu einem großen geschlossenen Ganzen" bezeichnet, als „monumentale(r) Ausdruck wahren Bürgerstolzes", als „Pflanzstätte echter Heimatsliebe"[2]. Auch hier ist – wie bei Stübbens Formulierung von der Wiege, dem Kleid, dem Schmuck der Stadt – zeitbedingtes Pathos unüberhörbar; es folgt eine Aufzählung der funktionalen Aufgabenbereiche – Verkehr, Wohnen, Industrie und Handel –, die in die Forderung mündet, der Städtebau habe „die Versöhnung sozialer Gegensätze zu unterstützen". Schließlich wird erstmalig der Doppelcharakter des Städtebaues als Wissenschaft und Kunst „mit ganz bestimmten Zielen der Forschung, ganz bestimmten großen Aufgaben praktischer Ausführung" hervorgehoben.

Diese Umschreibung – von einer Definition wird man schwerlich sprechen können – wird in der Folgezeit häufig zitiert; sie bildet für viele spätere Autoren einen Bezugspunkt. Zu ihnen gehört auch Faßbender; er unterstreicht dabei die Vorsorgefunktion des Städtebaues, seine Rolle als „Großraumkunst" und die Aufgabe, zur Milderung der sozialen Gegensätze beizutragen. Die Bewußtseinsbildung in diesem Zeitabschnitt wird auch durch die ersten großen Städtebauausstellungen gefördert – 1910 in London, 1911 in Berlin –; Hegemanns Bericht über die Berliner Ausstellung ist ein wichtiger Bestandteil der städtebaulichen Literatur. Ihm entstammt die Formulierung: „Der erste und letzte Zweck des Städtebaues (ist) die würdige Befriedigung des Wohnbedürfnisses im weitesten Sinne des Wortes".

Unmittelbar nach dem ersten Weltkrieg erscheint eine Serie von Städtebaubüchern in dichter Folge; neben den hier ausgewerteten Schriften von Gurlitt und Hoepfner (I. Band) sind die Bücher von Wolf, Fischer, Brinckmann, Ehlgötz, Blum, Heiligenthal zu nennen[3]. Schumachers Buch „Kulturpolitik" gehört

---
2 „Der Städtebau", Verlag Ernst Wasmuth, Berlin, 1. Jahrg. 1904, S. 1.
3 Wolf, Paul, „Städtebau", Leipzig 1919; Fischer, Theodor, „Sechs Vorträge über Stadtbaukunst", München 1920; Brinckmann, A. E., „Stadtbaukunst", Berlin-Neubabelsberg 1920; Ehlgötz, Hermann, „Städtebaukunst", Leipzig 1921; Blum, Schimpff, Schmidt, „Städtebau", Berlin 1921, Heiligenthal, Roman, „Deutscher Städtebau", Heidelberg 1921.

gleichfalls in diesen Zusammenhang, auch wenn nur ein Teil seines Inhalts sich auf städtebauliche Fragen bezieht. Ihm entstammt die Bemerkung, daß „in des Architekten Tun ... Soziales und Ästhetisches" ineinander greifen;[4] die Verknüpfung dieser beiden Aspekte spielt auch in einigen der anderen Bücher eine wichtige Rolle. Daneben erfährt – teils mit deutlicher Bezugnahme auf den verlorenen Krieg – der wirtschaftliche Bereich besondere Beachtung; so bezeichnet Heiligenthal den Städtebau als „einheitliche wirtschaftliche, rechtliche und technisch-künstlerische Disziplin"[5] und definiert ihn als „eine vorausschauende wirtschaftliche Tätigkeit, deren vornehmstes Werkzeug die Technik im weitesten Umfange ist"[6].

Bei den übrigen Autoren finden wir ähnlich additive Umschreibungen des Städtebaues wie im vorigen Jahrzehnt. Wolf bezeichnet den „Stadtbau ... (als) ein Produkt, bestehend aus den Einzelfaktoren: Volkswirtschaft, Technik, Hygiene, Verwaltung und Kunst"[7]; Ehlgötz sieht den Städtebau als „eine Art Mittelglied zwischen Hoch- und Tiefbau" und weist ihm „Aufgaben ... volkswirtschaftlicher, hygienischer, verwaltungsrechtlicher sowie gesetzgeberischer und nicht zum geringsten Teile künstlerischer Natur" zu[8], und Brinckmann hält einer von ihm zitierten Definition aus der Feder eines Ingenieurs entgegen: „Der moderne Stadtbau ist über hygienische, ingenieurwissenschaftliche, wirtschaftliche und verwaltungstechnische Probleme hinaus eine architektonische Aufgabe!"[9]

Gurlitt stellt demgegenüber in erster Linie die langfristige Vorausschau und die Aufgabe des Wägens und Wertens zwischen verschiedenen Ansprüchen in den Vordergrund. Brunner betont vor allem die Einbeziehung sozialer und wirtschaftlicher Gesichtspunkte in eine umfassende Baupolitik, die gleichsam die Bauherrnfunktion für den Städtebau zu übernehmen habe, und Hoepfner verbindet in seinem zweiten Band den Ruf nach einer als Ingenieuraufgabe verstandenen „Städtebauwissenschaft" mit einer neuen Art von Definition: „Städtebau ist Stadtplanung – town planning: zielbewußtes, programmatisches Arbeiten und Wirken...". Offenbar gewinnt allmählich der Begriff der „Planung" mehr Raum, nachdem er 1910 erstmalig im Titel eines deutschsprachigen Fachbuches aufgetaucht war[10].

Feder verknüpft diesen Begriff mit denen der Kunst und der Wissenschaft – „eine neue Wissenschaft einer neuen Stadtplanungskunst", die „auf dem Boden

---

4 Schumacher, Fritz, „Kulturpolitik. Neue Streifzüge eines Architekten", Jena 1920, S. 2 f.
5 Heiligenthal, a.a.O. Vorwort.
6 Heiligenthal, a.a.O. S. 79.
7 Wolf, a.a.O. S. 4.
8 Ehlgötz, a.a.O., S. 6.
9 Brinckmann, a.a.O., S. 117.
10 Eberstadt, R., Möhring, B., Petersen, R., „Groß-Berlin, ein Programm für die Planung der modernen Großstadt", Berlin 1910.

neuer weltanschaulicher Grundgedanken" entwickelt werden solle. Tatsächlich jedoch ist sein Beitrag zum Planungsverständnis nur zum geringen Teil ideologisch eingefärbt; in erster Linie haben wir es mit einem quantitativ-empirischen Arbeitsansatz zu tun, der seither in anderen Formen viel Verbreitung gefunden hat. Aus Wetzel dagegen spricht der gestaltende Städtebauer, wie er auch im Mittelpunkt von Schumachers Gedankengängen steht — nur daß Schumacher sich viel eingehender mit den besonderen Arbeitsbedingungen des Planers auseinandersetzt, der sein Werk eben nicht selbst zu Verwirklichung führt, sondern an andere zur Ausführung weitergibt. Daraus ergeben sich einige Einsichten in das Wesen der städtebaulichen Arbeit, die bisher noch nicht so deutlich ausgesprochen waren; inhaltlich dagegen sind kaum Änderungen gegenüber den zwanziger Jahren erkennbar, wenn man nicht das Auftauchen der Landesplanung als einer höheren Maßstabsebene in diesem Sinne werten will.

In der ausländischen Literatur gibt es in dieser Zeit einige definitorische Beiträge, die zwar die deutsche Fachwelt nicht nennenswert beeinflußt haben, aber zur Abrundung des Bildes doch aufgeführt werden sollen. Der französische Begriff „urbanisme", umfassender als sein deutsches Gegenstück, wird von Lavedan wie folgt umrissen: „l' étude générale des conditions et des manifestations d'existence et de développement des villes. Il se rapporte à un ensemble de disciplines variées, quoique solidaires entre elles: historique, géographique, sociologique, économique, juridique, artistique".[11]. Ähnlich formuliert wenig später Poëte: „l'urbanisme, à la fois science et art, car si la technique de l'architecte ou de l'ingénieur doit intervenir, c'est seulement sur la base de données proprement scientifiques, relevant de disciplines diverses: économique, géographique, historique et autres."[12]

Zwei Definitionen aus den Vereinigten Staaten nehmen gleichfalls den Bezug von Wissenschaft und Kunst auf: „City and town planning is a science, an art and a movement of policy concerned with the shaping and guiding of the physical growth and arrangement of towns in harmony with their social and economic needs. We pursue it as a science to obtain knowledge of urban structure and services . . .; as an art to determine the layout of the ground, the arrangement of land uses and ways of communication and the design of the buildings . . .; and as a movement of policy to give effect to our principles."[13] Und ein Jahr später: „City planning is a science and an art concerned primarily with the city's ever-changing pattern. As a pure science it examines causes . . . and reciprocal influences of man and enviroment . . . As applied science it synthesizes these findings with those of the economic, sociological and political sciences, as well as the technological branches . . . As an art it utilizes these materials, instructs or organizes citizens, molds events . . ."[14]

11 Lavedan, Pierre, „Qu'est-ce que l'urbanisme? , Paris 1926, S. 1.
12 Poëte, Marcel, „Introduction à l'urbanisme", Paris 1929, S. 1.
13 Adams, Thomas, „Outline of Town and City Planning", New York 1936, S. 21.
14 Ford, James, „Slums and Housing", Cambridge, Mass. 1936, S. 490.

Gegen Ende unseres Untersuchungszeitraums finden wir noch eine wichtige britische Quelle, in der es heißt: „Planning is a conscious exercise of the powers of combination and design ..."[15] und an anderer Stelle: „Town and country planning seeks to proffer a guiding hand to the trend of natural evolution, as a result of careful study of the place itself and its external relationships. The result is to be more than a piece of skilful engineering, or satisfactory hygiene or successful economics: it should be a social organism and a work of art"[16]. Hier drängen sich die Parallelen zu Schumacher auf: die Bezugnahme auf die Lenkung der Entwicklungskräfte − die noch weitgehend autonom erscheinen −, die Verknüpfung von sozialen und künstlerischen Anliegen, der Begriff des Organismus. Begriffe wie „organisch" oder „Organismus" spielen übrigens in der Berichtszeit eine erhebliche Rolle. Sie werden teils im Zusammenhang mit kritischen Stellungnahmen verwandt − das Wachstum der Städte im 19. Jahrhundert wird häufig als „unorganisch" bezeichnet −, teils zur Charakterisierung der Interdependenzen innerhalb der Stadt, teils auch mit positivem Unterton zur Kennzeichnung des Planungszieles einer sinnvollen inneren Ordnung der Stadt − in diesem Sinne vor allem bei Hoepfner, Feder und Schumacher.

Demgegenüber heben sich die beiden amerikanischen Aussagen durch ihre Betonung des politischen Aspekts sehr deutlich ab; Adams spricht geradezu von einer politischen „Bewegung", wie ja auch die gestalterischen Bestrebungen um die Jahrhundertwende als „City Beautiful Movement" bezeichnet wurden. Ford vermeidet den Begriff der Politik; was er aber als Ziel der „Kunst" definiert, sind deutlich politische Anliegen: nicht um eine Kunst des Planentwurfs, sondern um eine Kunst der Plandurchsetzung geht es ihm. Indessen findet sich auch dazu eine Parallele in den deutschen Quellen: Schumacher bezeichnet auch den richtigen Gebrauch der Pläne, ihre Durchführung als eine zweite Art von Kunst im Städtebau − neben derjenigen, die bei der Planaufstellung nötig ist.

1.2 Beteiligte Disziplinen

Die Frage nach der Einbeziehung weiterer Disziplinen in die städtebauliche Arbeit − über Architektur und Ingenieurwesen hinaus − stellt sich schon früh, und sie wird durchweg positiv beantwortet, allerdings mit wechselnden Schwerpunkten. In der ersten Phase ist es die Hygiene, die eine maßgebende Rolle für die Klärung der Erfordernisse spielt; mit der allmählichen Übernahme der hygienischen Ansprüche in die gesetzlichen Vorschriften der Bauordnungen bzw. der Ortsbausatzungen geht der unmittelbare Kontakt zurück − sicher auch deshalb, weil der Interessenschwerpunkt der Hygieniker sich verlagert. Es

---

15 Abercrombie, Patrick, „Town and Country Planning", 2. Aufl. Oxford, 1943, S. 12.
16 a.a.O. S. 27.

scheint, daß Nußbaums Schrift über „Hygiene des Städtebaus"[17], die in den zweiten Abschnitt unserer Untersuchung fällt, den Höhepunkt der intensiven Beziehung zwischen Städtebau und Hygiene markiert; sie hat jedenfalls seither im Grunde keinen Nachfolger gefunden[18].

In der weiteren Diskussion ist zu unterscheiden zwischen den Disziplinen, deren Beteiligung zur Ausführung der Pläne als erforderlich angesehen wird, also den verschiedenen technischen Bereichen einerseits, den Juristen und Verwaltungsfachleuten andererseits, und denjenigen Disziplinen, die – wie die Hygiene – zum Programm, zur Einsicht in Gegebenheiten und Erfordernisse beitragen. Während Stübben den Experten für Wirtschaftsfragen im Zusammenhang mit der Plandurchführung erwähnt, sieht sein Zeitgenosse Henrici im Volkswirt denjenigen, „der recht eigentlich in die Rolle der Bauherrschaft einzutreten hat".[19]

Mit Unwin kommt dann – unter dem Einfluß von Patrick Geddes – die Bestandsaufnahme und damit der Beitrag des Geographen und des Sozialwissenschaftlers ins Blickfeld. Interessant ist in diesem Zusammenhang das Vorwort von L. McLean zur deutschen Ausgabe von Unwins Buch. Dort heißt es nämlich: „Städtebau ist seit einigen Jahren bei uns zur Disziplin geworden. Sozialwissenschaftler, Architekten, Kunstästhetiker und Ingenieure tragen die Resultate ihrer Wissenschaft und praktischen Erfahrungen zur gemeinsamen Lehre vom Städtebau zusammen." Ähnlich heißt es zehn Jahre später in einem Beitrag zu den Verhandlungen der „Berliner Gesellschaft für öffentliche Gesundheitspflege": „Alle Bestrebungen, alle Ergebnisse von neuerer Theorie und Praxis, Forschungen zur Erfüllung von Erkenntnissen, social-wirtschaftlicher, hygienischer und verkehrstechnischer Gesichtspunkte finden allmählich Verwirklichung, und so ist ... im Städtebau für jeden ein Arbeitsfeld geschaffen, für die Architekten und Hygieniker, den Wirtschaftspolitiker und den Statistiker, den Ingenieur und den Socialisten"[20].

Gurlitt spricht – auch unter dem Blickwinkel der Bestandsaufnahme – vom Statistiker, vom Volkswirt, vom Sozialpolitiker; auch Brunner zielt im Grunde in die gleiche Richtung, wenn er sich auch genereller ausdrückt. Das Erfordernis einer engen Zusammenarbeit mit den an der Ausführung beteiligten Disziplinen ist für alle Autoren unstreitig; das Bild des Städtebauers in der Dirigentenrolle taucht mehrfach auf. Wenn im vierten Zeitabschnitt zu diesem Thema kaum Aussagen vorliegen, so sicher nicht, weil der Kooperationsansatz zwischen den

---

17 Nußbaum, H.Christian: „Die Hygiene des Städtebaus", Leipzig 1907.
18 Wenn man nicht das anspruchsvolle zweibändige Werk von E. Kühn und P. Vogler (Hrsg.) „Medizin und Städtebau", Berlin, München, Wien 1957, als solchen werten will, dessen Umfang allerdings der Verbreitung und Verwendung im Wege steht.
19 Henrici, Karl, „Beiträge zur praktischen Ästhetik im Städtebau", München, o. J. (Etwa 1905) S. 215.
20 Lesser, Willy, „Die leitenden Gesichtspunkte im Städtebau einst und jetzt". Beilage zur Hygienischen Rundschau, Nr. 3 XXX. Jahrg. S. 92.

Disziplinen verloren gegangen wäre, eher wohl, weil man ihn als bekannt voraussetzt.

1.3 Anforderungen an den Städtebauer

Im ersten Zeitabschnitt findet sich noch keine Aussage über den Städtebauer: der Berufsstand beginnt erst um die Jahrhundertwende langsam Konturen zu gewinnen, indem er Elemente des Baupolizisten, des Stadtbauingenieurs, des Wohnungsreformers und des Architekten in sich aufnimmt. Zu den ersten umfassenden Formulierungen der Ansprüche an den neuen Berufsstand gehört zweifellos Herchers Forderung: „Der zukünftige Städtebauer der Großstädte muß nicht nur die wissenschaftliche Grundlage der Beherrschung aller technischen und künstlerischen Hilfsmittel des Städtebaues besitzen, die Fähigkeit des Ingenieurs zu nüchterner Berechnung mit der künstlerischen Gestaltungskraft des Architekten verbinden, wie der Jurist gesetzeskundig und verwaltungserfahren sein, sondern er muß auch den sozialen Bedürfnissen und Bestrebungen seiner Zeit ein warmes Herz und einen großen Sinn entgegenbringen."[21] Auch Unwin und Faßbender äußern sich zu dieser Frage, wobei Faßbender vor allem die Fähigkeit zu langfristiger Vorausschau betont und zugleich — wie es Hercher auch getan hatte — eine Anerkennung des Sonderfachs der Städtebaukunst und dementsprechend eigene Ausbildungsmöglichkeiten fordert, um die technische Beherrschung zu sichern. Unwin dagegen sieht bereits das Problem, daß der Städtebauer der Versuchung ausgesetzt sei, der Stadt „den Stempel seiner eigenen vorgefaßten Ideen aufzudrücken", anstatt im Sinne einer sachbezogenen Aufnahme der Anregungen anderer hinter seinem Werk zurückzutreten und auch dem Architekten eine Möglichkeit zur Interpretation des Planes zu lassen. Den gleichen Gedanken finden wir in ähnlicher Form einige Jahre später bei Theodor Fischer; in seinem 1917 konzipierten, aber erst 1920 veröffentlichten „Sechs Vorträgen über Stadtbaukunst" heißt es zur Frage des städtebaulichen Entwurfs: „Zum anderen fordere ich vom Architekten, daß er kein Ideologe sei, das will sagen, daß er nicht einer Laune, einer Mode, einer Kunstidee zuliebe dem Ganzen Gewalt antue".[22]

Daß der Städtebauer Architekt sein müsse, daß zumindest dem Bauwesen die führende Rolle zukomme, wird in der hier ausgewerteten Literatur immer wieder nachdrücklich betont; bei Heiligenthal heißt es differenzierter: „Der Städtebauer muß ... in erster Linie Techniker sein, Techniker in jenem weiten und großen Sinne, daß er nicht baut, wo und wie ihm aufgetragen, sondern daß er das Rüstzeug der Technik verwendet, um wirtschaftlich und künstlerisch zu planen und zu vollenden".[23]

21 Hercher, Ludwig, „Großstadterweiterungen", Göttingen 1904, S. 29.
22 Fischer, Theodor, a.a.O., S. 8.
23 Heiligenthal, a.a.O., S. 285.

So finden wir im dritten Zeitabschnitt die Anforderungen an den Städtebauer präzisiert und erweitert; bei Gurlitt wird erstmalig deutlich, daß der Städtebauer Funktionen wahrzunehmen hat, die im eigentlichen Wortsinne politisch sind: er soll künftige Bedürfnisse voraussehen, soll den Wert der Dinge zu schätzen und abzuwägen wissen, soll kurzfristigem Nützlichkeitsdenken entgegentreten. Der politische Gehalt dieser Aufgabe, den Gurlitt noch nicht beim Namen nennt, wird von Brunner klar umrissen: er fordert Baupolitik als „Verbindungsglied zwischen Bauwesen und Sozialökonomie" und verlangt, daß der Ingenieur sozialwissenschaftliche und gesellschaftspolitische Fragen in sein Blickfeld einbezieht. Hoepfner – Ingenieur wie Brunner – sieht ganz offenbar das politische Element nicht in gleicher Deutlichkeit; seine Vorstellung vom „Siedlungsingenieur" als „Bindeglied zwischen dem Architekten und Bauingenieur" geht von dem Gedanken aus, die Ermittlung der persönlichen Bedürfnisse der Menschen und die Klärung von möglichst günstigen Daseins- und Entwicklungsverhältnissen als eine Ingenieuraufgabe besonderer Art zu interpretieren. Die Auffassung, daß der Städtebauer zwischen Architekt und Ingenieur stehe, beide umgreifen und in gewisser Hinsicht in sich vereinen müsse, die schon von Henrici[24] gesehen worden war, wird auch von Hoepfner wie von Schumacher betont; Schumacher erwartet sogar eine Rückwirkung auf Architektur und Ingenieurwesen dadurch, daß der Städtebau die „unnatürliche Schranke" zwischen ihnen einzureißen vermöchte. Darüber hinaus erkennt Schumacher die Notwendigkeit, der Verknüpfung des Städtebaues mit wirtschaftlichen und sozialen Fragen Rechnung zu tragen, so daß er vom Städtebauer fordert, er müsse „ein Stück Sozialpolitiker und Wirtschaftspolitiker werden". Unter dem Blickwinkel der Gegenwart ist es beachtenswert und aufschlußreich zugleich, daß in allen diesen Ausführungen der Bezug zur politisch verantwortlichen Instanz – also der Stadtvertretung – in aller Regel nicht einmal erwähnt, geschweige denn erörtert wird. So wirkt die Situation paradox: Die Städtebauer erkennen die politische Bedeutung ihrer Tätigkeit, ohne die Verknüpfung mit der politisch verantwortlichen Instanz innerhalb der Stadt herzustellen. Das ist sicher nicht nur auf Hybris oder politische Ignoranz der Planer zurückzuführen – es läßt auch Schlüsse auf den Mangel an Anteilnahme zu, den die Kommunalpolitiker der räumlichen Entwicklung ihres Gemeinwesens entgegenbrachten. So ist in unserem Berichtszeitraum die Frage noch nicht aktuell, die im Jahre 1944 den Titel eines in Amerika erschienenen Artikels ausmachte: „Planung ist Politik – aber sind die Planer Politiker?"[25]

---

24 Henrici, a.a.O., 0. 5.
25 Bauer, Catherine: „Planning is politics – but are planners politicians?", Pencil Points, März 1944.

2. Das Wesen des Planens

2.1 Planungsprozeß

Unter dem Begriff „Planungsprozeß" sind zwei verschiedene Arten von Beiträgen eingeordnet — einmal die Auseinandersetzung mit dem Problem des zeitlichen Wandels, der den städtebaulichen Plan — jedenfalls soweit er größere räumliche Zusammenhänge umfaßt — gegen den zur unveränderten Ausführung bestimmten Bauplan abhebt, zum anderen die Aussagen zum zeitlichen Ablauf des Vorgehens bei der Planung, also zu einer Gliederung des Planungsprozesses in Phasen.

Daß städtebauliche Pläne angesichts der langen Zeiträume, die für ihre Verwirklichung erforderlich sind, wenigstens in gewissen Grenzen interpretierbar und veränderbar bleiben müssen, ist schon früh erkannt worden; 1870 fordert Bruch, daß man aus Gründen der Rechtssicherheit bestehende Bebauungspläne niemals verändern dürfe und folgert daraus, „daß man sich auf das absolut Notwendige zu beschränken hat, dem alle anderen, in späterer Zukunft eintretenden Umstände entschieden untergeordnet werden müssen. Man kann unmöglich in der Gegenwart alle Bedürfnisse der Zukunft ermessen... Jede Zeit schafft eigene ihren Tendenzen und Gefühlen entsprechende Lebensformen. Am meisten sollte man es vermeiden, gerade der baulichen Entwicklung eine Zwangsjacke anzulegen, innerhalb derer sie für alle Zeit gebannt sein soll".[1]

Auf der gleichen Linie liegen die Grundsätze, die auf der Generalversammlung des Verbandes deutscher Architekten — und Ingenieurvereine 1874 beschlossen wurden; in ihnen heißt es: „Das Straßennetz soll zunächst nur die Hauptlinien enthalten... Die untergeordnete Teilung ist jeweils nach dem Bedürfnis der näheren Zukunft vorzunehmen oder der Privattätigkeit zu überlassen."[2]

Baumeister, der an der Vorbereitung dieser Entschließung mitgewirkt hatte, argumentiert ähnlich; da man künftige Bedürfnisse nicht voraussehen könne, müsse die Planung Spielraum lassen und gewissen Änderungen offenbleiben. Stübben, der 1890 noch formuliert hatte, nach Ablauf eines für eine bestimmte Planung ins Auge gefaßten Zeitraumes könnten sich neue Gesichtspunkte ergeben, ersetzt das „nach" in der zweiten Auflage 1907 durch ein „vor" — Indiz eines wachsenden Bewußtseins der Veränderlichkeit von Zielen und Lösungsvorstellungen. So bleibt der Gedanke, zunächst nur Grundzüge verbindlich festzulegen und sie dann nach den jeweiligen Bedürfnissen auszuführen und zu erweitern, über den ganzen Untersuchungszeitraum hinweg maßgebend. Daß auch solche Grundzüge durch eine neue Konstellation von Bedürfnissen, Zielen und

---

[1] Bruch, Ernst: „Die bauliche Zukunft Berlins und der Bebauungsplan", Deutsche Bauzeitung, Jahrg. 4/1870, S. 94.
[2] zitiert nach Sitte, a.a.O., S. 131.

Mitteln in Frage gestellt werden könnten, wird noch nicht gesehen oder doch nicht erörtert.

Kann man allgemein beobachten, daß die Einsicht in die Zeitgebundenheit der jeweiligen Planungskonzepte wächst, so steht Hoepfners Auffassung in deutlichem Gegensatz dazu; er sieht offenbar das Gesamtgefüge aus städtebaulichem Konzept und Einzelplänen als im Zusammenhang planbar an und läßt dabei kaum Möglichkeiten für Spielraum oder Rückkopplung offen. Eine Parallele dazu könnte man in Schumachers Forderung finden, bei der Planung von der Vorstellung eines Endzustandes auszugehen; sie steht allerdings im Widerspruch zu der an anderer Stelle getroffenen Aussage, solche langfristigen Pläne seien nie fertig, so daß man vermuten kann, bei der erstgenannten Forderung handele es sich um eine Arbeitshypothese für den Entwurfsvorgang. Diese Deutung findet auch eine Stütze darin, daß Schumacher gleichzeitig das Zeitelement der Planung besonders hervorhebt und zeitliche Regie – auch im Sinne des Offenhaltens künftiger Möglichkeiten – gleichberechtigt neben räumliche Festlegung stellt.

Die erste Aussage über die methodische Ordnung des Planungsvorgangs finden wir bei Faßbender: er gliedert ihn in Planvorbereitung, Planentwurf und Übertragung des Entwurfs in das natürliche Gelände. Dabei spielt auch die Bestandsaufnahme unter der Bezeichnung „Lokalstudien" eine wichtige Rolle; Unwin behandelt diesen Aspekt mit besonderer Ausführlichkeit. Einen weiteren Schritt in Richtung auf das gegenwärtige Planungsverständnis tut Hoepfner mit seinem Hinweis auf die Stufenfolge von Zielvorstellung, Formfindung und Bereitstellung der Mittel. Klingt das noch nach einem linearen Prozeß, so wird an anderer Stelle deutlich, daß Hoepfner den Planungsvorgang bereits als einen Auswahlprozeß aus Alternativen sieht, wenn er diese Begriffe auch noch nicht benutzt. Er spricht vielmehr davon, „die Vorzüge und Nachteile der Lösungen in Betracht (zu) ziehen, ... die Bedeutung der maßgebenden Gesichtspunkte (zu) werten und Gesetze (zu) suchen, nach denen man ... die erweisbare beste Lösung zu finden vermag": Im heutigen Vokabular Nutzwertanalyse, Kriterienauswahl und -wichtung, Entscheidungsverfahren.

Mit solcher Präzision wird der Prozeß des Planens auch bei den späteren Autoren nicht wieder angesprochen. Schumacher äußert sich mehrfach zu diesem Fragenkomplex, gliedert ihn auch in die vorbereitenden Arbeiten, die der Bestandsaufnahme und der Programmklärung, und in den eigentlichen, auf eine „innere Schau" gegründeten Gestaltungsvorgang, ohne diesen jedoch im einzelnen zu durchleuchten und ohne die Frage nach Alternativen und Entscheidungskriterien zu erörtern.

Im Unterschied zwischen beiden Auffassungen spiegelt sich zunächst der verschiedene Denkansatz von Ingenieur und Architekt; dem rationalen Vorgehen des Ingenieurs steht die ganzheitliche Betrachtungsweise des künstlerischen Gestaltungsvorgangs gegenüber, der sich einer Zerlegung in Einzelelemente zu entziehen scheint. Wenn Hoepfners Konzept dem heutigen Denken näher steht, so liegt der Grund dafür allerdings auf einer anderen Ebene: nicht der technische Entwicklungsprozeß, sondern der politische Entscheidungsprozeß ist es, der eine solche Gliederung in nachprüfbare Schritte verlangt. Eine erste Andeutung dieses politischen Aspektes finden wir noch während des Untersuchungszeitraumes, allerdings nicht in einer deutschen, sondern in einer amerikanischen Quelle: Lewis Mumford gliedert den Planungsprozeß in vier Stufen: „Survey ... disclosing ... all relevant facts ... Critical outline of needs and activities in terms of social ideals and purposes ... Imaginative reconstruction and projection ... The intelligent absorption of the plan by the community and its translation into action ..."[3] – also Bestandsaufnahme, Bewertung und Zielsetzung, Planentwurf und Verwirklichung, wobei dieser letzte Schritt nicht nur administrativ gesehen, sondern an die Voraussetzung geknüpft wird, daß sich die Bevölkerung den Plan zu eigen macht. Hier kündigen sich bereits Gedankengänge an, die erst wesentlich später Verbreitung gefunden haben.

2.2 Planentwurf

In den frühen Werken finden sich zwar zahlreiche Hinweise zur inhaltlichen Seite des Entwerfens, also materielle Entwurfsregeln, aber nur wenige Aussagen zum Verfahren. Baumeister betont das, was man heute den synoptischen Charakter des Entwurfsvorganges nennen würde, Sitte unterstreicht die Bedeutung der gegebenen Situation als Anknüpfungspunkt für den Entwurf, um der Gefahr des Schematismus entgegenzuwirken.

Auch Unwin legt das Hauptgewicht auf Entwurfsregeln im materiellen Sinne; allgemein betont er den Zusammenhang von Gebäude und Lageplan sowie die Notwendigkeit, vom Großen ins Kleine zu arbeiten – und sei es auch nur probeweise, im Sinne eines Testentwurfs, der die Tragfähigkeit der übergeordneten Entwurfsgedanken erweisen soll – ein Gedanke, dem wir später auch bei Schumacher begegnen. Aufschlußreich ist ein Blick in das Vorwort zur zweiten Auflage von Unwins Buch aus dem Jahre 1911, also schon zwei Jahre nach der Erstveröffentlichung. In ihr hebt Unwin die Bedeutung der „rechten Reihenfolge ... und der rechten Grundsätze" beim Planentwurf hervor. Als erster Schritt werden Bemessung und zweckmäßige Anordnung von Haupt- und Nebenzentren genannt; es folgt die Linienführung des Hauptstraßensystems zwischen diesen Zentren – unter Verknüpfung mit Wohn- und Arbeitsstätten – und weiter die Aufteilung der zwischen diesen Hauptstraßen verbleibenden Flächen durch ein sekundäres Straßensystem, das den Anschluß an die Hauptstraßen vermittelt – und zwar möglichst rechtwinkelig im Hinblick auf die Gestaltung

---

3 Mumford, Lewis, „The Culture of Cities", New York 1938, S. 376 ff.

der Randbebauung. Diese Bereiche zwischen den Hauptstraßen könnten dann individuell, nach den jeweiligen Bedürfnissen behandelt werden.[4]

Demgegenüber geht es Faßbender mehr um die grundsätzliche Seite: langfristige Plandisposition und gründliches Durchdenken aller Teilmaßnahmen mit Bezug auf den Gesamtzusammenhang sind seine Kernforderungen. Ähnlich argumentiert auch Hoepfner, der den Entwurfsvorgang vollständig deduktiv sieht.

Gurlitt erörtert das Instrument des städtebaulichen Wettbewerbs und beurteilt durchaus realistisch die sinnvolle Aufgabenteilung zwischen diesem und der stärker an die Gemeinde gebundenen Plandurcharbeitung — ebenso ein neues Thema wie die Auseinandersetzung mit der Rolle des Modells und der Perspektive beim Entwurf.

Erheblich wesentlicher ist indessen die Neuerung, die in Feders Buch zutage tritt: der Versuch einer logischen Ableitung und einer quantitativen Fixierung des Entwurfsprogramms. Art und Zahl der Anlagen, Flächenbedarf und Standorterfordernisse werden aufgelistet, und die daraus abgeleiteten Entwurfsvorstellungen sind Beispiele für das Zustandekommen von Plänen auf induktivem Wege. In eigentümlichem Gegensatz zu diesem Ansatz stehen die Hinweise auf die inhaltlichen Aussagen städtebaulicher Gesamtpläne, die sich im wesentlichen auf die Führung der Hauptstraßen und den Niederschlag gestalterischer Grundvorstellungen beschränken. Die strukturelle Ordnung, der Feders Kernthesen gewidmet sind, erscheint dabei nur ganz am Rande. Bei Schumacher schließlich finden wir wieder eine komplexe Sicht des Entwurfsvorgangs, wobei das Programm sich in einer „rohen Form" niederschlägt, innerhalb derer das Kunstwerk, das entstehen soll, seinen Sinn erhält. Sehr wichtig ist dabei die Einsicht, daß der Raum, in den hinein die Stadt entworfen wird, keineswegs ein „neutrales Gebiet" darstellt, daß er vielmehr ein eigengesetzliches Leben besitzt, und daß auch Freiflächen nicht als Restflächen zwischen dem Bauland zu behandeln sind, sondern als Gliederungsflächen und als Reserve für künftige Dispositionen.

2.3 Zur Abwägung der Bedürfnisse

Mit diesem Thema ist eine zentrale Frage für alle wertbezogenen Entscheidungen im Städtebau angeschnitten: was sind die im Städtebau zu berücksichtigenden Bedürfnisse — und lassen sie sich gegeneinander rational abwägen, wenn sie zu kollidieren drohen? Offenbar erscheint dieses Problem zunehmend komplexer; während es zu Anfang des Untersuchungszeitraumes noch bündige Antworten auf die Frage nach der Rangfolge der Bedürfnisse gibt, werden die Aussagen später immer genereller — bis hin zum Bundesbaugesetz mit seiner Generalformel, öffentliche und private Bedürfnisse seien gegeneinander und

---

4 Unwin, a.a.O., 2nd edition, London and Leipsic, 1911, S. XVI f.

untereinander gerecht abzuwägen. Bei Baumeister werden gleichfalls öffentliche und private Interessen genannt und den ersteren der Vorrang eingeräumt; Stübben sieht bereits die Vielfalt der von unterschiedlichen Behörden vertretenen öffentlichen Interessen. Was die sachlichen Teilaufgaben angeht, so stellt Baumeister Verkehr und Wohnungsbau nebeneinander, während Stübben dem Verkehr vor den Rücksichten auf die Bebauung, den gesundheitlichen und schließlich den schönheitlichen Anforderungen den ersten Platz einräumt. In der zweiten Auflage dagegen ist die Hierarchie schon abgebaut; die einzelnen Anforderungen stehen ohne Gewichtung nebeneinander. Daß Sitte bereit war, „malerische Motive" hinter „hygienischen oder anderen zwingenden Rücksichten" zurückzustellen, wird bei der vergröbernden Interpretation seines Wirkens häufig übersehen.

In einem aus dem Jahre 1897 stammenden Beitrag von Henrici wird von den drei allgemeinen Rücksichten – auf Verkehr, Bebauung und Schönheit – „für die Detaillierung eines Planes" diejenige auf die Bebauung als grundlegend bezeichnet. Henrici setzt die Rücksicht auf die Gesundheitspflege voraus, da hierüber kaum Meinungsverschiedenheiten bestünden.[5] Den gleichen Gedanken finden wir bei Unwin wieder, der die Prioritäten gliedert: auf Bebauungsplanebene steht das Wohnen im Vordergrund, auf Flächennutzungsplanebene der Verkehr – wobei es sich um das gleiche Spannungsverhältnis zwischen Zugänglichkeit für den Fahrverkehr und Wohnqualität handelt, das später zu den Konzepten des Superblocks, der Nachbarschaftseinheit und der „environmental area" führte. Im übrigen aber lassen sich Unwins Aussagen wie die der meisten anderen untersuchten Autoren auf die Formel bringen, die Bedürfnisse müßten je nach der spezifischen Situation in ihrer Bedeutung eingeschätzt und abgewogen werden. Faßbender nimmt Stübbens Vierheit: Verkehr, Bebauung, Hygiene und Schönheit auf, Gurlitt führt „gesundes, preiswertes Wohnen, bequemen Verkehr und erfreulichen Anblick" als Haupterfordernisse an. Theodor Fischer gliedert in das Wohnen, den Verkehr und den Genuß der Natur -- damit erstmalig den Bereich der Erholung andeutend[6] –, und Brunner spricht, Schumacher zitierend, von Verkehrsfragen, sozialen Fragen und Gestaltungsfragen. Daß im letzten Zeitabschnitt klare Aussagen, die sich unter dieser Rubrik hätten einordnen lassen, nicht gefunden wurden, liegt bei Schumacher wohl daran, daß er eine simple Aufzählung angesichts der Vielschichtigkeit der Probleme nicht für angemessen hielt, während Feder und Wetzel von ihrer Themenstellung her diesen Aspekt nicht näher behandelten. Daß das Thema unverändert aktuell blieb, zeigt die Charta von Athen, deren Formulierung in diesen Zeitabschnitt fiel und die mit den Funktionen der Stadt nichts anderes meinte als das, was bis dahin als Bedürfnisse, Erfordernisse oder Rücksichten bezeichnet worden war: in diesem Falle Wohnen, Arbeiten, Erholung und Bildung,

5 Henrici, a.a.O., S. 67.
6 Fischer, a.a.O., S.

Verkehr. In „Erholung und Bildung" — in der deutschen Fassung wird meist nur von „Erholung" gesprochen, obwohl es in der französischen „cultivation du corps et de l'esprit" heißt — finden wir eine Parallele zu Theodor Fischers Hinweis auf die Natur. Die Kategorie „Arbeiten" taucht indessen erstmalig auf; dafür sind „Hygiene" und „Schönheit", feste Bestandteile des alten Repertoires, entfallen.[7]

3. Grundlagen des Planens

3.1 Zur Entwicklung und zur Kritik der Situation

Das zentrale Phänomen, das seit der Mitte des 19. Jahrhunderts die Diskussionen über Entwicklung und Gestalt der Stadt beherrschte, war das beispiellose Bevölkerungswachstum in den Städten. Es mußte zumindest den konservativ gesonnenen Beobachtern wie W. H. Riehl unheimlich und bedrohlich erscheinen, und so ist ein großer Teil dieser Diskussion von Werturteilen geprägt, denen an anderer Stelle nachzugehen ist.[1] In der eigentlichen Fachliteratur indessen herrscht eine pragmatischere Einstellung vor, wenn sie auch gelegentlich mit Skepsis gemischt ist. Kennzeichnend dafür ist Eitelbergers Bemerkung: „Die Überzeugung aber, daß man in diesen Dingen einer höheren Gewalt gehorcht, stärkt die Kraft des Willens und fordert, da es müßig erscheint, über den Vorteil und Nachteil großer Städte zu sprechen, zum klaren Denken über die Bedingungen auf, unter denen das leibliche wie das geistige Wohl derselben gedeihen kann".[2] Auch Bruch bejaht offenkundig wenigstens im Grundsatz die Entwicklung der Städte und wendet sich kritisch gegen Riehl, den „kulturhistorischen Romantiker", der „mit seiner ganzen Denk- und Gefühlsweise stark im Mittelalter" hafte.[3]

Baumeister nimmt gleichfalls das Stadtwachstum als gegeben hin und bezeichnet die Hoffnung, daß dem Vorgang Einhalt geboten werden könne, als unfruchtbar. Dieser Grundgedanke bleibt offenbar im 19. Jahrhundert bestimmend; erst kurz vor dessen Ende greift Howard das Thema mit Leidenschaft wieder auf und leitet aus der Tatsache, daß das Wachstum der Städte und die Entvölkerung des Landes weltweit beklagt würden, die Forderung nach Gegenmaßnahmen ab. Von da an werden Äußerungen über das Anwachsen der Städte durchweg mit Werturteilen verknüpft; es geht nicht mehr so sehr um die

---

7 Le Corbusier: „An die Studenten / Die Charte d'Athènes", Reinbek b. Hamburg 1962. Dort ist die Kategorie „Erholung" allerdings, neueren Tendenzen folgend, mit „Freizeit" bezeichnet worden.

1 Vgl. Abschnitt 4.1.
2 Eitelberger v. Edelberg a.a.O., S. 32.
3 Bruch, a.a.O., S. 69.

Beobachtung einer Entwicklungstendenz als vielmehr um Programme, ihr entgegenzutreten.

Neben dem quantitativen Phänomen des Stadtwachstums sind es zugleich die sozialen Verhältnisse in den großen Städten, die kritische Äußerungen in der städtebaulichen Literatur auslösen, wobei der Einfluß der Wohnungsreformbestrebungen seit der Jahrhundertmitte unverkennbar ist. Baumeister greift die schon an anderer Stelle formulierte Antithese von Qualität und Quantität der Bevölkerung auf; in den folgenden Jahrzehnten spielt dieser Aspekt zumindest eine gewisse Rolle, während er in den zwanziger Jahren sehr deutlich in den Vordergrund rückt – besonders betont von Schumacher und Brunner, der die Not der Zeit darauf zurückführt, daß in den letzten Jahrzehnten des 19. Jahrhunderts „das Band zwischen Sozialethik, Volkswirtschaft und Technik ... gerissen" sei.

Ein weiteres Thema ist das der Stadtgestalt; Sitte kritisiert mit Nachdruck das Versagen seiner Zeit gegenüber der künstlerischen Aufgabe in der Stadtentwicklung. Auch Stübben stimmt in diese Kritik ein; mit seinem Hinweis auf den Ersatz des künstlerischen Entwurfs durch die „Arbeit des Geometers und die parzellierende Tätigkeit des ... Unternehmers" leitet er eine lange Reihe kritischer Bemerkungen über den „Geometerstädtebau" ein. Ähnlich urteilt Unwin über die gestalterische Qualität der neueren Stadterweiterungen in England: „Trostlosigkeit und pure Häßlichkeit" kennzeichneten sie.

Sieht man von Wetzel ab, der das gleiche Thema in abgewandelter Form noch einmal aufgreift, so bezieht sich die spätere Kritik weniger auf Gestaltungsfragen als auf Probleme der Entwicklung des städtischen Nutzungsgefüges: auf das neue Phänomen der City-Bildung bei Faßbender und Gurlitt, auf die mangelnde Zuordnung von Wohn- und Arbeitsstätten bei Feder. Es ist nur natürlich, daß sich in den Schwerpunkten der Kritik zugleich das jeweilige Interessengebiet und das Hauptanliegen des Autors spiegeln; das war der wesentliche Grund, warum dieser Themenkreis, der für die Theorieentwicklung nur mittelbare Bedeutung hat, in diese Zusammenstellung aufgenommen wurde.

3.2 Planungsgrundlagen: Bestandsaufnahme

Die Frage nach der Ausgangssituation für die Planung wird schon in der ersten Phase gestellt und ausführlich behandelt – am gründlichsten und methodischsten von Baumeister, während Sitte zwar weniger systematisch vorgeht, aber bereits den Schritt von der Bestandsaufnahme zum Planungsprogramm erörtert. Nach der Jahrhundertwende macht sich in Großbritannien der Einfluß von Patrick Geddes und seiner These „Survey before Plan" bemerkbar, der sich in Unwins außerordentlich reichhaltigem Katalog von aufzunehmenden Sachverhalten spiegelt. Diesem Einfluß ist auch die Beschäftigung mit der Individualität der Stadt zuzuschreiben; Geddes hatte nicht nur erstmalig den „social survey" eingeführt, sondern auch die Versenkung in Geist und Geschichte der Stadt gefordert.[4] Faßbender ist demgegenüber ein wenig trockener, verdient aber aus einem anderen Grunde besondere Hervorhebung: er regt an, auch die Zielvorstellungen der örtlichen Gemeindevertretung vor Beginn der Planung zu erfassen.

In den zwanziger Jahren ist die Auseinandersetzung mit den örtlichen Gegebenheiten offenkundig zum festen Bestandteil der Planungssystematik geworden, auch wenn sie bei Hoepfner nicht vertieft behandelt wird. Gurlitt widmet ihr nicht nur beträchtlichen Raum, sondern leistet auch – wie Brunner – einen Beitrag zur Erweiterung ihrer Kategorien. In den dreißiger Jahren setzt sich diese Tendenz zur Vervollständigung und zur weiteren Systematisierung fort; Schumachers Gesamtwerk, aber auch die akribische Datensammlung Feders legen Zeugnis davon ab.

3.3 Planungsgrundlagen: Forschungsbedürfnisse

Nach allen bisherigen Darlegungen ist es nicht verwunderlich, daß der Begriff der Forschung im 19. Jahrhundert noch nicht auftaucht und auch im 20. Jahrhundert erst allmählich und vereinzelt Verwendung findet. Belege für eine Sicht der Dinge, die Forschungsaufgaben im heutigen Sinne einschließt, finden sich in den ersten beiden Berichtsabschnitten nicht; dennoch unterscheidet sich die reale Situation in diesen beiden Abschnitten dadurch, daß es bis zur Jahrhundertwende tatsächlich kaum stadtbezogene Forschung im heutigen Sinne gibt[5], während im ersten Jahrzehnt des neuen Jahrhunderts wichtige Beiträge zu diesem Thema erscheinen. Zu ihnen gehören Simmels Abhandlung über „Die Großstädte und das Geistesleben" wie auch der Sammelband, in dem sie eingebettet ist[6], ferner Sombarts Beitrag über das Wesen der Stadt und Alfred Webers industrielle Standortlehre[7], in den USA nach A. F. Webers statistischer Arbeit über das Stadtwachstum eine erste soziologische Untersuchung über einen Baublock in New York und Ch. H. Cooleys Werk, das sich mit dem Verlust der Primärkontakte in der modernen Großstadt auseinandersetzt[8].

4 ...we must not too simply begin ... with fundamentals of communication, and thereafter give these such aesthetic qualities of perspective and the rest, as may be, but above all things, seek to enter into the spirit of our city, its historic essence and continous life." Geddes, Patrick, „Cities in Evolution", New York 1950, S. XXX.
5 vgl. hierzu Pfeil, Elisabeth, „Großstadtforschung" Bremen 1949. 2. Aufl. Hannover 1972.
6 Simmel, Georg, „Die Großstädte und das Geistesleben", in: Die Großstadt, Vorträge und Aufsätze zur Städteausstellung, Dresden 1903.
7 Sombart, Werner, „Der Begriff der Stadt und das Wesen der Städtebildung", in: Archiv f. Sozialwissenschaft u. Sozialpolitik, Tübingen 1907.
Weber, Alfred, „Über den Standort der Industrien", Tübingen 1909.
8 Weber, Adna Ferrin, „The Growth of Cities in the 19th Century", New York und London, 1899.
Cooley, Charles Horton, „Social Organisation: A Study of the Larger Mind", New York, 1909.
Jones, Thomas Jesse, „The Sociology of a New York City Block" New York, 1904.

Auch Geddes verdient in diesem Zusammenhang natürlich Erwähnung; gleichwohl spiegelt sich diese neue Situation — wenn man von einigen Bemerkungen Unwins absieht — noch nicht in der Planungsliteratur des gleichen Zeitabschnitts.

Erst Gurlitt verlangt ausdrücklich als Planungsgrundlage die wissenschaftliche Erforschung der Stadt durch Sachverständige; Brunner betont insbesondere die Aufgabe der Sozialwissenschaften, durch Forschung zu einem „wissenschaftlichen Begriffsgebäude von Allgemeingültigkeit" zu gelangen. Auch bei Schumacher findet sich eine Anzahl von Hinweisen, mit denen Forschungsbedürfnisse umrissen werden; zeitgenössische Entwicklungen auf dem Gebiet der stadt- und raumbezogenen Forschung lassen sich durch die Namen Max Weber, Christaller und Lösch kennzeichnen. Der Abstand, der sie von der praktischen Planung trennt, beginnt sich erst nach der Jahrhundertmitte allmählich zu verringern.

4. Ziele des Planens

4.1 Planungsziele: Allgemeine Wertvorstellungen; für und wider die Stadt.

In den ersten Äußerungen zu städtebaulichen Problemen spiegelt sich mehr oder minder deutlich die Kulturkritik des 19. Jahrhunderts in ihrem speziellen Bezug auf das Wachstum der Städte. Bekannt sind Riehls Klage, Europa werde krank an der Größe seiner großen Städte, und seine Prophezeiung, es werde „eine höhere und höchste Blütezeit des Industrialismus kommen und mit ihr und durch dieselbe (werde) die moderne Welt, die Welt der Großstädte zusammenbrechen"[1]; bekannt ist auch Bismarcks Abneigung gegen die Großstädte, wenngleich er die ihm zugeschriebene Äußerung, die großen Städte müßten vom Erdboden verschwinden, so apodiktisch nicht getan hat.[2] Weniger bekannt ist diesseits des Ozeans die offene und versteckte Stadtfeindlichkeit, welche die Grundeinstellung der Nordamerikaner von Thomas Jefferson über Emerson bis zu Frank Lloyd Wright kennzeichnete.[3]

Wie wir sahen, überwiegt in der städtebaulichen Literatur des 19. Jahrhunderts die Bereitschaft, das Wachstum der Städte als unausweichlich zu akzeptieren. Erst mit Howard wird die Eindämmung der Großstadt, ihre Umwand-

---

1 Riehl, Wilhelm Heinrich, „Die Naturgeschichte des Volkes", 9. Aufl. Stuttgart 1894, S. 102 und S. 110.
2 So zitiert von Bruch, a.a.O., S. 69; gesagt hat er vielmehr: „ . . . daß auch ich allerdings der Bevölkerung der großen Städte mißtraue, solange sie sich von ehrgeizigen und lügenhaften Demagogen leiten läßt, daß ich aber dort das wahre preußische Volk nicht finde. Letzteres wird vielmehr, wenn die großen Städte sich wieder einmal erheben sollten, sie zum Gehorsam zu bringen wissen, und sollte es sie vom Erdboden tilgen". (Büchmann, Georg, „Geflügelte Worte und Zitatenschatz", Neuausgabe, Zürich o. J., S. 316).
3 vgl. White, Morton u. Lucia White, „The Intellectual versus the City", Cambridge 1962.

lung — Martin Wagner sprach später von Überwindung — zu einem Anliegen der städtebaulichen Disziplin, das sich in die Aufbruchstimmung der Jahrhundertwende — man denke an Jugendstil, Wandervogel, Gartenstadtbewegung — nur zu gut eingefügt. So schreibt Schultze-Naumburg: „Ein jeder muß von seiner Stelle aus versuchen, das Ideal der Großstadt zu zerstören und dafür ein neues, edleres, menschlicheres aufzubauen ... Die ganze mühsam erstrebte Anpassung an unmögliche Verhältnisse wäre unnötig, wenn die Menschheit ein besseres Ideal hätte."[4] Dem entspricht Faßbenders Bemerkung, der Mensch sei nicht zum Städter geboren; ihm entspricht auch Heinrich Tessenows Plädoyer für „Handwerk und Kleinstadt"[5], dessen sozialromantischer Unterton für uns Heutige unüberhörbar ist.

In den zwanziger Jahren wird die Rückkehr zur Kleinstadt in der einen oder anderen Form — sei es im Sinne einer Gliederung der Großstadt, sei es im Sinne ihrer tatsächlichen Auflösung — zu einem wiederkehrenden Thema in der Städtebauliteratur, und nur wenige bekennen sich uneingeschränkt zur Großstadt, wie es Heiligenthal tut: „Die Großstadt ist unentbehrlich; sie muß daher so ausgestaltet werden, daß sie ihre Aufgaben erfüllen kann, ohne daß wirtschaftliche oder gesundheitliche Schädigungen auftreten."[6] Die These der vollständigen Auflösung, der auch Feder Raum gibt, wird mit besonderem Nachdruck von Gustav Langen verfochten[7], während die meisten anderen Autoren eine Zwischenposition einnehmen. Schumacher sieht die wesentlichen Werte städtischen Lebens dem kleinstädtischen Maßstab zugeordnet und strebt nach einer entsprechenden Gliederung auch großer Agglomerationen; Theodor Fischer möchte die Großstadt als „heitere Gemeinschaft vieler Gemeinden" verstanden wissen[8]; Blum vertritt die Auffassung, daß auch für die bedeutendsten kulturellen Aufgaben nicht mehr als 500 000 Einwohner erforderlich seien, und wendet sich deshalb vor allem gegen die „übergroße Stadt".[9]

Es liegt nahe, die Verbindungslinien zu ziehen zur jüngeren Entwicklung, zur Diskussion um „Entballung", zur Neuprägung der Formulierung „überlastete Verdichtungsräume" im ersten Entwurf zum Raumordnungsgesetz des Bundes, aber auch zur konkreten Politik der Gründung neuer Städte von begrenzter Größe in Großbritannien; dem kann hier nicht nachgegangen werden. Eine nicht minder interessante, hier gleichfalls nicht weiter zu verfolgende Frage ist es auch, wieweit sich Martin Wagners These bewahrheitet hat, die, 1934 formuliert, viel von der geistigen Grundhaltung der ersten Jahrhunderthälfte

---

4 Schultze-Naumburg, Paul, „Kulturarbeiten", Bd. IV, „Städtebau", 2. Aufl. München 1909.
5 Tessenow, Heinrich, „Handwerk und Kleinstadt", Berlin 1919.
6 Heiligenthal, a.a.O., S. 121.
7 Langen, Gustav, „Stadtplan und Wohnungsplan", Leipzig 1927.
8 Fischer, Theodor, „Die Stadt", in: Wissenschaftliche Vorträge, gehalten auf der Hochschultagung der Technischen Hochschule München, München 1928, S. 13.
9 Blum, Otto, „Städtebau", 2. Aufl. Berlin 1937, S. 13 f.

verrät: „Die Schwelle einer neuen Zeit ist überschritten! Die alten Städte sinken immer tiefer in die Dunkelkammer überlebter Lebensformen. Nur drei Generationen haben diese Städte erlebt: In der ersten Generation (von 1870 bis 1900) waren sie unangreifbar. In der zweiten Generation (von 1900 bis 1930) griffen mutige Männer sie an. In der dritten Generation (von 1930 bis 1960) werden sie überwunden sein. Das neue Bild der Stadt steht bereits vor unseren Augen: Formhaft, menschlich und ökonomisch!"[10]

4.2 Planungsziele: Sicherheit und Ordnung

Dieses Planungsziel taucht bezeichnenderweise in reiner Form nur im ersten Zeitabschnitt auf, in dem das liberale Staatsverständnis, allein auf Gefahrenabwehr gerichtet, noch nicht ernsthaft in Frage gestellt ist. Gefahrenabwehr als Polizeiaufgabe — dem entspricht auf baulichem Gebiet das Tätigkeitsfeld der Baupolizei, aus dem Baumeister für die städtebaulichen Aufgaben Feuersicherheit, Gesundheit und Verkehr als Hauptanliegen ableitet. Demgegenüber ist Howards Hinweis auf die Fernhaltung krimineller Elemente aus der Gartenstadt ebenso speziell wie Feders Bezugnahme auf Luftschutzgesichtspunkte bei der Entscheidung über Größenordnung und Standort von Siedlungen.

4.3 Planungsziele: Sozialethik und Sozialpolitik

In engem Zusammenhang mit den grundsätzlichen Betrachtungen über Wert und Unwert der Stadt steht auch die Frage, in welchem Maße Gesichtspunkte der Sozialethik und der Sozialpolitik in den Städtebau Eingang finden sollten. Baumeisters Forderung nach einem „gleichmäßigen sozialen Wohlstand durch alle Klassen", seine These, daß „eine richtige Stadterweiterung einen sehr wichtigen Bestandteil aller sozialen Reformen" darstelle, und seine Beschäftigung mit der Alternative der Absonderung oder Vermischung von Bevölkerungsklassen machen deutlich, daß dieser Themenkomplex schon früh durchaus differenziert gesehen wird.

Baumeister konnte sich bei seinen Bemerkungen nicht nur auf die schon vorhandene Literatur zur Wohnungsreform stützen, aus der sich das mehrfach erwähnte Buch von Arminius durch seinen ausgeprägten Bezug zu Fragen der Stadterweiterung heraushebt, sondern auch auf die Kritik Ernst Bruchs am Berliner Bebauungsplan, die eine Reihe von Bemerkungen gerade zur Sozialpolitik enthält. So verweist Bruch auf „die großen Gefahren der Anhäufung eines gewaltigen Einwohner-,Urbreis', statt eines harmonisch gegliederten, sich selbst verwaltenden, tatkräftigen Gemeindebürgertums"[11], er betont den Vorteil der Entwicklung Londons, die dank geringer Straßenbreiten das Festhalten

---

10 Wagner, Martin, „Die neue Stadt im neuen Land", Berlin 1934, S. 24.
11 Bruch, a.a.O., S. 69.

am Einfamilienhaus erlaube, also nicht nur zur Mietskaserne führe, von der er sagt: „Hinter himmelhohen antiken Palästen mit aufgeklebtem Zink und Stuck sieht das menschliche Elend, vor dem sich nun einmal eine Großstadt nicht retten kann, ungleich jammervoller aus."[12] Bruch fährt fort: „Das Zusammenpacken der ganzen menschlichen Gesellschaft unter einem Dach, wie in einer Arche Noah, wirkt unseres Erachtens schädlich auf die soziale Entwicklung einer Stadt. Es befördert eine Überhebung aller Stände, ein Hinausgehen über die gegebenen Verhältnisse, Neid, Frechheit und Feindschaft der untersten Volksklassen. Wir wollen durchaus nicht den reinen Gegensatz der Scheidung der ganzen menschlichen Gesellschaft nach Stadtteilen, die ohnehin nicht ausführbar ist, weil jede Klasse zur Erhaltung ihrer Existenz auf die andere angewiesen ist." Er weist dann auf Paris als negatives Beispiel für solche Entmischungstendenzen hin und stellt dem London mit seiner feinkörnigen Differenzierung gegenüber: „Durch eine derartige lokale Mischung und Trennung der Bevölkerung eines Stadtteils ist jeder im Stande, an den Vorteilen des Ganzen teil zu nehmen, ohne die Nachteile der Mietskaserne mit in den Kauf nehmen zu müssen. Es wird ein einträchtiges Zusammenwohnen, aber keine, den tatsächlichen Verhältnissen geradezu Hohn sprechende Vermengung der verschiedenen Bestandteile der Bevölkerung herbeigeführt."[13]

Wie Baumeister, so spricht sich auch Stübben für einen mittleren Weg zwischen den Extremen der Trennung und der vollständigen räumlichen Vermischung der Bevölkerungsklassen aus; in ähnlicher Weise äußert sich auch Unwin. Interessant ist in diesem Zusammenhang der Vergleich der beiden zeitlich eng benachbarten Stadtdiagramme von Fritsch (1896) und Howard (1898). Trotz einiger Ähnlichkeiten unterscheiden sie sich grundlegend in der Standortdifferenzierung nach sozialen Schichten; Howard sieht eine solche nicht vor — allenfalls könnte man annehmen, daß die Wohngebäude entlang der „Grand Avenue" etwas mehr Sozialprestige ausstrahlen —, während bei Fritsch ein deutliches Gefälle von den vornehmen Villen nahe dem Stadtzentrum bis zu den Arbeiterwohnungen am Stadtrand postuliert wird.[14]

In den späteren Quellen tritt nun dieser Aspekt merklich zurück, obwohl das Thema bis in die Gegenwart hinein aktuell geblieben ist. Durchgehend dagegen wird die Auffassung vertreten, die städtebaulichen Maßnahmen hätten zur Milderung der sozialen Gegensätze beizutragen; die Voraussetzung dazu, die besondere Fürsorge für die Bedürfnisse der sozial schwächeren Bevölkerungsschichten, wird vielfach explizit genannt — von Faßbender bis zu Schumacher.

---

12 Bruch, a.a.O., S. 102.
13 a.a.O., S. 103. Allerdings finden wir sowohl bei Arminius wie auch bei Hobrecht eine abweichende Darstellung der Situation in London — im Sinne einer weitgehenden Trennung der Bevölkerungsschichten (Arminius a.a.O., S. 129: Zitat einer Rede von Lord Shaftsbury; Hobrecht zitiert bei Hegemann, Werner, „Das steinerne Berlin", Berlin-Frankfurt-Wien 1963, S. 232 f).
14 Fritsch, Theodor, „Die Stadt der Zukunft", Leipzig 1896.

Blum formuliert diesen Gedanken ganz unmittelbar: „Wir arbeiten in erster Linie für ‚arme Leute'!"[15]

Erwähnung verdient weiter der Gedanke, durch das Ordnungsmittel der Planung einen Zuwachs an Freiheit zu gewinnen; Howard hebt ihn in mehr pragmatischer Weise hervor, während Hoepfner ihn mit einer Zielvorstellung der „Freiung" verknüpft – ein Begriff, in dem wir unschwer die „Emanzipation" von heute wiedererkennen. Bei Feder dagegen finden wir, dem Zuge der Zeit entsprechend, den Anspruch der Gemeinschaft auf Einordnung des einzelnen stärker betont, wobei sich ideologische Einflüsse des Nationalsozialismus mit allgemeineren sozialstaatlichen Tendenzen überlagern.

Mehrfach wird zur Kennzeichnung des sozialethischen Anliegens der Begriff der Menschenwürde gebraucht; Gurlitt verwendet ihn mit unmittelbarem Bezug auf die Wohndichten in der Stadt, während Schumacher an anderer Stelle als Ziel der Stadtplanung bezeichnet, „die Linien der Zukunft so zu gestalten, daß möglichst menschenwürdige Lebensverhältnisse entstehen".[16]

4.4 Planungsziele: Wirtschaftlichkeit

Im ersten Zeitabschnitt wird dieses Ziel noch nicht explizit angesprochen, obwohl es zweifellos von vornherein eine maßgebende Rolle spielt; dies ergibt sich schon aus dem Titel von Baumeisters Buch. Man kann vielleicht davon ausgehen, daß wirtschaftliche Erwägungen zu selbstverständlich erscheinen, als daß sie besonderer Erläuterungen bedürften. Henrici ist anscheinend der erste, der die Bedeutung der volkswirtschaftlichen Gesichtspunkte nachdrücklich betont – vielleicht als Gegengewicht zu seinem im übrigen stärker ästhetisch orientierten Ausführungen[17]. Auch Faßbender legt den großen wirtschaftlichen Wert eines Verbauungsplanes dar, der zudem noch die Baulust anrege und die Industrie anziehe. Deutlicher noch wird diese Zielsetzung in den Jahren nach dem ersten Weltkrieg angesprochen: „Der Städtebau, der früher als eine Frage der Bau- und Verwaltungstechnik, des Bau- und Hypothekenrechts betrachtet wurde, offenbarte sich als das gewaltigste Wirtschaftsproblem der gewerblichen Siedlung..." und „Grundlage der Stadtgestaltung ist die Wirtschaft"[18] heißt es bei Heiligenthal, und vermutlich in der gleichen Zeit schreibt Hegemann: „Nur die Völker, die ihre großen Städte organisieren können, werden auf die Dauer im internationalen Wettstreit ihren Platz behalten."[19] Ähnlich argumentieren Sierks[20] und Hoepfner; auch Brunner betont die Bedeutung wirtschaftlicher

---

15 Blum, a.a.O., S. VI.
16 Schumacher, F., „Wesen und Organisation der Landesplanung im hamburgisch-preußischen Planungsgebiet", Hamburg 1931, S. 16.
17 Henrici, a.a.O., S. 143 und S. 201.
18 Heiligenthal, a.a.O., S. XVII und S. 103.
19 zitiert bei Rainer, Roland, „Städtebauliche Prosa", Tübingen 1948, S. 43 (o. Quellenang.).
20 Sierks, Hans-Ludwig, „Wirtschaftlicher Städtebau u. angewandte kommunale Verkehrswissenschaft", Dresden 1926, S. 7.

Gesichtspunkte, aber auch die Notwendigkeit ihrer Einordnung in das Gefüge einer sozioökonomisch orientierten Politik. Ein Blick ins Ausland zeigt, daß diese stärkere Hervorhebung wirtschaftlicher Ziele nicht auf Deutschland beschränkt ist: „Where the early plan was once content to be a noble design, the modern plan aspires to qualify as a productive piece of economic machinery."[21] In der Folgezeit klingt diese einseitige Betonung wieder etwas ab; im vierten Zeitabschnitt finden wir nur bei Feder eine ausführlichere Auseinandersetzung mit wirtschaftlichen Gesichtspunkten, vor allem, soweit sie die von ihm propagierte Schaffung neuer Kleinstädte stützen.

4.5 Planungsziele und Entwurfshinweise: Hygiene

Während es bei allen anderen Zielkategorien relativ leicht war, die grundsätzlichen Aussagen von den daraus abgeleiteten Entwurfsregeln zu trennen, erwies sich dies gerade bei den hygienischen Gesichtspunkten als unpraktikabel, da die deutliche Verflechtung zu Wiederholungen hätte führen müssen. Fast in jedem Falle findet sich ein enger Zusammenhang von kritischer Betrachtung, Zielaussagen und Entwurfshinweisen. Baumeister kritisiert nicht nur die mangelnde Besonnung, Belichtung und Belüftung vieler Wohnungen, sondern schließt daran auch eine Berechnung über die finanziellen Schäden ungesunder Wohnverhältnisse durch Krankheitskosten und Verdienstausfall. Daß die Hygiene eine neue Wissenschaft sei, gilt ihm als Erklärung für die Tatsache, daß präzise wissenschaftliche Aussagen – etwa über das richtige Verhältnis von Höhe und Abstand der Gebäude – noch nicht vorlägen und daß auch der Wortlaut der hygienischen Vorschriften zu unbestimmt für deren sichere Handhabung sei.

In der Folgezeit nimmt sich der „Deutsche Verein für öffentliche Gesundheitspflege" mehrfach städtebaulicher Themen an; so beschließt er 1885 auf einer Versammlung in Freiburg „Thesen über Städteerweiterung besonders in hygienischer Beziehung". In ihnen sind zahlreiche generelle Forderungen aufgestellt, in die hygienische Gesichtspunkte einbezogen sind, ohne jedoch übermäßig in den Vordergrund zu treten. Entwässerung, Hochwasserschutz, Reinhaltung der natürlichen Wasserläufe sind wichtige Punkte; im übrigen wird gefordert, keine faulen oder Fäulnis erregenden Stoffe zur Anschüttung zu verwenden und hygienische Anforderungen bei allen Um- und Neubauten zu beachten. Die letzte dieser – übrigens von Baumeister beeinflußten – Thesen heißt: „Es ist dringend zu wünschen, daß die hygienisch-technischen Fragen der Stadterweiterung auf unseren Hochschulen mehr als bisher behandelt und zum Gegenstand vollständiger Lehrkurse gemacht werden."[22]

In der nächsten Jahrestagung setzt sich der Verein für die Einrichtung unterirdischer Kanalisation „für alle größeren, insbesondere die mit Wasserleitung

---

21 „Regional Survey of New York and its Evirons" Bd. I, New York 1927, Einleitung.
22 Vgl. Stübben, a.a.O., S. 554 f.

ausgestatteten Städte" ein, empfiehlt im Grundsatz das Mischsystem und befürwortet die Verwertung des Abwassers auf Rieselfeldern und die Abwasserreinigung vor der Einleitung in Flußläufe,[23] 1886 beschäftigt sich der gleiche Verein mit Fragen der Standortwahl von belästigender Industrie,[24] 1889 mit dem Entwurf reichsgesetzlicher Vorschriften zum Schutze des gesunden Wohnens.[25] Stübben setzt sich in seinem im folgenden Jahre erschienenen Buch ausführlich mit den hygienischen Gesichtspunkten auseinander; Wasserversorgung und Entwässerung, Luft und Licht durch angemessene Straßenbreiten und Gebäudeabstände sind die Hauptthemen. Eingehend, aber mit einer gewissen Reserve, erörtert Stübben die verschiedenen Vorschläge für die angemessene Besonnung der Wohnungen und die daraus abgeleiteten Regeln für Straßenrichtung und Straßenbreite. Im allgemeinen sieht er die Verkehrs- und nicht die Besonnungserwägungen als maßgebend für die Straßenrichtung an.

Offenkundig setzt um diese Zeit eine deutliche Schwerpunktverlagerung bei der Erörterung hygienischer Gesichtspunkte im Städtebau ein: nicht mehr Fragen der Wasserversorgung und der Entwässerung stehen im Vordergrund, sondern Gebäudeabstände und Grünflächen, „Licht, Luft und Sonne".[26] Diese Tendenz wird auch deutlich in den 1895 vom Deutschen Verein für öffentliche Gesundheitspflege beschlossenen Leitsätzen über Maßnahmen zur Herbeiführung eines gesundheitlich zweckmäßigen Ausbaues der Städte, in denen es heißt:

„Zu den Maßregeln, welche dazu dienen, im Stadterweiterungsgelände die Bebauung gesundheitlich zweckmäßig zu gestalten und in alten Stadtteilen gesundheitswidrige Bauzustände zu verbessern, gehören:
I. Die Aufstellung eines den gesundheitlichen Anforderungen entsprechenden Bebauungsplanes (auf Grund eines geeigneten Fluchtliniengesetzes);
II. Die gesetzliche Feststellung eines amtlichen Verfahrens zur Umlegung unbebauter städtischer Grundstücke in baugerechte Formen (Umlegungsgesetz);
III. Die Ausdehnung des kommunalen Enteignungsgesetzes (Gesetz über Zonenenteignung);
IV. Die unterschiedliche Feststellung der baupolizeilichen Vorschriften für die inneren und äußeren Stadtteile (abgestufte Bauordnung)."

Erläuternd werden gefordert „ausreichende Versorgung der Stadt mit Wasser, Licht, Luft und Pflanzungen ... die baupolizeiliche Anordnung, daß in den äußeren Teilen der Stadt weniger hoch und weniger dicht gebaut werde als in der Innenstadt ... im Sinne der zunehmenden Weiträumigkeit und der Bevorzugung des Einfamilienhauses ... Hintergebäude (sollen) nach Möglichkeit ver-

23 Vgl. Stübben, a.a.O., S. 555.
24 Vgl. Stübben, a.a.O., S. 556.
25 Vgl. Stübben, „Der Städtebau", 3. Aufl., Leipzig 1924, S. 702.
26 Martin Wagner wählt als Motto für die Einleitung seiner Schrift „Städtische Freiflächenpolitik", Berlin 1915, S. XI, ein Zitat von Muirhead, ohne die Quelle anzugeben: „The problem of the generation was to provide gas and water, the problem of the next is to provide light and air."

mieden, kleinere Wohnhäuser begünstigt werden." Einer der beiden Referenten für diesen Beschluß war übrigens Stübben.

Für das wachsende Gewicht hygienischer Gesichtspunkte im Städtebau spricht auch die Tatsache, daß im ersten Jahrzehnt des 20. Jahrhunderts mehrere Veröffentlichungen über die Beziehungen von Hygiene und Städtebau erschienen; Nußbaum[27] befürwortet für die Verkehrsstraßen eine die Straßenbreiten überschreitende Gebäudehöhe und eine möglichst weitgehende Annäherung an die Ost-West-Richtung (um Schatten für die Straße zu sichern); für Wohngebäude hält er ein Verhältnis von Höhe zu Abstand von 1 : 1 in Süddeutschland, 5 : 6 in Mitteldeutschland und 4 : 5 in Norddeutschland für zweckmäßig. Er kritisiert die Tendenz, in der offenen Bauweise ein Allheilmittel zu sehen und propagiert das Einfamilienreihenhaus. Zur Straßenrichtung äußert er sich auch unter dem Gesichtswinkel der Besonnung und der vorherrschenden Winde, sieht aber in jedem Falle den Verkehr als maßgebenden Bestimmungsfaktor. Kassner behandelt klimatische Einflüsse auf den Städtebau und daraus abgeleitete Entwurfsgesichtspunkte[28], während Salomon das Schwergewicht auf Versorgungs- und Abwasserfragen legt[29].

Faßbender unterstreicht die Notwendigkeit, zu große Dichte und Überbelegung der Wohnungen zu vermeiden und spricht sich im Gegensatz zu Nußbaum dafür aus, die Ost-West-Richtung für neu anzulegende Straßen zu vermeiden. In „Licht, Luft und Raum für gesundes Wohnen und Arbeiten" sieht er die Richtschnur für das künftige Bauen.

Bei der Diskussion um die beste Gebäuderichtung setzt sich mehr und mehr die Auffassung durch, eine Orientierung der Wohnseiten nach Ost und West – Schlafräume nach Osten, Wohnräume nach Westen – sei für die geschlossene Bebauung am besten[30].

Gurlitt und Hoepfner setzen sich ausführlich mit Entwurfsregeln auseinander, die aus hygienischen Forderungen abgeleitet sind, wobei einer der Schwerpunkte im Bereich der Wohnungshygiene, ein anderer bei dem liegt, was heute Umweltschutz genannt würde: Lärmabschirmung, Abfallbeseitigung, Immissionsschutz.

Wenn im letzten Zeitabschnitt nur noch eine kurze Bemerkung von Feder über die Berücksichtigung der vorherrschenden Windrichtung bei der Standort-

---

27 Nußbaum, a.a.O., S. 18 f.
28 Kassner, C. „Die meteorologischen Grundlagen des Städtebaues", in: Städtebauliche Vorträge III, Hft. 6, Berlin 1910.
29 Salomon, Hermann, „Die hygienischen Vorbedingungen für Ortsansiedlungen", in: Städtebaul. Vorträge III, Hft. 3, Berlin 1910.
30 So außer Hoepfner z. B. auch Heiligenthal, a.a.O., S. 185. Eine sehr eingehende, in gewissem Sinne geradezu monomane Auseinandersetzung mit der Frage der Gebäudestellung, die stets im Sinne der „heliothermischen Achse" gewählt werden müsse, enthält das Buch von Rey, A.-Augustin, Justin Pidoux, Charles Barde, „La science des plans de villes, ses applications à la construction, à l'extension, à l'hygiène et à la beauté des villes/orientation solaire des habitations", Lausanne und Paris o. J. (1928).

wahl städtischer Einrichtungen erfaßt ist, so ist das insofern etwas zufällig, als im gleichen Zeitraum — etwa bei Blum und bei Hilberseimer[31] — Fragen der Besonnung besondere Aufmerksamkeit erfahren; andererseits läßt sich jedoch feststellen, daß die Grundsätze der Hygiene offenbar soweit zum festen Bestandteil der städtebaulichen Arbeit geworden sind, daß sie insgesamt weniger Betonung erfahren.

4.6 Planungsziele: Gestaltung

Die vielfältigen Aspekte der Gestaltung im Städtebau werden an anderer Stelle ausführlicher behandelt; hier geht es um die Frage nach dem Stellenwert der Gestaltung unter den Zielen städtebaulicher Planung. Dieses Thema ist schon im Rahmen der Abwägung der Bedürfnisse ins Blickfeld geraten: die häufiger genannten „schönheitlichen Gesichtspunkte" beziehen sich auf eben dieses Ziel. Gleichwohl ist es aufschlußreich zu sehen, in welcher Form es in den verschiedenen Zeitabschnitten unmittelbar angesprochen wird. Bei Baumeister liegt es eindeutig außerhalb des Blickfeldes, während es bei Sitte im Mittelpunkt steht, ohne daß er es allerdings verabsolutierte. Stübben, Faßbender und Hoepfner erwähnen das Gestaltungsziel als eines unter mehreren; auch Unwin, der das Anliegen der Gestaltung vor allem darin sieht, die Indiviualität des Ortes zu betonen, und Gurlitt äußern sich mit einer gewissen Zurückhaltung; sie hängt offenbar eng mit der von Hoepfner zum Ausdruck gebrachten Sorge zusammen, die städtebaulichen Aufgaben könnten in den Augen von Nichtfachleuten an Bedeutung verlieren, wenn man zu viel von der „schönen Stadt" spreche. Schönheit, so fürchtet man, könnte als kostspieliger Luxus angesehen werden, auf den der nüchtern und praktisch denkende Bauherr oder Politiker dann leicht verzichten würde.

Mit größerem Nachdruck dagegen bekennen sich Wetzel und Schumacher zu diesem Ziel. Wenn Wetzel sich dabei auf die funktionellen Aussagen Feders stützt und dadurch den Weg freigemacht sieht für die Gestaltung, so ist das offenbar ein ähnlicher Denkansatz wie der Schumachers, der mit der Ordnung der Lebenszusammenhänge beginnen will, sie aber als Grundlage zu etwas Höherem ansieht: eben zum künstlerischen Gestalten. Hier steht also die Gestaltung ganz oben in der Zielhierarchie — im deutlichen Gegensatz zu den Aussagen des ersten Zeitabschnitts, unter denen selbst die Sittes keinen so hohen Anspruch für die Gestaltung erheben. Dennoch wäre es wohl falsch, daraus auf den überragenden Einfluß einer zeitlichen Schwerpunktverschiebung zu schließen; sie wird zumindest sehr stark überlagert durch die Tatsache, daß offenbar zu jeder Zeit im Städtebau verschiedene Strömungen nebeneinander herlaufen, die man grob in mehr technisch, mehr funktionell und mehr gestalterisch orien-

---

31 Blum, a.a.O., S. 72.
Hilberseimer, Ludwig, „The New City", Chicago 1944, S. 76 ff.

tierte unterteilen könnte. Die nach außen sichtbaren Gewichtsverschiebungen hängen dabei auch von der Bedeutung der Persönlichkeit ihrer Verfechter ab; das wird gerade an Schumacher sehr deutlich.

5. Organisation des Planens

5.1 Planungsorganisation und Planarten

Es ist aufschlußreich, daß dieses Thema schon im ersten Zeitabschnitt mit erheblicher Breite und Tiefe behandelt wird. Baumeister und Stübben setzen sich bereits ausführlich mit dem Verhältnis von Staat und Gemeinde auseinander, sehen auch schon die Probleme, die aus der Zersplitterung der Kompetenzen erwachsen und machen praktische Vorschläge zu ihrer organisatorischen Bewältigung. Baumeisters Empfehlung, die Träger öffentlicher Belange ebenso wie die Grundeigentümer und Interessenten zu beteiligen, klingt ähnlich modern wie Stübbens Ruf nach mehr positiven Planungskompetenzen. Stübbens zweite Auflage liegt schon im zweiten Zeitabschnitt unserer Untersuchungen; sie enthält zusätzlich einen Hinweis auf den Gewinn an Vielfalt und Individualität, der durch das Eingehen auf Planungsvorschläge der Bauträger zu erzielen sei, und ein Bekenntnis zur positiven Rolle der Staatsaufsicht im Städtebau. Beide Anliegen tauchen auch in dem wenige Jahre danach erschienenen Buch Unwins auf; auch er möchte mit einer Aufsichtsbehörde bei der Zentralregierung in London den Einfluß örtlichen Interessentendrucks verringern.

In der Zwischenzeit hat sich nun auch das Konzept einer Zweistufigkeit der Planung in der Praxis durchgesetzt; mit dem Aufkommen der Staffelbauordnungen — die erstmalig eine Gliederung des Stadtgebietes nach Art und Maß der Nutzung erlauben — wurde über den Fluchtlinienplan hinaus ein Gesamtüberblick über die wünschenswerte städtebauliche Ordnung notwendig, der unter mehreren Namen auftritt: Faßbender spricht von ,,Generalplänen", Gurlitt, Hoepfner und Schumacher vom ,,Generalbebauungsplan"; ,,Flächenwidmungsplan", ,,Flächenaufteilungsplan" und ,,Wirtschaftsplan" zielen in die gleiche Richtung. Heute entspricht dem im wesentlichen der Flächennutzungsplan mit seinen zahlreichen Beiplänen, auf deren Notwendigkeit auch Schumacher schon hinweist. Bei Gurlitt wie bei Schumacher scheinen auch bereits weitergehende Ansprüche durch die Argumentation hindurch, die in die Richtung des heutigen Stadtentwicklungsplanes zielen.

Zur Planungsorganisation trägt Faßbender eine Reihe von Feststellungen und Empfehlungen bei, während dieser Aspekt bei den späteren Autoren weniger Beachtung findet — vielleicht, weil die organisatorischen Erfordernisse inzwischen als geklärt galten.

5.2 Planverfahren

Es ist bemerkenswert, daß zu diesem Thema nur sehr wenige Aussagen gefunden werden konnten — kaum eine zu dem sachlichen und formalen Ablauf eines Planaufstellungsverfahrens, der heute erhebliche Aufmerksamkeit zu erfahren pflegt. Allenfalls kann man die im vorigen Abschnitt erwähnten Aussagen einzelner Autoren zur Beteiligung von Behörden und Interessenten an der Planvorbereitung hier einordnen, aber das weitere Verfahren wird nicht behandelt.

Das Augenmerk der Autoren in der ersten Phase ist auf die Planänderungen gerichtet, offenbar weil vor allem sie es sind, die Verfahrens- und Rechtsprobleme aufwerfen. Wir sahen schon, daß Bruch jegliche Planänderung für unzulässig hielt (vgl. Abschnitt 2.1); Baumeister und Stübben halten Änderungen immerhin dann für möglich, wenn triftige Gründe dafür vorliegen. Auch für Faßbender ist das ein wichtiger Punkt; darüber hinaus beschäftigt er sich mit der zeitlichen Abfolge der einzelnen Schritte bei der Planaufstellung. Unwins Aussagen zur gestalterischen Einflußnahme beziehen sich nur auf ein Randgebiet der Verfahrensfragen; in späteren Zeitabschnitten konnten keine Aussagen mehr gefunden werden, die sich unter diese Kategorie hätten einordnen lassen.

5.3 Verhältnis des Städtebaues zur politischen und administrativen Organisation

Städtebau als gemeindliche Aufgabe — so nach den Fluchtliniengesetzen (zuerst in Baden 1868, in Preußen 1875) weitgehend anerkannt — muß dort auf Schwierigkeiten stoßen, wo die städtebaulichen Probleme nicht mehr an den Gemeindegrenzen haltmachen. Das ist in der Zeit des Stadtwachstums eine frühe Erkenntnis, und so erörtern Baumeister und Stübben diesen Sachverhalt und die Möglichkeit der Abhilfe durch Eingemeindung. Das gleiche Thema beschäftigt auch Faßbender, der daneben noch die Rolle des auswärtigen Planers im Rahmen des örtlichen politischen Kräftespiels berührt.

Da Howards Gartenstadtkonzept nur praktikabel ist, wenn der Stadtverwaltung Kompetenzen zustehen, die über die damals — wie heute — im öffentlichen Recht verankerten hinausgehen, spielt das Thema der politischen und administrativen Organisation für ihn eine zentrale Rolle; die Stadtverwaltung der Gartenstadt muß die Befugnisse der Hoheitsbehörde mit denen des Grundeigentümers vereinen, um die Entwicklungsziele wirklich sichern zu können.

In den beiden letzten Zeitabschnitten sind es nur Gurlitt und Schumacher, die sich mit diesen Fragen beschäftigen. Gurlitt schwebt eine bauliche Gliederung des Stadtgefüges vor, die eine „Bildung von Einzelgemeinden innerhalb der Gesamtgemeinde" ermöglichen soll; er postuliert also die Nachbarschaftseinheit als politische Untergliederung der Stadt – ein Gedanke, der auch in der späteren Diskussion um den Nachbarschaftsbegriff gelegentlich auftritt. Schumacher dagegen sieht aus langjähriger Erfahrung die Probleme der politischen und administrativen Beziehungen der Planung in ihrer ganzen Vielschichtigkeit und zeigt die wichtigsten auf – wenn auch in zurückhaltender Diktion: das Auseinanderklaffen von sinnvollem Planungsraum und überkommenem Verwaltungsraum, die Beziehungen von Landesplanung und gemeindlicher Planung, die unterschiedliche Verwaltungskraft und Sachkompetenz von formal gleichberechtigt an der Planung beteiligten Gemeinden. Auch die Zuständigkeitsregelungen innerhalb der Verwaltung werden von Schumacher aus offenbar aktuellem Anlaß berührt.

5.4 Beziehung zum Bürger und zur Öffentlichkeit

Im ersten Zeitabschnitt bleibt dieses Thema fast ganz außerhalb der Diskussion. Planung als Gefahrenabwehr hat keinen besonderen Stellenwert in der Öffentlichkeit, braucht ihr auch nicht besonders nahe gebracht zu werden, weil sie offenbar nicht auf eine Unterstützung durch die öffentliche Meinung angewiesen ist, sondern begrenzte obrigkeitliche Funktionen erfüllt. Interessant – und doch wohl atypisch für das allgemeine Verständnis – ist Baumeisters Hinweis, die Behörden sollten den Baulustigen nicht als Bittsteller, sondern als Mithelfenden „zum Aufblühen des Gemeinwesens" betrachten.

Das Verhältnis zur Öffentlichkeit ändert sich zuerst in den Vereinigten Staaten, wo städtebauliche Planung nicht wie in Deutschland ihre Wurzeln in der Baupolizei, sondern in Bürgerkommissionen hatte: bis um die Jahrhundertmitte war die von der Verwaltung unabhängige „planning commission" sehr verbreitet. Die Chicagoer Weltausstellung von 1893, das „City Beautiful Movement", Daniel Burnhams Plan für Chicago und manche andere Planungen trugen zur Popularisierung des Städtebaues bei, und Burnhams berühmter Appell zielt unmittelbar auf die Öffentlichkeitswirkung: „make no little plans, for they have no power to stir men's minds."[1] In Amerika zwang schon die organisatorische Struktur zu vermehrter Öffentlichkeitsarbeit, und die Qualität der Berichte und Informationen, die dort der Öffentlichkeit zur Verfügung gestellt wurden, hat in Europa mehrfach Anerkennung gefunden. Auch die Engländer waren in dieser Hinsicht aktiver als die Deutschen; so schreibt Stübben 1910: „Ist die Popularisierung der Städtebaufragen allein auch noch kein Segen, ... so muß sie sogar bei ernster Vertiefung als ein glänzender Erfolg der gründlichen und kraftvollen Bestrebungen der englischen Sozialpolitiker und Architekten rühmend anerkannt werden..."[2]

1 zit. nach Mumford, Lewis, „The City in History", New York 1961, S. 402.
2 Stübben, Josef, „Vom Städtebau in England" in: Städtebauliche Vorträge, Heft 8, Berlin 1911, S. 8.

In den Vereinigten Staaten waren es zuerst die Grünflächen, die Systeme städtischer Parks, die das besondere Interesse der Öffentlichkeit erweckten und gleichsam als Indikator guten Städtebaues galten. Auch Howard rechnet mit der Bereitschaft der Bürger, sich für die Erhaltung von Grün- und Freiflächen einzusetzen. Während Unwin die Bürger an der baulichen Entwicklung zumindest ihres engeren Wohnbereiches interessieren will, sieht Faßbender — darin wohl kennzeichnend für die damals vorherrschende kontinentale Auffassung — in der Veröffentlichung von Plänen zunächst das Element der Information und der Rechtssicherheit. Allerdings finden wir fast gleichzeitig bei Hegemann eine weitergehende, erkennbar am britischen Vorbild orientierte Auffassung: „Nicht polizeiliche Bebauungspläne, sondern eine starke, alle Teile der Bevölkerung repräsentierende Selbstverwaltung, ein Bürgertum mit hoher Lebenshaltung und eine starke öffentliche Meinung sind wesentlich für die segensreiche Entwicklung des Städtebaues!"[3]

Bei Hoepfner vereinigen sich die beiden Gesichtspunkte der Information und der Mitsprache, während Gurlitt stärker auf das Mitdenken des Planers für den künftigen Bewohner zielt. Im letzten Zeitabschnitt finden wir bei Feder ein etwas verschwommenes Bekenntnis zur Gemeinschaft ohne konkreten Hinweis darauf, wie sich diese im Städtebau artikulieren sollte, bei Schumacher dagegen den Wunsch, Verständnis und Interesse für städtebauliche Fragen im Bürger zu erwecken.

6. Rechts- und Kostenfragen des Planens

6.1 Bodenrecht, Bodenordnung, Bodenpolitik

Mit dem rapiden Stadtwachstum des 19. Jahrhunderts mußten einerseits die Phänomene der Bodenwertentwicklung und Bodenspekulation, andererseits die Frage nach dem geeigneten rechtlichen Instrumentarium zur Sicherung einer geordneten Entwicklung ins Blickfeld der Fachleute kommen. So betonen Baumeister und Stübben die Notwendigkeit neuer bodenrechtlicher Handhaben, vor allem für eine gesetzliche Baulandumlegung und für eine Anzahl weiterer Regelungen zur Neuordnung der Parzellenstruktur im Interesse einer besseren Bebauung. Andererseits sehen beide nur beschränkte Möglichkeiten zu Eingriffen in die Eigentümerrechte.

Die Klagen über die Bodenspekulation und die mit ihr verbundenen Mißstände setzen sich auch später fort; dabei gewinnt zunehmend die Auffassung an Boden, man solle den Eigentümer zu Gegenleistungen für das ihm gewährte

---

3 Hegemann, Werner, „Der Städtebau nach den Ergebnissen der allgemeinen Städtebau-Ausstellung in Berlin", Bd. II, Berlin 1913, S. 154.

Recht der Bebauung seines Grundstücks verpflichten. Indessen wird die entscheidende Diskrepanz zwischen den beiden Steuerungsmechanismen Markt und Plan kaum je gründlich durchleuchtet, so daß auch die Abhilfevorschläge, auf verschiedenen Ebenen liegend, Stückwerk bleiben. Einerseits wird seit Baumeister auf den Vorzug einer gemeindlichen Bodenpolitik mit dem Ziel hingewiesen, mit einem möglichst hohen Marktanteil das Preisgefüge zu beeinflussen; andererseits wird aber auch eine Stärkung des öffentlichen Rechts befürwortet, um beispielsweise durch Ausnutzungsbeschränkungen preisregulierend zu wirken.

Grundsätzliche Vorschläge werden nur von Howard gemacht, der allen Grund und Boden im Eigentum der Gemeinde erhalten und ihr damit die Wertsteigerungen zugute kommen lassen will, die sich aus der Entwicklung des Gemeinwesens ergeben. Der Boden soll also nicht veräußert, sondern auf dem Wege des Erbbaurechts den Nutzern überlassen werden. Diese These, von Howard nachdrücklich verfochten und im Bewußtsein der Fachleute meist eng mit seinem Gartenstadtkonzept verknüpft, ist allerdings zwei Jahre zuvor mit ähnlicher Eindringlichkeit von Theodor Fritsch vertreten worden:

„Eine wichtige Vorbedingung für das Gedeihen einer solchen Stadt wäre allerdings zu erfüllen: der gesamte Grund und Boden muß Gemeinde-Eigentum sein und bleiben; er ist nur pachtweise auf größere Zeiträume (60–90–120 Jahre) zur Bebauung an die Bürger zu überlassen... Nur bei Gemein-Eigentum kann sich ein großes städtisches Gemein-Wesen frei und gesund entwickeln... Alle heutigen Großstädte drohen zu ersticken in den Schlingen der privaten Boden-Spekulation und der unsinnigen Steigerung der Boden-Preise... Neben anderen Annehmlichkeiten, die die neue Stadt ihren Bewohnern böte, würde nicht unerheblich ins Gewicht fallen, daß sie von ihren Einwohnern eine sehr geringe oder gar keine kommunale Steuer zu erheben brauchte. Der Ertrag der Bodenpacht und die fortschreitende Wert-Steigerung des Bodens würde die Gemeinde-Verwaltung in die Lage versetzen, alle öffentlichen Ausgaben zu bestreiten und in freigiebigster Weise für die Gesundheit und Bequemlichkeit ihrer Bürger zu sorgen."[1]

Was bei Schumacher später als Gegensatz zweier Weltanschauungen dargestellt wird, ist in diesem Vorschlag überbrückt durch die doppelte Rolle der Gemeinde als Hoheitsbehörde und Grundeigentümerin, also letztlich durch die Herausnahme der Neugründungen aus dem sonstigen Wirtschaftssystem. Daß damit die Probleme der bestehenden Städte nicht gelöst sind, versteht sich, aber erst gegen Ende unseres Untersuchungszeitraumes wird eine Arbeit veröffentlicht, die diesen Gedanken des Erbbaurechts als Grundlage aller Stadtentwicklung propagiert.[2]

Zwischen den von Schumacher dargestellten grundsätzlichen Positionen – unbeschränktes Recht auf jegliche Bodennutzung einerseits, Einschränkung dieses Rechts auf die Beibehaltung der bestehenden Nutzung andererseits – ist auch heute noch nicht klar entschieden, wenngleich in den letzten Jahrzehnten

---

1 Fritsch, a.a.O., S. 15 f.
2 Bernoulli, Hans, „Die organische Erneuerung unserer Städte", Basel 1942.

die zweite Position, gestützt auf das Prinzip der Sozialbindung des Eigentums, spürbar an Einfluß gewonnen hat.

Was die sonstigen bodenrechtlichen Bestimmungen angeht, so sind die Umlegung, die Grenzregelung, die Enteignung und ihr Gegenstück, die Inpropriation, schon früh in der Diskussion, wie ein Blick auf Baumeisters und Stübbens Arbeiten zeigt. Tatsächlich sind gesetzliche Vorschriften über die Umlegung in der Folgezeit erlassen worden[3], so daß das Thema später, wenn überhaupt, dann in anderem Sinne erörtert wird: Hoepfner sieht in der Umlegung nur eine „ultima ratio", während Nußbaum sogar die „Lex Adickes" als „entschieden zu weit gehend" bezeichnet, „weil jene Form (der Umlegung) der Aufstellung und Durchführung unzweckmäßiger Bebauungspläne Tür und Tor öffnen würde".[4]

6.2 Planungsrecht (Strukturplanung)

Zur Planung des strukturellen Gefüges der Stadt im Sinne einer Abgrenzung der Bauflächen gegen die Freiflächen, aber auch im Sinne einer räumlichen Unterscheidung von Art und Maß der Nutzung kann man zwar bei Arminius und Bruch einige Aussagen finden; als fachliche Aufgabe wird sie jedoch im ersten Zeitabschnitt noch nicht in vollem Umfange erkannt, zumal auch das rechtliche Handwerkszeug – Staffelbauordnungen und Flächennutzungspläne – sich erst gegen Ende dieses Abschnitts zu formen beginnt. Kennzeichnend für diese Situation ist die Tatsache, daß Baumeister das Bauen im Außenbereich erleichtert sehen möchte, während Stübben immerhin schon die Möglichkeit eines Verbots begrüßt, es jedoch „nur in vorsichtiger Weise ... angewendet" wissen möchte.

Baumeister hält zwar eine Gliederung in Nutzungszonen für sinnvoll (vgl. Abschnitt 7.1), sieht aber in Rechtsvorschriften keine Handhabe dafür; dem entsprechen die bereits an anderer Stelle erwähnten Grundsätze des Verbandes deutscher Architekten- und Ingenieurvereine von 1874, in denen es heißt:

„Die Gruppierung verschiedener Stadtteile soll durch geeignete Wahl der Situation und sonstiger charakteristischer Merkmale herbeigeführt werden, zwangsweise nur durch sanitäre Vorschriften über Gewerbe."[5]

Stübben geht in diesem Punkt bereits weiter: ihm genügen solche lediglich auf die Isolierung störender Industrie gerichteten Vorschriften allein nicht. Bemerkenswert, weil um diese Zeit noch vereinzelt, ist seine Formulierung, der Plan müsse auch regeln, wann ein Grundstück bebaut werden könne. Vielleicht ist damit allerdings nur eine Aussage gemeint, welche Voraussetzungen vorher er-

---

3 So 1892 in Hamburg, 1896 im Großherzogtum Baden, 1900 im Königreich Sachsen, 1902 in Preußen, zunächst für Frankfurt („Lex Adickes"), dann 1918 mit dem preußischen Wohnungsgesetz für das gesamte Staatsgebiet.
4 Nußbaum, a.a.O., S. 147.
5 zitiert nach Sitte, a.a.O., S. 131.

füllt sein müßten, ohne daß man diese Bemerkung als Forderung nach einem Zeitstufenplan im eigentlichen Wortsinne interpretieren dürfte. Vom zweiten Zeitabschnitt an wird immer wieder das Konzept des Generalbebauungsplanes berührt, dessen Inhalt mehr oder minder ausführlich erörtert wird. Faßbender, Gurlitt und Schumacher setzen sich mit ihm auseinander, wobei Gurlitt möglichst wenige und einfache Nutzungskategorien empfiehlt, um dem Vorwurf behördlicher Willkür zu entgehen. Für Unwin steht demgegenüber vor allem die gesetzliche Regelung der Dichte, also des Nutzungsmaßes im Vordergrund, die auch Gurlitt berührt; Feder beschränkt sich auf die Erwähnungen der neueren Gesetzesvorschriften und weist auf ihre Bedeutung zur Eindämmung der früheren „Baufreiheit", also als Hilfsmittel struktureller Planung hin.

6.3 Planungsrecht (Bebauungsplanung)

Bei Baumeister stehen hier Fragen der Gebäudeanordnung auf dem Grundstück im Vordergrund, während eine zusammenhängende Planung über größere Flächen — außer im Sinne eines reinen Fluchtlinienplans — noch nicht in sein Blickfeld tritt. So ist ein wichtiger Punkt offenbar die Regelung des Gebäudeabstandes im Verhältnis zur Höhe, wobei er — je nach der Bedeutung der Gebäudeseite für die Wohnungsbelichtung — differenzierte Vorschriften vorsieht. Daß ihm eine zusammenhängende Freifläche im Blockinneren zwar erwünscht, aber als zu weitgehender Eingriff in die Eigentumsrechte erscheint, um „direkte Vorschriften" zu rechtfertigen, ist bezeichnend für diese frühe Phase.

Bei Stübben wird die Festsetzung hinterer Baulinien erst 1907 als Möglichkeit erwähnt, während Faßbender sie deutlich empfiehlt, Gurlitt und Hoepfner offenbar bereits fest mit ihr rechnen. Neben dem Bebauungsplan selbst spielt auch die Bauordnung eine wichtige Rolle vor allem für die dreidimensionale Entwicklung des Baugebietes; Heiligenthal hebt diesen Punkt besonders deutlich hervor:

„Durch den Bebauungsplan allein kann die bauliche Ausnutzung des Blockinnern nicht völlig geregelt werden, zumal die sogenannten rückwärtigen Baulinien keine Fluchtlinien im Sinne des Gesetzes sind ... Derartige Pläne bedürfen stets der Ergänzung durch eine Baupolizeiordnung ... Nur durch Vereinigung von Bebauungsplan und Bauordnung läßt sich die größtmögliche Wirtschaftlichkeit in der Planung erzielen ... Eine Durchdringung von Hoch- und Flachbau ist ohne Verbindung von Bebauungsplan und Bauordnung nicht möglich."[6]

Ein zentrales Thema der ersten hier betrachteten Zeitabschnitte bildet das Für und Wider offener und geschlossener Bebauung; in der allgemeinen Diskussion galt die offene Bauweise anscheinend als aus hygienischen Gründen vorzu-

---
6 Heiligenthal, a.a.O., S. 152 f.

ziehen. Baumeister und Stübben lassen beide Möglichkeiten gelten, jeweils an geeigneter Stelle, wobei Stübben im allgemeinen – außer im Stadtinnern – der offenen Bauweise den Vorzug gibt. Aus dem Jahre 1904 ist eine Auseinandersetzung zwischen ihm und Hans Christian Nußbaum belegt, wobei dieser der offenen Bauweise wesentlich kritischer gegenübersteht.[7] Faßbender entwickelt noch weitere Untergliederungen der Bauweise, die sich in ähnlicher Form auch bei Gurlitt finden; Hoepfner sieht eindeutige Vorzüge der offenen Bauweise nur bei sehr breitem Bauwich. Etwa gleichzeitig äußert sich Theodor Fischer sehr kritisch zu diesem Thema:

„Auf eine andere Unterscheidung von Bauklassen, die lange Zeit die einzige war, lege ich keinen Wert. Der Gegensatz zwischen offenem und geschlossenem Bausystem ist ein reiner Aktenbegriff, der niemals aus dem Bedürfnis geschöpft worden ist..."[8]

Tatsächlich verliert das Thema danach offenkundig an Interesse; Schumacher behandelt es nicht mehr.

Als Maß für den Gebäudeabstand bleibt bis in die zwanziger Jahre hinein die Gebäudehöhe gültig, weil der Lichteinfall unter 45 Grad ausreichend erscheint; erst danach werden größere Abstände in theoretischen Abhandlungen gefordert und in der Praxis angewandt.

Gestaltungsvorschriften im Zusammenhang mit dem Bebauungsplan werden mehrfach behandelt. Baumeister und Stübben stehen solchen Vorschriften ablehnend gegenüber; allerdings läßt Stübben in der zweiten Auflage eine gewisse Meinungsänderung erkennen. Henrici will 1892 aus den Bauordnungen und baupolizeilichen Vorschriften „alle nur irgend entbehrlichen den freien Willen des bauenden Bürgers beschränkende Vorschriften... entfernen", fordert aber im gleichen Atemzug „für die Ausübung der Baupolizei" Körperschaften, die mit einer Autorität auszustatten seien, „welche sie befähigt, jeder ausartenden Willkür des bauenden Publikums wirksam entgegenzutreten."[9] Auch Howard und Unwin nehmen deutlich gegen Vorschriften Stellung, welche die Gebäudegestaltung zu sehr einengen können, und Gurlitt deutet bei grundsätzlicher Billigung solcher Regelungen die Probleme an, die damit verknüpft sein können. Schumacher weist auf einige Möglichkeiten hin, durch Vorschriften zur gestalterischen Ordnung beizutragen, betont aber zugleich die „Gefahr..., die in allen behördlichen Reglementierungen des architektonischen Aufbaues liegt". In einer weiteren Bemerkung zu diesem Thema behandelt er die wichtige Frage, wie es dem Stadtplaner gelingen kann, seine Gestaltungsabsichten durch die Hand der ausführenden Architekten zu verwirklichen.

7 Nußbaum, H. Chr.: „Verdient die offene oder die geschlossene Bauweise den Vorzug?" Der Städtebau 1 (1904) S. 29 ff und 42 ff; „Noch einmal: Verdient die offene oder die geschlossene Bauweise den Vorzug?" a.a.O., S. 103 ff (Entgegnung von Stübben und Stellungnahme von Nußbaum).
8 Fischer, a.a.O., S. 38.
9 Henrici, a.a.O., S. 132.

6.4 Bauwerksrecht

Äußerungen zu diesem Thema sind relativ selten, wurden aber gleichwohl erfaßt und bei erkennbarem städtebaulichen Bezug mit aufgenommen. Das trifft vor allem für die Bemühungen des späten 19. Jahrhunderts zu, die Mißstände der Mietskasernen mit baurechtlichen Mitteln zu bekämpfen; hierzu liefern Baumeister und Stübben Beiträge, die Gurlitt später durch seinen Hinweis auf zu erwartende gesetzliche Anforderungen an Wohnungsgrundrisse erweitert. Unwin äußert sich zu notwendigen Vorschriften über die Verwendung neuer Materialien. Wenn in den späteren Arbeiten dazu keine Aussagen mehr gemacht werden, so wohl vor allem wegen des zunehmenden Abstandes der städtebaulichen Probleme von den im Bauwerksrecht zu regelnden Sachverhalten.

6.5 Sonstige Rechtsvorschriften

Auch diese Kategorie ist nur schwach repräsentiert, aber aus einem anderen Grunde als im vorigen Fall: die Verknüpfung des Städtebaues mit der Materie ganz anderer Rechtsbereiche war noch nicht im gleichen Umfange sichtbar wie heute. Bei Baumeister finden wir einen Hinweis auf die Reinhaltung öffentlicher Gewässer, Gurlitt erörtert Gesetze zur Pflege – oder gegen Verunstaltung – des Stadtbildes, „wie sie aus den Forderungen des Heimatschutzes und der Denkmalpflege sich ergeben".

6.6 Erschließungsfragen

Die Maßnahmen zur Sicherung der Erschließung und zur sinnvollen Verteilung der dabei erwachsenden Kosten waren von vornherein Gegenstand kritischer Überlegungen der Städtebauer; so finden wir bei Baumeister wie bei Stübben Aussagen hierzu. Allgemein wird auf die Berechtigung der Gemeinde hingewiesen, den Eigentümer zu den Erschließungskosten heranzuziehen. Zum Verteilungsmodus finden sich bei Stübben (in der zweiten Auflage 1907) und bei Unwin kritische Anmerkungen. Auch die technischen Verfahrensfragen, ob die Erschließungsanlagen vor oder nach der Bebauung hergestellt werden sollten, werden verschiedentlich berührt, so bei Stübben und Unwin. Bei Faßbender und später bei Schumacher steht vor allem das Ziel einer wirtschaftlich sinnvollen Zusammenfassung der Erschließungsanlagen im Mittelpunkt, während Gurlitt Gründe für die möglichst sparsame Disposition von Erschließungseinrichtungen anführt.

6.7 Kosten- und Finanzierungsfragen

Kostenerwägungen spielen bei allen städtebaulichen Überlegungen mit, wenn sie auch nicht immer explizit angesprochen werden. So ist gerade bei Baumeister und Stübben das Prinzip der Wirtschaftlichkeit durchweg gegenwärtig, wenngleich detaillierte Aussagen selten sind. Howard dagegen untermauert sein Gartenstadtkonzept mit einer höchst eingehenden Kostenrechnung, um die Praktikabilität seines Vorschlages zu belegen. Faßbender entkräftet das Argument, Planung verursache Kosten, mit dem Hinweis auf die höheren Kosten ungeordneter Entwicklung.

Während Hoepfners Werk wiederum vom allgemeinen Wirtschaftlichkeitsdenken des Ingenieurs durchzogen ist, betont Gurlitt spezifischere Aspekte — den Vergleich von Alternativen auf finanzieller Ebene und die kommunalen Einnahmen von Gemeinden unterschiedlicher Sozialstruktur. Im letzten Zeitabschnitt ist es nur Feder, der sich ausdrücklich zu diesem Thema äußert — er sucht die Frage „was kostet die Stadt" für den von ihm propagierten Kleinstadttypus zu beantworten und damit zugleich dessen wirtschaftliche Überlegenheit über die vorhandenen Städte zu belegen.

7. Strukturordnung als Planungsaufgabe

7.1. Zur Strukturordnung der Stadt

In einer Zeit, da „jeder Eigentümer seinen Grund und Boden mit Gebäuden besetzen oder seine Gebäude zu verändern wohl befugt" war[1], konnte man zunächst kaum Beiträge zu einer strukturellen Ordnung des Stadtgefüges erwarten. Aber schon Bruch begründet einen Teil seiner Kritik an Hobrechts Bebauungsplan für Berlin mit strukurellen Argumenten: weniger Zentralisierung, dafür „Trabanten" mit größerer Selbständigkeit; weniger große freie Plätze, statt dessen zusammenhängende Grünflächen. Bei Arminius taucht die Forderung nach einem Grüngürtel um die Großstädte auf, von Baumeister als wünschenswert, aber unpraktikabel bezeichnet — so weit werde man die Rechte der Eigentümer nicht beschränken können. Folgerichtig äußert Baumeister sich auch kaum zum Verhältnis von Bauflächen und Freiflächen — einem der wichtigsten Aspekte der strukturellen Ordnung —, wohl aber zur Nutzungsverteilung innerhalb der Bauflächen. Ein Jahr zuvor hatte der Verband Deutscher Architekten- und Ingenieurvereine bereits in seinen Stadterweiterungsgrundsätzen formuliert, die Gruppierung verschiedener Stadtteile solle durch geeignete Wahl der Situation und sonstige charakteristische Merkmale herbeigeführt werden, zwangsweise nur durch sanitäre Vorschriften über Gewerbe. Dahinter steht offenbar die Erwartung, daß die Entwicklungskräfte des Marktes dann schon für ein funktionsfähiges Stadtgebilde sorgen würden, eine Erwartung, die Bau-

1 Preußisches Allgemeines Landrecht von 1794, § 65 I 8.

meister zu teilen scheint; er rechnet mit einer Entwicklung der Stadt im Sinne einer Dreigliederung in „die eigentliche Geschäftsstadt als Kern, Industriebezirke (evtl. auch Großhandel), Wohnungsbezirke", ohne dabei auf planerische Lenkungsmaßnahmen Bezug zu nehmen.

Stübben differenziert demgegenüber fünf Hauptnutzungen, die jeweils den Charakter eines Stadtgebietes bestimmen: Großgewerbe und Großhandel, Arbeiterwohnungen, Ladengeschäfte, Handwerksbereiche und „Wohngebäude für die wohlhabende Bürgerschaft", für alle diese Kategorien werden Standortkriterien dargelegt und weitere Einzelheiten erörtert. Gegenüber den funktionalen Strukturelementen Baumeisters und Stübbens geht Sitte eher von gestaltwirksamen Elementen aus: er betont die Freiflächen, die Standorte öffentlicher Einrichtungen und die Hauptkommunikationslinien.

Die beiden in den neunziger Jahren veröffentlichten Strukturmodelle für neue Städte – Fritschs „Stadt der Zukunft" und Howards „Gartenstadt" – weisen zwar manche Ähnlichkeiten auf, unterscheiden sich aber deutlich in den Strukturelementen. Bei Fritsch sind um einen mit repräsentativen Gebäuden besetzten Stadtmittelpunkt zunächst eine Zone vornehmer Villen, dann Wohnzonen mit abnehmendem sozialen Anspruch bis zu den Arbeiterwohnvierteln angeordnet, ganz außen endlich die Bahnhöfe, die Geschäfte und die Industrie. Howards Konzept weist zwar mit dem repräsentativen Zentrum und dem äußeren Ring von Arbeitsstätten Parallelen auf, aber die Wohnzone dazwischen ist ohne soziale Differenzierung vorgesehen und auf einen „mittleren Ring" öffentlicher Einrichtungen bezogen.

Verfolgen wir zunächst die Vorstellungen, die hinsichtlich der Strukturelemente der Stadt entwickelt wurden, so ist an dieser Stelle ein Artikel von Theodor Goecke aus dem Jahre 1906 zu erwähnen, in dem er zwischen der „eigentlichen Stadt in geschlossener Bauweise und den Landhausvierteln in offener Bauweise" unterscheidet; den Bereich der geschlossenen Bebauung gliedert er in reine Geschäftsviertel, mit Wohnungen gemischte Geschäftsviertel, Wohnviertel und Fabrikviertel; hinzu treten öffentliche Parkanlagen. Entsprechend unterscheidet er beim Straßenverkehr zwischen Verkehrsstraßen, Wohnstraßen und Fabrikstraßen.[2]

Faßbender sieht die Grundzüge der Stadtstruktur im System der Hauptverkehrswege und in der Art der Flächennutzung nach den drei Grundkategorien Wohngebiete, Geschäftsgebiete und Industriegebiete; klimatische Verhältnisse und die Ansprüche an die gegenseitige Zuordnung sollen die Standortwahl im einzelnen bestimmen.

Eine etwas andere Gliederung findet sich in einer Äußerung von Robert Schmidt, Direktor des Siedlungsverbands Ruhrkohlenbezirk, aus dem Jahre 1927:

2 Goecke, Theodor, „Allgemeine Grundsätze für die Aufstellung städtischer Bebauungspläne", Der Städtebau, 3. Jahrgg. 1906, S. 3, S. 25.

„Diese Flächen werden nach einem allgemeinen Wirtschaftsplan zueinander gelagert und sind Arbeitsflächen für Industrie, Bergbau, Handel und Ackerbau, Wohnflächen oder Erholungsflächen. Sie werden von Verkehrsbändern, die Bahnen aller Art darstellen... durchzogen, außerdem von Fernstraßen und Wasserstraßen."[3]

Sechs Jahre später wurde die Charta von Athen konzipiert, die von einer analogen Gliederung in die vier „Funktionen" Wohnen, Arbeiten, Erholung und Verkehr ausgeht.

Eine wichtige Voraussetzung jeder Strukturplanung ist die Klärung der Frage nach sinnvollen Gliederungselementen der Stadt. Von Bruch mit seiner These von den „Trabanten" bereits angedeutet, wird sie erst in den neunziger Jahren in größerem Umfange behandelt. Drei Ansätze verdienen dabei besondere Hervorhebung – einerseits der Wettbewerbsentwurf von Karl Henrici für die Münchner Stadterweiterung aus dem Jahre 1893, dessen Grundgedanken Henrici auch in anderen Veröffentlichungen hervorhob, zum zweiten der Hinweis von Theodor Fritsch auf die Möglichkeit, durch radiale Grünflächen die Großstadt zu gliedern: „Solchergestalt würde sich die Großstadt gleichsam in eine Reihe von Kleinstädten auflösen, die aber durch ihre zentrale Lage ein organisches Ganzes bilden."[4] An dritter Stelle ist Howards Gartenstadtkonzept zu nennen, das die für 30 000 Einwohner vorgesehene Stadt in sechs Stadtteile – „wards" – unterteilt, deren jeder „in gewissem Sinne eine Stadt für sich darstellen", also eigene Gemeindebedarfseinrichtungen in unmittelbarer Zuordnung erhalten soll.

„Um den verschiedenen Teilen der Erweiterung namentlich größerer Städte ein charakteristisches Gepräge zu verleihen", empfiehlt Henrici, „daß man das Stadterweiterungsgebiet in Bezirke zerlegt, von denen jeder dem Umfange einer kleinen Stadt entsprechen mag, und daß man jeden dieser Teile mit einer gewissen Selbständigkeit ausrüstet."[5] Die geeigneten Mittel dazu sieht er in Plätzen mit Monumtentalbauten; auch Hercher schlägt für seine „Großstadterweiterung" drei Hauptmerkmale vor:

„Die Anlage vieler auf wenige Stellen vereinigter Platzgruppen mit... öffentlichen Gebäuden, sogenannte Stadtzentren, die Verbindung dieser Stadtzentren untereinander durch wenige... breite Hauptstraßen, das Verbleiben großer Bezirke zwischen diesen Hauptstraßen und ihre Unterteilung durch... schmale Nebenstraßen."[6]

Ähnlich argumentiert wenige Jahre später Nußbaum.[7] Trotz aller formalen Unterschiede geht Otto Wagners Großstadtstudie gleichfalls von einer Bezirkseinteilung aus, für die er 100–150 000 Einwohner und 5–10 qkm annimmt, also eine Bruttodirchte von 200–300 Einwohnern je Hektar.[8]

3 Schmidt, Robert, „Fehlerquellen deutschen Städtebaus", Der Städtebau, 14. Jahrgg. 1927, S. 12.
4 a.a.O., S. 21 f.
5 Henrici, a.a.O., S. 77.
6 a.a.O., S. 32.
7 a.a.O., S. 142 ff.
8 a.a.O., S. 10.

In den zwanziger Jahren ist dieser Gedanke der Stadtgliederung in Einheiten, die sich um Gemeinbedarfseinrichtungen gruppieren, weitgehend Allgemeingut geworden; Gurlitt spricht sogar von der Bildung kleinerer Gemeinden innerhalb der Stadt (vgl. Abschnitt 5.3). Hoepfner empfiehlt die Schaffung von Bereichen, die „in vielen Punkten ein eigenes in sich abgeschlossenes Leben" führen können, und Gloeden veröffentlicht einen Vorschlag, die Millionenstädte in eine Reihe von Zellen mit je etwa 100 000 Einwohnern zu untergliedern und diese Zellen funktionell zu spezialisieren – bis hin zu der Vorstellung, sie jeweils einzelnen Berufsgruppen zuzuordnen: eine etwas skurrile Ausgestaltung eines im Grundsatz sicher diskutablen Gedankens.[9]

Um die gleiche Zeit wird in den Vereinigten Staaten das Konzept der „Nachbarschaftseinheit" entwickelt, das allerdings erst später unmittelbaren Einfluß auf die Planung in Deutschland ausübte. Eine analoge Entwicklung finden wir hier jedoch auch im letzten Zeitabschnitt belegt: Feder spricht sich zwar im Grundsatz für die Kleinstadt von 20 000 Einwohnern aus, behandelt aber auch die Umstrukturierung der Großstädte im Sinne einer solchen Unterteilung in „Zellen, die sich dann zu Zellverbänden innerhalb verschiedener Unterkerne um den Stadtmittelpunkt herum gruppieren". Zentrale Nutzungen und Arbeitsstätten sollen in dieser Weise dezentralisiert sein, während ein Hauptzentrum „den Stadtteilen die Gemeinschaft verleiht und den ganzen Organismus der Großstadt zusammenfaßt". Für die von ihm bevorzugte Kleinstadt werden drei Kerne vorgesehen, ein zentraler Kern für die Verwaltung, ein westlich vorgelagerter für kulturelle, sportliche, sanitäre und bestimmte soziale Einrichtungen und ein östlich vorgelagerter für Einrichtungen der Arbeit, der Versorgung und des „Groß-Verkehrs" nach außen.

Wenden wir uns schließlich den Überlegungen zur Gesamtstruktur der Stadt zu, so ist chronologisch zunächst der Bandstadtgedanke des Spaniers Soria y Mata zu nennen, 1882 für Madrid entwickelt: ein ringförmig die Kernstadt umziehendes, die Vororte verbindendes schmales Siedlungsband, von einer Straßenbahn bedient.[10] Die Idee blieb zunächst ohne Einfluß auf die Entwicklung und wurde erst um 1930 unter anderen Vorzeichen wieder aufgegriffen. Fritsch dagegen legt eine zwar konzentrische, aber auf geordnetes Wachstum angelegte Strukturvorstellung vor: die Stadt soll in Sektoren um ihren Mittelpunkt wachsen – anstelle des üblichen Wachstums in konzentrischen Ringen. Howards – gleichfalls konzentrische – Stadtstruktur soll sich indessen nicht mehr durch Wachstum verändern: für neue Bewohner muß eben eine neue Stadt gegründet werden. Das ist von der Sicherung der Landschaft und von der Auslastung der Infrastruktur her ein höchst plausibler Gedanke, dem allerdings

---

9 Gloeden, Erich, „Die Inflation der Großstädte und ihre Heilungsmöglichkeit", Berlin 1923, S. 28.
10 Soria y Mata, Arturo, „La Ciudad Lineal", Zeitschrift, ab 1897 (erste Veröffentlichung seiner Gedanken in der Tageszeitung „El Progreso", Madrid, 6.3.1882).

in der Praxis viele Hindernisse entgegenstehen. Auch Unwin möchte die Ausdehnung der zusammenhängenden Bebauung durch dauernd gesicherte Freiflächen begrenzen; Haupt- und Nebenzentren sollen den Knotenpunkten des Verkehrssystems zugeordnet werden.

Schon Fritsch hatte eine der Varianten seines Strukturmodells so ausgebildet, daß Grünflächen keilförmig von der freien Landschaft gegen das Stadtinnere vorstoßen; diesen Gedanken wenden Möhring, Eberstadt und Petersen in ihrem Wettbewerbsentwurf für Groß-Berlin auf das Strukturbild der Weltstadt an[11], und seitdem gehört er zum festen Bestand der konzentrischen Strukturmodelle. So befürwortet auch Gurlitt dieses Gliederungsprinzip; zugleich betont er den engen Bezug von Verkehrssystemen und Nutzungsbereichen verschiedener Art und Intensität. Zentralisierung des Geschäftslebens und Dezentralisierung des Wohnens hebt er als wichtige Grundsätze hervor. Deutlich sieht Gurlitt auch die Veränderung der Stadt in der Zeit; strukturellen Zielen sollen Flächensanierung oder Rehabilitation – „Niederlegung ungesunder Stadtviertel" und „Zurückführung verkommener Stadtviertel in einen besseren Zustand" – und die Trassierungsgrundsätze für Stadtbahnen dienen.

Annähernd gleichzeitig legen Wolf und Heiligenthal ihre Strukturvorstellungen vor – Wolf im Sinne eines aus drei Stadtteilen kleeblattartig verknüpften Stadtgefüges, Heiligenthal im Sinne eines von dichter Wohnbebauung umgebenen Geschäftskerns, von dem Siedlungsbänder geringerer Dichte, durch Straßenbahnlinien erschlossen, in verschiedene Richtungen ausgehen.[12] Hoepfner verzichtet auf ein Modell dieser Art und betont als Hauptziele der Strukturordnung die enge Zuordnung von Wohn- und Arbeitsstätten und die gute Ereichbarkeit des Hauptgeschäftszentrums.

Im deutlichen Gegensatz dazu steht Le Corbusier mit seiner Idee der kompakten, verdichteten Hochhausstadt – dem Modell der „ville contemporaine", das im „plan Voisin" auf Paris bezogen wurde –, die allerdings mehr Aufsehen erregte als Nachfolge fand.[13] Mehr Resonanz findet das Bandstadtkonzept, das von verschiedenen Seiten, so von Miljutin und Hilberseimer, aufgegriffen und vor allem der unmittelbaren Beziehung Wohnstätte – Arbeitsstätte dienstbar gemacht wird. Dieser Gedanke – ein möglichst bequemer und einfacher Zusammenhang zwischen Arbeiten und Wohnen – steht als strukturelles Ziel für Feder wie für Schumacher im Vordergrund. Feder sucht es durch Beschränkung auf die Kleinstadt zu erreichen, während Schumacher die Großstadt im Auge hat. Hierzu befürwortet er eine weitergehende Verteilung der Arbeitsstätten in der Stadt, soweit sie nicht in die – klar zu trennenden – Industrie- oder Geschäftsgebiete gehören. Eine aufschlußreiche gedankliche Entwicklung läßt sich aus Schumachers Aussagen zur Randzone der Stadt gegen die freie Land-

---

11 Eberstadt, R. Möhring, B. Petersen, R., a.a.O.
12 a.a.O., Abb. 59 (im Bildteil, o. S.).
13 Le Corbusier, „Urbanisme", Paris 1924, S. 157 f.

schaft ablesen: wollte er 1920 die Stadt durch „einen Kranz von Kleingartensiedlungen, die auf Feldern von 500–1000 qm Größe intensiven Gemüsebau treiben" begrenzt sehen, so war es 1940 „ein Kranz in sich geschlossener kleinerer Siedlungszellen ... jede Zelle ist so bemessen, daß sie verwaltungsmäßig und wirtschaftlich ihr Eigenleben hat. Je nach Bedarf schließen sich mehrere dieser Zellen durch gemeinsame dem Kulturbedüfnis dienende Einrichtungen zu engerer Gemeinschaft zusammen. So entstehen kleinstadtartige Gebilde um die Großstadt herum."[14] In der hier ausgewerteten Schrift dagegen spricht sich Schumacher deutlich für eine Art Achsensystem aus, „eine Form, bei der das Freiland mit langen Armen in die Baumassen eingreift, radial und Siedlungszellen abtrennend".

7.2 Wohnungswesen und Wohnbau

Die zentrale Bedeutung dieses Themas für alle städtebaulichen Überlegungen wird immer wieder hervorgehoben. Schon bei Arminius heißt es:

„Die Wohnungen, zumal die der Familien, sind eben das Erste und Vornehmlichste, was bei jeder Erweiterung einer Stadt in Betracht kommt, sie geben den festen Kern der Baulichkeiten eines Stadtkörpers und alles Andere reiht sich erst daran."[15]

Fast vierzig Jahre später schreibt Hegemann in seinem zusammenfassenden Bericht über die Berliner Städtebauaustellung:

„Der erste und letzte Zweck des Städtebaus ist die würdige Befriedigung des Wohnbedürfnisses im weitesten Sinne des Wortes."[16]

Ähnlich umfassend sieht Schumacher die Rolle des Wohnungswesens:

„Das Problem der Großstadtentwicklung ist aber im letzten Grunde gleichbedeutend mit der Wohnungsfrage. Es ist erst gelöst, wenn es gelingt, den Entwicklungsgang der Stadt so zu leiten, daß gesunde und anständige Wohnungen entstehen *müssen* ..."[17]

Auch Brunner beurteilt die Fragen des Wohnens in erster Linie unter sozialethischem Blickwinkel, wobei er offenkundig die Wohnung im Sinne einer „sozialen Dienstleistung" interpretiert und behandelt sehen möchte. Noch deutlicher stellt Hoepfner einen Bezug zur Politik her: nur durch eine gute Lösung „der Wohnungsfrage und der gesamten Wohnverhältnisse im weitesten Sinne" könnten „die neuen Rechte und Freiheiten zu segensvoller Wirkung gebracht werden."

Einer der wichtigsten Teilaspekte ist der des Gebäudetypus; es ist nicht verwunderlich, daß sich im ersten Zeitabschnitt, in dem die Mietskaserne das

14 Schumacher, F., „Kulturpolitik", Jena 1920, S. 109. ders., „Probleme der Großstadt", Leipzig 1940, S. 56.
15 a.a.O., S. 37.
16 Hegemann, Werner, „Der Städtebau nach den Ergebnissen der allgemeinen Städtebau-Ausstellung in Berlin", Berlin 1811, S. 10.
17 Schumacher, Fritz, „Kulturpolitik", S. 101.

Bild der Stadterweiterungen in den meisten deutschen Städten bestimmte, die Diskussion vor allem am Streit um diese Gebäudeart entzündete. Aus der Fülle von Einzelvorschlägen zur Verbesserung der Wohnverhältnisse, die sich bei Arminius finden, ist hier die Forderung zu erwähnen, Familienwohnungen auf dreigeschossige, allenfalls — „sobald Wasserleitungen auch in die höheren Stockwerke allgemeiner eingeführt sind" — auf viergeschossige Gebäude zu beschränken.[18] Auch Baumeister und Stübben sind sich einig in der Ablehnung der Mietskaserne und der Befürwortung einer „gemischten Bauweise" von Einfamilienhäusern und Miethäusern mäßigen Umfangs. Baumeister sieht das „Familienhaus" als Ideal an, das allerdings nicht für jedermann erreichbar sein, so daß er eine Reihe konkreter Vorschläge für die Verbesserung der Verhältnisse im Mietwohnungsbau macht: Beschränkung der Geschoßzahl, Isolierung der Wohnungen, namentlich der Wirtschaftsräume gegeneinander, gesundheitliche Vorschriften und Einigungsämter zwischen Hausherrn und Mietern. In dem 1889 von Baumeister und Miquel vorgelegten und vom „Deutschen Verein für öffentliche Gesundheitspflege" beschlossenen „Entwurf reichsgesetzlicher Vorschriften zum Schutze gesunden Wohnens" hat sich einiges von diesen Gedanken niedergeschlagen.[19] Stübben betont, daß „die Sorge für Arbeiterwohnungen bei der Erweiterung der Städte die schwierigste und zugleich die bedeutsamste" sei und äußert sich zu Fragen der Gebäudemischung und der Wohnungsaufsicht.

Einer der einflußreichsten Vorkämpfer gegen die Mietskaserne war Rudolf Eberstadt, der mit seinen zahlreichen Veröffentlichungen zur Wohnungsfrage als der führende Fachmann seiner Zeit gelten kann.[20] Von Nußbaum wird er unter dem Blickwinkel kritisiert, daß man aus wirtschaftlichen Gründen und wegen der Inanspruchnahme landwirtschaftlichen Gebietes nicht „die Gesamtheit der städtischen Neusiedlungen den ländlichen Wohnformen gleich oder ähnlich gestalten" könne.[21] In Howards „Gartenstadt" ist jedoch, englischer Tradition entsprechend, das Einfamilienhaus die ausschließliche Wohnform; sein Hauptvorzug gegenüber den in England üblichen städtischen Reihenhäusern dieser Zeit beruht in der geringeren Dichte (etwa 42 Wohneinheiten je Hektar); Unwin fordert wenig später 30 Wohneinheiten als Norm.[22]

In die Diskussion um die Wohnform greifen auch die Bodenreformer ein: Damaschke fordert „Bauordnungen..., welche wenigstens in den Außenbezirken, in den neu eröffneten Teilen der Städte, die modernen Mietskasernen, diese Massengräber des Volkswohls, unmöglich machen".[23]

---

18 a.a.O., S. 50.
19 abgedruckt bei Stübben, Joseph, „Der Städtebau", 3. Aufl. 1924, Leipzig, S. 702 ff.
20 Eberstadt, Rudolf, „Handbuch des Wohnungswesens und der Wohnungsfrage", Jena 1909.
21 a.a.O., S. 30.
22 Unwin, Raymond, „Nothing Gained by Overcrowding", London 1918.
23 Damaschke, Adolf, „Aufgaben der Gemeindepolitik", Jena 1904, S. 215.

Demgegenüber tritt Otto Wagner in seiner Großstadtstudie für das große Miethaus ein; die Bedürfnisse und Wünsche einer großstädtischen Bevölkerung, so argumentiert er, ließen sich im Einfamilienhaus nicht erfüllen, zumal ökonomische Erwägungen zur Geschoßhäufung zwängen.[24]

Diese Diskussion über Wünschbarkeit und wirtschaftliche Erreichbarkeit des Einfamilienhauses wird auch in den folgenden Abschnitten forgesetzt; Gurlitt lehnt die Mietskaserne ab, läßt aber im übrigen verschiedenartige Wohnformen gelten. Die gleiche Auffassung finden wir in den meisten städtebaulichen Veröffentlichungen der zwanziger Jahre vertreten; eine neue Note bringt Gropius in die Diskussion, der den Mittelhochbau ablehnt und den eingeschossigen Flachbau neben dem zehn- bis zwölfgeschossigen Hochhaus als sinnvolle Wohnformen propagiert.[25]

Entsprechend den vom Nationalsozialismus vertretenen Thesen bevorzugt Feder das Einfamilienhaus, doch läßt er das Miethaus als notwendige Ergänzung gelten. Schumacher lehnt das Hochhaus für Wohnzwecke ab und befürwortet das „kleine Einzelhaus mit Gartenfleck" neben einer drei-, höchstens viergeschossigen Stockwerksbebauung, gleichfalls mit der Möglichkeit, jeder Familie ein Gärtchen zuzuweisen. Wetzel sieht die Hausformen unter gestalterischem Blickwinkel; er kritisiert das freistehende Einfamilienhaus, da es eine klare, sachliche Auseinandersetzung zwischen Stadt und Landschaft unmöglich mache.

Ein weiterer wichtiger Aspekt ist der des Blockzuschnitts, auf den schon Bruch eingeht; er beanstandet die Größe der Berliner Baublöcke, da sie nahezu zwangsläufig zur Mischung mit Gewerbebetrieben im Blockinneren führen müsse.[26] Diese Überlegung wird bei den meisten späteren Autoren fortgeführt und bei einigen in Richtzahlen zur Blocktiefe umgesetzt, deren Einhaltung die Bebauung des Blockinneren durch Betriebe und Hintergebäude verhindern oder doch erschweren soll. Hercher entwickelt Vorschläge zur Fernhaltung unnötigen Verkehrs von Wohngebieten[27]; dieser Gedanke wird in der Folgezeit auch von Faßbender, Gurlitt und anderen vertreten. In diesen Zusammenhang gehört auch Schumachers Hinweis auf die Bedeutung wirtschaftlicher Aufschließung der Wohngebiete für den Wohnungspreis.

Unwin legt besonderen Nachdruck auf die sinnvolle Orientierung der Wohngebäude; er kritisiert die gedankenlose Ausrichtung der Wohnungen auf die Straße und möchte die Lage sowohl zu den Himmelsrichtungen als auch zu den Verkehrsstraßen berücksichtigt wissen. Auch dieser Grundsatz wird in der Folgezeit zum festen Bestandteil der Anordnungsregeln für Wohnbauten, ebenso

---

24 a.a.O., S. 21.
25 Gropius, Walter, „Flach-, Mittel- oder Hochbau?" in: „Rationelle Bebauungsweisen", hrsg. v. CIAM (Internationale Kongresse für Neues Bauen), Stuttgart 1931, S. 47.
26 a.a.O., S. 101.
27 a.a.O., S. 38.

wie die von Faßbender erhobene Forderung nach Ausstattung der Wohnbereiche mit Grün.

Der Aspekt der Dichte — bezogen auf Geschoßfläche oder auf Bevölkerung — taucht in den ersten Zeitabschnitten — außer bei Howard und Unwin — kaum auf und wird auch in den späteren nur gestreift. Hoepfner begründet seine Forderung nach Begrenzung der Gebäudehöhe damit, daß auf diese Weise die Zahl von Menschen, mit denen der Bewohner zwangsläufig in Berührung komme, verringert und damit die Sicherung gegen Störungen verbessert würde. Feder bewertet die durch Mietwohnungen erreichbare höhere Dichte — gegenüber Einfamilienhäusern — positiv, wobei allerdings anzumerken ist, daß diese Dichte bei der Beschränkung auf drei Geschosse und einem Zeilenabstand von 40 m immer noch recht niedrig ist.

7.3 Arbeitsstätten

Die städtebauliche Einordnung der Arbeitsstätten spielt schon früh eine Rolle in der Stadtkritik; Arminius erhofft eine Verbesserung der großstädtischen Wohnverhältnisse von einer Verlagerung der Industrie aufs Land und erwartet einerseits entsprechende Schritte der Industriellen, andererseits eine gesetzliche Regelung, die „die Anlage neuer Fabriken innerhalb der Großstädte und in der Umgebung bis auf eine gewisse Meilenzahl hinaus verbietet".[28]

Baumeister geht nicht so weit, fordert aber für alle Industriebetriebe — nicht nur für die „geradezu gefährlichen" — eine klare Trennung von den Wohn- und Geschäftsgebieten, vor allem aus hygienischen Gründen. Stübben äußert sich in erster Linie zu den Standort- und Erschließungsansprüchen der Industriebezirke. Fritsch empfiehlt eine windabgewandte Lage der Industrieviertel — „im mittleren Deutschland" also im Osten —, hält aber eine vollständige Trennung von der Innenstadt „durch eine breite Zone von Gärten, Äckern und Wäldern" für noch besser.[29]

In Howards Gartenstadtmodell erhalten die gewerblichen Arbeitsstätten eine Randlage wegen der Erschließung durch eine die Stadt umziehende Ringbahn; bemerkenswert ist seine Forderung nach Energieversorgung durch Elektrizität im Interesse der Luftreinhaltung.

In den zwanziger Jahren ist das gesondert auszuweisende Industriegebiet allgemein akzeptiert; Gurlitt führt als Gründe dafür Gesichtspunkte der Erschließung und des Immissionsschutzes an. Von einer entsprechenden Bauordnung erwartet er erhöhte Anziehungskraft auf die Industrie bis hin zu ihrer Abwanderung aus den Wohngebieten. Hoepfner erwähnt zu diesem Thema im ersten Band nur die Zuordnung von Handwerksbetrieben zu Geschäftsbereichen; im zweiten Band werden Standorterfordernisse und Infrastrukturaus-

---

28 a.a.O., S. 38
29 a.a.O., S. 24.

stattung für die Industrie abgehandelt, allerdings fast ausschließlich unter dem Blickwinkel günstiger Produktionsbedingungen; Immissionsprobleme werden kaum berührt. Auch die im gleichen Zeitabschnitt entstandenen Bücher von Brinckmann und Heiligenthal[30] enthalten ähnliche Ausführungen; Brinckmann warnt vor einer Verzettelung der Industriegebiete aus wirtschaftlichen Gründen und im Interesse der Stadtstruktur; Heiligenthal fordert:

„Das Gelände für Industriekolonien muß so billig sein, daß der Erwerb in einer Ausdehnung möglich ist, welche die Ansiedlung der Arbeiter in der Nähe der Werke gestattet, ohne daß die Siedlungen durch den Fabrikbetrieb belästigt werden."

Feder behandelt die Ausstattung einer Stadt mit Gewerbebetrieben, ihre Größenordnung und ihre Standortwahl als eines der Hauptthemen seiner Arbeit. Erstmalig wird in einem städtebaulichen Fachbuch eine Unterteilung in Fern- und Nahbedarfstätige angesprochen und die Notwendigkeit einer differenzierten Arbeitsstättenstruktur im Interesse der Krisensicherheit erörtert.

Schumacher gibt Empfehlungen für die klare und einfache Anordnung der Industriegebiete, die er ebenso wie die Geschäftsgebiete von den Wohngebieten zu trennen wünscht. So sehr der letzte Gedanke der heutigen Tendenz zu verstärkter Verflechtung zu widersprechen scheint, so aktuell ist die Begründung dafür: die mehr oder minder zufällige Expansion der Kernnutzung in benachbarte Wohngebiete hinein stelle keine städtebaulich annehmbare Lösung dar.

7.4 Einrichtungen von zentraler Bedeutung

Der Problemkomplex der zentralen Einrichtungen erfährt in allen behandelten Zeitabschnitten erhebliche Aufmerksamkeit. Baumeister erörtert die Notwendigkeit, im Rahmen der Stadterweiterung Plätze für öffentliche Gebäude vorzusehen: für gemeindliche und staatliche Bedürfnisse sowie für solche von „gesellschaftlichen Unternehmungen mit halböffentlichem Charakter, welche aber wegen ihrer Einwirkung auf Leben und Verkehr. Berücksichtigung verdienen." Auch der Gedanke der Dezentralisation solcher Einrichtungen taucht bei ihm bereits auf, der dann von Sitte fortgeführt und von Henrici in seinem Wettbewerbsentwurf für die Münchener Stadterweiterung von 1893, aber auch in seinem theoretischen Werk verdeutlicht wird.

Stübben gliedert die Einrichtungen von öffentlicher Bedeutung nach ihren Standortbedürfnissen und begründet seine Befürwortung einer Dezentralisation bereits mit dem Wunsch, das Stadtzentrum zu entlasten, das er von einer „Hypertrophie des Verkehrs und der Interessen" bedroht sieht. Der Gedanke einer hierarchischen Dezentralisierung von Gemeinbedarfseinrichtungen – für die Gesamtstadt einerseits, für die Stadtteile andererseits – wird auch von

---

30 Brinckmann, a.a.O., S. 125. Heiligenthal, a.a.O., S. 156.

Howard betont; Unwin dehnt diese Überlegungen auf eine Funktionsdifferenzierung verschiedener zentraler Standorte innerhalb des Stadtkerns aus. Auch die Probleme der zeitlichen Entwicklung von neu zu begründenden Zentren kommen bei Unwin bereits ins Blickfeld.

Faßbender nimmt die Standortdifferenzierung Stübbens auf und entwickelt sie weiter — Stadtkern, Stadtteilzentren, Randlage und Außenbereich sind seine Standortkategorien für öffentliche Einrichtungen. Die Anlage von Stadtteilzentren ist ihm ein besonderes Anliegen, wenngleich das Argument, daß es einem Stadtteil ohne solche Zentren gleichsam an der Seele mangele, ein wenig pathetisch erscheinen mag.

In den gleichen Zeitabschnitt gehört noch eine Veröffentlichung, die sich mit besonderer Ausführlichkeit der Standortwahl für zentrale Einrichtungen widmet: Herchers bereits erwähnte Schrift über „Großstadterweiterungen", deren Kernthese auf die Entwicklung neuer Stadtteilzentren in den Neubaugebieten der sich erweiternden Großstadt gerichtet ist:

„So sehen wir in den neuen Zentren Sammelpunkte echt großstädtischen Lebens. Sie vereinen und verteilen den Verkehr der Großstadt... Sie vereinen aber auch das öffentliche Leben wie die Märkte des Mittelalters und die Foren der klassischen Zeit; sie entlasten dann einerseits die überbeanspruchte Innenstadt und führen andererseits diejenigen öffentlichen Gebäude zusammen, welche sonst aus Mangel an geeignetem Platz über die Außenstadt unvorteilhaft verteilt liegen müßten..."[31]

Das wachsende Interesse an der Sorge für zentrale Einrichtungen wird auch im nächsten Zeitabschnitt deutlich. Gurlitt stellt erstmalig eine Beziehung zur Einwohnerzahl her und gibt auch Standortempfehlungen; allerdings erhält dabei die Zufälligkeit der Grundbesitzverteilung reichlich viel Gewicht. Hoepfner befürwortet die Zusammenfassung von Läden, örtlichen Behörden, Kirche und Schule zu einem Nebenzentrum, das „mit (seinen) Plätzen und den Nebenanlagen... geradezu dazu berufen (sei), den Repräsentationspunkt des ganzen Viertels zu schaffen, wie wir uns an solchen in Anlagen vergangener Zeit so gern erfreuen". Für die Standortbedingungen trägt er einen neuen Gesichtspunkt bei: zwar an verkehrsreichen Lagen, aber dort „wo der Verkehr nicht auf Straßenbahnen, Autos und dergleichen an ihnen vorüberhastet, sondern wo der Fußgänger vorherrscht". Hier taucht zum ersten Male — wenigstens in unseren Quellen — die Fußgängerzone auf, die erst Jahrzehnte später verwirklicht wurde. Weniger konkret handelt Hoepfner in seinem zweiten Band die Rollen der zentralen Einrichtungen im städtischen Gesamtgefüge ab; hier beschränkt er sich auf einige allgemeine Hinweise.

Ein erhebliches Gewicht räumt Feder den Einrichtungen von zentraler Bedeutung ein; er entwickelt hierfür eine spezifische Gliederung in 52 Arten, die er in sechs Hauptkategorien — von „Einrichtungen höherer Ordnung" über

---

31 a.a.O., S. 34.

„Verwaltung", „Versorgung", „Geld und Verkehr", „Bildung und Kultur" bis zu „Gesundheit, Krankheit, Tod" zusammenfaßt. Für alle diese Arten werden empirische Richtwerte für zugehörige Einwohnerzahl, Größenordnung und Flächenbedarf sowie Beispiele baulicher Lösungen und Standortempfehlungen gegeben. Schumacher behandelt aus diesem Themenbereich lediglich die für die unmittelbare Versorgung eines Wohnbereiches notwendigen Einrichtungen, ihre Gruppierung in der Art eines Stadtteilzentrums und die Notwendigkeit der Vorsorge hierfür auch hinsichtlich des Grundstückszuschnitts.

7.5 Freiflächen

Mit der Sorge um die Freiflächen beginnt die strukturelle Planung der Stadt im industriellen Zeitalter: hier zuerst wurde deutlich, daß der Markt, das freie Spiel der Kräfte, nicht alle Bedürfnisse zu erfüllen vermag, daß vielmehr Freiflächen nur durch Planung, durch Handeln der öffentlichen Hand gegen die auf Ertragssteigerung gerichtete Tendenz der Grundeigentümer zu sichern sind.

Bruch erkennt, wie wir sahen, schon frühzeitig den strukturellen Aspekt der Freiflächenverteilung; er kritisiert die zu großen öffentlichen Plätze und fordert statt dessen neben der rechtzeitigen Sorge für Parkanlagen und Promenaden auch die Sicherung „lang hin ausgedehnte(r) wirkliche(r) Baum- und Buschpartien zwischen den entstehenden Vorstädten".[32] Mit besonderem Nachdruck setzt sich Arminius für Freiflächen in der Stadt ein; die Verfasserin sieht „für jede Großstadt ein Interesse ersten Ranges" darin, daß „allen Schichten der Bevölkerung die Erholung im Freien und Grünen zugänglich gemacht und daß für eine zweckmäßige Gestaltung dieser Stätten Sorge getragen werde." Daraus erwächst nach ihrer Meinung den Behörden die Aufgabe, „die freien Plätze und Feldstücke unverbaut zu bewahren, welche nach vorgeordnetem Maße, im Bedürfnis bedingt, in die Umfangslinien jeder Großstadt sowohl aus Sanität-, als auch aus moralischen Rücksichten gehören..."[33]

Wenn auch Baumeister die Forderung von Arminius nach dem grünen Gürtel um die Großstädte nicht für erfüllbar hält, so legt doch auch er großen Wert auf die Sicherung und Erhaltung von Freiflächen; er weist auf die physiologische und die psychologische Wirkung der Grünflächen hin, sieht in ihrer Schaffung eine „Pflicht besonders gegen die mittleren und ärmeren Klassen der Bevölkerung" und nimmt mit seiner Vision einer durchgrünten Zukunftsstadt nahezu alle später zugunsten des Grüns vorgetragenen Argumente vorweg. Die Bedeutung von Wasserflächen in der Stadt sieht er allerdings noch nicht; im Gegenteil, er betont die Möglichkeit, durch Verrohrung von Wasserläufen Baugelände im Inneren der Stadt zu gewinnen.

---

32 a.a.O., S. 151
33 a.a.O., S. 135.

Daß immerhin zumindest ein Teil solcher Gedankengänge in das praktische Verwaltungshandeln Eingang fand, belegt der Berliner Magistratsbericht für die Jahre 1861–76:

„Es waren nicht allein die sanitären Gesichtspunkte, von welchen die Verwaltung ausging, wenn sie bemüht war, die zu pflegenden und zu fördernden Anlagen so zu gestalten, daß sie der Stadt eine lange entbehrte Zierde, der Bevölkerung eine Quelle echter Naturanschauung und ethischen Naturgenusses gewähren sollten. Wie erwünscht es war, dem gutsituierten, aber im Gewühle des geschäftlichen Lebens umgetriebenen Bürger die Möglichkeit erfrischenden Naturgenusses zu gewähren; gegenüber den unteren, in schwerer körperlicher Arbeit ums tägliche Brot sich abmühenden Bevölkerungsklassen handelte es sich bei dem Schaffen von Park- und Gartenanlagen um noch höhere Ziele. Denn unbestreitbar ist es, daß solche im wohlgepflegten Zustande erhaltenen Anlagen eines der geeignetsten Mittel sind, den Sinn über die Sorge um die materielle Existenz zu erheben und rohe Gesinnung, wo sie vorhanden, zu mildern."[34]

Sitte dagegen geht es nicht so sehr um die strukturelle Seite der Grünplanung, sondern um die Frage, wie weit die Wirkung der Architektur, wie weit Plätze und Fassaden vom Grün profitieren oder von ihm beeinträchtigt werden können. Stübben setzt sich wiederum ausführlich mit der hygienischen und ästhetischen Wirkung von Grünanlagen auseinander und gibt eine Reihe praktischer Regeln zu deren Gestaltung. Im Gegensatz zu Baumeister betont er auch die Bedeutung von Wasserläufen im Stadtgebiet, die er „der Einwirkung von Privatbesitzern möglichst ... entziehen" möchte.

Für Fritsch hingegen steht der strukturelle Aspekt, die gleichmäßige Ausstattung der Stadt mit Grünflächen, im Vordergrund, wobei er den Gedanken der von außen tief in die Stadt eindringenden radialen Grünflächen besonders betont. Auch das Blockinnere möchte er für „Spiel- oder Gartenplätze" freihalten, um „vor allem die Tummelplätze der Jugend von der Straße nach geschützteren Orten zu verlagern".[35] Das Konzept des zusammenhängenden Grünflächennetzes setzt sich seitdem allmählich durch; Nußbaum schreibt 1907:

„Die Parkstreifenbildung ist ein bedeutsamer Teil der Stadtgartenkunst und sollte in den Neusiedlungen der Städte eine weit häufigere Anwendung finden, als es bisher der Fall war ... damit (den) Bewohnern ein reizvoller Weg in die freie Umgebung der Stadt dauernd zur Verfügung steht."[36]

In Großbritannien steht demgegenüber die Begrenzung der Stadt nach außen durch den Grüngürtel im Vordergrund; Howard und Unwin sind sich in der Befürwortung dieser Maßnahme einig. Auch die Anordnung von innerstädtischen Grünflächen, die in Howards Konzept eine wichtige Rolle spielt, wird von Unwin mit detaillierten Vorschlägen unterstützt.

---

34 Berliner Magistratsbericht 1861–76, Heft 2, S. 66, zitiert nach Hegemann, W., „Der Städtebau nach den Ergebnissen...", Bd. II. S. 364.
35 a.a.O., S. 21.
36 a.a.O., S. 142.

Faßbender hebt besonders das Ziel der Luftreinhaltung hervor; ihm dienen der Gedanke der „Wälder innerhalb der Städte" und der Vorschlag der radialen Anordnung der Grünflächen und ihrer Ergänzung – bei sehr großen Städten – durch Grüngürtel. Wie Stübben betont Faßbender auch die Bedeutung der Wasserflächen im Stadtgefüge, deren Ufer er im öffentlichen Eigentum erhalten und entsprechend gepflegt sehen möchte.

Mit dem Wettbewerbsentwurf von Möhring, Eberstadt und Petersen für Berlin setzt sich der Gedanke des radialen Grünflächensystems endgültig durch; fast alle Bücher der zwanziger Jahre verknüpfen ihn mit der Forderung nach einem zusammenhängenden Freiflächensystem. Besonders deutlich wird die neue Auffassung von Heiligenthal herausgestellt:

„Die Verbindung der modernen Stadt mit der Landschaft ist völlig verschieden von dem Zusammenwirken dieser beiden Faktoren in früherer Zeit ... Die moderne Stadt tritt in Beziehung zur umgebenden Natur. Baugebiete und Landschaft durchdringen sich gegenseitig, Grünflächen schieben sich in die Häusermassen hinein, die Anlagen sind mit der Siedlung verwoben."[37]

Gurlitt führt außerdem mit der Abschirmfunktion des Grüns vor allem bei Autostraßen und Güterbahnhöfen und mit der Forderung nach Dauerkleingärten – die auch Hoepfner erhebt – zwei neue Aspekte in die Diskussion ein. Im Mittelpunkt seiner Argumente steht die Rolle des Grüns als Bewegungs- und Spielraum für die Stadtbewohner.

Wie Gurlitt mißt auch Hoepfner dem Wasser als belebendem Element und ästhetischer Bereicherung große Bedeutung bei; beide nehmen gegen die übliche rein wasserbautechnische Behandlung städtischer Wasserflächen Stellung. Hoepfner richtet sein besonderes Augenmerk auf die wohnungsnahen Freiflächen die Haus- und Kleingärten, wobei die Erholungsfunktion für die Erwachsenen und die Spielmöglichkeiten für die Kinder im Vordergrund stehen.

Feder betont die Rolle der Freiflächen als funktionsbezogene öffentliche Einrichtungen – für Volksfeste und Aufmärsche, als Schulgärten und als Friedhöfe. Die sonstigen öffentlichen Grünflächen sieht er nur in den Großstädten als wichtig an, wo er sie als „Lungen der Großstädte" gleichmäßig verteilt wissen möchte; für die von ihm bevorzugte Kleinstadt erscheinen sie ihm fast ganz entbehrlich, zumal die geringe Dichte eine weitgehende Durchgrünung der Baugebiete sichern werde.

Schumacher schließlich unterstreicht die Bedeutung der Freiflächen als Gestaltungsobjekt eigener Art – sie seien nicht das, was bei der Bebauung übrigbleibe. Hervorzuheben ist seine Empfehlung, die Freiflächen verschiedener Nutzungsarten zu möglichst großen Komplexen zusammenzufassen; nur so sei die erwünschte gliedernde Wirkung innerhalb des Stadtkörpers zu erreichen. Mit

---

37 a.a.O., S. 324 f.

Nachdruck tritt er für die langfristige Sicherung von Kleingartenland innerhalb der Stadt ein.

7.6 Verkehr

Der Verkehrsaspekt erhält schon früh, lange vor der Motorisierung, ein besonderes Gewicht bei der städtebaulichen Planung, wie aus Baumeisters Zielformulierung für die Stadterweiterungen hervorgeht: „Neue Wohnungen zu schaffen und den Verkehr zu erleichtern." Baumeister äußert auch bereits zahlreiche grundlegende Gedanken zur Verkehrsplanung: die Trennung der Verkehrsarten nach Quelle und Ziel, die Unterscheidung von Haupt- und Nebenstraßen, die Empfehlung, Verkehrsarten verschiedener Geschwindigkeiten auf getrennte Bahnen zu verweisen – das alles wird erst wesentlich später systematisch weiterentwickelt. Der Schwerpunkt der Diskussionen im Verkehrsbereich lag damals anderswo: bei der „Straßensystemen", von denen Baumeister das Rechteck-, das Dreieck- und das Radialsystem erörtert.

Sitte kritisiert diese Überlegungen und bezeichnet alle Systeme als künstlerisch unergiebig; für sein Thema spielen Verkehrserwägungen nur eine untergeordnete Rolle. Mit Nachdruck befürwortet er die Einmündung gegenüber der Kreuzung – zwar mit verkehrstechnischen Argumenten, aber doch wohl in erster Linie, um den ästhetisch erwünschten Straßenabschluß auch funktionell zu begründen.

Sehr ausführlich setzt sich Stübben mit den Verkehrsfragen auseinander, wobei er wiederum Baumeister in vielen Punkten – so auch bei den Richtwerten über die Straßenbreiten – weitgehend folgt. Neu ist einerseits die Beschäftigung mit den Straßenverhältnissen auch im vorhandenen Stadtkern, andererseits die eingehende Behandlung von Stadtbahnen und Straßenbahnen, die in den eineinhalb Jahrzehnten seit Baumeister einen beträchtlichen Aufschwung genommen haben.

Howard verzichtet fast völlig auf die Erörterung von Verkehrsfragen; die Gartenstadt ist klein genug, um keine nennenswerten Verkehrsprobleme aufzuwerfen. Unwin dagegen behandelt diesen Aspekt sehr ausführlich und pragmatisch, wobei er Zweckmäßigkeit und Sparsamkeit ebenso wie die ästhetische Wirkung im Auge hat. Gegenüber Sittes Befürwortung der Einmündung plädiert er für die Vorzüge des Kreisverkehrs, der ja tatsächlich in England jahrzehntelang vorherrschte.

Faßbender widmet dem Verkehr eine sehr systematische Betrachtung, in der er die Verkehrsarten differenziert, Anregungen für die Führung des öffentlichen Nahverkehrs gibt und eine Gliederung des Straßenverkehrsnetzes nach seiner Bedeutung vorschlägt. Er spricht sich gegen direkte Kreuzungen und noch nachdrücklicher gegen „sogenannte Sternplätze" aus. Für den Großstadtkern befürwortet er bereits drei Verkehrsebenen: Fußgänger oben, Fuhrwerke auf dem

Boden, Bahnen im Untergrund. Er betont die Bedeutung der Sorge für den Fußgängerverkehr und faßt einen „weitblickenden Generalplan" für das Gesamtverkehrsnetz der Großstädte ins Auge – den späteren Generalverkehrsplan. Im ähnlichen Sinne hatte Goecke ein Jahr zuvor in der Zeitschrift „Der Städtebau" von der Erkenntnis gesprochen, „daß wir einen einheitlichen Verkehrsplan noch gar nicht besitzen, und doch müßte ein solcher in großen Zügen dem einheitlichen Bebauungsplan vorausgehen."[38]

Bei Gurlitt finden wir erstmalig den Gedanken der vollständigen Trennung von Fußgänger- und Fahrverkehr und das Konzept reiner Autostraßen, anbau- und niveaufrei geführt und mit An- und Abfahrten in Abständen von jeweils etwa einem Kilometer. Er macht Vorschläge für Bahnsysteme innerhalb der Städte und fordert ein differenziertes Straßennetz, dessen Hauptstraßenzüge die Vorstädte auch untereinander, nicht nur mit dem Mittelpunkt verbinden sollten; diese Vorstellung entspricht den von Hercher 1904 vorgetragenen Thesen. Bei der Unterscheidung in Verkehrs- und Wohnstraßen beruft sich Gurlitt auf Goecke; dieser Gedanke war bereits um die Jahrhundertwende jedenfalls theoretisch weitgehend akzeptiert. Hegemann schreibt seine Urheberschaft Eberstadt zu, der diese Differenzierung erstmalig 1893 in einem Beitrag zu den Preußischen Jahrbüchern angewandt habe.[39] Auch Hoepfner nimmt diese Unterscheidung auf, wobei er die Linienführung der „Aufteilungs- oder Wohnstraßen" den Bedürfnissen der Wohnbauten unterordnen will, während auf den Verkehrsstraßen Sicherheit und Leichtigkeit des Verkehrs den Vorrang haben sollen.

Um 1920 werden zwei wichtige neue Gesichtspunkte vorgetragen: Brinckmann betont die enge Verknüpfung von Verkehr und Siedlungstätigkeit: „Schienen früher die Verkehrsanlagen zunächst als ... Folgen (der Siedlungsmöglichkeit), so sind sie heute geradezu Anreger geworden" – eine wichtige Einsicht in die sich wandelnde Rolle der Infrastruktur; Fischer befürwortet die Bündelung des Straßenverkehrs auf wenige Hauptstraßen, um in den übrigen Straßen weitgehend Ruhe zu haben.[40] Die konsequente Fortführung dieser Überlegung mündet in Knellers Gedanken der „Sammeltangente", der noch innerhalb unseres Berichtsabschnitts vorgetragen wurde, aber seine Wirksamkeit erst später entfaltete.[41]

Von Hoepfners an der Technischen Hochschule Hannover tätigem Kollegen Blum ist das Wort überliefert, ‚derjenige Verkehr sei der beste, der gar nicht

---

38 Goecke, Theodor, „Welche Erwartungen dürfen wir an das Ergebnis des Wettbewerbes „Groß-Berlin" knüpfen?" Der Städtebau, Jahrg. VIII, 1911, S. 3.
39 Hegemann, Werner, „Der Städtebau nach den Ergebnissen der Berliner Städtebauausstellung", Band II, Berlin 1913, S. 157. Es handelt sich um den Artikel „System und Prinzip in der Berliner Stadtverwaltung, ein Beitrag zur Kommunalreform", Preußische Jahrbücher, Berlin 1893, S. 19.
40 Brinckmann, a.a.O., S. 124. Fischer, Th., a.a.O., S. 17.
41 Kneller, Friedrich, „Die Sammeltangente", Berlin 1931.

erst entstehe'. Diesen Gedanken greift Hoepfner in seinem zweiten Band auf mit dem Vorschlag, durch wohlüberlegte Anordnung des Stadtkörpers ein „Überschäumen des Verkehrs überflüssig zu machen". Für Feder ist dieses Ziel dank der Beschränkung auf die Kleinstadt leicht zu erreichen, so daß er die Aspekte des Straßenverkehrs und des öffentlichen Nahverkehrs unerörtert läßt. Lediglich die Standortwahl für Bahnhöfe und Bahnanlagen bespricht er ausführlich.

Schumacher dagegen betont vor allem die Aufgabe, Trassen für übergeordnete Verkehrswege innerhalb des großstädtischen Gefüges freizuhalten – und zwar in einer Weise, „daß das eigentliche Siedlungsfleisch möglichst wenig durch sie zerfetzt wird". Ein wichtiger Gedanke liegt in Schumachers Gegenüberstellung der Freiflächen für den Verkehr und der Freiflächen für die Erholung: „die ersten zerschneiden, die zweiten verschmelzen, beides ist gleich wichtig für das schließliche Wesen der Bauflächen."

Fast durch die ganze Berichtszeit hindurch zieht sich die Auseinandersetzung um gekrümmte und gerade Straßen, von Sitte eingeleitet und von den meisten anderen Autoren unter Erörterung des Für und Wider beider Möglichkeiten fortgeführt; über diesen Punkt wird bei der Behandlung der Gestaltungsgrundsätze ausführlich berichtet. Pointiert und pathetisch nimmt Le Corbusier Stellung:

„Man hat die Religion des Eselsweges ins Leben gerufen. Die Bewegung ging von Deutschland aus, war Folge einer Arbeit Camillo Sittes über den Städtebau, eines Werkes voll von Willkürlichkeit ... Die gekrümmte Straße ist der Weg der Esel, die gerade Straße ist der Weg der Menschen ... Die Gerade ist gesund und edel ... Der Mensch, der Gerade zieht, beweist, daß er sich selbst begriffen hat und eintritt in die Ordnung."[42]

7.7 Versorgung

Auf diesem Gebiet gibt Baumeister nur kurze Hinweise zur Frischwasserversorgung, während er sich sehr ausführlich mit der Stadtentwässerung auseinandersetzt. Stübben erörtert darüber hinaus die Leitungsnetze für Dampf, Gas, Heißwasser, Preßluft und Elektrizität; dabei behandelt er auch die Lage der Versorgungsleitungen im Straßenraum und die Fragen der Straßenbeleuchtung.

Howard beschäftigt sich einerseits mit der Frage nach dem geeigneten Versorgungsträger – Gemeinde oder privates Unternehmen –, andererseits mit dem Vorschlag, gemeinsame Tunnel für die Zusammenfassung der verschiedenen Versorgungsleitungen unter der Straße vorzusehen. Unwin weist auf die Vor-

---

42 Le Corbusier, „Städtebau", Stuttgart 1929, S. 9 f. Hierzu darf die Entgegnung eines Landsmanns von Sitte nicht fehlen, wenn sie auch zeitlich nach unserem Berichtsabschnitt liegt: „Die krumme Straße ist nicht nur der Weg der Esel, sondern auch der der Menschen und sogar der ihrer Automobile. Die gerade Straße entsteht durch den Strich an der Reißschiene und wird durch den verteidigt, der ihn gezogen hat." (Rainer, Roland, „Städtebauliche Prosa", Tübingen 1948. S. 186).

züge gemeinschaftlicher Heizungs- wie auch Entwässerungsanlagen für Reihen- oder Gruppenhäuser hin.

Während Gurlitt sich darauf beschränkt, die Notwendigkeit der verschiedenen Leitungsnetze hervorzuheben und aus den Erfordernissen der Kanalführung das Mitspracherecht des Tiefbauers beim Entwurf der Straßen abzuleiten, unterstreicht Hoepfner die Bedeutung des Anschlusses an die allgemeine Wasserversorgung und an das Kanalnetz, wobei er die Beseitigung der häuslichen Abwässer als Hauptaufgabe, die „der Regenwässer und gewerblichen Abflüsse mehr als Nebenaufgabe" betrachtet. In einer weiteren Definiton des Begriffs der Städtereinigung bezieht Hoepfner in dieses Arbeitsgebiet auch noch den Bereich ein, der heute als Emissionsbekämpfung bezeichnet werden würde.

Feder erörtert im Rahmen der öffentlichen Einrichtungen die Anlagen zur Gewinnung von Wasser, Gas und Elektrizität, die Kanalisation, die Müllbeseitigung und die Straßenreinigung. Auch eine Reihe städtischer Betriebe und Anstalten bezieht er in diese Kategorie ein und behandelt dabei auch geeignete Standorte, Größe und Kapazität solcher Einrichtungen.

Schumacher betont die besondere Bedeutung der Wasserwirtschaft und hebt das Kanalisationswesen „als pars pro toto aus dem ganzen System technischer Anlagen" hervor. Diese technischen Anlagen machen die Stadt zu einer großen Maschine: „Das erste Ziel des Gestaltens kann nur die Sorge sein, daß diese Maschine funktioniert." Mit Bezug auf die strukturelle Ordnung der Stadt empfiehlt Schumacher, die Stränge des technischen Adersystems möglichst zusammenzufassen, um den Boden nicht zu oft zu durchschneiden.

7.8 Richtzahlen und Orientierungswerte

Baumeister gibt einige interessante Hinweise auf den Anteil an besiedelter Fläche pro Einwohner in verschiedenen europäischen Städten und fordert eine für Analysezwecke geeignete Aufgliederung dieser Werte, aus denen er sehr überzeugend die Möglichkeiten ihrer Anwendung und ihren Wert als Beurteilungskriterien ableitet. Als grober Richtwert für Stadterweiterungspläne wird ein Verhältnis von Baufläche zur Verkehrsfläche wie 2 : 1 angegeben. Stübben bringt darüber hinaus Angaben über Wohndichten und Behausungsziffern in verschiedenen Großstädten als Beleg für den dichtemindernden Einfluß des Einfamilienhauses. In die Kategorie der Richtwerte gehören auch die Angaben über die empfehlenswerten Baublockabmessungen und über Grünflächen.

Bei Howard finden wir allgemeine Überlegungen, die sich an die von ihm befürwortete Gesamtzahl von 30 000 Einwohnern für seine Gartenstadt knüpfen; Unwin gibt eine Reihe von Regeln für die Dichte und die Gebäudeabmessungen an, in denen sich sein Grundsatz „nothing gained by overcrowding" deutlich niederschlägt.

Nußbaum fordert „auf Grund langjähriger Untersuchungen, Beobachtungen und Erfahrungen" als Verhältnis von Gebäudeabstand zu Höhe in Süddeutschland 1 : 1, in Mitteldeutschland 6 : 5 und in Norddeutschland 5 : 4, in Verkehrsstraßen solle dagegen im Interesse sommerlicher Beschattung das Verhältnis zwischen 4 : 5 und 2 : 3 liegen.[43] Faßbender beschränkt sich in seinen Zahlenangaben in erster Linie auf die Abmessungen von Straßen; für die empfehlenswerten Baublockgrößen zitiert er Stübbens Angaben.

Gurlitt nimmt Baumeisters Werte für die Aufteilung der Straßenbreite auf, lehnt aber feste Regeln für Länge und Tiefe von Baublöcken ab; sie sollten aus der Einzelaufgabe entwickelt werden. Erstmalig führt Gurlitt Zahlen für die quantitative Leistungsfähigkeit von Straßen und für die bestimmten öffentlichen Einrichtungen zuzuordnenden Einwohner an. Hoepfner gibt Hinweise für Blocktiefen und Blocklängen und teilt Faustregeln für die Straßenfläche je Einwohner, den Anteil der Straßenfläche an der gesamten Siedlungsfläche, den Müllanfall und die Regenwasserabflußmengen mit. Wolf setzt als Richtwert für Spielplatzflächen je Einwohner 3,45 qm an und erwähnt die Forderung von Martin Wagner (4,5 qm) und die des Reichsverbandes für Leibesübungen (3 qm).[44] Blum veröffentlicht um die gleiche Zeit Faustregeln für den Flächenbedarf für Wohngebiete (1 ha auf 200 Einwohner) und Industriegebiete (1 ha auf 300 Einwohner).[45]

Bei Feder spielen Richtzahlen eine zentrale Rolle; ihre Klärung ist das eigentliche Ziel der Arbeit. Flächenanteile je Einwohner, Erwerbsquote, Flächenbedarf und Beschäftigtenzahl für die verschiedensten Betriebe und öffentlichen Einrichtungen sind die Hauptgegenstände der Ermittlungen. Schumacher verzichtet vollständig auf Zahlenangaben − außer für die öffentliche Grünfläche je Einwohner, deren erstrebenswertes Mindestmaß er mit 6,5 qm ansetzt.

8. Gestaltung als Planungsaufgabe

8.1 Gestaltung: Grundprobleme

Die eingangs zitierte Aussage von Eitelberger von Edelberg über den spezifischen Charakter der Kunst, die „sich an Stadtbauten und Stadtanlagen anknüpft", verrät eine überraschend moderne Auffassung, für die sich auch in der unmittelbaren Folgezeit kein Gegenstück findet.[1] Baumeisters Buchtitel läßt die ästhetischen Aspekte − sicher nicht zufällig − unerwähnt; dem entspricht

43 a.a.O., S. 18 f; vgl. Abschnitt 4.5.
44 a.a.O., S. 72.
45 a.a.O., S. 16 f.

1 s. S. 9

ganz seine Forderung, das Bauen von allen ästhetischen Vorschriften zu befreien. Gewiß ist das auch unter dem Blickwinkel der seinerzeit gültigen Bauordnungen zu sehen; so mußte die Forderung der Bayerischen Landesbauordnung von 1864, „im Ansehen der Fassaden alles zu vermeiden, was die Symmetrie und Sittlichkeit verletzen könnte", Kritik und Spott geradezu herausfordern. Anderseits sind Baumeisters Argumente – Schönheit sei wohl kaum ein notwendiges öffentliches Interesse, und Schönheit bedeute eine Verteuerung des Bauens – wenig überzeugend, und sie stehen auch in eigentümlichem Gegensatz zu seinem Bekenntnis zum „ästhetischen Grundprinzip der Einheit in der Mannigfaltigkeit".

Der bekannte Passus des preußischen Allgemeinen Landrechtes von 1794, der die Baufreiheit statuiert: „in der Regel ist jeder Eigentümer seinen Grund und Boden mit Gebäuden zu besetzen oder seine Gebäude zu verändern wohl befugt", wird sogleich durch eine Ergänzung eingeschränkt: „doch soll zum Schaden oder Unsicherheit des gemeinen Wesens oder zur Verunstaltung der Städte und öffentlichen Plätze kein Bau und keine Veränderung vorgenommen werden." Gestaltung wird also auf Verunstaltungsabwehr zurückgenommen: das war die These des Liberalismus. Baumeisters Bemerkung über die heute vorherrschenden gleichartigen Mietshäuser, die „den treuen architektonischen Ausdruck der vermengten und wandernden modernen Gesellschaft geben", schließt deutlich an eine Bemerkung Lotzes an, die im anderen Zusammenhang zitiert wird.[2]

Bei Sitte verknüpfen sich auf eigentümliche Weise zwei Gedankengänge, von denen der eine grundlegend und zeitlos, der andere stark zeitgebunden ist: der erste zielt auf die Auseinandersetzung mit den Grundsätzen ästhetischer Wirkung, auf die bewußte Erarbeitung von Gestaltungsprinzipien, „welche in der Zeit traditioneller Kunstübung die Bildner unbewußt auf rechter Fährte erhielten". Der andere betont das dekorative Element der Kunst; besonders deutlich kommt es in seiner Klage zum Ausdruck, daß man zwar dem Architekten Millionen gewähre zur Ausführung seiner Erker, Türme, Giebel, Karyatiden, daß jedoch dem Städtebauer kein Heller bewilligt werde „zur Anlage von Kolonnaden, Torbogen, Triumphbogen und allen den zahlreichen Motiven, die seine Kunst nicht entbehren kann". Die Diskrepanz wird deutlich, wenn Sitte an anderer Stelle einräumt, daß die von ihm bedauerte Enge der Grenzen für die künstlerische Ausgestaltung sich „weniger aus Geldmangel als vielmehr aus inneren, rein sachlichen Gründen" ergebe.

Bei Stübben finden wir eine Grundauffassung, die der Baumeisters sehr verwandt ist. Dabei ist es interessant, daß sich seine Meinung zwischen der ersten und der zweiten Auflage deutlich zugunsten behördlicher Einflußnahme verändert hat. In seinen Ausführungen über die Anforderungen der Schönheit

2 s. S. 75 f.

beschränkt Stübben sich auf sehr unverbindliche Formulierungen, die den Charakter von Leerformeln besitzen. Bemerkenswert ist allerdings seine Aussage, die Grundforderungen der Schönheit seien „durch aufmerksame Befolgung der Verkehrs-, Bebauungs- und Gesundheitsrücksichten erfüllt" — das klingt wie ein frühes Bekenntnis zum reinen Funktionalismus.

Im zweiten Zeitabschnitt beschäftigen sich Unwin und Faßbender ausführlich mit Gestaltungsfragen, während dieser Aspekt bei Howard fast unerwähnt bleibt. Unwin bekennt sich zu Lethabys Grundsatz, die Kunst bestehe darin, das gut zu tun, was getan werden müsse. Er warnt vor Formalismus und äußert sich auch kritisch zu Sittes Gestaltungsgrundsätzen unter diesem Blickwinkel. Gestalterische Qualität sei letzlich unabhängig von der Frage, ob regelmäßige oder unregelmäßige Formen angewandt würden. Es ist interessant, daß Unwin im Vorwort zur zweiten Auflage 1911 noch einmal ausdrücklich auf diesen Punkt eingeht:

„Die zunehmende Beschäftigung mit städtebaulichen Arbeiten veranlaßt mich einerseits, noch nachdrücklicher als in diesem Bande die Bedeutung der formalen Strenge und der Ordnung im Entwurf zu unterstreichen, andererseits aber auch zu betonen, daß man sich darüber klar werden muß, an welcher Stelle Ordnung und Ebenmaß wichtig sind und zu Buch schlagen, und wo sie nicht ins Gewicht fallen."[3]

Faßbenders Auffassung ist anspruchsvoller und weniger pragmatisch; er unterscheidet zwischen dem Gesamtbilde der Stadt, in dem sich „Schönheitsanforderungen mit der Zweckmäßigkeit zu einem harmonischen Ganzen" verbinden, und den einzelnen Teilbereichen, in deren Ausgestaltung er die Hauptaufgabe sieht. Er tritt für einen bodenständigen Stil ein und postuliert einen unterschiedlichen Gestaltcharakter für Städte verschiedener Größenordnung und verschiedenen Alters.

In den Beginn des dritten Zeitabschnitts fallen Theodor Fischers „Sechs Vorträge über Stadtbaukunst", in denen die gestalterischen Erwägungen eine gewichtige Rolle spielen. Auf seine Warnung vor dem Formalismus, der gestalterischen Willkür des Architekten, wurde schon hingewiesen.[4]

Gurlitt bezieht sich auf Theodor Fischer mit seiner Forderung nach einer Baumassengliederung, die Herrschendes und Beherrschtes deutlich machen solle; er sieht in der Kunst keine dekorative Zugabe, sondern einen der notwendigen Aspekte einer sachgerechten Lösung. Mit Nachdruck weist er darauf hin, daß die Kunst im Städtebau sich nicht in feste Regeln fassen lasse. Für die plastische Wirkung der Baumassen sei ihr Eindruck auf den sich bewegenden Betrachter maßgebend; der Wandel in der Bewertung der Form gehe auf die Ermüdung am oft Gesehenen zurück. Auch Hoepfner lehnt eine dekorative Auffassung der Kunst ab; bemerkenswert ist sein Hinweis auf Brinckmanns

---

3 a.a.O., 2. Auflage 1911, S. XVII.
4 s. S. 26

These: „Es ist nicht mehr die Form, sondern der Formprozeß, den wir, uns kräftigend, miterleben möchten." Demgegenüber erscheint Le Corbusiers Faszination durch die Gerade und den rechten Winkel eigentümlich eng, und seine Deutung der Situation wirkt allzu vordergründig:

„Die Großstadt, Phänomen der Kraft in der Bewegung, ist heute eine drohende Katastrophe, weil sie nicht mehr beseelt ist vom Geist der Geometrie."[5]

Brunner äußert sich zu Gestaltungsfragen so wenig wie Feder, da die Schwerpunkte beider Arbeiten auf anderen Gebieten liegen. Wetzel sieht das Hauptziel der städtebaulichen Gestaltung darin, auch bei den notwendigerweise zu berücksichtigenden Zufälligkeiten den Schein einer klaren Ordnung zu wahren. Sein Hinweis auf die Bedeutung der Perspektive aus normaler Augenhöhe zielt offenbar darauf, vor der Überschätzung der Vogelschau und des Planbildes zu warnen.

Sehr ausführlich behandelt Schumacher die Grundfragen der Gestaltung; seine Hauptthemen sind das Wechselspiel von Raum und Baukörper, deren sinnvolle Gestaltung einen „doppelten Bewußtseinsvorgang im Schaffenden" erfordere, die Organisation des Raumes nach dem im Menschen angelegten rechtwinkeligen Achsensystem und schließlich das Verhältnis von städtebaulicher und architektonischer Gestaltung, das er aus reicher Erfahrung mit besonderem Einfühlungsvermögen erörtert. Er warnt vor „Motiven", fordert eine „Beruhigung des Blicks" angesichts der „trostlosen Buntheit moderner Städte" und geht auf die Verbindung von motorischem und optischem Erlebnis in Städtebau und Architektur ein.

8.2 Gestaltung: Gesamtgefüge

Im ersten Abschnitt bleibt dieses Thema fast ganz unerörtert: für Baumeister tritt die Stadt als Gestaltungsobjekt nicht in Erscheinung, während es Sitte vor allem um die optisch faßbaren Einzelräume geht. Ein wichtiger Beitrag zu diesem Thema findet sich indessen außerhalb der eigentlichen städtebaulichen Literatur: in Lotzes „Geschichte der Ästhetik in Deutschland". Dort heißt es:

„Die Lebensverhältnisse in größeren Städten ... geben ... den Gebäuden eine andere Bedeutung, die sich in ihrer architektonischen Behandlung folgerecht ausdrücken kann. Was hier nicht staatlichen Zwecken gewidmet ist und darum monumentale Behandlung und isolierte Lage verlangt, das dient als Geschäftsraum oder Herberge einer veränderlichen Bevölkerung, die nicht hier verlangen kann, ihre individuelle Eigenart in äußerlicher Erscheinung vollständig auszuleben. Beide Bestimmungen lassen zu und verlangen sogar ..., daß diesem Massenleben entsprechend auch die Bauwerke auf individuelle Selbständigkeit verzichten, und Schönheit nur durch die malerischen und imposanten Massenwirkungen suchen, welche die künstlerisch erfundene Anordnung der im einzelnen gleichartigen hervorbringen kann ... Große Städte wollen als große Städte schön sein; sie sind es niemals,

---

[5] a.a.O., S. 23.

wenn ihre einzelnen schönen Bestandteile so ineinander verwirrt sind, daß es nirgends in ihnen einen orientierenden Mittelpunkt und klare Aussichten über die Massen gibt, und wenn so trotz der Größe des Ganzen der Blick überall nur auf Kleinem oder auf Wenigem zugleich haften kann. An einzelnen wohl verteilten Brennpunkten müßten die monumentalen Bauwerke stehen, die mit aller Konsequenz und allem Reichtum des herrschenden Stiles die ewigen idealen Aufgaben der Kultur verherrlichen; diese Plätze würden zu verbinden sein durch Gebäudereihen und Straßen, die mit sorgfältiger Benutzung der Gunst des Terrains die dem modernen Gefühl unentbehrliche Beherrschung des Ganzen von verschiedenen Standpunkten und dieser Standpunkte durch einander möglich machten, und die in ihrer uniformen Erscheinung die massenhaft zusammengefaßte Lebenskraft und Regsamkeit der Bevölkerung versinnlichten..." [6]

Stübbens Bemerkungen über die Verteilung der öffentlichen Gebäude und ihre Anordnung im Blickpunkt der Hauptstraßenzüge nehmen diese Überlegungen auf. Sein Hinweis, auch der Bau einer Stadt solle ein Kunstwerk sein, zielt offenbar auf das Gesamtgefüge. Die in der zweiten Auflage hinzugefügte Bemerkung über die Bereicherung des Stadtbildes durch die individuelle Gestaltung von Straßen und Plätzen ist wiederum als Niederschlag der von Sitte und Henrici entwickelten Gedanken zu verstehen.

Auch hinter Faßbenders Kritik an „schematisch rechtwinkeligen Verbauungsplänen" steht zweifellos der Einfluß von Sittes Gedankengängen; allerdings erkennt Faßbender den Gestaltungsprinzipien der Geradlinigkeit und der Symmetrie eine wichtige Rolle bei monumentalen Anlagen zu, die „im Stadtbilde vor allem größerer Städte nicht fehlen dürfen." Ganz in diese Richtung geht eine Aussage von Peter Behrens: Die Neuanlage einer Stadt oder eines Stadtteils habe „im Gegensatz zum mittelalterlichen Prinzip der unregelmäßig geführten gewundenen Straßen und der idyllisch winkeligen Platzausbildungen, nach vorgefaßtem, großzügigen Plane mit breiten, weithin durchgeführten graden Straßen zu geschehen". Er fordert angesichts der schnellen Bewegung des Betrachters im Auto oder im Schnellzug eine Architektur, „die möglichst geschlossene, ruhige Flächen zeigt," und bezeichnet es als hohes Ziel, den Typus zu finden: „Nicht nur das einzelne Haus wird eine typische Gestaltung annehmen, sondern die Stadtteile und Städte selbst."[7]

Unwin vertritt die Auffassung, daß eine detaillierte Durchgestaltung der Stadt in ihrer Gesamtheit die Gestaltungskraft eines einzelnen Stadtplaners übersteige; er betont die Bedeutung der Dachlandschaft für das Gesamtbild der Stadt. Aus der gleichen Zeit stammt eine Arbeit Otto Wagners, in der ein Konzept für einen neuen Bezirk Wiens vorgestellt wird, das durch einen ausgeprägten Schematismus gekennzeichnet ist: ein streng rechtwinkliges Blocksystem mit symmetrisch verteilten Plätzen und Standorten öffentlicher Gebäude; man könnte darin eine Illustration zu Lotzes Aussagen über die Unifor-

---

6 Lotze, Hermann, „Geschichte der Ästhetik in Deutschland", Stuttgart 1868, S. 548 f.
7 Behrens, Peter, „Städtebauliches", in: Grohmann, Will, „Zwischen den beiden Kriegen – Bildende Kunst und Architektur, Berlin 1963, S. 458 f.

mität der Gebäude in der Großstadt sehen.[8] Auf diese Studie Otto Wagners bezieht sich offenbar Gurlitt mit seiner Kritik an den „Neu-Idealisten" im Städtebau; er sieht dahinter eine neue Form des „aufgeklärten Despotismus". Hätte er die Vokabel „technokratisch" schon zur Verfügung gehabt, so hätte er sie wahrscheinlich benutzt. Seine Absage an diese Art städtebaulicher Gestaltung entspricht ganz seiner Betonung des zeitlichen Wandels im Städtebau.

Gewiß hätte er ähnlich geurteilt über die Gestaltungsvorschläge für die Stadt, die zu Beginn der zwanziger Jahre von Le Corbusier vorgetragen wurden und bei denen ähnlich wie bei Otto Wagner die Konzeption offenbar durch den Denkansatz des Architektenentwurfs bestimmt wurde; bei aller Faszination, die von Le Corbusiers Entwürfen ausging, haben sie wenig zur Förderung des Denkens in städtebaulichen Kategorien beigetragen.

Die Vorstellung einer einheitlichen Durchbildung der Stadt taucht allerdings auch bei Hoepfner auf; seine Forderung, daß das Wesen der Stadt nicht nur die Form des Ganzen, sondern auch die Ausbildung der Einzelteile beeinflussen solle, bleibt jedoch blaß, zumal sie nicht weiter erläutert wird. Heiligenthal weist darauf hin, daß die moderne Stadt nur aus der Vogelperspektive zu erfassen sei: ihr wahres Abbild sei nicht die Silhouette, sondern die Ballonaufnahme; mit der Zunahme des Luftverkehrs werde das Luftbild der Stadt mehr und mehr zum Wahrzeichen werden.[9]

Pragmatischer sind Wetzels Forderungen, jedes Bauvorhaben im Modell auf seine Übereinstimmung mit dem Gesamtbild zu prüfen und die Stadt in ihrer Gesamtheit landschaftgebunden, situationsgebunden zu entwickeln.

Die gründlichste und ausgewogenste Darstellung des Problems finden wir bei Schumacher. Er macht den Unterschied zwischen der künstlerischen Behandlung der Stadt und derjenigen der Bauwerke deutlich, erörtert dabei auch das Zusammenwirken des Städtebauers und des Architekten und weist auf die Tatsache hin, daß neben den gestalterischen Absichten des Planers viele andere Kräfte am Werk sind. Auch in den unterschiedlichen Aufgaben der Stadtviertel sieht er ein Gegenargument gegen den Gedanken, die Stadt unter ein einziges Gestaltungsgesetz zwingen zu wollen; stattdessen befürwortet er die „frei bewegte Ordnung", die „Ordnung im lockeren Gefüge".

8.3 Gestaltung: Städtische Räume

Zwei Elemente ziehen sich durch fast alle Beiträge zu diesem Thema: die Straße und der Platz. Was die Straße angeht, so zielen nahezu alle Vorschläge auf eine Belebung und Auflockerung starrer Baufluchten. Schon Baumeister äußert sich in diesem Sinne; Sitte erweitert das Repertoire hierfür durch „ungleiche Straßenbreiten, verschiedene Haushöhen, Freitreppen, Loggien, Erker und Giebel";

---

8 Wagner, Otto, „Die Großstadt. Eine Studie über diese", Wien 1911.
9 a.a.O., S. 325.

Stübben trägt Regeln für die absolute und relative Länge (im Verhältnis zu ihrer Breite) gerader Straßenabschnitte bei. Besondere Beachtung erfährt das Problem wechselnder Gefällsverhältnisse bei Straßen: bereits Baumeister warnt vor Gefällsbrüchen wegen der Beeinträchtigung der perspektivischen Wirkung; Stübben möchte Gefällsbrüche auf der Kuppe („konvexes Nivellement") durch Krümmung, Knickung oder Schmuckanlagen dem Auge entziehen. Ähnlich äußern sich Faßbender, Gurlitt und Hoepfner; Wetzel schließlich formuliert als zwingenden Lehrsatz: „Mit dem Bruch in der Bauflucht (Horizontalvisierbruch) muß immer ein Bruch im Gefälle der Straße (Längenvisierbruch) zusammentreffen." Die umgekehrte Formulierung – daß mit dem Gefällsbruch ein Bruch der Bauflucht zusammentreffen müsse – wäre wohl richtiger, denn sonst dürfte man in ebenem Gelände nur gerade Straßen anlegen.

Die Vorschläge zur Belebung der Straßenfluchten werden auch von Unwin – Versätze und Unterbrechungen der Baufluchtlinien – und Faßbender – optische Unterbrechung überlanger gerader Straßen durch Baumgruppen oder bauliche Elemente – weiterentwickelt; besonders ausführlich geht Gurlitt auf diese Frage ein. Er läßt die gerade Straße dort gelten, wo sie auf einen „angemessenen Monumentalbau" hinführt, während er den Vorzug der gekrümmten Straße vor allem darin sieht, daß an ihrer konkaven Seite die Architektur besser zur Geltung komme, so daß es leichter werde, der Straße eine charakteristische Orientierungswirkung zu geben, die er für sehr wichtig hält. Um die Schwächen der konvexen Seite zu verringern, möchte Gurlitt ihr einen größeren Radius geben, so daß sich die gekrümmte Straße in ihrer Mitte verbreitert.

Hoepfner dagegen läßt die gekrümmte Straße nur dort gelten, wo es einen Anlaß dafür gibt; das Normale sind für ihn gerade Straßen, die allerdings nicht zu lang sein sollten. Für deren Randbebauung hält Hoepfner höhere gestalterische Anforderungen für notwendig als für die der gekrümmten Straße, die „leichter, gefälliger und abwechslungsreicher" sei.

Schumacher wiederum ist der Auffassung, daß die „Korridorstraße" sehr verschiedenartige Architekturen aufnehmen könnte, wenn sich nicht aus der Schließung der beiden Kopfseiten höhere Ansprüche ergäben. Wetzel geht es vor allem um die Gliederung des Straßenraumes in überschaubare Abschnitte und um ihre Einordnung ins Gelände.

Was nun den Platz angeht, so wird er seit Sitte zu einem zentralen Gegenstand städtebaulicher Gestaltungsüberlegungen; Sittes Untersuchungen über Form und Größe, Umbauung und Ausstattung historischer Plätze und die daraus abgeleiteten Gestaltungsgrundsätze sind aus der Entwicklung des neueren Städtebaues nicht hinwegzudenken. Stübben, zwar nicht in allen Punkten gleicher Meinung wie Sitte, trägt weitere Gesichtspunkte zur Platzgestaltung bei, die er als „die künstlerisch wichtigste Aufgabe des Städtebaues" bezeichnet. Ein zentraler Punkt ist dabei die möglichst geschlossene Umbauung, für deren Wirkung die Anordnung der Straßeneinmündungen eine erhebliche Rolle spielt.

Dies Thema behandeln Sitte und Unwin ebenso wie Gurlitt und Schumacher; bei den meisten Autoren wird auch die Rolle des Grüns auf den Plätzen erörtert – und zwar durchweg im Sinne einer Empfehlung zur Zurückhaltung, um die Architekturwirkung nicht zu beeinträchtigen. Stübben gibt darüber hinaus einige Gestaltungsvorschläge für städtische Grünflächen, die bereits in die Richtung der Landschaftsgestaltung weisen.

Während Brunner und Feder solche Gestaltungsfragen überhaupt nicht berühren und Howard nur eine Einzelheit – die Ausbildung der Randbebauung in seiner „Grand Avenue" – erwähnt, widmen Sitte, Unwin, Gurlitt, Wetzel und Schumacher ihnen besondere Aufmerksamkeit. Erwähnenswert ist dabei Unwins sehr pragmatisches Vorgehen: er warnt stets zugleich vor übertriebener Anwendung seiner eigenen Empfehlungen. Eine recht modern anmutende Bemerkung Gurlitts zur Rolle des Platzes verdient hervorgehoben zu werden: „Man sollte dafür sorgen, daß die Plätze gelegentlich ihr Antlitz verwandeln können", denn „nicht der Städtebauer, nicht der Architekt, sondern das ständig sich wandelnde Leben auf ihm" bewirke ihre Hauptanziehungskraft.

Schumacher schließlich setzt sich mit den Beziehungen zwischen Regelmäßigkeit des Platzes und Einheitlichkeit der Architektur auseinander und erörtert die „Platzdecke", also den Himmelsausschnitt über der oberen Begrenzung der Bauten: durch die Gebäudehöhe ließen sich beruhigende oder fröhliche oder herrische Wirkungen erzielen. Bei Schumacher finden wir auch den einzigen Bezug innerhalb des Berichtsabschnittes zu den Zeilenbauten, die sich ja in den zwanziger Jahren durchzusetzen begannen. Er steht diesem Prinzip (der „am wenigsten geistreichen Lösung" für das Problem der Blockbebauung) durchaus kritisch gegenüber und leitet aus seinen Überlegungen die These ab, daß die Gebäudeanordnung nicht nach vorgefaßten Formvorstellungen, sondern nach den Gesetzen der besten Leistung zu wählen sei. Einen besonderen Reiz mißt Schumacher der Verbindung der lockeren Räume von Grünanlagen mit den starren der Architektur bei. Dieses Spannungsverhältnis von Strenge und Lockerheit spielt in Schumachers gestalterischer Grundauffassung eine zentrale Rolle.

Von anderen Autoren ist vor allem Theodor Fischer erwähnenswert, der gegen die an den Ecken abgeschrägten Baublöcke wettert: „Saft und Kraft ist der Architektur genommen, wenn man ihr den rechten Winkel raubt, und wohl kein größeres Verderben kam über unsere Stadtbaukunst als dieses Massenopfer an die Diagonalachse und dieses üble Schlagwort der ‚Betonung der Ecke'. Nur noch die ‚Belebung der Fläche' kann an Niedertracht ihm die Waage halten." Auch dem Blockinneren widmet er eine Betrachtung, denn „diesem Raum ist durch unsere städtische Entwicklung übel mitgespielt worden ... Doch dämmert auch in diese Schluchten und Löcher jetzt ein Lichtstrahl; ein solcher ist die Einführung der rückwärtigen Baulinie, ein wichtigerer aber wäre das Erwachen einer anständigeren Baugesinnung, denn viel eher von dieser als von allen Polizeivorschriften kann endgültige Besserung gebracht werden."[10] Fast zwei Jahrzehnte, nachdem Fischer dies niedergeschrieben hatte, fand die „anständige Baugesinnung" Eingang in die Gesetzessprache: mit der Baugestaltungsverordnung von 1936.

8.4 Gestaltung: Einzelelemente

Dieser Themenbereich kann naturgemäß bei städtebaulichen Werken nur eine untergeordnete Rolle spielen; immerhin ist die Untersuchung aufschlußreich, in welche Richtung Äußerungen zu derartigen Einzelelementen gehen. Baumeisters Bemerkung über die Zweckmäßigkeit rechtwinkeliger Grundstücke geht nicht von gestalterischen, sondern von funktionellen Erwägungen aus; er läßt jedoch die Vorzüge schiefwinkeliger Grundstücke „für originäre Leistungen" gelten. Dieser für den Planer sehr einleuchtenden Auffassung setzt Sitte die des Architekten entgegen, indem er in seiner polemischen Bemerkung den Nachsatz Baumeisters außer acht läßt und eine recht vereinfachende Beziehung zwischen der Schiefwinkligkeit von Baugrundstücken und „aller Schönheit von Straßen und Plätzen" herstellt. Stübben dagegen konzentriert sich vor allem auf die Fragen der Straßenmöblierung, für die er zahlreiche Hinweise gibt.

Bei Unwin finden wir die Forderung nach Rücksichtnahme auf den Maßstab der Nachbarbebauung und nach mehr Farbigkeit der Gebäude, während Faßbender sich kritisch zur Farbigkeit der Fassaden und zur Entwicklung der Reklame im Straßenbild äußert. Platzmöbel, Denkmale, Vorgarteneinfriedigungen werden bei Faßbender wie bei Gurlitt erörtert. Gurlitt betont zudem die Rolle von Laubengängen – im Sinne von Straßenarkaden – als Gestaltungsmittel; bei Schumacher kommen Firstrichtung, Dachdeckungsmaterial und ortsübliche Verwendungsweisen der traditionellen Baumaterialien ins Blickfeld; sie möchte er auch – im Gegensatz zu den Einzelformen – behördlicher Einflußnahme zugänglich machen. Feder schließlich spricht sich – dem Zuge der Zeit entsprechend – für eine „gewisse Uniformierung der einzelnen Häuschen" aus, die angesichts der Gleichförmigkeit menschlicher Lebensinteressen gerechtfertigt sei.

8.5 Gestaltung: Bestandserhaltung und Denkmalpflege

Baumeister erörtert die Situation alter wertvoller Bauwerke in den Altstädten und empfiehlt ihre Schonung unter Vorlagerung freier Plätze und Straßenachsen, „natürlich unter sorgfältiger Berücksichtigung und vorsichtiger Restauration der alten herausgeschälten Bestandteile". Sitte gibt diese Aussage in einem ungenauen, gerafften Zitat wieder, das seine These vom „Freilegungs-

---

10 a.a.O., S. 34 f.

wahn", dem auch Baumeister verfallen sei, besser stützt als der tatsächliche Text.

Stübben wendet sich nachdrücklich gegen den Abbruch historischer Torbauten aus Verkehrsgründen und betont ihren Geschichts- und Kunstwert, in der zweiten Auflage auch ihre Rolle als „kraftvolle Verschönerungen der Stadt". Dazwischen liegt der Denkmalpflegetag 1903, bei dem eine von Stübben, Hofmann und Gurlitt vorbereitete Entschließung verabschiedet wird, die darauf gerichtet ist, alte Baulichkeiten von künstlerischer und geschichtlicher Bedeutung bei Aufstellung von Fluchtlinienplänen zu schonen, Platzwandungen auch bei Straßenverbreiterungen möglichst zu erhalten und vermeidbare „Freilegungen" zu verhindern.[11] In der zweiten Auflage fordert Stübben auch, Verkehrs- und Sanierungsmaßnahmen „mit dem Schutz des Alten, mit der Denkmalpflege im weiteren Sinne des Wortes in Einklang zu bringen". Damit sind wir zeitlich im zweiten Abschnitt, in dem wir sonst nur bei Faßbender eine Aussage finden: Denkmalschutz und Heimatpflege fordert er ebenso wie die Pflege einer bodenständigen Bauweise, ohne daß dabei „die Anforderungen an modernen Fortschritt und Zeitgeist außer acht gelassen werden" sollen.

Gurlitt äußert sich in durchaus modernem Sinne zur Denkmalpflege: so möchte er in den historischen Städten für deren Charakter wesentliche Baugruppen erhalten wissen – auch unabhängig von ihrer Denkmalqualität im einzelnen; er sieht zutreffend die Problematik der Erhaltung des einzelnen baufälligen Gebäudes, das hygienischen und funktionellen Ansprüchen nicht mehr genügt, sowie ganzer Altstadtbereiche, deren Entlastung vom Verkehr ihm als wichtigste Voraussetzung für die Erhaltung gilt. Zur gestalterischen Einordnung historischer Gebäude vertritt er die Ansicht, daß in vielen Fällen – vor allem bei regelmäßig gestalteten Bauten – keine vollständige Freilegung erforderlich, eine Überschneidung durch vorgelagerte Gebäude aus Maßstabsgründen sogar günstig sei. Historisierende Nachahmungen und Erneuerungen alter Bauten „im Geiste der Vergangenheit" bezeichnet Gurlitt als romantische Spielereien; er sieht die erforderliche Rücksichtnahme bei Neubauten nicht im Stil, sondern in „Maß und Form". Hoepfners Sorge dagegen gilt nicht so sehr den historischen, sondern vor allem den natürlichen Gegebenheiten und ihrer Erhaltung.

Während Feder bei seinen Neugestaltungsabsichten das Vorhandensein älterer Bauten eher als lästige Bindung ansieht, von der man sich „nicht sklavisch beeinflussen lassen" dürfte, streift Schumacher diesen Fragenkomplex nur mit einer grundsätzlichen Bemerkung: unvermeidliche Veränderungen ließen sich „in ihrer Schmerzhaftigkeit mildern, wenn die historische Struktur dem Umgestaltenden deutlich im Bewußtsein steht".

---

11 abgedruckt bei Stübben, J., „Der Städtebau", 3. Aufl., Leipzig 1924, S. 706.

9. Sanierung und Stadterneuerung

Der Aspekt der Sanierung taucht im ersten Zeitabschnitt allein bei Stübben auf, und zwar lediglich mit dem Hinweis auf die Notwendigkeit, für in rascher Umwandlung begriffene Städte vorausschauend Bebauungspläne auch für das Stadtinnere zu schaffen. In der zweiten Auflage ergänzt Stübben diese allgemeine Empfehlung durch eine Reihe von praktischen Regeln, die sich auf den Inhalt solcher auf Erneuerung gerichteter Bebauungspläne beziehen.

Auch Nußbaum erörtert derartige Umwandlungstendenzen, warnt aber vor der Annahme, daß allein dadurch sanierungsbedürftige Wohngebiete zu Geschäftsvierteln würden:

„Wo der natürliche Gang dieser Wandlung ein zu langsamer ist, oder große Gebiete an ihm nicht teilnehmen, ist allerdings ein Eingriff der Behörden nicht zu entbehren."

Dabei weist er auf die Gefahr der Vernichtung einer großen Zahl von Kleinwohnungen „allerbilligster Art" hin:

„Aus diesen Gründen ist größte Vorsicht geboten, ehe man an das Niederlegen gesundheitswidriger Wohngebiete herantritt, weil sonst aus dem Fortschaffen eines Übels größere Mißstände zu entstehen vermögen..."[1]

In Faßbenders Ausführungen zur Stadterneuerung stehen zunächst die aus verkehrlichen oder hygienischen Gründen gebotenen Straßenerweiterungen und Durchbrüche im Vordergrund; er erörtert aber auch die Umstrukturierung alter Ortsteile und die Tatsache, daß solche Veränderungen infolge ihrer größeren Kompliziertheit nicht von den einzelnen Haus- und Grundbesitzern allein durchgeführt werden können. Hierfür hält er deshalb eine Mitwirkung von Stadt und Staat für geboten.

Im Gegensatz dazu beschränkt sich Unwin auf eine kurze Bemerkung über die Beseitigung „überaus langer" Hintergebäude, während Howard einen ganz neuen Gedanken einbringt: er erwartet von der Schaffung eigenständiger Kleinstädte entsprechend seinem Konzept einen nachhaltigen Implus zur Sanierung Londons, weil die Abwanderung in die neuen Städte die Nachfrage nach Wohnungen in den Londoner Slums werde sinken lassen, so daß diese abgerissen werden könnten. Howard sieht damit die Möglichkeit, das Land in die Stadt eindringen zu lassen, ein Gedanke, den William Morris einige Jahre zuvor in seiner utopischen Schrift „News from Nowhere" angedeutet hatte.[2]

Gurlitt stellt den Prozeß der Citybildung dar und weist auf die Gefahren hin, die durch die Modernisierung und den Ersatz von Bauten in der Altstadt für deren historisches Bild erwachsen. Er sieht diesen Vorgang wirtschaftlich bedingt und durch die Eigentümer betrieben; auf entsprechende Initiativen der öffentlichen Hand geht er noch nicht ein.

1 a.a.O., S. 99 und S. 101.
2 Morris, William, „News from Nowhere", London 1891.

Bei der gleichfalls erwähnten „Niederlegung ungesunder Stadtviertel" und der „Zurückführung verkommener Stadtviertel in einen besseren Zustand" setzt er solche Initiativen aber zweifellos voraus. Zu Gurlitts Vorschlag, historisch wertvolle Altstädte mit dem Verkehr zu umgehen und neue Geschäftsviertel daneben anzulegen, nimmt Heiligenthal kritisch Stellung: vielfach stünden die hohen Bodenwerte einem solchen Schritt, aber auch einer Sanierung für Wohnzwecke entgegen.[3]

Einen Markstein in der Behandlung dieses Themas stellt Schillings Buch dar, das − vielleicht wegen seines etwas verwirrenden Titels „Innere Stadterweiterung" − nicht die ihm gebührende Beachtung gefunden hat.[4]

Schilling behandelt die Sanierungsprobleme nicht nur mit großer Gründlichkeit und Vollständigkeit, sondern auch mit einem hohen Maß an Einsicht in die Entwicklungsprozesse, die sich in der Stadt vollziehen. Auf diese Schrift nimmt auch Hoepfner Bezug in seiner kurzen Anmerkung zur „inneren Umwandlung bestehender Ortsteile".

Feder faßt als Ziel seines Bemühens gleichermaßen die Gestaltung des Neuen wie die Umgestaltung des Bestehenden ins Auge; für diese Aufgabe werden als wichtigste Mittel „eine durchgreifende Altstadtsanierung, Auskernung der überbauten Wohnblocks und Errichtung von Siedlungen im Weichbild der vorhandenen Großstadt möglichst unter Verbesserung der schlechten Zuordnung der Wohnstätte zur Arbeitsstätte" gefordert.

Wenn Schumacher auf Sanierungsfragen nicht im einzelnen eingeht, so hängt das sicher damit zusammen, daß diesem Themenkomplex in jenem Handwörterbuch, für das Schumachers Beiträge gedacht waren, ein eigenes Stichwort vorbehalten war. So kann er sich auf die allgemeine Feststellung beschränken, daß es sich beim Aufstellen des Generalbebauungsplanes um die beiden Aufgaben der Umentwicklung des Bestehenden und der Neuentwicklung des Werdenden handele.

---

3 a.a.O., S. 157.
4 Schilling, „Innere Stadterweiterung", Berlin 1921. Der Begriff der „Stadterweiterung im Innern" wird auch von Baumeister mehrfach verwandt (vgl. Quellen Abschnitt 1.7.6 und 1.8.5).

Wandlungen des Theorieverständnisses im Städtebau

Folgt man Benevolo[1], der den Beginn des modernen Städtebaues in den industriell am weitesten entwickelten Ländern England und Frankreich auf die Zeit zwischen 1830 und 1850 ansetzt, so ergibt sich damit für Deutschland ein Entwicklungsrückstand von etwa zwei Jahrzehnten. Tatsächlich stammt die erste deutschsprachige Literaturangabe nach 1800, die Stübben in seiner weitausholenden Bibliographie erwähnt, aus dem Jahre 1858: es handelt sich um den Vortrag des Wiener Kunsthistorikers Eitelberger von Edelberg „Über Städteanlagen und Stadtbauten", der bereits mehrfach angeführt wurde. In den siebziger Jahren folgen der Artikel von Bruch und die Bücher von Arminius und von Baumeister, Marksteine in der Geschichte der städtebaulichen Literatur.

Schon in der ersten Phase taucht der Theoriebegriff auf: Arminius betont „die Notwendigkeit und die Bedeutung einer gesunden Theorie über die Architektur der Großstädte, sowie der Städte überhaupt".[2] Ob man Baumeisters Werk als eine Erfüllung der von Arminius erhobenen Forderung gelten lassen will, hängt offenbar von dem Anspruch ab, den man an eine „Theorie der Architektur der Großstädte" – also an eine Städtebautheorie – stellen will. Definiert man Theorie als „wissenschaftlich zusammenfassende Lehre zur einheitlichen Erklärung eines Phänomenkomplexes mit dem systematischen Ziel einer geregelten Ordnung zusammengehöriger Gegenstände"[3], so bleibt nicht nur Baumeisters Buch, sondern jede städtebauliche Schrift in unserem Blickfeld hinter diesem Anspruch zurück. Allerdings könnte man fragen, ob Architektur und Städtebau als handlungsbezogene Disziplinen überhaupt einen „Phänomenkomplex" im Sinne der obigen Definition darstellen oder ob für die Architekturtheorie nicht andere Maßstäbe zu gelten hätten. Im Wasmuths Lexikon der Baukunst ist ihr „die begrifflich vernunftgemäße Erkenntnis der Baukunst, deren Gestaltungsmittel und Wirkungen"[4] zugewiesen. In diesem Sinne geht es vor allem um die Systematisierung der Erfahrung, um die Ordnung jener Fülle von Aspekten, die das Bild der Wirklichkeit bestimmen.

1 Benevolo, L., „Geschichte der Architektur des 19. und 20. Jahrhunderts", München 1964, Bd. I, S. 107.
2 a.a.O., S. 10.
3 Brockhaus-Enzyklopädie, Bd. 18, Wiesbaden 1973, S. 632.
4 Wasmuths Lexikon der Baukunst, 1. Bd., Berlin 1929, S. 172.

Unter diesem Blickwinkel ist Sittes Urteil über Baumeister — „der erste und bisher einzige Theoretiker ... des modernen Stadtbaues"[5] gewiß gerechtfertigt. Hinter diesem ersten Versuch, die Vielfalt der städtebaulichen Gesichtspunkte zu erfassen und systematisch zu erörtern, wird für den aufmerksamen Leser ein durchaus umfassender Geist sichtbar, ein Mann, der sich keineswegs nur als Techniker versteht, sondern einen wachen Sinn auch für die weiteren Zusammenhänge, für die gesellschaftlichen Bezüge seines Arbeitsgebietes besitzt. Wenn dieser Aspekt auch, gemessen an heutigen Maßstäben, unterbewertet erscheinen mag, so muß man, um gerecht zu urteilen, die geistige Situation der Zeit vor hundert Jahren in Rechnung stellen, die durch das Vertrauen auf das „laisser faire, laisser aller" geprägt war: „le monde va de lui même!" Vor diesem Hintergrund erscheint Baumeister als ein Mann, der die Nüchternheit und Praxiszugewandtheit des Ingenieurs mit einem hohen Maß an Einsicht und Urteilskraft verbindet. Zwar liegt ihm das — dieser Zeit im übrigen nicht einmal fremde — Pathos ebenso fern wie Kultur- und Gesellschaftskritik; auch die musische Seite erscheint bei ihn wenig ausgeprägt. Gleichwohl ist es erstaunlich, wie vielschichtig er die Fragen des Städtebaues gesehen und wie zutreffend er zahlreiche Sachverhalte beurteilt hat.

Sittes Schrift ist demgegenüber in ihrer Zielsetzung enger begrenzt: dem Verfasser geht es nicht um ein enzyklopädisches Lehrbuch des Städtebaues, sondern um die Aufgabe, der vernachlässigten Gestaltung wieder zu dem ihr angemessenen Rang zu verhelfen. Das heißt nicht, daß Sittes Interessen und sein Überblick über städtebauliche Fragen nicht sehr viel weiter reichten; das wird aus einigen Bemerkungen seines Buches deutlich, mehr noch aus seiner Absicht, ein weiteres Buch über den Städtebau nach wissenschaftlichen und sozialen Grundsätzen zu schreiben, die er nicht mehr verwirklichen konnte.[6]

So verständlich sein Anliegen ist, so bedeutend seine grundsätzlichen Einsichten sind — in einigen Punkten wirken seine Aussagen sehr zeitgebunden, an einer Vorstellung von Kunst orientiert, die nicht mehr die des zwanzigsten Jahrhunderts ist. Einzelne kritische Bemerkungen gegenüber Baumeister erscheinen ein wenig kleinlich, wenn man prüft, was Baumeister tatsächlich geschrieben hat und was Sitte daraus macht. Wahrscheinlich hat hier die Vorstellung mitgewirkt, zur Verdeutlichung des eigenen Zieles lasse sich eine gewisse Überzeichnung rechtfertigen.

Aber das ist unerheblich gegenüber der Wirkung, die das Buch ausgelöst und die Sitte den Ehrennamen des Neubegründers der Stadtbaukunst eingetragen hat. Der Begriff der Neubegründung hat tatsächlich einiges für sich: Sittes Thesen stützen sich auf eine systematische Betrachtung früherer städtebaulicher Leistungen, und in ihnen wird auch ein deutlicher Bezug zur Theorie sichtbar:

---

5 a.a.O., S. 89 f.
6 Henrici, Karl, „Camillo Sitte", Der Städtebau, 1. Jahrgg. 1904, S. 34.

„Dennoch muß der Versuch gewagt werden, auch verstandesmäßig uns die Sache klar zu machen ... um mit Bewußtsein dieselben Mittel wieder zu gebrauchen, welche in den Zeiten traditioneller Kunstübung die Bildner unbewußt auf rechter Fährte erhielten."

Stübben nimmt zwar schon an einigen Stellen auf Sitte Bezug, doch dürfte der Großteil seines umfangreichen Werkes vor dem Erscheinen von Sittes „Städtebau" entstanden sein. Stübben steht deutlich in der Nachfolge Baumeisters; er erscheint uns auch angesichts seiner zahlreichen weiteren Schriften als der große Enzyklopädist seiner Zeit, ein Sammler und Systematisierer von Erfahrungen, der auch zu zahlreichen gutachtlichen Äußerungen im In- und Ausland herangezogen wurde. Vergleicht man sein Buch mit dem Baumeisters, so erscheint es trotz der Fülle der von ihm ausgebreiteten Details gedanklich weniger umfassend, aber auch weniger präzise, etwas blasser und farbloser als Baumeisters Werk – vielleicht gerade, weil es Stübben um die Ausgewogenheit des Urteils, um das Geltenlassen vieler Gesichtspunke geht.

Nehmen wir Bruch und Arminius hinzu, so ist in diesen ersten Aussagen zum Städtebau schon alles das umrissen, was an wichtigen Komponenten im Städtebau des 19. und des frühen 20. Jahrhunderts wirksam wird: das soziale Engagement der Reformer, das bei Arminius wie bei Bruch zutage tritt, die technischen, wirtschaftlichen und baupolizeilichen Gesichtspunke, die im Titel von Baumeisters Schrift ebenso auftauchen wie in der Bezeichnung der Grundsätze für Stadterweiterungen, die 1874 vom „Verband Deutscher Architekten- und Ingenieurvereine"[7] beschlossen wurden, und schließlich das Bemühen um eine künstlerische Gestaltung der Stadt. Dazwischen besteht noch kein erkennbarer Zusammenhang; die Einzelgesichtspunkte werden mehr oder minder pragmatisch abgehandelt. Das ist nicht verwunderlich; das augenfälligste Problem des späten 19. Jahrhunderts war es offenkundig, die wachsenden Städte in technischer Hinsicht den neuen Erfordernissen anzupassen. Diese Erfordernisse, die Bedürfnisse der Stadtbewohner, erschienen unproblematisch; sie ließen sich offenbar schlüssig aus dem Zuge der Entwicklung ableiten, die, so meinte man, durch das Gesetz des Fortschritts hinreichend klar bestimmt war. Die Ziele galten als der Entwicklung immanent – es ging um den Modus der Entwicklung, nicht um Ziel und Richtung.

So kann man sagen, daß die ersten drei untersuchten Werke zwar die Vielfalt der städtebaulichen Gesichtspunkte behandeln, aber jeweils getrennt und durchweg unter dem Blickwinkel der systematisierenden Bearbeitung von konkreten Sachverhalten, von technischen Erfahrungen und von Planungsbeispielen. Wohl werden aus diesen Sachverhalten Schlüsse gezogen und Regeln abgeleitet, aber diese bleiben auf die einzelnen Teilbereiche beschränkt. Es ist auffällig, daß die zahlreichen bildlichen Darstellungen – mit denen vor allem Stübbens Buch sehr reichlich ausgestattet ist – durchweg ausgeführte Beispiele oder zumindest abgeschlossene Planungen für konkrete Situationen zeigen. Für

---

7 abgedruckt bei Stübben, J., „Der Städtebau", 3. Aufl., Leipzig 1924, S. 699 f.

eine modellhafte Synthese zu einem Planungskonzept, das die Ideen der Autoren mit einer gewissen Abstraktion zusammenfassend verdeutlichen könnte, entscheidet sich keiner der Verfasser.

Ansätze dazu finden sich indessen bei Arminius, und es ist vielleicht kein Zufall, daß auch die Verfasser der beiden Vorschläge aus den neunziger Jahren, die den Versuch einer planerischen Synthese unternehmen, städtebauliche Außenseiter sind, wenn auch Fritsch eine technische Ausbildung besaß. Fritsch und Howard versuchen beide, dem marktbedingten Nutzungsgemenge der zeitgenössischen Stadt ein Ordnungsmodell gegenüberzustellen, das nicht oder doch nur ganz sekundär auf Gestaltungsüberlegungen beruht; in erster Linie geht es um ein Nutzungsgefüge, um ein Standortmodell für verschiedenartige Nutzungen. Ihm liegt die Prämisse zugrunde, daß eine sinnvolle Zuordnung der Nutzungen über den Markt nicht erreicht werden kann oder zumindest in der Realität nicht zustande kommt.

Diese Modelle gehen also einen Schritt weiter als die Zusammenstellung von Erfahrungen, Beispielen und Regeln, die wir etwa bei Stübben finden; sie setzen eine Anzahl von aufeinander abgestimmten Zielvorstellungen, von Koordinierungs- und Kompositionsregeln voraus, die jedenfalls in gewissem Maße einen Systemzusammenhang aufweisen müssen. Ohne Zweifel ist das von den Autoren auch so gemeint, wenngleich man unter heutigem Blickwinkel manche Kritik an den zugrundeliegenden Annahmen üben kann. So ist zumindest bei Fritsch das Standortgefüge ohne Berücksichtigung wirtschaftlicher Zusammenhänge, das Verkehrsnetz ohne Bezugnahme auf die Nutzungsverteilung entwickelt worden; das ist natürlich angesichts des geringen allgemeinen Erkenntnisstandes zu dieser Zeit sehr verständlich. Es ändert jedoch nichts daran, daß hier Modellvorstellungen aus theoretischen Erwägungen abgeleitet und nicht nur unter dem Gesichtspunkt der Komposition, sondern auch im Hinblick auf die Instrumente der Verwirklichung systematisch durchdacht worden sind: so haben beide Verfasser erkannt, daß die von ihnen vorgeschlagene Ordnung eine Beeinflussung des Bodenmarktes innerhalb der Stadt voraussetzt, die nur durch privatrechtliche Verfügungsmöglichkeiten der öffentlichen Hand zu erreichen ist – deshalb gehen sie vom kommunalen Eigentum am Grund und Boden aus.

Modellvorstellungen solcher Art – also bezogen auf die Nutzungsverteilung und die Verkehrssysteme in der Stadt – tauchen von da an immer wieder in der Fachliteratur auf, teils mehr exemplarisch gemeint, teils – wie etwa bei Hilberseimer[8] – als Ideallösung mit Ausschließlichkeitsanspruch vorgetragen. Sie alle kann man auf bestimmte Prämissen zurückführen, denen der Autor auf diese Weise Geltung verschaffen möchte. Diese sind nicht immer explizit gemacht, lassen sich aber meist aus dem Planungsmodell herauslesen. Naturgemäß bedeutet diese Umsetzung der Anforderungen an die Siedlungs- oder Nutzungs-

---

8 Hilberseimer, Ludwig, „Entfaltung einer Planungsidee", Frankfurt/Berlin 1963.

struktur immer eine gewisse, meist sehr erhebliche Reduzierung, eine Vereinfachung der Wirklichkeit, und mit wachsender Einsicht in die Vielfalt der Zusammenhänge und der menschlichen Bedürfnisse sinken offenbar Mut und Bereitschaft, solche Modelle zu entwickeln und als allgemeingültig zu propagieren. Den Planern wird zunehmend deutlich, daß ein solches Modell, um der Wirklichkeit standzuhalten, eine sehr gründliche Kenntnis des sozialen und wirtschaftlichen Verhaltens des einzelnen voraussetzt – bis hin zu einer Theorie der raumbezogenen menschlichen Bedürfnisse und Verhaltensweisen, die bislang in allgemeiner Form nicht besteht. Hier dürfte der Grund dafür liegen, daß in den fünfziger und sechziger Jahren trotz einer gerade im letzten Jahrzehnt rapide gewachsenen städtebaulichen Literatur derartige Modellvorstellungen kaum mehr entwickelt worden sind; zu den letzten derartigen Aussagen gehören Hillebrechts Regionalstadtkonzept, das sogenannte Hamburger Dichtemodell und das von Buchanan unter dem Stichwort „directional grid" (gerichteter Raster) entwickelte Verkehrs- und Nutzungssystem.[9] Die Unbefangenheit der Pioniere aus der Zeit der Jahrhundertwende ist dahin; der Planer ist, wie ein Amerikaner formuliert hat, zum Gefangenen der Erkenntnis geworden, daß in der Stadt alles mit allem zusammenhängt.[10]

Für diese Unbefangenheit bietet Howard ein eindrucksvolles Beispiel. Er ist in jeder Hinsicht ein Sonderfall in der Reihe der hier behandelten Autoren: der Fachfremde mit einer spezifischen Begabung des Erfindens und Kombinierens, der auf das Problem der Verstädterung stößt und ihm eine Lösung entgegenstellt, die er nun in allen Einzelheiten mit großer Sorgfalt entwickelt. Gerade den wirtschaftlichen Aspekten widmet er besondere Aufmerksamkeit, um nicht das Schicksal der Utopisten zu erleiden, die mit dem Hinweis auf die ökonomische Undurchführbarkeit ihrer Vorschläge abgewiesen zu werden pflegen. Gleichwohl steht er in der utopischen Tradition – kein Maschinenstürmer, aber auch kein Fortschrittsfanatiker, eher auf der Linie von William Morris als auf der von Bellamy, dessen utopischer Roman „Ein Rückblick aus dem Jahre Zweitausend" auf ihn großen Eindruck gemacht haben soll.[11] Wenn er gleichwohl einen so tiefgreifenden Einfluß auf die städtebauliche Theorie und Praxis ausgeübt hat, so ist das gewiß einerseits der handfesten und pragmatischen Art zuzuschreiben, mit der er seine Gedanken vorträgt; sie wirkt konkreter als die Fritschs, der sich im Vorwort zur zweiten Auflage seines Buchs bitter beklagt, daß es erst des Umweges über das Ausland bedurft habe, ehe seine Ideen in

---

9 Hillebrecht, Rudolf, „Städtebau und Stadtentwicklung". In: Archiv für Kommunalwissenschaften, Jahrg. 1, 1962, S. 41 ff.
Krüger, T., P. Rathmann, J. Utech, „Das Hamburger Dichtemodell", Stadtbauwelt 36 (Bauwelt Jahrg. 63, 1972, S. 392).
Buchanan, Colin, and Partners, „South Hampshire Study", London 1966.
10 Wingo, Lowdon, zit. bei Lowry, Ira S., „A Short Course in Model Design", Journal of the American Institute of Planners, Jahrg. XXXI, 1965, S. 158.
11 Bellamy, Edward, „Looking Backward 2000–1889", Boston 1888.

Deutschland Widerhall gefunden hätten.[12] Andererseits aber muß man auch berücksichtigen, daß die Erfahrungen mit der gründerzeitlichen Stadt — der viktorianischen, wie sie in England hieß, oder der paläotechnischen, wie Mumford sie nannte[13] — inzwischen den Boden für eine kritische Auseinandersetzung mit den Mißständen, für die Durchleuchtung der ihnen zugrundeliegenden Zusammenhänge und für Reformgedanken bereitet hatten. So wies Eberstadt die unheilvolle Verknüpfung von Bauordnung, Bodenspekulation und Wohnungselend auf[14], andere stießen auf Widersprüche in den gängigen technischen Lösungen. Man erkannte, daß nach verkehrlichen Gesichtspunkten angelegte Straßen nicht unbedingt zugleich gute Erschließungsstraßen sind, daß das Prinzip des rings umbauten Straßengeviertes gelegentlich zu miserablen Wohnungsgrundrissen führt, daß also unterschiedliche funktionelle Anforderungen einander im Wege stehen können. Nimmt man die Tatsache hinzu, daß Gesellschaft, Kunst und Kultur auf den verschiedensten Gebieten um die Jahrhundertwende in Bewegung geraten waren, so wird es verständlich, daß sich auch im Städtebau im ersten Jahrzehnt des neuen Jahrhunderts ein tiefgreifender Wandel anbahnte, der gegen 1910 zum Durchbruch kam — nicht nur in Deutschland, sondern auch in Großbritannien und in den Vereinigten Staaten.

Es gibt zahlreiche Anzeichen dieses Wandels — das Auftauchen des Begriffs „Planung" im Deutschen, nachdem sich kurz zuvor „planning" im englischen und amerikanischen Sprachgebrauch durchgesetzt hatte; erste Städtebauausstellungen in London und Berlin, erste Ansätze von berufsständischen Vereinigungen, erste Städtebauzeitschriften, vermehrtes Gewicht des Städtebaues in den Hochschulen —, aber dahinter stehen noch tiefergehende Veränderungen. Bisher war die Planung den Entwicklungen von Wirtschaft und Gesellschaft gefolgt und hatte sich um eine nachträgliche Anpassung des Raumes an die gewandelten Bedürfnisse bemüht; nun aber beginnt man Planung als eine vorausschauende, auf sorgfältige Durchleuchtung der Situation gegründete Vorsorgetätigkeit aufzufassen: der Übergang von der „Anpassungsplanung" zur „Auffangplanung" zeichnet sich ab[15].

Natürlich vollzieht sich dieser Übergang nicht schlagartig, und so tauchen auch die Konsequenzen im Verhältnis zur Theorie erst allmählich auf. In der Phase der Anpassungsplanung hatte sich der theoretische Aspekt beschränkt auf den Bereich der technischen Anwendung: Straßensysteme, Baublockformen, Raumbildungen — fast könnte man von Handwerksregeln sprechen. Nicht als ob nicht auch weitergehende Fragen der Hygiene, des Wohnungswesens, der Sozialpolitik in das Blickfeld der Städtebauer gekommen wären, aber sie stellen

---

12 Fritsch, Theodor, „Die Stadt der Zukunft", 2. Aufl., Leipzig 1912, Vorwort.
13 Mumford, Lewis, „The Culture of Cities", New York 1938, S. 180 ff.
14 Eberstadt, Rudolf, „Handbuch des Wohnungswesens und der Wohnungsfrage", Jena 1909.
15 vgl. Albers, G., „Über das Wesen der räumlichen Planung", in: Boettger, A. u. W. Pflug (Hrsg.) „Stadt und Landschaft, Raum und Zeit", Köln 1969, S. 77 ff.

eher eine Art planerischer Allgemeinbildung dar, als daß sie sich konkret im Bereich der Handlungsanweisungen niederschlügen.

Das ändert sich in der neuen Phase. Die programmatischen Formulierungen von Goecke und Sitte im Geleitwort zum ersten Heft der Zeitschrift „Der Städtebau" machen den Anspruch der neuen Disziplin, als Wissenschaft und Kunst zugleich zu gelten, deutlich. Er ist in Deutschland zunächst ausgeprägter als in Großbritannien, wo Unwins Schrift „Town Planning in Practice" in einer durchaus unprätentiösen Weise gleichsam handwerklich — auch die erkennbare Liebe zum Detail legt diesen Begriff nahe — das Gesamtgebiet der Stadtplanung darstellt. Unwin tritt uns aus seinem Werk als der Prototyp des praxisbezogenen Fachmannes entgegen, der die ganze Breite des Arbeitsgebietes aus langjähriger Erfahrung überblickt und beherrscht. Durch seine Aussagen scheint neben einem hohen Maß an menschlicher Wärme und Reife des Urteils überall der „common sense" des Briten, die undogmatische, zwischen den Extremen vermittelnde Grundhaltung hindurch. Mehrfach warnt Unwin vor Übertreibungen auch in der Anwendung der von ihm selbst gegebenen Regeln; seine Stellung zur Theorie umreißt er mit aller Deutlichkeit:

„Wir werden gut tun, gegenwärtig die Aufstellung bestimmter Lehrsätze für unsere Theorie zu vermeiden, in engster Fühlung mit den tatsächlichen Erfordernissen zu bleiben und zufrieden sein, wenn wir auf einfache und praktische Weise den uns entgegentretenden Bedürfnissen derjenigen, die in den geplanten Städten und Vororten wohnen sollen, in ansprechender Weise Form und Ausdruck geben können. So allein werden wir auf sicherem Grunde stehen oder das feste Fundament der Erfahrung, der Tradition legen, das vielleicht die Basis für großartigere Anstrengungen der künstlerischen Ideenentwicklungen in der Zukunft bildet."

Daß der Titel dieses Buches in der deutschen Übersetzung nicht etwa — wie es nach dem Buchstaben und dem Geist der Schrift sinnvoll gewesen wäre — „Die Praxis des Städtebaues" lautet, sondern in „Grundlagen des Städtebaues" umgemünzt wurde, könnte geradezu als Ausgangspunkt einer Betrachtung über die Unterschiede des britischen und des deutschen Nationalcharakters dienen: der pragmatische Ansatz des Briten steht der deutschen Neigung zur „Grundsätzlichkeit" gegenüber.

Diese Tendenz schimmert sogar durch McLeans Vorwort zur deutschen Ausgabe hindurch, in dem es heißt: „Städtebau ist seit einigen Jahren bei uns zur Disziplin geworden. Sozialwissenschaftler, Architekten, Kunstästhetiker und Ingenieure tragen die Resultate ihrer Wissenschaft und praktischen Erfahrungen zur gemeinsamen Lehre vom Städtebau zusammen."[16]

Hinter dem Begriff der „Lehre vom Städtebau" steht unverkennbar ein theoretischer Anspruch. Schon vorher war gelegentlich der Versuch gemacht worden, Städtebau als Disziplin zu definieren, und es ist sehr kennzeichnend, daß es damals wie auch später immer nur möglich schien, sich diesem Problem mit

---

16 Unwin, Raymond, a.a.O., Vorwort.

der beschreibenden Aufzählung von Komponenten anstatt etwa mit logisch schlüssigen analytischen Maßstäben zu nähern. Als Beispiel sei auf die im Abschnitt 1.1 angeführten Umschreibungen des Städtebaues bei Sitte und Goecke oder bei Adams[17] hingewiesen; sie nehmen im wesentlichen auf die Kombination von Kunst und Wissenschaft Bezug, die das Wesen des Städtebaues ausmache.

Dabei wird der Wissenschaftsanspruch in der Regel aus einem Arbeitsbereich abgeleitet, der tatsächlich von keiner anderen Disziplin befriedigend abgedeckt wurde, aber als Grundlage der planenden Tätigkeit zwangsläufig ins Blickfeld der Städtebauer kommen mußte: dem Bereich der Bestandsaufnahme, der den Beginn dessen darstellt, was man heute mit dem umfassenderen Begriff der Stadtforschung zu bezeichnen pflegt. Seine Einbeziehung in den Städtebau ist eng verbunden mit dem Namen des Schotten Patrick Geddes, der mit seiner Parole „survey before plan" auf Auguste Comtes Ausspruch Bezug nahm: „Savoir pour prévoir, prévoir pour pouvoir."[18] Auch bei Unwin spielt dieser Themenkomplex bereits eine wichtige Rolle. Der Zusammenhang mit dem, was vorhin als Übergang von der Anpassungsplanung zur Auffangplanung bezeichnet wurde, liegt auf der Hand: sobald mehr erwartet wird als reine Anpassung an vollzogene Veränderungen oder manifeste Bedürfnisse, sobald vorausschauende Disposition im Hinblick auf künftige Erfordernisse verlangt wird, braucht der Planer ein zutreffendes Bild der Realität und der in ihr wirksamen Kausalzusammenhänge; erst dann läßt sich die Wirkung seines Handelns im Vorhinein wenigstens grob abschätzen. Allerdings – und auch das deutet sich schon bei McLean an – wird damit das traditionelle Berufsverständnis des Städtebauers überschritten; konnte die Anpassungsplanung noch im wesentlichen mit einer mehr oder minder systematischen Ordnung von „Kompositionsregeln" auskommen, für die der Städtebauer unmittelbar zuständig war, so fordert die Frage nach den Zusammenhängen der Erscheinungen im Raum zwangsläufig den Beitrag der analytischen Wissenschaften, die Aussagen des Geographen, des Ökonomen, des Soziologen. Erste Pionierarbeiten über solche Themen lagen schon um 1910 vor – etwa Georg Simmels Essay über „die Großstädte und das Geistesleben"[19], Alfred Webers Arbeiten zum Standort der Industrien[20] und eine Reihe von Beiträgen zur Stadtgeographie[21] –, aber sie waren gekennzeichnet durch jene sektorale Betrachtungsweise, die sich aus dem Wesen der einzelnen Disziplinen ergab. Eine ganzheitliche Theorie der Stadt oder gar eine

---

17 s. S. 17 s. S. 21 u. 23.
18 Branford, Victor, und Patrick Geddes: „The Coming Polity", London 1919, S. 62; vgl. auch Geddes, Patrick: „Cities in Evolution", London 1915.
19 Simmel, Georg, „Die Großstädte und das Geistesleben", in „Die Großstadt, Vorträge und Aufsätze zur Städteausstellung", Dresden 1903.
20 Weber, Alfred, „Über den Standort der Industrien", Tübingen 1909.
21 Hassert, Hugo, „Über Aufgaben der Städtekunde", in „Petermanns Mitteilungen", 1910, S. 289 ff. Penck, Albrecht, „Die Lage der deutschen Großstädte", Berlin 1912.

Theorie der Stadtentwicklung und der Stadtplanung war bei dieser Situation nicht zu erwarten, und sie kam auch in der Folgezeit nicht zustande, wenngleich in Teilbereichen deutliche Annäherungen zwischen den Disziplinen erkennbar wurden – so in Amerika etwa zwischen der „human geography" der Geographen und der „social ecology" der Sozialwissenschaftler. Die Umsetzung der Erkenntnis bestehender Sachverhalte in ein städtebauliches Konzept ergab sich also nicht als eine Kette logisch nachprüfbarer oder gar zwingender Schritte, sondern hatte immer etwas vom „Sprung über den Abgrund" an sich, der zwischen Erkennen und Handeln liegt. Ein treffendes Beispiel stellt die Entwicklung des Gedankens der Nachbarschaftseinheit dar, mit dem die Planer den kritischen Aussagen von Sozialwissenschaftlern – Simmel, Cooley, Park[22] – Rechnung zu tragen suchten.

Das alles vollzieht sich zu wesentlichen Teilen noch innerhalb des zweiten hier betrachteten Zeitabschnitts, als dessen dritter Repräsentant Faßbender zu würdigen ist. Sein Werk läßt im systematischen Aufbau einen deutlichen Schritt über die bisherigen Arbeiten hinaus erkennen; es zeichnet sich durch klare Organisation des Stoffes und durch Knappheit und Präzision der Aussagen aus. In ihm schlägt sich also die erwähnte Tendenz zu wissenschaftlicher Betrachtungsweise bereits in vollem Umfang nieder, und es ist sicher kein Zufall, daß er im Gegensatz zum Sprachgebrauch der anderen Autoren von „Städtebaukunde" spricht. Wir haben es also mit einem neuen Typ des städtebaulichen Fachbuches zu tun, das weder auf enzyklopädische Vollständigkeit noch auf vertiefte Darstellung eines bestimmten Teilaspektes angelegt ist, sondern auf eine Art systematischer Vermessung des gesamten Arbeitsgebietes und Herausarbeitung verschiedener Bedeutungsebenen.

Im dritten Zeitabschnitt, der, wie eingangs erwähnt, durch eine Vielzahl städtebaulicher Veröffentlichungen vor allem in der ersten Hälfte der zwanziger Jahre gekennzeichnet ist, begegnen wir verschiedenen Arten von Schriften mit durchaus unterschiedlichen theoretischen Ansprüchen. Ein Phänomen eigener Art stellt Gurlitts Werk dar, in dem sich die Handlungsorientiertheit des Architekten – als solcher hatte Gurlitt begonnen – mit der weiten Überschau des Historikers vereint. Als Professor für Baugeschichte in Dresden hatte Gurlitt seit 1902 auch über Städtebau gelesen und als Siebzigjähriger sein Werk veröffentlicht, das in der Lebendigkeit der Darstellung und in der Klarheit, mit der die zeitgenössischen Probleme erkannt sind, keinen Vergleich zu scheuen braucht. Dabei handelt es sich nicht nur um eine Sammlung des bisher Gewußten und Praktizierten, sondern wir finden auch ganz neuartige Ansätze erörtert, zu denen etwa sein nachdrücklicher Hinweis auf die politische Bedeutung des Städtebaues und die sehr scharfsichtigen Aussagen über künftige Entwicklungen und Tendenzen gehören. So nimmt es auch nicht wunder, daß Gurlitt 1922

---

22 Simmel, Georg, a.a.O. Cooley, Charles Horton, „Social Organization", New York 1909. Park, R. E., E. W. Burgess und R. D. McKenzie, „The City", Chicago 1925.

zum Mitbegründer und ersten Präsidenten der „Freien Deutschen Akademie für Städtebau" wurde.

Im Jahre zuvor war Hoepfners erster Band erschienen, der in seinem Anspruch auf die Vermittlung von Grundlagenwissen für den Städtebau vor allem im Hinblick auf den Planentwurf begrenzt ist. Die Beziehung zur Betrachtungsweise des Ingenieurs ist unverkennbar; die für die städtebauliche Planung maßgebenden Gesichtspunkte werden in ähnlicher Gründlichkeit und Gegenständlichkeit behandelt, wie sie Lehrbücher des Ingenieurwesens allgemein auszuzeichnen pflegen. Mit dem zweiten Band haben wir dann – sieben Jahre später – einen differenzierteres Werk vor uns, in dem sich eine umfassendere, grundsätzlichere Betrachtungsweise niederschlägt; die Vermutung liegt nahe, daß seine Kontakte mit Brunner und Schumacher zu ihr beigetragen haben. 1926 hatte Brunner eine Zeitschrift „Die Baupolitik" begründet, die später mit der Zeitschrift „Der Städtebau" vereinigt wurde; für das erste Heft hatte Schumacher ein Geleitwort und Hoepfner einen sehr ausführlichen Artikel beigesteuert, in dem ein Teil der im zweiten Band vorgetragenen Gedanken enthalten ist.[23]

Hoepfner, Nachfolger Baumeisters auf dessen Karlsruher Lehrstuhl, erscheint auch in der städtebaulichen Literatur als sein geistesverwandter Erbe: nüchtern, kritisch, praxisbezogen – dabei mit einem weiten Überblick und einem ausgeprägten Idealismus, der ihn zu philosophischen Erwägungen über die letzten Ziele der Siedlungspolitik führt. Er erkennt die Schwächen, die der übliche technikbezogene Standpunkt des Ingenieurs gegenüber den städtebaulichen Aufgaben hat, aber er sieht noch nicht die politisch gestaltende Komponente, sondern möchte das Tatsachenwissen des Ingenieurs auf die Kenntnis des Menschen und seiner Bedürfnisse gleichsam übertragen wissen: hier sieht er den Tätigkeitsschwerpunkt des Siedlungsingenieurs. Daß er dem Architekten nicht recht traut, liegt interessanterweise nicht an dessen Orientierung auf das abgeschlossene Werk im Gegensatz zur Unvollendbarkeit der Stadt, sondern am Verdacht der Subjektivität, in dem der Architekt steht. Den Zeitbezug sieht Hoepfner wohl – deshalb auch sein Plädoyer für „town planning" –, aber was er noch nicht sieht, ist der Wandel, dem auch Ziele und Probleme in der Zeit ausgesetzt sind. Er glaubt an eine deduktiv aus Zielen abzuleitende, optimale Lösung – auch insofern der Denkweise des Ingenieurs verhaftet.

Brunners Arbeit, als Habilitationsschrift ein Jahr zuvor erschienen, ist der Gurlitts in der Grundeinsicht verwandt, daß es sich bei der räumlichen Entwicklung um Lebensfragen der Gesellschaft und nicht nur um einen Komplex technischer Maßnahmen handelt. Allerdings sind Zielsetzung und Zuschnitt grundverschieden: Brunner geht es darum, die Rolle des Städtebaues, den er als erster mit solcher Deutlichkeit als gesellschaftspolitische Aufgabe anspricht, im Rahmen der Wissenschaften und Künste zu klären. Die städtebauliche Praxis

---

23 Hoepfner, K. A., „Ingenieurwesen und Städtebau", „Die Baupolitik", 1. Jahrg. 1926, S. 8 ff.

kommt dabei allenfalls mittelbar ins Blickfeld; im Vordergrunde steht die Standortbestimmung der Disziplin, die Gewinnung eines eigenen Selbstverständnisses. Ziel ist also – im Sinne der eingangs erwähnten Definition der Architekturtheorie – die „begrifflich vernunftgemäße Erkenntnis" des Städtebaues und seiner Beziehungen zu anderen Disziplinen. In Brunners Arbeit finden wir eine sehr umfassende Diskussion dieses Komplexes mit hohem Abstraktionsniveau. Daneben lassen sich aber in den zwanziger Jahren auch zahlreiche weitere Bemühungen um die Klärung solcher Beziehungen nachweisen, wobei zweifellos auch die in dieser Zeit gängige Betonung funktioneller Gesichtspunkte eine wichtige Rolle spielte.

Wenn man Städtebau als „Organisation der Funktionen des Gemeinschaftslebens"[24] definiert, ist man auf gründliche Kenntnis der Gesetzmäßigkeiten angewiesen, die in und zwischen diesen Funktionen wirksam sind. So ist auch die deutliche Hinwendung zur Nationalökonomie zu verstehen, die sich beispielsweise in Heiligenthals Definition des Städtebaues niederschlägt: „... eine vorausschauende wirtschaftliche Tätigkeit, deren vornehmstes Werkzeug die Technik im weitesten Umfange ist."[25] Noch ausgeprägter ist diese Tendenz in den Vereinigten Staaten, wie die folgende Betrachtung zeigt, die der Einleitung eines umfassenden Planwerks aus den zwanziger Jahren entnommen ist: „Während der Plan früher lediglich ein formvollendeter Entwurf sein wollte, strebt der moderne Plan danach, sich als produktiver Bestandteil der Wirtschaftsmaschinerie zu bewähren ... Der Planer will jetzt eine Fülle von Dingen wissen, über die seiner Ansicht nach der Volkswirtschafter ihm Auskunft geben müßte ... Darüber hinaus erwartet er vom Volkswirtschafter, daß er die Stadt selbst erkläre, ihre Existenz, ihren Charakter und ihre Funktion. Er ist überzeugt, daß man, um vernünftig planen zu können, die Stadt als wirtschaftliches Phänomen klar erkennen müsse, und er brennt darauf, dieses Phänomen zu verstehen."[26]

Das ist vermutlich schon für die zeitgenössische Situation ein wenig überzeichnet; in der Folgezeit zumindest ist das Interesse an der Stadt als sozialem Phänomen mindestens so ausgeprägt wie das am wirtschaftlichen Phänomen Stadt. Indessen bleibt der Bezug zum planerischen Handeln locker; was Brunner 1925 feststellte, galt noch auf weitere Jahrzehnte hinaus: „Wenn wir heute zahlreiche Bedingungen rein politischer und wirtschaftlicher Natur als die Teilgebiete der Städtebau- und Siedlungspolitik und diese als unentbehrliches Fundament jeglicher praktischer städtebaulicher Tätigkeit erkennen, so muß es tatsächlich wunder nehmen, wieso der Zusammenhang zwischen der prakti-

---

24 Gründungserklärung der Internationalen Kongresse für Neues Bauen (CIAM) in „La Sarraz" vgl. Conrads, Ulrich, „Programme und Manifeste zur Architektur des 20. Jahrhunderts", Berlin, Frankfurt, Wien 1964, S. 104.
25 a.a.O., S. 79.
26 Regional Survey of New York and its Environs, Bd. I, New York 1927, Einleitung.

schen Arbeit und ihren politisch-wirtschaftlichen Voraussetzungen in der Theorie so lange offen bleiben konnte." Brunner sieht den Grund im fehlenden Bezug zwischen Technik und Sozialwissenschaften: „... die Einordnung der dem gesamten Bauwesen eigentümlichen sozialen und wirtschaftlichen Gehalte in das System der Sozialwissenschaften (steht) noch aus." Und an anderer Stelle: „Das Band zwischen Sozialethik, Volkswirtschaft und Technik ist in den letzten Jahrzehnten des vergangenen Jahrhunderts gerissen und darin hat letzten Endes alle Not der heutigen Zeit ihren Grund."

Hier drückt Brunner eine Empfindung aus, die offenbar in dieser Zeit weit verbreitet war und zu der Vorstellung beigetragen hat, es gelte jenen Irrweg, den die industrielle Gesellschaft eingeschlagen habe, zu verlassen – sei es im Sinne einer Umkehr zu „Handwerk und Kleinstadt", sei es im Sinne eines Durchbruchs zu neuen Formen der gesellschaftlichen und wirtschaftlichen Ordnung. Zweifellos hat diese Vorstellung mit zu jenem geistigen Klima beigetragen, das die Machtübernahme durch den Nationalsozialismus ermöglichte und das sich auch in dem Buch Feders spiegelt. Dieses Buch ist als eine der wenigen während des „Dritten Reichs" erschienenen städtebaulichen Veröffentlichungen, noch dazu von einem führenden Nationalsozialisten, nach 1945 weitgehend in Vergessenheit geraten. Eine kritische Betrachtung zeigt, daß das nur bedingt gerechtfertigt ist, denn die mehrfache Erwähnung der „neuen weltanschaulichen Grundlagen" des Städtebaues und der „neuen großen Aufgaben" hat vermutlich nur eine ähnlich dekorative Funktion wie die Hinweise auf den „Aufbau des Sozialismus", die sich unausweichlich in den Fachveröffentlichungen sozialistischer Länder finden.

Im Kern ist Feders Buch der erste umfassende Versuch, empirisch einer Anzahl grundlegender Sachverhalte beizukommen, die bis dahin in der Tat noch nicht hinreichend erforscht waren – der zahlenmäßigen Ausstattung eines Gemeinwesens mit Einrichtungen des Gemeinbedarfs und mit Arbeitsstätten des „nahbedarfstätigen", des „non-basic" Sektors. Diese außerordentlich gründliche und umfangreiche Arbeit ist gewiß insofern anfechtbar, als sie relativ unkritisch vom Bestand ausgeht, ohne Tendenzen zu berücksichtigen, aber sie stellt doch einen Markstein in der städtebaulichen Literatur dar. Fritz Rechenberg, damals Assistent Feders, hat mit seinem „Einmaleins der Siedlung"[27] diesen Ansatz fortgeführt. Daß dabei Hitlerjugendheime und Aufmarschplätze eine Rolle spielen, wird man eher auf die positivistische Berücksichtigung der gegebenen Situation als auf ideologische Anliegen zurückzuführen haben.

Ideologisch bestimmt ist dagegen die immer wieder betonte Grundvorstellung, daß die Großstädte aufzulösen und durch Kleinstädte von 20 000 Einwohnern zu ersetzen seien; sie ist allerdings nicht ausschließlich nationalsozialistisches Gedankengut, liegt aber ganz auf der ideologischen Linie der Großstadtfeindlichkeit, die man in nationalsozialistischen Kreisen propagierte.

27 Rechenberg, Fritz, „Das Einmaleins der Siedlung", Berlin 1940.

Wetzel tritt uns aus seinem Werk — und aus den Zeugnissen seiner Zeitgenossen — entgegen als der Verfechter einer bildhaften Ordnung im Städtebau, als ein Gestalter und Lehrer, dem es bei aller Anerkennung der sachlich-funktionalen Erfordernisse im Städtebau vor allem um die angemessene Gestaltung, um Stadtbaukunst geht. Er hebt sie deutlich ab gegen Landesplanung und Städtebau, die „die Summe der Erfahrungen aus den Erkenntnissen rein wissenschaftlicher Disziplinen (ziehen). Die jeweilige soziale Ordnung diktiert das Ordnungsprinzip ... Das Stadtbild in seiner Ganzheit gesehen darf nicht nur ein Spiegel der logisch zweckhaften Ordnung sein, sondern muß eine Verklärung durch die Stadtbaukunst erfahren. Erst die Vermählung beider ergibt eine vollendete Lösung."[28] So könnte man ihn in die Nachfolge Sittes, Henricis, Fischers einordnen; mit besonderem Nachdruck betont er die Bedeutung der jeweiligen örtlichen Gegebenheiten als Anknüpfungspunkt der Gestaltung, so daß ihm eine generalisierende theoretische Betrachtungsweise fernliegen muß.

Auch Fritz Schumacher trennt zwischen der Ordnungsaufgabe der Planung und dem künstlerischen Gestalten, aber bei ihm erscheinen die Beziehungen zwischen beiden Bereichen nicht nur enger, sondern aus transparenter. Er gehört ohne Zweifel zu den Städtebauern der ersten Jahrhunderthälfte, die das Gewicht und die Vielschichtigkeit der städtebaulichen Aufgaben am klarsten erkannt haben — und er ist sicher derjenige, der diese Vielfalt am überzeugendsten und einleuchtendsten darzustellen vermag. Mit der Fülle praktischer Erfahrungen — nahezu ein Vierteljahrhundert stand er an der Spitze der Hamburger Bauverwaltung — verbindet er eine souveräne Überschau über das Gesamtgebiet des Städtebaues und der Landesplanung; Gesamtkonzeption und kleinste Einzelheit haben in seiner Darstellung jeweils ihren angemessenen Platz. In ihm vereinigt sich der Sinn für die Gestaltungsaufgabe, ja die Faszination durch diese Aufgabe mit dem Bewußtsein sozialer Verantwortung, von dem nach seiner Auffassung das gestaltende Tun durchdrungen sein muß.

So wohldurchdacht und zusammenhängend das Tätigkeitsfeld des Städtebauers aus Schumachers Ausführungen sichtbar wird, so schwer fällt es, diese Aussagen als Niederschlag einer geschlossenen Theorie zu interpretieren — zu vielschichtig, zu komplex erscheint das Gesamtgebiet, als daß es sich in ein festes System einordnen ließe. Eher könnte man von einem Bündel struktureller und gestalterischer Ordnungsprinzipien sprechen, deren Anwendungsmöglichkeiten jedoch entscheidend durch die jeweilige Situation bestimmt werden.

Die Frage liegt nahe, wieweit die Stadt selbst, der Gegenstand der Planung, in diesem Zeitraum theoretisch faßbar geworden ist. Wir sahen, daß eine Reihe von Disziplinen hierzu Beiträge geleistet hat, aber jeweils unter ihrem spezifischen Blickwinkel, der nur auf einen Teilaspekt gerichtet war. Zwischen ihnen gibt es auch im letzten Zeitabschnitt noch kaum Verbindungen, und es ist kein

---

28 „Heinz Wetzel zum Gedenken", hrsg. im Auftrag der Wetzel-Freunde von Carl Blunck, Tübingen 1958.

Zufall, daß der Begriff der Stadtforschung erst nach dem hier untersuchten Zeitraum geprägt wird. Gleichwohl ist sich der Planer des Bestehens zahlreicher Interdependenzen bewußt, ohne sie im einzelnen erfassen und durchleuchten zu können, und dieses Bewußtsein ist es offenbar, das der Interpretation der Stadt als „Organismus" zugrundeliegt, wie wir ihr seit etwa 1920 häufig begegnen. Spätere Kritiker haben daraus gelegentlich den Vorwurf abgeleitet, die Planer hingen organizistischen Ideologien an, und demgegenüber nachgewiesen, daß die Stadt kein Organismus im eigentlichen Sinne sei, da ihr wesentliche Eigenschaften eines solchen fehlten. Es wäre müßig, darüber zu streiten, denn in aller Regel dient der Organismusbegriff – analog etwa dem noch heute üblichen Begriff der „gesunden" Entwicklung – nur als Metapher zur Bezeichnung eines komplexen Gesamtzusammenhanges mit zahlreichen wechselseitigen Abhängigkeiten; bei Hoepfner wird dies ganz deutlich.

Heute hat sich zur Kennzeichnung des gleichen Sachverhaltes der zweifellos geeignetere, weil allgemeinere Begriff des „Systems" durchgesetzt. Zahlreiche Untersuchungen zielen darauf, dieses System zumindest in wichtigen Teilaspekten zu erhellen, und Simulationsmodelle dienen dazu, die Tragfähigkeit solcher theoretischen Ansätze zu überprüfen. Hierfür finden sich in unserer Berichtszeit noch keine Anzeichen – die weitreichende Erfassung quantitativ bestimmter Sachverhalte deutet sich zwar bei Feder an, aber vor dem Auftauchen der Rechenanlagen mußte jede rechnerische Verarbeitung großer Datenmengen unüberwindliche Probleme aufwerfen.

So bleibt der Theoriegehalt des Städtebaues auch in jenem letzten Zeitabschnitt partikular. Was wir heute den Planungsprozeß nennen, wird zwar verschiedentlich angedeutet – etwa bei Adams, wie wir sahen, oder schon sehr viel früher bei Schumacher: „Für die praktische städtebauliche Betätigung unserer Tage ist nicht in erster Linie die gestaltende Kunst ausschlaggebend, die natürlich Voraussetzung bleibt. Diese wird tot und nutzlos, wenn nicht die soziale und wirtschaftliche Erkenntnis ihr vorausgeht und die strategische Fähigkeit, die richtige Methode der Verwirklichung zu finden, ihr folgt."[29] Bestandsaufnahme, Planentwurf und Verwirklichung – das sind drei Planungsschritte, die man zwar voneinander unterscheidet, deren theoretische Verknüpfung aber noch nicht unternommen wird. Aus heutiger Sicht mag es verwunderlich erscheinen, daß der Begriff des Ziels kaum je auftaucht und daß seiner Bestimmung nirgends etwa ein eigener Planungsschritt eingeräumt wird – aber diese Tatsache findet ihre Erklärung darin, daß der Glaube an eine „natürliche" Entwicklung und an die ihr innewohnende Harmonietendenz als eine Art Restbestand des Fortschrittglaubens noch fortwirkt. „Die Planung von Stadt und Land sucht dem Zuge der natürlichen Entwicklung eine lenkende Hand zu bieten", formulierte Abercrombie noch 1943[30]. Dieser Auffassung entspricht

---

29 Schumacher, Fritz, „Kulturpolitik", Jena 1920, S. 95.
30 Abercrombie, Patrick, „Town and Country Planning", 2nd. ed., London 1943, S. 27.

das Verständnis des Städtebauers als Koordinator, als „Dirigent" — und ihr entspricht auch die Vorstellung, daß die Politik erst bei der Verwirklichung ins Spiel kommt. Wenn es eine natürliche Entwicklung gibt, so ist es die Aufgabe des Planers, gestützt auf die wissenschaftlichen Erkenntnisse der Bestandsaufnahme den dieser Entwicklung angemessenen, ihre räumlichen Ansprüche auffangenden Plan zu entwerfen — seine Annahme durch den Politiker erscheint dann als formaler Akt der Bestätigung. Daß in den Planentwurf zwangsläufig auch Wertungen einfließen, wird zwar von den Städtebauern erkannt, aber dem Bereich ihres eigenen sozialen Verantwortungsbewußtseins zugerechnet — verständlich in einer Zeit, in der räumliche Planung weder in der kommunalen noch in der staatlichen Politk eine nennenswerte Rolle spielte.

Das alles verändert sich um die Jahrhundertmitte. Zwischen 1955 und 1965 setzt sich die Erkenntnis durch, daß räumliche Planung als Beitrag zur Ordnung menschlichen Zusammenlebens politischen Charakter hat, daß die Richtung der räumlichen Entwicklung nicht vorgezeichnet ist, sondern weitgehend durch politische Entscheidungen oder durch politischer Einflußnahme zugängliche rechtliche Regelungen bestimmt wird. Das wiederum bedeutet, daß verschiedene Alternativen zur Wahl stehen, in deren Konstruktion bereits gewisse Wertprämissen einfließen und zwischen denen dann nach bestimmten Kriterien zu entscheiden ist.

Dahinter nun steht die tiefergehende Einsicht, daß auch die Entwicklung der Gesellschaft selbst nicht mehr als autonom verstanden werden kann, sondern daß sie zielgerichtetem Handeln zugänglich, daß sie sogar auf solche Lenkung angewiesen ist. Damit stellt sich nun in aller Dringlichkeit die Frage nach den Zielen solcher Planungs- und Lenkungsmaßnahmen und nach deren Legitimation; mit ihr kommt unausweichlich das Problem ins Blickfeld, auf welche Weise solche gesellschaftlichen Ziele geklärt, konkretisiert und in räumliche Vorstellungen umgesetzt werden können.

Es leuchtet ein, daß die Beschäftigung mit diesen Themen zwangsläufig zur Frage nach den hier gegebenen systematischen Zusammenhängen von Zielen und Mitteln und zur Frage nach den Auswahlmethoden zwischen alternativen Handlungsmöglichkeiten führt. Hier liegen folgerichtig die Schwerpunkte der heutigen Theoriediskussion: bei der Zielwahl und beim Planungsprozeß. Wer von Planungstheorie spricht, meint in aller Regel zunächst ein System, das — in weitgehender Abstraktion vom Inhalt — logische Zusammenhänge von Zielen und Mitteln einerseits, von Auswahl-, Optimierungs- und Entscheidungsprozessen andererseits umgreift. Legt man den Begriff umfassender aus, so läßt er sich ausweiten einerseits auf ein System von Aussagen über Zusammenhänge in der realen Welt, wie sie sich dem Planer als Gegenstand seines Denkens und Handelns präsentiert, andererseits auf ein System von Handlungsanweisungen zur rationalen Beeinflussung und Veränderung dieser Umwelt.

Aus den bisherigen Erörterungen ist klar geworden, warum vor der Mitte unseres Jahrhunderts die heute zentralen Fragen nicht in die theoretischen Betrachtungen einbezogen wurden. Die Ziele verstanden sich gleichsam von selbst – Ausdrücke wie „Bedürfnisse der Bevölkerung", „geordnete Entwicklung", „gesunde Strukturen" schienen auf den ersten Blick so viel Überzeugungskraft in sich zu bergen, daß sie keiner weiteren Durchleuchtung bedurften. Und der Planungsprozeß, das Zustandekommen des Planes, fand seine zureichende Interpretation in der schöpferischen Leistung des Planers, an der fachliche Qualifikation und soziales Verantwortungsbewußtsein gleichermaßen ihren Anteil hatten.

Für die inzwischen zu registrierende stärkere Bewegung hin zur Theoretisierung ist eine Reihe von Gründen genannt worden. Sie gehen zurück auf umfassendere Wandlungen, und insofern könnte man einen Schlüssel für diese Hinwendung zur Theorie bei Luhmann finden: „Komplexere Gesellschaften müssen in weitem Umfange konkrete durch abstraktere Prämissen der Erlebnisverarbeitung ersetzen, also durch Sinnstrukturen, die nicht mehr unmittelbar ansprechen, dafür aber ein höheres Potential für Alternativen haben."[31]

Tatsächlich ist die Alternative ein Schlüsselbegriff des neueren Planungsverständnisses; man wird ihn in der Planungsliteratur vor 1950 kaum finden. Dieser Tatsache wiederum liegt die Einsicht in das zugrunde, was bei Luhmann Kontingenz heißt: die Einsicht also, daß es nichts vorgezeichnet und unanfechtbar Richtiges gibt, das es nur zu finden gelte, um mit sich und der Welt im Einklang zu leben – ein Teil der heutigen Kritik an der Stadt und der Stadtplanung geht offenbar noch von diesem Denkansatz aus –, sondern daß man so, aber auch anders handeln kann und daß es auf die Wertmaßstäbe, die Prioritäten – nach Luhmann auf den „Sinn" – ankommt, die man den Dingen beimißt.

Die erste gründliche Auseinandersetzung mit der Planung als Auswahl aus alternativen Handlungskonzepten findet sich bei Davidoff und Reiner: „A Choice Theory of Planning".[32] Wer aber auswählt, muß Maßstäbe, Kriterien der Auswahl besitzen: der Berechnung und Quantifizierung zugängliche wie etwa Vergleiche von Kosten und Nutzen für den operationalen Teil der Planung, politisch-moralische für ihren normativen Teil. Diese Dichotomie ist noch relativ einfach; sie führt letzten Endes zu Max Weber: es gibt letzte Grundwerte, die der Argumentation nicht zugänglich sind, aber in ihrem Rahmen läßt sich rationales Handeln konstruieren.

Wieweit solche Rationalität umfassend sein kann und gleichsam die schlüssige Deduktion eines erstrebenswerten Zustandes aus den Wertprämissen erlaubt

---

31 Luhmann, N., „Moderne Systemtheorien als Form gesamtgesellschaftlicher Analyse", in: Habermas/Luhmann, „Theorie der Gesellschaft oder Sozialtechnologie", Frankfurt/M. 1971, S. 22 f.
32 Davidoff, Paul, und Thomas Reiner, „A Choice Theory of Planning", Journal of the American Institute of Planners, XXVIII, 1962, S. 103 ff.

und wieweit wir, wie Braybrook und Lindblom[33] postulieren, nur auf unzusammenhängende Verbesserungen, auf Mißstandsbeseitigung im Einzelfalle angewiesen sind, ohne das Gesamtsystem erfassen zu können, ist in den Vereinigten Staaten gelegentlich diskutiert worden. Für den Planungspraktiker ist das keine zentrale Frage; gewiß wird er Popper und Albert[34] in ihrer Kritik des Holismus recht geben, ohne sein Bemühen um eine möglichst umfassende Erkenntnis der Zusammenhänge in der Realität einzustellen und ohne die Hoffnung aufzugeben, mit seinen Planungen mehr zu erreichen als „unzusammenhängende Verbesserungen".

Das Theoriebedürfnis des Planers wird zutreffend beleuchtet durch eine Bemerkung des amerikanischen Planungswissenschaftlers Britton Harris: „Wir brauchen eine Wissenschaft von der Planung, um den Platz der Wissenschaft in der Planung bestimmen zu können."[35] Der erste Halbsatz fordert wissenschaftliche Betrachtung des Gesamtkomplexes „Planung", also kritische Durchleuchtung von gesellschaftlichen Grundlagen, Zielen, Verfahren und Organisationsweisen, um nur die wichtigsten Aspekte zu nennen: es handelt sich dabei gleichsam um eine Betrachtung von außen. Der zweite Halbsatz impliziert, daß im Plan selbst Wissenschaft zwar eine Rolle spielt, aber nicht das einzige Element ist; die Planungsentscheidung kann also offenbar nicht ausschließlich theoretisch abgeleitet werden. Die Zweckmäßigkeit dieser Unterscheidung liegt auf der Hand: die Wissenschaft von der Planung ist auf Erkenntnis gerichtet; sie antwortet auf die alte philosophische Frage „Was können wir wissen?" Sie kann es sich leisten, offene Fragen solange unbeantwortet zu lassen, wie keine gesicherten Thesen vorliegen.

Im Gegensatz dazu ist die Planung selbst auf Handeln gerichtet: sie antwortet auf die Frage: „Was sollen wir tun?" Sie ist also darauf angewiesen, zu Entscheidungen auch dort zu gelangen, wo gesicherte Hypothesen über die Konsequenzen des Handelns fehlen; schon hier wird sie den Bereich der Wissenschaft überschreiten müssen.

Während die Wissenschaft von der Planung weitgehend vom Inhalt des Geplanten abstrahieren und die Ziele der Planung nur als generelle Kategorien ansprechen kann, muß die Planung selbst auf konkrete Ziele gerichtet und deshalb wertbezogen sein. Für die Entwicklung einer Wissenschaft von der Planung kann der Planer selbst allenfalls gewisse Beiträge leisten, vielleicht kann er sich ihr auch widmen in dem Maße, in dem er sich praktischen Forderungen der Planung entziehen kann. Ein großer Teil der fachlichen Diskussion in anspruchsvolleren Planungszeitschriften trägt diesen Charakter. Demgegenüber ist

---

33 Braybrook, D., und Ch. E. Lindblom „A Strategy of Decision – Policy Evaluation as a Social Process", Glencoe 1963.
34 vgl. Popper, K R., „Die offene Gesellschaft und ihre Feinde", Bern 1958, u. Albert, H., „Traktat über kritische Vernunft", Tübingen 1968.
35 Harris, Britton, „The Limits of Science and Humanism in Planning", Journal of the American Institute of Planners, XXXIII, 1967, S. 324 ff.

das Theorieelement innerhalb der Planung eher pragmatisch orientiert: Dyckman stellt diese Eigenschaft in den Vordergrund, wenn er sagt: „Theorien sind begriffliche Formulierungen der Aufgabe des Planens. Einige sind ,besser', das heißt dienlicher als andere ..."[36]

Im gleichen Artikel zitiert Dyckmann den amerikanischen „Planungsphilosophen" Abraham Kaplan: „Wenn ich auch das Ideal des Planungssysteme ablehne, so nicht das Ideal, im üblichen Sinne systematisch zu sein, indem man zum Beispiel ein Schema entwickelt, das hinreichend umfassend und generell ist, um für eine Vielfalt von Planungsproblemen nützlich zu sein. Auch wenn wir unsere Antworten nicht errechnen können, so bedeutet das nicht, daß wir uns auf die Herausgabe von ad-hoc-Empfehlungen beschränken müssen. Meine Perspektive bleibt die von Fähigkeiten mittlerer Reichweite, Forschung mittlerer Reichweite: weder eine völlig formalisierte Theorie, nur durch die Maschine berechenbar, noch ausschließlich brillante Aperçus, jeweils als planerischer Geniestreich."[37]

Mit dieser Vorstellung von der mittleren Reichweite und dem mittleren Weg zwischen formalisierter Theorie und reiner Intuition wird ein Thema angedeutet, das inzwischen von Etzioni verfolgt worden ist: die Strategie des „mixed scanning" in der Planung – des Wechselspiels von kurzfristigen und langfristigen Überlegungen, von Anschauung und Berechnung.[38]

Eine letzte Bemerkung sei dem Zwiespalt zwischen einem empirischen und einem gleichsam apriorischen Theorieansatz gewidmet, der heute bei der Frage nach einer Theorie des Planens und Bauens eine Rolle spielt: im einen Falle wird die Theorie als Ergebnis langer und gründlicher Beschäftigung mit der Wirklichkeit, als ein Kompendium von empirisch abgeleiteten Gesetzmäßigkeiten gesehen; im anderen erwartet und fordert man eine Theorie als vorgebenes, abstraktes Substrat aller Sachzusammenhänge, als eine Art Koordinatensystem, dessen Beherrschung überhaupt erst Orientierung möglich macht.

Dieser Verschiedenheit der Auffassungen liegt offenbar ein unterschiedliches Verhältnis zur gestaltenden Synthese zugrunde. Im einen Falle erscheint diese als stets neu zu vollziehender, an den jeweiligen Realitäten zu orientierender Vorgang, in den subjektive Komponenten wie Intuition und Erfahrung einfließen. Erst die Überschau über eine Vielfalt solcher Leistungen scheint es zu erlauben, den Vorgang selbst und sein Ergebnis zu analysieren und auf dem Wege über die generalisierende Abstraktion zu einer Theorie vorzustoßen, die letztlich auf einer subjektiven Interpretation der Realität beruht – einer Realität, die zu vielschichtig erscheint, um sich einer durchgängigen theoretischen Ordnung zu erschließen.

---

36 Dyckman, J. W., „The Practical Uses of Planning Theory", Journal of the American Institute of Planners, XXXV, 1969, S. 300.
37 zitiert bei Dyckman, a.a.O., S. 300.
38 Etzioni, A., „The Active Society: A Theory of Societal and Political Processes", New York 1968.

Auf der anderen Seite ist das Verlangen nicht nur verständlich, sondern geradezu unabweislich, eben dieser unüberschaubaren Vielschichtigkeit mit einem Rahmen von Denkkategorien und Arbeitsansätzen zu begegnen, die eine gewisse Vororientierung erlauben. Der Komplexitätsgrad unserer Welt ist zu groß für einen rein pragmatischen Handlungsansatz; was wir brauchen, ist offenbar ein theoretisches Beziehungssystem, das es möglich macht, die sich stellenden Aufgaben ohne die Umwege jahrzehntelanger Erfahrungen mit einer ordnenden Systematik anzugehen. Dabei scheint die Hoffnung, hier – wie etwa in den Naturwissenschaften – zu allgemeingültigen Aussagen zu gelangen, überhöht: es kann schwerlich um mehr gehen als um heuristische Ordnungsversuche zur Erhöhung der Rationalität unseres Handelns – ohne den Anspruch auf restlose Beweisbarkeit und dauernde Gültigkeit. Das mag manchem als sehr bescheidenes Ziel erscheinen; es rechtfertigt gleichwohl unsere Anstrengungen, sich ihm zu nähern.

Quellen

Hinweis: Eckige Klammern [] kennzeichnen Stellen, die der jeweilige Verfasser selbst in Klammern gesetzt hat. Runde Klammern () enthalten Ergänzungen, Zusammenfassungen und Hinweise des Bearbeiters. Mit ... markierte Stellen bezeichnen Auslassungen, die vom Bearbeiter zur Straffung des Textes vorgenommen wurden.

Erster Zeitabschnitt: 1875–1895

1. *Reinhard Baumeister*
   „Stadterweiterungen in technischer, baupolizeilicher und wirtschaftlicher Beziehung"
   Berlin, Ernst & Korn, 1876

2. *Camillo Sitte*
   „Der Städte-Bau nach seinen künstlerischen Grundsätzen"
   Wien, Carl Graeser u. Co, 1889

3. *Joseph Stübben*
   „Der Städtebau"
   Darmstadt, Arnold Bergstraesser, 1890
   2. Auflage Stuttgart, Alfred Kröner, 1907
   3. Auflage Leipzig, J.M. Gebhardt, 1924

1.1.1
Wesen und Aufgaben des Städtebaues

Baumeister:
Zwei Aufgaben liegen bei einer Stadterweiterung vor: neue Wohnungen zu schaffen und den Verkehr zu erleichtern. (S. 1)

Sitte:
... Aristoteles (faßt) alle Grundsätze des Städtebaues dahin zusammen ..., daß eine Stadt so gebaut sein solle, um die Menschen sicher und zugleich glücklich zu machen. Zur Verwirklichung des letzteren dürfte der Städtebau nicht bloß eine technische Frage, sondern müßte im eigentlichsten und höchsten Sinne eine Kunstfrage sein. (S. 2)

Stübben:
Der Städtebau in unserem Sinne hat alle diejenigen baulichen Anlagen zum Gegenstande, welche dazu bestimmt sind, einerseits der städtischen Bevölkerung die Errichtung zweckmäßiger Wohnungen und Arbeitsstätten, den Verkehr untereinander und die Bewegung im Freien, andererseits dem Gemeinwesen die Errichtung der Baulichkeiten für Verwaltung, Gottesdienst, Unterricht, Gesundheits- und Krankenpflege, Lebensmittelversorgung,

Sicherheit und Vergnügungen, Kunst und Wissenschaft, Verkehr und sonstige öffentliche Zwecke zu ermöglichen. Der Städtebau bereitet also in der Tat den allgemeinen Boden vor, auf welchem sich die bauliche Einzeltätigkeit entfaltet; er schafft die örtlichen Vorbedingungen, welche für das bürgerliche Wohnen, den städtischen Verkehr, die Besorgung der öffentlichen Angelegenheiten vorhanden sein müssen; er stellt den Rahmen auf, welcher die miteinander wetteifernden und sich bekämpfenden Einzelbestrebungen umfaßt, das Programm, nach welchem die private und öffentliche Bautätigkeit, sowie der große und kleine Verkehr sich einrichten sollen. (S. 3)

Der Städtebau ... ist ... eine umfassende, fürsorgende Tätigkeit für das körperliche und geistige Wohlbefinden der Bürgerschaft; er ist die grundlegende praktische öffentliche Gesundheitspflege; er ist die Wiege, das Kleid, der Schmuck der Stadt. (S. 514)

1.1.2
Beteiligte Disziplinen

Baumeister:
(Für das Verfahren der Stadterweiterung wird empfohlen, daß) der Gemeinde weite Kompetenzen erteilt, von vornherein Sachverständige [Bautechniker und Ärzte] beigezogen ... werden mögen. (S. 58)

Stübben:
Die Ausführung eines Stadtplanes ist deshalb keineswegs alleinige Sache des Bautechnikers; dennoch ist dieser in erster Linie der berufene Leiter, weil das Studium und die Ausübung seines Faches eine eingehendere Erkenntnis und Beherrschung des Gegenstandes vorbereitet als irgend eine andere Berufsart. Dem vorbereiteten Techniker wird die Lösung der Aufgabe nicht schwer fallen, sobald ihm für die schwierigeren Rechts- und Wirtschaftsfragen die geeigneten Kräfte zur Seite stehen, wie es im Staats- und Gemeindeleben in reichlichem Maße der Fall zu sein pflegt. (S. 270)

(Stadtbaumeister muß zwar nicht Parkanlagen planen, aber sein Urteil auf diesem Gebiet schärfen, da er für Standortwahl und Programm zuständig ist. S. 498)

1.2.1
Planungsprozeß

Baumeister:
Gegen die im Bisherigen erörterten Grundsätze zur Gestaltung eines Plans kann der Einwurf erhoben werden, daß es unmöglich sei, die Bedürfnisse einer Stadt auf weite Zukunft hinaus genau vorherzusehen. Es können ungeahnte Verkehrsmittel und Industrieformen erscheinen sowie die Sitten des Lebens und Wohnens sich verändern, und doch soll gerade im Bauwesen eigenartige Entfaltung möglich bleiben. Unsere Nachkommen würden sich mit Recht über den Hochmut unserer Zeit beklagen, wenn wir ihnen die vollständige Einteilung der gesamten Zukunftsstadt vorschreiben wollten, wenn nirgends Raum für unvorherzusehende Bedürfnisse von Baulustigen und Industriellen, von öffentlichen Gebäuden und Verkehrsanstalten gelassen wäre ... (S. 86 f)

Stübben:
Auch der beste Stadterweiterungsplan wird deshalb nach Ablauf (2. Auflage 1907: schon vor Ablauf) des Zeitraumes, für welchen seine Ausführung gedacht war, Unvollkommenheiten und Fehlgriffe aufweisen. Dieser Umstand ist aber umsoweniger geeignet, die Fest-

stellung eines ausgedehnten Planes entbehrlich erscheinen zu lassen, als die zweckentsprechende Abänderung und Umgestaltung unausgeführter Planteile jederzeit möglich und in ihren Folgen zu übersehen ist. Die Stadterweiterung ohne umfassenden Plan würde dagegen ein unzweckmäßiges Ganzes hervorrufen, aus welchem zweckmäßige Einzelteile nur mit Mühe hervorzusuchen wären. (S. 46; 1907: S. 311)

Der Bebauungsplan und die ihm angepaßte Bauordnung üben naturgemäß einen Zwang aus, der nützlich, aber auch schädlich sein kann. Letzteres namentlich, wenn die Voraussicht des Entwerfers und der Behörden sich in der Folgezeit als irrig erweist. Daraus folgt, wie einerseits mit äußerster Vorsicht Plan und Bauordnung festzustellen sind, und wie andererseits der ... Zwang soweit als möglich durch eine gewisse Freiheit ersetzt werden sollte. (nicht 1890; 1907 S. 318)

1.2.2
Planentwurf

Baumeister:
Die Gegenstände der Stadterweiterung ... greifen so sehr in einander, daß kaum ein Schritt zum Entwurf gemacht werden kann, ohne alle gleichzeitig zu berücksichtigen. (S. 59)

Sitte:
Unebenheiten des Terrains, vorhandene Wasserläufe oder Wege wären nicht gewaltsam zu beseitigen, um eine nüchterne Quadratur zu erzwingen, sondern als willkommene Ursachen zu gebrochenen Straßen und sonstigen Unregelmäßigkeiten beizubehalten. (S. 141)

Stübben:
(weist auf die Notwendigkeit hin), den Stadtplan nicht als bloßes Verkehrs- und Bebauungsschema aufzufassen, sondern vorher die Bedürfnisse und Ziele der Zukunft genau zu ergründen und diesen die Planung im künstlerischen Sinn anzupassen. (S. 206)

1.2.3
Zur Abwägung der Bedürfnisse

Baumeister:
(In den rechtlichen Regelungen verschiedener Länder) erscheint als Hauptmoment der Gegensatz zwischen dem Baurecht der Privaten und dem Interesse der Gemeinde. Wir geben unbedenklich dem letzteren den Vorzug, weil sonst die Durchführung eines Stadterweiterungsplanes unsägliche Verlegenheiten und Opfer veranlassen würde. (S. 464)

Sitte:
(Es geht nicht darum), jede sogenannte malerische Schönheit alter Städteanlagen für moderne Zwecke neuerdings zu empfehlen, denn besonders auf diesem Gebiete gilt das Sprichwort: Not bricht Eisen. Was sich aus hygienischen oder anderen zwingenden Rücksichten als notwendig herausgestellt hat, das muß geschehen, und sollen darüber noch so viele malerische Motive über Bord geworfen werden müssen. (S. 16)

Stübben:
... In solchen Fällen gehört die sachgemäße Befriedigung aller Erfordernisse durch den Stadtplan zu den schwierigsten und verwickeltesten Aufgaben, die dem Techniker gestellt sind. Erwünscht wäre es, daß die Aufgabe von einer Stelle bearbeitet und gelöst würde oder

daß wenigstens die beteiligten Behörden und Gesellschaften ihre Bedürfnisse und Wünsche offen miteinander austauschten. Aber die einseitige Vertretung der entgegenstehenden Interessen und eine mitunter behauptete allzu große Fiskalität führen oft einen Zustand herbei, in welchem die Interessen sich auf das lebhafteste bekämpfen, bis schließlich ein Ausgleich erzielt wird ... Dies ist ein mit vielfachen Mißständen verknüpfter, wunder Punkt des Städtebaues, an dessen Beseitigung einzelne Personen vergeblich sich abmühen, dessen Heilung eine dankbare und weittragende **Aufgabe der höchsten Gewalten im Staatsleben** sein würde. (S. 37 f)

Von den verschiedenen Anforderungen, welche der Stadtbauplan zu erfüllen hat, ist die erste und wichtigste diejenige **des Verkehres**. In zweiter Linie stehen die Rücksichten auf die Bebauung; nicht minder wichtig aber als diese sind die gesundheitlichen und schließlich die schönheitlichen Anforderungen ... (Diese) Anforderungen ... sind so vielseitig und weichen so oft voneinander ab, daß es nur selten möglich ist, alle Anforderungen in vollem Maße zu erfüllen. Jeder durchdachte Stadtplan ist deshalb ein Ausgleich zwischen den verschiedenen Erfordernissen ... (S. 48)

Muß schon beim Entwurf eines Stadtplanes oder Stadterweiterungsplanes eine beträchtliche Anzahl von Dingen berücksichtigt werden, welche weder architektonischer noch überhaupt bautechnischer Art sind, so tritt bei der Ausführung des Planes eine noch größere Menge von Fragen und Interessen auf, welche gegeneinander abzuwägen, miteinander zu versöhnen oder aber zurückzuweisen sind. Im wesentlichen entspringen diese Interessen dem Rechte des Eigentümers und dem Nachbarrecht, oder sie beziehen sich auf die Pflege der öffentlichen Ordnung, des Verkehres und der öffentlichen Gesundheit. (S. 270)

1.3.1
Zur Entwicklung und zur Kritik der Situation

Baumeister:
Aus dem stetigen Wachstum von Großstädten entstehen manche bekannte soziale Übelstände, unter welche auch die ... Wohnungsnot gehört. Aber es ist statt der unfruchtbaren Hoffnung, daß dem Vorgang Einhalt getan werden könne, doch wohl richtiger, die bestmöglichen Bahnen für ihn zu bereiten. Jedenfalls kommt es mehr darauf an, alle Bedingungen zur Verbesserung der Qualität der Bevölkerung zu erstreben, als mit einer großen Quantität derselben gedankenlos zu prahlen. (S. 11)

Sitte:
Im Allgemeinen ... kann beobachtet werden, daß einer einhelligen ehrenvollen Anerkennung dessen, was in technischer Richtung in Bezug auf den Verkehr, auf günstige Bauplatzverwertung und besonders in Bezug auf hygienische Verbesserungen Großes geleistet wurde, eine fast ebenso einhellige, bis zu Spott und Geringschätzung gehende Verwerfung der künstlerischen Mißerfolge des modernen Städtebaues gegenübersteht. (S. III)

Stübben:
Das XIX. Jahrhundert hat trotz Schinkel und Semper auf dem Gebiete des Städtebaues wenig Künstlerisches geleistet, obwohl in der zweiten Hälfte desselben der Aufschwung des Städtelebens und die bauliche Ausdehnung der Städte vielleicht größer gewesen sind als zu irgend einer Zeit. Die Arbeit des Geometers und die parzellierende Tätigkeit des nach Gewinn trachtenden Unternehmers ersetzen heute vielfach den Entwurf des Baukünstlers ... erst die Durchdringung des Ganzen durch den baukünstlerischen Gedanken vermag den Städtebau aus seiner bisherigen Verflachung zu erheben und den Leistungen früherer Kunstperioden ebenbürtig an die Seite zu stellen. (S. 191 f)

1.3.2
Planungsgrundlagen: Bestandsaufnahme

Baumeister:
(nennt als erste „Maßregel bei der Stadterweiterung", zu der „die Gemeinde verpflichtet und berechtigt sei"):
Statistische Erhebungen... (zu) folgenden Gegenständen...:
Wachstum der Bevölkerung: Geburten und Todesfälle, Hygiene verschiedenartiger Stadtbezirke und Wohnungsgattungen; Ein- und Auswanderung klassifiziert nach Alter, Beruf und Vermögen; offene und geschlossene Armenpflege; Gewerbe und Handel für den eigenen Bedarf der Bevölkerung und für auswärts, im Kleinen und Großen; Gattungen der Einfuhr und Ausfuhr von Rohprodukten, Halb- und Ganzfabrikaten.
Wohnungsfrage: Besitzwechsel und Belastung des Grundeigentums; Stand der Wohnungen nach Lage, Mietwert, Personenzahl; Neubauten und Umbauten; Bauunternehmer und Baugesellschaften; Umzüge innerhalb der Mietwertklassen, leerstehende Wohnungen und Mietsteigerungen, Tendenz des Privatbaues zur Herstellung und Tendenz der Bevölkerung zur Miete gewisser Wohnungsgattungen.
Städtischer Verkehr: Personen- und Güter-Verkehr der verschiedenen Verkehrsmittel zwischen Stadt und Land, Frequenz der inneren Straßen, Lage und Zunahme von öffentlichen Gebäuden aller Art, Stand des öffentlichen und privaten Fuhrwesens. (S. 54 f)

Sitte:
(fordert für die städtebauliche Planung jeweils ein „wirkliches Programm" und Vorstudien, die bestehen müßten:)
A. aus einer Wahrscheinlichkeitsbestimmung der Bevölkerungszunahme des geplanten Stadtteiles innerhalb der nächsten fünfzig Jahre. Ferner aus Vorerhebungen über den zu erwartenden Verkehr und die Art der Besiedelung, woraus sich ergeben müßte, ob an der betreffenden Stelle ein Miethausbezirk oder ein Villenviertel oder eine dem Handel oder der Fabrikation, sei es vorwiegend, sei es gemischt gewidmete Anlage in Aussicht zu nehmen wäre... Wer die Geschichte einer Stadt zu Rate zieht, die Entwicklung des Handels und der Gewerbe und das gesamte übrige statistische Material sorgsam prüft, die Bedingungen der gegebenen Örtlichkeit erwägt, der hat gewiß Anhaltspunkte genug, um eine Menge von Erfahrungsreihen mit einiger Sicherheit in die nächste Zukunft hinein zu verlängern. und mehr ist nicht nötig. Freilich, wenn man nicht den Mut hat, irgend etwas Bestimmtes in Aussicht zu nehmen, dann wird sich zuverlässig jedesmal der Miethausbezirk entwickeln... (S. 137)
B. Auf Grund dieser... Ermittlungen müßten dann die voraussichtlich erforderlichen öffentlichen Gebäude nach Zahl, Umfang und beiläufiger Ausstattung angenommen werden. Alles das läßt sich bei Zusammentragung von einschlägigem statistischen Materiale, das allenthalben leicht zu bekommen ist, ganz gut vorherbestimmen, weil alles dies von der Bevölkerungsziffer abhängt...(S. 139)

Stübben:
Es ist hiernach unerläßlich, daß der den Stadtbauplan entwerfende Architekt sich so weit als möglich aus gegebenen Verhältnissen ein Bild über die Art der Bebauung und Bewohnung abzuleiten sucht, welche für die Projektstraßen zu erwarten steht; es ist weniger schlimm, wenn im einzelnen unvermeidliche Irrtümer vorkommen, die ja nicht immer unverbesserlich sind, als wenn der Mangel der erforderlichen Rücksichtnahme sich beim wirklichen Fortschreiten des Anbaues in zahlreichen „vermeidbar gewesenen" Schwierigkeiten rächt. (S. 53)
(Studium der bestehenden und zu erwartenden Verkehrsanlagen und Verkehrseinrichtungen als Grundlage für den Stadterweiterungsplan. (S. 48)

1.4.2
Planungsziele: Sicherheit und Ordnung

Baumeister:
Auch im Bauwesen (heißt es): keine Freiheit ohne Ordnung, Das individuelle Belieben zu bauen, ein Ausfluß des Eigentumsrechtes am Boden, muß eingeschränkt werden, um andere vor Nachteilen zu schützen... Es sind drei Gegenstände, bei welchen diese verschiedenen Interessen abgegrenzt werden müssen: Feuersgefahr, Gesundheit und Verkehr... Daß die Gesamtheit in diesen Beziehungen geschützt werden muß, liegt auf der Hand... Ebenso ist klar, daß die Nachbarn weder durch Feuer noch durch Typhus angesteckt werden sollen... Endlich bedürfen die Hausbewohner, ja, die Familienmitglieder des Bauherrn selbst, einer Fürsorge der öffentlichen Gewalt. (S. 246 f)

1.4.3
Planungsziele: Sozialethik und Sozialpolitik

Baumeister:
Ein gesellschaftliches, ein menschliches Gesetz ist es, welches die Beziehungen zwischen Kapital und Arbeit, zwischen Reich und Arm mit regeln sollte: Die Forderungen eines gleichmäßigen sozialen Wohlstandes durch alle Klassen, und die Pflicht aller, hieran mitzuarbeiten.... Außer dem Recht des Besitzes in der Gesellschaft (wird) auch die Pflicht des Besitzes gegen die Gesellschaft anerkannt... Die Nächstenliebe bestrebt sich, allen Schichten der menschlichen Gesellschaft ihr Pflichtteil, ihre menschenwürdige Wohnung zu verschaffen, nicht bloß aus Interesse [welches wohlverstanden auch zu diesem Ziele führt], sondern aus Gewissensdrang. Daraus folgt, daß bei Stadterweiterungen... das Bedürfnis aller, auch der niederen Klassen, bedacht werden muß. (S. 53)
Unstreitig ist aber die Forderung gerechtfertigt: Jeder Mensch soll anständig wohnen, d. h. entsprechend seiner gesellschaftlichen Stellung mit einem gewissen, wenn auch bescheidenen Überschuß über die bare Notdurft... Die Wohnungsfrage bildet deshalb einen Teil der sozialen Frage, und eine richtige Stadterweiterung einen sehr wichtigen Bestandteil aller sozialen Reformen. (S. 14 f)
(Es fragt sich), für welche Klassen der Bevölkerung neue Stadtteile zu projektieren sind? In sozialer Beziehung gibt es zwei Gegensätze: Absonderung und Vermischung, aber das richtige Verfahren für die Gruppierung des Plans dürfte wohl ein Mittelweg sein. (S. 79)

Stübben:
Übrigens ist, wenn auch lagenweise die Bildung kleiner Arbeiterviertel oder Arbeiterstraßen durchaus natürlich erscheint, die Ansammlung der Arbeiterfamilien auf einem Punkt, die Absonderung derselben von der wohlhabenden Bürgerschaft keineswegs erwünscht. Sowohl aus sozial-politischen, wie aus gesundheitlichen Gründen ist die Durchdringung der verschiedenen Bevölkerungsklassen zu begünstigen. (S. 52)

1.4.5.
Planungsziele und Entwurfshinweise: Hygiene

Baumeister:
Zum Gedeihen des Menschen sind Sonnenlicht und reine Luft notwendig... das Licht wird durch übermäßig dichte Stellung der Häuser, beschränkte Höfe, kleine Fenster entzogen, die Luft wird durch enges Zusammendrängen in wenige kleine Räume und unge-

nügende Einrichtungen zur Beseitigung von Unrat verdorben, sowie wegen Mangel an natürlicher oder künstlicher Ventilation nicht erneuert ... (es folgen Berechnungen über den finanziellen Schaden ungesunder Wohnverhältnisse durch Krankheitskosten und Verdienstausfall) (S. 16). Allerdings ist die Hygiene eine neue Wissenschaft, deren Anschauungen und Resultate noch wenig ins Leben gedrungen sind, aber um so mehr ist zu beklagen, daß ihre Handhabung für den einzelnen Fall einer im allgemeinen nicht sachverständigen Unterbehörde überlassen bleibt.

Es gibt ... Handhaben genug, aber die Anwendung läßt viel zu wünschen übrig, weil der Wortlaut allzu unbestimmt ist, weil in den Ortspolizeibehörden und Sanitätscommissionen die Sachverständigen gegen sonstige Personen und Rücksichten selten durchdringen, und weil der richtige Instanzenzug zu oberen Gesundheitsbehörden fehlt. (z.B. ,,gehöriger Luftwechsel", ,,hinlänglich Luft und Licht", ,,erforderliches Maß". S. 248)

Sitte:
Daß bei der Wahl der Straßenrichtungen sowohl die Himmelsgegenden als auch die gewöhnlichen Luftströmungen sorgsam zu beachten seien, führt schon Vitruv detailliert aus. Der hochweise moderne Stadtbau hat aber darauf natürlich ganz und gar vergessen ... (S. 142)

Stübben:
Die gesundheitlichen Rücksichten erheischen Reinhaltung des Bodens und der Flüsse durch die Feststellung und Vorbereitung derjenigen Einrichtungen und Maßnahmen, welche die bestmögliche Entwässerung und Reinigung der Stadt sicher stellen; Schutz gegen Überschwemmung; ferner Versorgung mit gutem Trink- und Wirtschaftswasser, was bei größeren Ortschaften nur durch allgemeine Wasserleitung von außen zu erzielen ist; ausreichende Versorgung mit Luft und Licht durch Anordnung von angemessenen Straßenbreiten, freien Plätzen, Vorgärten, Gartenplätzen und Parkanlagen, durch baupolizeiliche Vorschriften über die offene Bebauung, Gebäudehöhe, Hofgröße, Zimmerbeleuchtung; endlich die Vermeidung fäulnisfähiger Stoffe bei der Anschüttung des Straßenkörpers.

Von manchen Hygienikern wird schließlich ein großes Gewicht auf die Wahl solcher Straßenrichtungen gelegt, daß die Besonnung der Gebäude möglichst gesichert werde. Die für die Besonnung günstigste Straßenrichtung ist nach Vogt die meridionale; weniger gut ist die äquatoriale, d. h. die Richtung von West nach Ost; am ungünstigsten sind die zu den Haupthimmelsrichtungen diagonal gezogenen Straßen. Aber um eine nur zweistündige Besonnung der Hausfronten an den kürzesten Tagen zu erhalten, müßten nach Clement unter dem 50. Breitengrade die Meridional-Straßen bei 20 m Haushöhe 47 m breit, die Äquatorial-Straßen sogar 66 m breit werden, wobei für letztere selbstredend die Besonnung nur auf einer Seite erzielt würde. Trelat schlug daher auf dem Wiener hygienischen Kongreß des Jahres 1888 für Meridional-Straßen die doppelte, für Äquatorial-Straßen die vierfache Haushöhe als Breite vor, ferner eine derartige Anlage des Stadtplanes, daß das Straßennetz aus zahlreichen Nordsüdstraßen in geringen, und wenigen Weststraßen in großen Abständen bestehe. Von anderen Hygienikern werden diese Forderungen für unangebracht gehalten. Am schärfsten und vollständigsten ist dieser Gegenstand von v. Gruber untersucht worden, dessen Schlußsätze dahin gehen, daß äquatoriale Straßen und insbesondere Wohnfronten gegen Norden möglichst zu vermeiden, im übrigen aber die zum Äquator und Meridian diagonalen Straßenrichtungen Südost-Nordwest und Südwest-Nordost zu bevorzugen sind. Es mag manche Fälle geben, wo bei den Unterteilungen der Blöcke diese gesundheitlichen Erwägungen für die Anordnung der Straßenrichtungen maßgebend werden können; im allgemeinen aber werden die Straßen*richtungen* vom *Verkehre* vorgeschrieben. (S. 49 f)

Ein leitender gesundheitlicher Gesichtspunkt ist derjenige, daß in jeden Wohnraum das Himmelslicht unter 45 Grad (Einschub 1907: womöglich) bis an die Rückwand des Zimmers einfallen soll ... Der Architekt sowohl, als der Bauherr könnten ihre Gebäude in vielen Fällen den Richtungen der Sonnenstrahlen weit mehr anpassen, als dies gewöhnlich geschieht; der Gesundheit und Behaglichkeit der Einwohner würden sie dadurch einen großen Dienst erweisen. So wenig maßgebend die Besonnung bei der Feststellung der Straßenrichtungen und Straßenbreiten leider sein kann, einen so entscheidenden Einfluß kann und soll sie auf die Stellung der Anbauten und Hofgebäude ausüben. (S. 70)

(Statt des letzten Satzes 1907:) Daneben bleibt die Pflicht des Stadtplanentwurfes bestehen, die Straßen nach Möglichkeit so zu den Himmelsrichtungen zu legen, daß die reine Nordlage der Wohnungen vermieden wird. (S. 72)

1.4.6
Planungsziele: Gestaltung

Sitte:
Nur in unserem mathematischen Jahrhundert sind Stadterweiterungen und Städteanlagen beinahe eine rein technische Angelegenheit geworden, und so scheint es denn wichtig, wieder einmal darauf hinzuweisen, daß hiermit nur die eine Seite des Problems zur Lösung käme, und daß die andere Seite, die künstlerische, von mindestens ebenso großer Wichtigkeit wäre. (S. 2)

Selbst der Verzicht auf zahlreiche malerische Schönheiten und die weitestgehende Rücksichtnahme auf die Forderungen des neueren Bauwesens, der Hygiene und des Verkehres sollten nicht so weit entmutigen, daß die künstlerische Lösung einfach aufgegeben wird und man sich mit einer bloß technischen begnügt, wie bei dem Bau einer Landstraße oder einer Maschine; denn die erhebenden Eindrücke, welche künstlerische Formvollendung unablässig ausströmt, können auch in unserem vielgeschäftigen Alltagsleben nicht entbehrt werden. (S. 119 f)

1.5.1
Planungsorganisation und Planarten

Baumeister:
Daß eine Stadterweiterung vor allem Angelegenheit der Gemeinde sei, bedarf kaum des Beweises, und sie wird es immer mehr, je weiter das Prinzip der Selbstverwaltung nicht bloß dem Namen, sondern auch dem Wesen nach in die Bevölkerung eingeführt wird. (S. 49)

Somit zerlegt sich das Gebiet der Baupolizei zwischen Staat und Gemeinde, und in Zukunft vielleicht zwischen Reich, Landschaft und Gemeinde. Und der letzteren fällt die besondere Aufgabe zu, die allgemeinen Gesetze den örtlichen Bedürfnissen entsprechend zu detaillieren und zu ergänzen – gewiß eine wesentliche Grundlage der Stadterweiterung. (S. 64)

Stübben:
Die bloße beaufsichtigende, gelegentlich berichtigende Tätigkeit der Gemeinde oder des Staates genügt ... nicht mehr; sondern es ist der Zeitpunkt gekommen, wo die politische Gemeinde, welche durch die neue Gesetzgebung fast überall zur Trägerin des Städtebauwesens geworden ist, selbst plangestaltend auftreten muß. (S. 44)

(Forderung nach Zusammenarbeit bei Entwurf von Eisenbahn- und Straßenverkehrslinien. S. 312)

Läßt eine Gemeinde einer Bodengesellschaft, einer Baugesellschaft oder einer grundbesitzenden Körperschaft oder Privatpersonen die Möglichkeit und Freiheit, auch ihrerseits Bebauungsplanentwürfe aufzustellen, selbst Bauordnungsvorschläge zu machen, so kann, je nach der künstlerischen oder technischen Kraft der tätigen Persönlichkeiten, das Ganze nur an Eigenart und Mannigfaltigkeit gewinnen. (nicht 1890; 1907 S. 318)

Dem Staate liegt die Gesetzgebung ob, welche bezüglich des Städtebaues durchaus nicht als abgeschlossen betrachtet werden kann. (S. 270)

Der Gemeinde liegt der Erlaß der ortsstatuarischen und ortspolizeilichen Bestimmungen ob, ferner die Aufstellung und Feststellung des Stadtbauplanes, die Ausführung der Wasserversorgungs-, Entwässerungs- und Beleuchtungsanlagen, die Herstellung des Straßenbaues oder wenigstens die Beaufsichtigung desselben, die Sorge für zweckmäßige Gestaltung der Baugrundstücke, die Pflege der öffentlichen Ordnung, des Verkehrs und der öffentlichen Gesundheit, die rechtzeitige Errichtung der öffentlichen Gebäude und Gartenanlagen. (S. 271) (Hinweis auf Interessenkollisionen mehrerer Behörden; Befürwortung gemischter Kommissionen oder einer besonderen Zentralbehörde. S. 271/72)

(Staatliche Gesetzgebung für Baubeschränkungen auf Grund des festgestellten Planes, für Enteignung, Bodenordnung, Erschließungskosten und Bauordnung zuständig). (S. 272)

Die staatliche Aufsicht ist eine notwendige und bei verständiger Handhabung eine besonders für Stadterweiterungen höchst wohltätige Einrichtung. Sie vermag die Trägheit mancher Gemeinden aufzurütteln; sie kann unterstützen, wenn Zwist oder Privatinteressen die Tätigkeit der Gemeinden lähmen; sie kann Auswüchse des Gemeindelebens beschneiden und eine zweckmäßige Durchführung gesetzlicher Maßregeln sichern. (nicht 1890; 1907 S. 354)

Als Selbstunternehmerin einer Stadterweiterung ... erfüllt die Gemeinde einen wesentlichen Teil ihres Berufes. Indem sie eigenes oder angekauftes fiskalisches oder privates Gelände mit einem zweckmäßigen, gesundheitlich, sozial und künstlerisch durchdachten Bebauungsplan überzieht ..., ist sie in der Lage, Einheitliches und Großartiges zu schaffen und zugleich auf die Bebauung der Privatgelände vorbildlich einzuwirken, die Spekulation einzuschränken und die Wohnungspreise zu ermäßigen. (S. 275)

1.5.2
Planverfahren

Baumeister:

(Planänderung nur aus triftigen Gründen) (S. 88) (Es wird als richtiges Verfahren empfohlen,) daß man den ersten Plan auf solche Grundzüge beschränkt, welche sofort notwendig zum organischen Zusammenhang des Ganzen sind und einheitlich entworfen werden müssen, dagegen die untergeordnete Ausarbeitung stückweise „nach dem Bedürfnis der näheren Zukunft" vornimmt. Zu jenen Grundzügen gehören Hauptstraßen, Eisenbahnen, Kanäle, sowie die damit zusammenhängende Gruppierung von Industrie-Bezirken und die Auswahl von Plätzen für öffentliche Gebäude und Promenaden. Der Zweck besteht dabei nicht in sofortiger Ausführung, sondern in rechtzeitiger Sicherung des Terrains und der Gesundheit ... Die weitere Einteilung des Hauptnetzes in kleinere Maschen, sowie die Ausarbeitung aller Einzelheiten von öffentlichen Anlagen usw. mag immerhin durch den ersten Projektanten versucht werden, ja derselbe muß sich wohl bis zu einem gewissen Grade Rechenschaft darüber geben. Allein die definitive gesetzliche Feststellung der Einzelbezirke erfolgt ... stückweise. Hierbei können die wechselnden Anschauungen der Zeit füglich berücksichtigt werden ... (S. 89/90)

Stübben:
Es ist nicht notwendig und zuweilen schädlich, das ganze zwischen den Hauptradialen und der Plangrenze zukünftig mögliche Straßennetz von vornherein endgültig festzustellen, weil man dadurch leicht einer Entwicklung vorgreifen kann, deren Grundbedingungen noch nicht bekannt sind ... Erst wenn ein baulicher Anlaß vorliegt, nimmt man die Feststellung der Baulinien nach nochmaliger Prüfung des Entwurfs auf Grund der inzwischen eingetretenen Verhältnisse vor. (S. 47)

Am besten wird der Bebauungsplan zwar im ganzen Umfange mit allen Einzelheiten entworfen, aber nur schrittweise je nach dem Bedürfnis des fortschreitenden Anbaues, mit den inzwischen als zweckmäßig erkannten Änderungen, förmlich festgestellt. (nicht 1890; 1907, S. 54)

1.5.3
Verhältnis des Städtebaues zur politischen und administrativen Organisation

Baumeister:
Die Baulust bindet sich nicht an die Grenzen der Gemarkung oder des Weichbildes. Werden dieselben massenhaft überschritten, so sollten sie auch politisch erweitert werden, um die Zugehörigkeit der Ausmärker zur Stadtgemeinde, welche doch in baulicher, geschäftlicher und geselliger Beziehung bereits besteht, vollständig herzustellen. (Folgen Hinweise auf geeigneten Zeitpunkt der Eingemeindung und auf Rechte und Pflichten der neuen Einwohner. S. 66)

Stübben:
Gemeindegrenzen sind insofern eine Schranke, als sie die einheitliche Aufstellung und Ausführung des Stadtbauplanes behindern; die Beseitigung des Hindernisses geschieht am einfachsten durch rechtzeitige Aufnahme der kleineren Gemeinde in die große Stadtgemeinde ... Wo dies zur rechten Zeit versäumt wurde, wachsen die Schwierigkeiten der Vereinigung zum Schaden des Allgemeinen mitunter in das Unbesiegliche. (S. 47)

Dazu kommt, daß die Städte ... nicht mehr den erforderlichen Raum für ihre gemeindlichen Anstalten finden ... Wesentlich aus diesen Gründen ... haben viele größere Städte in den jüngsten Jahren unter dem Beistande der Staatsgewalt ihre Vororte ganz oder teilweise „eingemeindet" ... Gewöhnlich sind es Steuer- und Vermögensrücksichten, auch wohl parteipolitische Erwägungen und Eifersuchtsgefühle der Selbständigkeit, welche die Eigemeindung erschweren. (S. 272)

1.5.4
Beziehung zum Bürger und zur Öffentlichkeit

Baumeister:
(Für die baupolizeiliche Beurteilung von Bauvorhaben soll die Erwägung maßgebend sein), daß der Baulustige nicht als Bittsteller erscheint, sondern mit einer im Allgemeinen unanfechtbaren Absicht, welche man zur Mithilfe in der Wohnungsfrage und zum Aufblühen des Gemeinwesens willkommen heißen muß. (S. 65)

1.6.1
Bodenrecht, Bodenordnung, Bodenpolitik

Baumeister:
Der Bodenwert ist nun aber nicht Ursache, sondern Folge des Wohnsystems, und einmal geläufig geworden, dann allerdings Veranlassung, das Wohnsystem nicht leicht mehr ändern zu können... Eine Wechselwirkung von Wohnsystem und Bodenwert, gegen welche der einzelne ohne pekuniäre Opfer nicht ankämpfen kann. (S. 24/25)
(Gemeinde kann preissenkend wirken, wenn sie mit eigenem Gelände als Konkurrent auf den Markt tritt. Zum Erwerb günstige Gelegenheiten nutzen, gegebenenfalls auch durch Tausch). Der Gebrauch des Expropriationsrechtes zu diesem Zwecke kann freilich nicht empfohlen weren, denn er würde zum Communismus führen; aber es stehen der Gemeinde, auch ohne Zwang, bei Regierungen, Fürsten und Privaten moralische Mittel um des guten Zweckes willen zu Gebot, welchen sich wohlwollende und einsichtige Besitzer von Terrain nicht verschließen werden. (S. 69)
(Anlage von Pferdebahnen nach Vororten hat) die wohltätige Folge einer Erhöhung des Bodenwerts draußen, ... es tritt massenhafte Konkurrenz gesunder Baustellen, und mehr Ausgleichung der Bodenpreise im ganzen Stadtgebiet ein. (S. 124 f)
(Entschädigung bei Planänderung gerechtfertigt, wenn Aufwendungen im Vertrauen auf den Plan geleistet. S. 88)
Der Begriff der absoluten Notwendigkeit wird zur Anwendung des Expropriationsverfahrens nicht gefordert, er würde sich auch schwer nachweisen lassen, sondern die Zweckmäßigkeit. (S. 358)
(Trennung von Planfeststellung und Enteignungsmöglichkeit, wie vielfach üblich, ist unlogisch, da) beiden Operationen die Beförderung des allgemeinen Wohls zu Grunde liegen (soll)... Wir wünschen daher, daß Planaufstellung und Expropriationsrecht als gleichwertig auf Antrag der Gemeinde durch eine und dieselbe Staatsbehörde endgültig genehmigt werde. (S. 367 f)
(Zur Wertermittlung bei Enteignungen: spekulative Werterhöhungen werden abgelehnt, Verkehrswert – „gefunden ... durch Ermittlung des Handelspreises gleichwertiger Grundstücke" – dem Ertragswert vorgezogen. S. 372 ff)
(Zur Bauplatzregulierung private Umlegung empfehlenswert, die öffentlich zu beaufsichtigen ist. S. 390 f) (Zu fordern ist Grunderwerbsrecht für Gemeinde an Restparzellen bis etwa 1000 qm, sowie Inpropriationsmöglichkeit, „das Recht, den Anstößer zum Ankauf einer Grundfläche zu zwingen". S. 380 ff)

Sitte:
Bei so kolossaler Häufung der Menschen an einem Punkt steigt aber auch der Wert des Baugrundes ungemein und liegt es gar nicht in der Macht des einzelnen oder der kommunalen Verwaltung, sich der natürlichen Wirkung dieser Wertsteigerung zu entziehen... Die hohen Preise der Bauplätze veranlassen ferner noch deren möglichste Ausnützung, weshalb neuerdings eine Menge wirkungsvoller Motive in Wegfall kommen und die Verbauung jeder Parzelle immer wieder dem Typus des modernen Bauwürfels entgegenstrebt. (S. 113 f)

Stübben:
(Bodenspekulation ruft „größte Mißstände" hervor: teures Bauland, wachsende Bebauungsdichte, Mieterhöhung, Verschärfung der städtischen Wohnungsfrage, S. 276) (Straßenland, wenn nicht nach früherer Baulinie bebauungsfähig. sollte nur nach wirklichem Benutzungswert, nicht nach Bauplatzwert entschädigt werden. S. 282) (Enteignungsmöglichkeit von Restparzellen zugunsten der Gemeinde wird gefordert, ebenso die gesetzliche Regelung der Umlegung und Zusammenlegung von Grundstücken „behufs Erzielung

zweckmäßiger Baustellen." S. 284, 290) Die Umlegung kann sich auf einen einzelnen Block oder auf einen Blockteil beschränken; sie kann auch mehrere Blöcke oder größere Flächen des Baugeländes umfassen ...

Nach Möglichkeit soll jeder Eigentümer seine Baulandfläche in derselben Lage erhalten, die sein ungeregeltes Grundstück einnahm. (nicht 1890; 1907 S. 392 f)
Die sozialen Gesichtspunkte können, unter entsprechender Gestaltung des Bebauungsplanes und der Parzellierung, nur durch eine sachgemäße Abstufung der Bauordnungsvorschriften wahrgenommen werden, da man im Kern der Städte die berechtigten wirtschaftlichen Interessen, die sich dort gebildet haben, nicht verletzen und auch in neuen Stadtteilen die infolge bisheriger Entwicklung zu Recht bestehenden Bodenwerte nicht außer acht lassen darf. Wo aber die Bodenwerte noch gering sind und namentlich, wo es sich um noch jungfräuliches Gelände handelt, da liegen keine berechtigten Interessen vor, welche die Rücksicht auf die Gesundheit und soziales Wohlbefinden in den Hintergrund drängen könnten. (nicht 1890; 1907 S. 411)

1.6.2
Planungsrecht (Strukturplanung)

Baumeister:
Mit der Spezialisierung der baupolizeilichen Vorschriften müssen wir gerade bei Stadterweiterungen besonders weit gehen. (S. 64)

(Lokale Bauordnungen) sollen, wie alle gesetzlichen Bestimmungen genau sein. Das Minimum der Forderungen, von welchen keine Ausnahmen mehr zurückgelassen werden, soll scharf ausgedrückt werden; dem „Ermessen" der Polizeibehörde sind nur wirklich unvorherzusehende Fälle zu überlassen. Die noch viel beliebten Ausdrücke: „in der Regel", „wo möglich", verstecken meistens eine gewisse Ratlosigkeit des Gesetzgebers, bringen aber dann entweder den gewissenhaften Beamten in Verlegenheit oder den Baulustigen in unberechenbare Schwierigkeiten. (S. 65)

Ein gesetzlich festgestellter, umfassender Plan bildet die allgemein bekannte Schranke zwischen dem öffentlichen Interesse und der privaten Baulust, soweit dieselbe sich auch erstrecken möge. (S. 78) (Bauen im Außenbereich sollte erleichtert werden durch gemilderte Forderungen an städtische Bebauung, „vorbehaltlich späterer kompletter Erfüllung". S. 473 f)

Stübben:
... für den planmäßigen Vollzug einer Stadterweiterung, für den Städtebau, ist die Beschränkung des Baurechtes als eine unbedingte Notwendigkeit gesetzgeberisch festzustellen ... Für den Vollzug des Städtebaues ist es ... nötig, nicht bloß hinsichtlich des „wie" die Bebauung eines Grundstückes zu beschränken, sondern auch die Fragen, „ob" und „wann" ein Grundstück bebaut werden darf, zu regeln. (S. 278)

Zweckmäßigerweise ermächtigt ... das hessische Baugesetz die Städte, das Bauen außerhalb des Bereiches des Ortsbauplanes überhaupt zu untersagen, eine Ermächtigung, welche nur in vorsichtiger Weise wird angewendet werden dürfen. (S. 280)

(Erlaß von Zonenbauordnungen oder Staffelbauordnungen zur Festlegung von Bauart und Baudichte. Nicht 1890; 1907 S. 362)

(§ 16 der Reichsgewerbeordnung ist nur für die Verhinderung grober Mißstände geeignet, dagegen nicht ausreichend, um Betriebe aus künftigen Wohngebieten herauszuhalten; deshalb ist die – allerdings noch nicht hinreichend genutzte – Möglichkeit zu begrüßen, durch Landesgesetze weitergehende Vorschriften zu erlassen. S. 53 f)

1.6.3
Planungsrecht (Bebauungsplanung)

Baumeister:
Außer Höhe und Abstand des gegenüberstehenden Gebäudes haben noch mehrere andere Momente Einfluß auf die Menge von Licht und Luft, welche in ein Haus gelangt: Dimensionen der Fenster, Tiefe der Zimmer, Richtung des Windes, Stellung entfernter Gebäude gegen seitliche Luftströmungen u.s.w. Aber alles das bei baupolizeilichen Vorschriften zu berücksichtigen, wäre bei dem gegenwärtigen Stande der Hygiene weder auf dem theoretischen noch auf dem empirischen Wege mit genügender Sicherheit ausführbar, und jedenfalls in den Resultaten sehr verwickelt. Selbst die einfache Beziehung zwischen Höhe und Abstand läßt sich keineswegs auf einem auch nur annähernd wissenschaftlichen Wege konstruieren, wir können lediglich die Erfahrungen zu Rate ziehen, welche in den Bauordnungen Ausdruck gefunden haben, uns unser hygienisches Gefühl urteilen lassen. (S. 315)
(Vorgeschlagen wird Gebäudeabstand gleich Gebäudehöhe; allgemeine Beschränkung der Geschoßzahl bei Stadterweiterungen auf 4, in Ausnahmefällen 5. S. 318 f). Die einfache Wahrheit, daß alle bewohnten Gebäude, und alle bewohnten Seiten eines Gebäudes gleich wichtig für die Gesundheit sind, wird bis jetzt in keiner Bauordnung anerkannt. (S. 321)
(Abstandsvorschriften differenzieren, je nachdem, ob Außenwände fensterlos, mit Nebenraumfenstern oder mit Aufenthaltsraumfenstern. S. 326)
(Freiflächenforderungen nicht absolut, sondern im Verhältnis zur Grundstücksgröße. Möglichst zusammenhängende Flächen über Eigentümervereinbarungen oder bei Erstellungen durch einen Eigentümer über Dienstbarkeiten sichern; „direkte Vorschriften" in dieser Hinsicht erscheinen nicht gerechtfertigt, da zu weitgehende Eingriffe in Eigentumsrechte. S. 329 f)
(Nur gesundheitliche Anforderungen, nicht „Aussichtsrechte", rechtfertigen Abstandsvorschriften. S. 338)
(Für und Wider offener und geschlossener Bauweise. Keine Festlegung für eine Stadt im Ganzen, sondern jeweils für geeignete Bereiche − und zwar nicht als Verpflichtung, sondern mehr als Empfehlung an die einzelnen Grundbesitzer. S. 351 f)

Stübben:
Im Inneren der Städte kann ... die offene Bauart nur ausnahmsweise als wünschenswert bezeichnet werden; hier begünstigen vielmehr die Bauordnungen mit Recht den geschlossenen Reihenbau. (Der schmale Bauwich) pflegt ... der Sicherheit und Reinlichkeit nachteilig zu sein ... (und ist deshalb) für Neuanlagen nicht empfehlenswert. (S. 7)
Das Wünschenswerte ist ..., daß gewisse, nach der Örtlichkeit geeignete Bezirke für offene Bebauung bestimmt und daß gleichzeitig die Nachteile des geschlossenen Reihenbaues durch Ortsgesetze und Polizeivorschriften (Einschub 1907: insbesondere durch Abstufung der Bauordnungsvorschriften) nach Möglichkeit gemildert werden. (S. 15)

Durch Festsetzung sog. hinterer Baulinien ... sucht man die Freihaltung des Blockinneren in neuerer Zeit zwangsweise herbeizuführen. (nicht 1890; 1907 S. 18)

1.6.4
Bauwerksrecht

Baumeister:
(Es besteht die Hoffnung,) daß demnächst eine Reichsbauordnung zu Stande kommt, (allerdings in Erweiterung der rechtlichen Kompetenz des Reiches. S. 62)

(Die baupolizeilichen Vorschriften) bedürfen im Interesse der Stadterweiterung fast überall der Reform. S. 61) (Bekämpfung der „ärgsten Übelstände" der Stockwerkswohnung) durch Beschränkung der Geschoßzahl, durch möglichste Isolierung der Wohnungen ... gegeneinander, durch eingehende gesundheitliche Vorschriften ... (S. 32) (Für Feuersicherheit zu berücksichtigen: Gebäudezweck, „Dichtigkeit der Bewohnung", Gebäudeabmessungen, Gebäudeabstände, Konstruktion. Zufahrten zum Blockinneren notwendig. S. 297–311)

Stübben:
Für das Einzelhaus würden wenige baupolizeiliche Bestimmungen genügen, da jedermann für sein eigenes Interesse die beste Polizeibehörde ist. Für das Miethaus dagegen ist zu Gunsten der künftigen Einwohner die große Zahl von Bauvorschriften notwendig, an deren Ergänzung stets gearbeitet wird. (S. 15)

1.6.5
Sonstige Rechtsvorschriften

Baumeister:
(Forderung nach Anschlußzwang für Abwasserkanalisation. S. 482 f)
(Zur Reinhaltung öffentlicher Gewässer:) Und wenn auch die öffentliche Gesundheitspflege jedem Privatinteresse vorgeht, in der Beschränkung der Industrie muß sie sehr vorsichtig verfahren, und ihr nicht blindlings Maßregeln vorschreiben, welche übertrieben kostspielig sind, oder erst die Erfindung neuer Methoden erfordern. (S. 228)

1.6.6
Erschließungsfragen

Baumeister:
(Finanzierung der Erschließung in Neubaugebieten durch Grundeigentümer gerechtfertigt im Hinblick auf Wertsteigerung. S. 396, 398)
(Form der Kostenverteilung ist Sache der Gemeinde; unterschiedliche Verfahren der Kostenteilung zwischen Gemeinde und Privaten. S. 400, 413)

Stübben:
(Erschließungsanlagen vor Bebauung ausführen. S. 280) (Zwei Gruppen von Erschließungskosten: 1. Regulierung natürlicher und technischer Gegebenheiten; 2. Ausführung von Erschließungsanlagen. Die Kosten der zweiten Gruppe tragen in der Regel die Anlieger. S. 295)
(Zusatz 1907: Kritik am Verteilungsmaßstab der Erschließungskosten nach der Frontlänge des Grundstücks an der Straße, S. 396 f)
(Kanalbetriebskosten sollten je zur Hälfte von der Gemeinde, d. h. der Gemeinschaft der Steuerzahler, und den Hausbesitzern aufgebracht werden. S. 306)

1.7.1
Zur Strukturordnung der Stadt

Baumeister:
Wir erhalten somit in einer großen Zukunftsstadt drei räumliche Abteilungen. Die eigentliche Geschäftsstadt als Kern, Industriebezirke [eventuell auch Großhandel], Wohnungs-

bezirke... einem guten Erweiterungsplan wird man die Austeilung nach den verschiedenen Bedürfnissen sofort ansehen... Aber es liegt hierin auch eine große Verantwortlichkeit, denn es soll weder die Gruppierung dem Zufall überlassen bleiben, noch zwangsweise herbeigeführt werden. Das allgemeine Interesse fordert abgesonderte charakteristische Bezirke, worin die Nachbarn gleichartige Zwecke mit ihren Bauten verfolgen, und daher jeder vor Störungen möglichst sichergestellt ist; aber das Baurecht fordert für jedermann möglichst freie Wahl seines Bauplatzes und seines Bauzweckes. Die projektierten Bezirke sollten... mit Rücksicht auf Bodenbeschaffenheit, Verkehrsmittel, auf schon vorhandene Bauten gleicher Gattung usw. so sorgfältig gewählt sein, daß die Baulustigen die Zweckmäßigkeit sofort anerkennen. (S. 83)

(Geländeverhältnisse, nicht angeblich gesündere Westlage sollten den Ausschlag für Standortverteilug in der Stadt geben. S. 82 f)

Im allgemeinen schickt sich unter den drei Hauptgruppen eines Stadtplans für die innere Geschäftsstadt die geschlossene, für die Industriebetriebe die offene Bauweise, und für die reinen Wohnungsquartiere beides je nach dem Wohlstand der Bewohner. (S. 351)

(Ausführliche Erörterung zweckmäßiger Grundstücksgrößen für verschiedene bauliche Nutzungen im Hinblick auf geeignete Blocktiefen.) In der „eigentlichen Stadt", mit Geschäften und Mittelstandswohnungen, sind die Blöcke nicht zu weitläufig, hauptsächlich auf Vorderhäuser, einzuteilen und zwar... nach zwei Beziehungen wechselnd: erstens an den Hauptstraßen größer, an den Nebenstraßen kleiner, zweitens vom Stadtkern nach dem Umfang zunehmend. (Tiefen zwischen 40 und 120 m, in Industriebezirken 100–300 m. S. 121–123)

Sitte:
(Reihenfolge beim Stadtplanentwurf: zunächst die öffentlichen Bauten und Anlagen anzuordnen – Freiflächen möglichst gleichweit voneinander verteilt, nicht durch Straßen, sondern durch Gebäude begrenzt; öffentliche Bauten dagegen vereinigt,) also mit Kirche, Pfarrhof und Volksschule und dergleichen mehr, wie es eben passend erscheint. Jedenfalls wären Monumente, Brunnen und öffentliche Bauten tunlichst zu verbinden, damit wenigstens ein größerer effektvoller Platz ermöglicht wird. Ergeben sich mehrere Plätze, so sollten sie gleichfalls lieber zu einer Platzgruppe vereinigt, statt weit auseinander verzettelt werden... Daß bei der Wahl der Straßeneinrichtungen sowohl die Himmelsgegenden als auch die gewöhnlichen Luftströmungen sorgsam zu beachten seien, führt schon Vitruv detailliert aus... Nach Beachtung aller der hier kurz angeführten Bedingungen würde die vorläufige Stadtplan-Skizze nun schon einzelne verbaute Gruppen aufweisen, einige Gartenkomplexe mit langen Häuserreihen ohne Unterbrechung, einige Hauptplätze von ganz bestimmter Form und Größe. Dazu wären dann erst die Hauptkommunikationslinien festzustellen, auch mit Berücksichtigung aller sonstigen Bedingungen, und hiermit wäre man endlich bei dem Standpunkte angelangt, welchen die Berliner Generalversammlung der Ingenieur- und Architektenverbände als Ausgangspunkt bezeichnete. (S. 142)

Stübben:
So schwierig und unsicher es ist, die Art der Entwicklung einer Stadt und die Gruppierung der Zukunftsbevölkerung vorhersehen zu wollen, so ist es doch unerläßlich, bei Aufstellung des Stadterweiterungsplanes für die verschiedenen Teile des Erweiterungsfeldes eine mehr oder weniger bestimmte Art der zukünftigen Benutzung und Bewohnung ins Auge zu fassen... Der vom „Verbande deutscher Architekten- und Ingenieur-Vereine" in dieser Beziehung beschlossene Satz lautet: „Die Gruppierung verschiedenartiger Stadtteile soll durch geeignete Wahl der Situation und sonstiger charakteristischer Merkmale herbeigeführt werden, zwangsweise nur durch sanitarische Vorschriften über Gewerbe." Anstatt der Worte „Wahl der Situation" dürfte es besser heißen: „Berücksichtigung der Lage";

denn in Wirklichkeit pflegt es sich beim Entwerfen des Bebauungsplanes weniger um die Frage zu handeln, wo diese oder jene Bevölkerungsklasse der Zukunft unterzubringen sei, sondern um die Untersuchung, für welche Art der baulichen Ausnutzung ein gegebenes Baufeld sich nach Maßgabe seiner Lage und sonstigen Merkmale am besten eigne.

Es sind vornehmlich fünf Arten der Benutzung und Bevölkerung, welche imstande sind, einer Stadtgegend ein bestimmtes Gepräge aufzudrücken, nämlich: 1) Großgewerbe und Großhandel, 2) die Arbeiterbevölkerung, 3) Ladengeschäfte, 4) die Handwerke und 5) derjenige Teil der wohlhabenderen Bürgerschaft, welcher innerhalb der Wohnung eine besondere Berufstätigkeit nicht ausübt (Rentner, Kaufleute, Industrielle, Beamte usw.).

Die Lage an Eisenbahnen und Wasserwegen, der geringe Bodenwert (wegen Entlegenheit und reizloser Umgebung), ... das Vorhandensein geräumiger ..., wenig parzellierter Grundflächen – das sind Merkmale für ein Bauland, welches zum Anbau von Fabriken und Handelsniederlagen sich eignen soll ...

Die Wohnstätten der Arbeiter werden mit Vorliebe die Nähe des Großgewerbes und Großhandels und ... billige Baugründe aufsuchen. Übrigens ist ... die Ansammlung der Arbeiterfamilien auf einem Punkt, die Absonderung derselben von der wohlhabenderen Bürgerschaft keineswegs erwünscht ...

Für Ladengeschäfte eignen sich die Hauptverkehrslinien, also die Torstraßen und mehr noch die Radialstraßen der inneren Stadt. Der stets lebhafte und wechselnde Verkehr ist für Ladengeschäfte Vorbedingung ...

... Die verkehrsreichen Tor- und Radialstraßen sind zwar für die Handwerke die beste Lage; sie folgen aber auch den Bevölkerungsklassen, für welche sie arbeiten, ... in entlegenere Teile der Stadt ... Für die letzte Gruppe der Bevölkerung, welche die geschäftslosen Wohnungsviertel aufsucht, eignen sich solche an der Außenseite der Stadt liegende Teile, die durch Annehmlichkeit der Umgebung, Freiheit von lästigen Gewerbebetrieben, Nähe von Vergnügungsanstalten und Spaziergängen bei guten Verbindungen zur inneren Stadt sich auszeichnen.

Scharf ausschließend kann und soll ... die Gruppentrennung niemals sein; es wird stets ein gewisses Durchdringen und Teilen stattfinden ...

Der Stadtplan kann nicht bloß, er muß die Eigentümlichkeiten der genannten Gruppen berücksichtigen. Die Fabrikgegend verlangt Vermeidung kleiner Blöcke, ein regelmäßiges Straßenschema ohne Luxus in der Ausstattung und ohne übermäßige Breiten. Ein Arbeiterviertel erfordert kleine Blöcke, bescheidene Straßen, besondere Pflege aller gesundheitlichen Anlagen, namentlich freie Spielplätze und Baumpflanzungen. Dem Geschäftsviertel sind eine überlegte, mäßig große Baustellenteilung, sowie zahlreiche direkte Verkehrslinien, besonders Diagonalstraßen, dienlich. Die stille Wohngegend erhält Alleen, Vorgärten, Squares, und beim Vorwalten des Einfamilienhauses Baublöcke mit geräumigen Gartenflächen. (S. 51 ff)

(Nach eingehender Erörterung der geschlossenen und der offenen Bauweise und der Grundstücks- und Blockabmessungen, überwiegend im Sinne einer Zusammenstellung von empirischem Material, wird zu den Standorten für die verschiedenen Gebäudearten ausgeführt): Der Palast und das vornehme Privathaus beanspruchen einerseits sehr geräumige Baugrundstücke, anderseits eine bequeme Lage zum städtischen Verkehre und eine besonders schöne Straßenausstattung.

Herrschaftliche Wohnhäuser geringeren Ranges, Häuser für Rentner, höhere Beamte und sonstige Angehörige des besseren Mittelstandes verlangen eine weniger hervorragende Lage. Stille, nicht zu entlegene Straßen, Vorgärten und offene Bauweise (sind) ... besonders empfehlenswert.

Dagegen sind umgekehrt Ladenhäuser und andere Geschäftshäuser vornehmlich auf Hauptverkehrsstraßen angewiesen ... Bevorzugt für Ladenzwecke sind stets die Eckgrundstücke ...

Auch Gasthöfe und Wirtshäuser suchen die ... „Geschäftslage" auf, Eckhäuser sind ... beliebt, große Gründstückstiefen ... nicht ungeeignet.

Für Handwerkerhäuser und Handlungshäuser sind große Grundstückstiefen ein Erfordernis ... Die Lage an der Hauptverkehrsstraße ist ... entbehrlich, ... bequeme Zufahrt und ... gute Verbindung ... Bedingung.

Für Fabriken ... bedarf ... der Stadtplan großer, ausgedehnter Blöcke in geeigneter Gegend, wo ... gute ... Verbindungen, womöglich ... Anschlüsse an Eisenbahnen und Wasserwege gesichert ... und Arbeiterwohnungen in der Nachbarschaft vorhanden oder zweckmäßig zu errichten sind. (S. 24 f)

Die am leichtesten und gewöhnlich am am vorteilhaftesten zu bebauende Blockfigur ist das (Einschub 1907: längliche) Rechteck ... Es ist aber vom Standpunkte des Verkehrs und der Schönheit verkehrt, wenn die Bildung rechtwinkeliger Baublöcke das Hauptmotiv ... des Bebauungsentwurfes ist ...

Weniger zweckmäßig ... ist die quadratische Blockform. Da nämlich das Bestreben vorwalten muß, alle Fronten des Blocks auszunutzen, so entsteht im Quadratblock (eine) ... unfreie, geräumige Hof- und Gartensiedlungen erschwerende Baustelleneinteilung ...

Eine dritte Blockform ist das Dreieck. Zwar ist die zweckmäßige Baustelleneinrichtung bei dieser Form noch schwieriger als beim Quadrat; aber dieser Erschwernis steht der ungemein große Vorteil (1907 nur: der Vorteil) gegenüber, welcher ... aus der Durchlegung diagonaler Verkehrsstraßen erwächst ... Die spitzen Ecken ... bilden, weil am Hauptverkehr liegend und eine große Frontentwicklung darbietend, die gesuchtesten und besten (1907 nur: gesuchte und gute) Geschäftslagen. (S. 57 f)

1.7.2
Wohnungswesen und Wohnbau

Baumeister:
... Sehr hohe Häuser (sind) der Gesundheit nicht zuträglich ... Zwar entfernt man sich in den oberen Geschossen immer mehr von der Bodenfeuchtigkeit und der schlechten Straßen- und Hof-Atmosphäre, aber über eine gewisse Höhe hinaus übt das beschwerliche und angreifende Treppensteigen doch einen noch stärkeren Einfluß als die gewonnene reine Luft. (Beleg: Sterblichkeitsziffern für Berlin 1861–67 nach Stockwerken. S. 25)

Wir (können) nur der Ansicht beipflichten, daß bei Stadterweiterungen vorzugsweise auf Familienhäuser abzuheben sei. Zu diesem Ziele möge die öffentliche Meinung direkt durch Beispiel und Sitte, und die öffentliche Gewalt indirekt in der Gesetzgebung hinstreben. Indessen scheint uns das „Familienhaus für Jedermann" vorerst noch ein unerreichbares und zugleich unpraktisches Ideal, weil sowohl der Geldpunkt als die Lebensweise Stockwerkswohnungen zum Bedürfnis vieler machen. Deshalb darf die Fürsorge nicht nachlassen, daß den Stockwerkswohnungen ihre ärgsten Übelstände abgeschnitten werden, durch Beschränkung der Geschoßzahl, durch möglichste Isolierung der Wohnungen, namentlich ihrer Wirtschaftsräume gegeneinander, durch eingehende gesundheitliche Vorschriften, durch Einigungsämter zwischen Hausherren und Mietern usw. Man kann hoffen, daß in einer wohlgestalteten großen Zukunftsstadt das Innere mehr mit Mietskasernen von mäßigem Umfang, das Äußere hauptsächlich mit Familienhäusern besetzt sein werde ... (S. 32)

Sowohl dem Verkauf als der Verpachtung (städtischer Grundstücke) sind Bedingungen zu unterstellen, welche die Wohnungsfrage lösen, also insbesondere kleine Wohnungen erzielen helfen: Vorschriften über Größe der Einzelplätze, der Höfe und Gärten, über

Einteilung der Gebäude als Familienhäuser oder Stockwerkswohnungen in bestimmter Zahl; Vereinbarung über Höhe der Mieten oder Verkaufspreise der herzustellenden Wohnungen; Verpflichtung, diese Preise während einer Reihe von Jahren nicht zu steigern; Verpflichtung, die Wohnungen zunächst an bisherige Einwohner der Stadt, nicht an Zuzügler zu vermieten... Andererseits können seitens der Gemeinde Erleichterungen gewährt werden... Diese Begünstigungen sind gewiß minder nachteilig als die riesigen Summen, welche durch schlechte Wohnungszustände dem Wohlstand der Gemeinde verloren gehen können (S. 71)
(Abstandsvorschriften; Höhenbegrenzung auf 4 Geschosse. S. 311–319)
(Vorschriften für Lichteinfall und Hofflächen (S. 321–333)

Stübben
Die städtische Wohnungsfrage ist unter drei Gesichtspunkten zu betrachten, nämlich:
a) nach den Beziehungen zwischen dem Hause und dem Baugrundstück,
b) nach der Zahl der Wohnungen im Hause und
c) nach der Art oder den Ansprüchen der Bewohner (S. 5)

Wir streben somit dem gemischten Wohnungssystem zu... in der Richtung, daß Einfamilienhäuser und Zinshäuser als streng unterschiedene Hausarten nebeneinander vorkommen... Es sollte das Bestreben aller Einsichtigen sein, die Durchdringung der beiden Bauweisen zu begünstigen (1907 statt dessen:... Einsichtigen sein, das Massenmiethaus zu bekämpfen, dagegen dem Bürgerhause) und besonders dem Einfamilienhause auch dort Eingang zu verschaffen, wo die Gewohnheit und der Geschäftsmarkt noch hindernd im Wege stehen. (S. 17)
Da der Garten für ein Miethaus Nebensache ist, auch wegen der gewöhnlich sehr hoch aufgeführten Gebäude schwieriger gedeiht, so darf man folgern, daß für Miethäuser geringere Grundstückstiefen mehr zweckmäßig sind wie für Einzelhäuser. (S. 22)
... Ein besonderes Gärtchen ist schon deshalb unangebracht, weil (1907 statt dessen: umsomehr entbehrlich, als) der städtische Arbeiter dasselbe nicht zu bewirtschaften versteht. (S. 27)
Die Sorge für Arbeiterwohnungen ist bei der Erweiterung der Städte die schwierigste und vielleicht auch die bedeutsamste... Außer den gesetzlichen und polizeilichen Vorschriften... einer geordneten Wohnungsaufsicht ist es die Frage, wer für angemessene Arbeiterwohnungen sorgen soll... Die Fürsorge kann von der Gemeinde, von einzelnen Großgewerbetreibenden, von Baugenossenschaften und von gemeinnützigen Aktiengesellschaften oder Stiftungen getroffen werden. Die Gemeinden haben seither wenig auf diesem Gebiet geleistet... Dagegen ist die Zahl der Arbeitgeber, welche ihre Arbeiter mit Wohnungen versorgten, eine sehr große... Arbeiter-Baugenossenschaften... sind... nur an wenigen Orten mit Erfolg in das Leben getreten... Einen größeren Umfang scheint die Wirksamkeit von Stiftungen und gemeinnützigen Gesellschaften anzunehmen. (S. 25 f)
(Über zweckmäßige Blocktiefen für Arbeiterwohnungen. S. 38 ff)

**1.7.3
Arbeitsstätten**

Baumeister:
... für die Industrie sind weitergehende Bestimmungen passend, um ihre gesundheitsschädlichen Einflüsse gleicherweise von den äußeren Wohnbezirken fern zu halten, und aus der inneren Geschäftsstadt allmählich zu vertreiben, also in die ihr gewidmeten Bezirke zu concentriren... Wohl sollten nicht nur die geradezu gefährlichen Industriezweige auf

diese Art behandelt werden, sondern mehr oder weniger alle, insofern ihre Nähe fast immer dem geistigen und leiblichen Wohlbefinden in Wohnungen nachtheilig sein wird. Nach dem heutigen Betrieb größerer Gewerbe reicht ein geringer Abstand nicht mehr hin, um benachbarte Wohnungen zu schützen, sondern ist die Absonderung des ganzen Bezirks zu erstreben ... (S. 84 f)
(Arbeiterwohnungen innerhalb eines Industriebezirks entsprechen dem sozialen Ideal, können aber nur in wenigen besonders günstigen und hygienisch unbedenklichen Fällen vertreten werden. S. 86)

Stübben:
Die Lage an Eisenbahnen und Wasserwegen, der geringe Bodenwert [wegen Entlegenheit und reizloser Umgebung], ... das Vorhandensein geräumiger ..., wenig parzellierter Grundflächen – dies sind Merkmale für ein Bauland, welches sich zum Anbau von Fabriken und Handelsniederlassungen eignen soll ... (S. 52)
(vgl. auch den Hinweis auf § 16 der Reichsgewerbeordnung unter Abschnitt 1.6.2)

1.7.4
Einrichtungen von zentraler Bedeutung

Baumeister:
(Der „Gemeinde als Baumeister" obliegt unter anderem) die Herstellung öffentlicher Gebäude, welche sowohl die gemeinsamen Bedürfnisse neuer Bezirke befriedigen sollen, als auch Anziehungspunkte bilden, um welche Privathäuser sich gern gruppieren, und somit neue Ansiedlungen hervorrufen. (S. 73)
In dem Entwurf einer Stadterweiterung sollten Plätze für die öffentlichen Gebäude vorgesehen werden ... Es handelt sich dabei nicht bloß um Gemeindebedürfnisse im engeren Sinne, sondern auch um Staatsgebäude und gesellschaftliche Unternehmungen mit halböffentlichem Charakter, welche aber wegen ihrer Einwirkung auf Leben und Verkehr Berücksichtigung verdienen.
(Unter den Kategorien: Gemeindebauten; Kirchen und Pfarrhäuser; Staatsgebäude; Anstalten der Wohltätigkeit; Bauten für Kunst, Geselligkeit und Vergnügen, z. T. Privat- oder Gesellschaftsunternehmungen werden jeweils mehrere Beispiele aufgeführt.) Bei vielen dieser Anstalten ist gelegentlich der Stadterweiterung Dezentralisation, Verteilung mehrerer ähnlicher Gebäude auf die verschiedenen Bezirke zu erstreben, während man bisher vielleicht Vereinigung an einem Ort gesucht hatte ... (S. 178 f)

Sitte:
(zeigt an den Städten der Antike die Bedeutung öffentlicher Plätze und Bauten und zitiert Pausanias:) Man könne etwas keine Stadt nennen, wo es keine öffentlichen Gebäude und Plätze gibt. (S. 10)
Jede kleinste Stadtgemeinde könnte sich eines prächtigen originellen Platzes erfreuen, wenn alle belangreichen Bauten und alle Monumente wie zu einer Ausstellung vereinigt und wohlgeordnet aneinandergefügt wären. Die zu ermöglichen, ja verständnisvoll vorzubereiten, müßte die Aufgabe von Verbauungsplänen sein. (S. 130)

Stübben:
Wir haben drei Gruppen öffentlicher Bauanlagen zu unterscheiden, nämlich: Zentralanstalten, welche dem Verkehrsmittelpunkte so nahe als möglich gebracht werden müssen; Verteilungsanstalten, welche über die verschiedenen Stadtviertel zu verteilen sind, und Außenanstalten, deren Errichtung in den äußeren Stadtteilen oder gar am äußersten Rande der Stadt zulässig, zweckmäßig oder notwendig ist (S. 38)

Wollte man in der großen Stadt ... mit allen öffentlichen Bauanlagen der Mitte zustreben, so würde einesteils den äußeren Stadtgebieten ein wesentlicher Teil ihrer Entwicklungsbedingungen entzogen oder beschränkt, anderenteils im ohnehin geschäftlich überlasteten Stadtkerne eine Hypertrophie des Verkehres und der Interessen erzeugt werden, welche dem Gemeinwesen nur schädlich sein kann ... Es ist eine wichtige Aufgabe des Städtebaues, diese Gegensätze zu mildern und verkehrsausgleichend zu wirken, damit nach Möglichkeit alle Stadtteile den befruchtenden Segen des Verkehrs, des pulsierenden Lebens genießen, nicht aber einzelne Stadteile oder Straßenzüge als erstarrende Glieder dem ganzen Körper zum Schaden gereichen. (S. 39 f)

Blöcke für öffentliche Gebäude bedürfen einer schönen Lage und einer Gestalt von entsprechender Regelmäßigkeit; das Größenbedürfnis ist ... mannigfaltig (folgen Beispiele). (S. 56)

(Bauplätze für öffentliche Gebäude sind nicht dem Zufall zu überlassen, sondern nach Möglichkeit bei der Planung des Straßennetzes festzulegen; auch der Grunderwerb ist frühzeitig zu betreiben. S. 49)

1.7.5
Freiflächen

Baumeister:
Freie Plätze sind im allgemeinen kein Luxus, sondern ... Erfordernisse der Gesundheit und des Verkehrs, insofern sie zur Erneuerung der Luft und der bebauten Flächen beitragen und den Konflikt mehrerer zusammentreffender Verkehrsströme ausgleichen ... Wenn bereits durch freie Plätze für die allgemeine Gesundheit gesorgt wird, so erstreckt sich diese Pflege gegenwärtig vielfach noch weiter, und erstrebt in Städten öffentliche Anlagen mit Pflanzenwuchs. Der günstige Einfluß solcher Anlagen ist in physiologischer Hinsicht längst nachgewiesen, fast noch wichtiger und erst neuerdings betont ist die geistige Wirkung. Sie beruht auf der, besonders bei den germanischen Stämmen ausgeprägten, Verkettung des Gemütslebens mit der Natur. (S. 179/184)

Es muß die zweckmäßige Gestaltung von Erholungsstätten bei einer Stadterweiterung geradezu als Bedürfnis für Leib und Seele anerkannt werden, der Wohnungsfrage kaum nachstehend. Die Offenhaltung und Einrichtung entsprechender Plätze ist Pflicht besonders gegen die mittleren und ärmeren Klassen der Bevölkerung, und wichtig für die ganze Bevölkerung. Schon innerhalb der Stadt, wenigstens innerhalb der Zukunftsstadt, wird Vegetation wesentlich dazu beitragen, die Nerven in dem aufreizenden Lärm und Verkehr zu beruhigen, den Geist nach anstrengender Arteit zu erholen, das Gemüt zu erquicken. Die wohltätige Wirkung kann zwar nur Surrogat für volle Freiheit in der Natur sein, sie ist dafür aber öfter zu erreichen: Kinder können täglich und stündlich hingelangen, am Abend tritt hier bald Kühlung ein, welche in den Straßen und Häusern noch lange auf sich warten läßt, selbst der Geschäftsmann kann sich auf seinen Gängen einen Augenblick an dem Anblick und Schatten von Bäumen erfreuen. (S. 185)

(Baumreihen in Straßen möglich, aber nicht unbedenklich, vor allem bei dichter, großstädtischer Bebauung; besser bei breiten Straßen und tiefen Vorgärten. In dicht bebauten Stadtteilen „geschlossene Anlagen auf freien Plätzen, sogenannten Squares" vorzuziehen. Ferner Parks „vor den Toren" vor allem für die unbemittelten Klassen. Die Forderung nach höchstens einer halben Wegstunde zur freien Natur und nach einem „Grünen Ring" wie bei Arminius wird erwähnt, aber im Hinblick auf die Einschränkung des Baurechts kritisch beurteilt. (S. 186–191) (Wachsendes Bedürfnis nach Freiflächen in Zukunft,) deshalb werden geeignete Flächen von der Bebauung ausgeschlossen, entweder sofort parkartig angelegt, oder für später vorgesehen, (Hinweise für Standortauswahl und Art der

Bepflanzung:) Rasen und Waldboden als Unterlage, Bäume und Büsche darauf. Gartenartige Anlagen eignen sich hier noch weniger als in Squares, und sind nur etwa als freundliche Unterbrechung in das Ganze einzufügen... Auch passen größere freie Flächen zu Volksfesten und Ausstellungen vortrefflich in einen Park, welcher dadurch an gewissen Tagen recht eigentlich den Charakter als Volkspark erhält... Jedenfalls sollten neue Friedhöfe in den Stadterweiterungsplan nach gesundheitlichen Anforderungen eingefügt und so eingerichtet werden, daß sie nach ihrem Eingehen als Parks beibehalten werden können... (S. 192 f)

In Verbindung mit öffentlichen Anlagen sind mancherlei Anstalten zu bringen, welche ebenfalls den Aufenthalt im Freien, besonders bei den unteren Schichten der Bevölkerung, befördern sollen (Kleingärten, Familienlauben, Feierabendstätten, Kinderspielplätze) (S. 195)

Sitte:
Ohne allen Zweifel enthalten... (die Alleen und Gärten) einen wichtigen hygienischen Faktor. Ebenso unbestritten ist der Reiz landschaftlicher Schönheiten inmitten einer großen Stadt und die unter Umständen vortreffliche Kontrastwirkung von Baumgruppen und Architekturen. Es frägt sich aber, ob auch das wieder am rechten Fleck angewendet wird. Vom rein hygienischen Standpunkt scheint die Antwort sehr leicht. Je mehr Grünes, desto besser, damit ist alles gesagt. Nicht so vom künstlerischen Standpunkt, denn da handelt es sich noch viel mehr darum, wo und wie das Grüne angewendet wird. Die häufigste und glücklichste Anwendung findet es in den eigenen Villenvierteln moderner Städte... Je mehr sich die Landschaftsmotive aber dem Zentrum einer großen Stadt nähern... desto schwieriger wird es, eine allgemein befriedigende... Lösung zu finden. (S. 106 f)

Stübben:
(Baumpflanzungen in Straßen, Richtzahlen. S. 82-85; S. 439-452)
Ebenso wichtig wie die Anforderungen des Verkehres, der Bebauung und der Schönheit sind die Grundbedingungen der öffentlichen Gesundheit an Leib und Seele. Die Rücksicht auf diese macht es dem Entwerfer eines Stadtplanes zur Pflicht, dafür zu sorgen, daß die Stadt der Zukunft mit grünen Ruheplätzen (Einschub 1907: und Spielplätzen) in hinreichender Zahl und Größe, in richtiger Lage und Anordnung versehen werde. Besonders wichtig ist diese Pflicht gegenüber den mittleren und unteren Schichten der Bevölkerung, die meist auf enge Wohnungen ohne Gärten oder sonstigen Pflanzenwuchs angewiesen sind. (S. 154)

Im Gegensatz zu den Verkehrs- und Marktplätzen sollten Gartenplätze abseits vom großen Verkehr liegen, still und zurückgezogen vom Lärm und Staub der Straßen... (S. 159) Glücklich die Stadt, wo frühere Zeiten die Ufer frei hielten und darauf bedacht waren, sie durch Parkanlagen doppelt reizend zu gestalten. Vielleicht sogar den Fluß oder den Bach auf langer Strecke einer öffentlichen Parkanlage einzuverleiben, die gerade dadurch am wirksamsten reizt und geschmückt wird. (S. 211)

Wie für die Flußufer und Bäche, so gilt erst recht für die öffentlichen Ziergewässer... der Grundsatz als Regel, daß sie der Einwirkung von Privatbesitzern möglichst zu entziehen, also in öffentlichen Gärten oder entlang öffentlicher Straßen anzordnen sind. (S. 212 f) (Zur Anordnung, Bepflanzung und Einfriedigung von Vorgärten. S. 460-468)
(Vorgärten anstatt als Teile des Privatgrundstücks auch als Teil der öffentlichen Straßenfläche denkbar. S. 467 f)

Platzbepflanzungen, welche den Verkehr stören, sind ebensowenig berechtigt wie solche, welche von den notwendigen Verkehrslinien, insbesondere den Fahrwegen, allzusehr durchschnitten werden... Das Verdecken von Gebäudeaussichten und das Versperren von Verkehrswegen sind zwei Klippen, die bei der Bepflanzung von Stadtplätzen vermieden werden müssen. (S. 468)

Es wäre ein Fehler, wollte man die Straßen- und Platzgrenzen zwar bei Aufstellung des Bebauungsplanes entwerfen, die Sorge für Pflanzungen und Gartenanlagen, aber dem Gärtner überlassen. So unentbehrlich die Tätigkeit des letzeren in der endgültigen Bearbeitung und in der technischen Ausführung ist, ebenso wichtig ist es, die Gesamtanlage der Pflanzungen, Schmuckplätze und öffentlichen Gärten nach Größe, Gestalt und Anordnung beim Entwurf des Stadtbauplanes vorzusehen. (S. 469)

Um unnötige Zerstückelung zu vermeiden, beschränke man die Wege auf das notwendigste. Fahrwege sollten aus einer Schmuckanlage überhaupt ausgeschlossen sein; diesem Verlangen muß indes bereits beim Entwerfen des Stadtbauplanes Rechnung getragen werden, damit nicht für den Ausschmückungsplan eine Zwangslage geschaffen werde... (S. 481)

Die vorwiegend zum Aufenthalte der Kinder bestimmten Erholungsplätze [Kinderspielplätze] erhalten eine entsprechende Ausstattung mit Geräten aller Art... auch eine bedeckte Halle zum Schutze bei plötzlichem Regen, eine Trinkgelegenheit und eine Bedürfnisanstalt dürfen bei größerer Ausdehnung nicht fehlen. (S. 490 f) Je größer solche künstliche Landschaften angelegt werden können, umso besser − jedoch mit einer bestimmten Einschränkung, welche sich darauf gründet, daß der Wert des Parkes oder des Waldes mit seiner Entfernung von der Stadt sinkt, daß also für ausgedehnte Städte eine Teilung in mehrere kleinere Anlagen einem einzigen großen Park oder Wald vorzuziehen ist. (S. 492)

Wie keine Stadt von Belang, von 20 000 Einwohnern etwa, des öffentlichen städtischen Gartens entbehren sollte, so bedürfen hiernach große Städte mehrerer Parkanlagen, um allen Teilen der Bevölkerung die Benutzung möglichst nahe zu legen. Als normal dürfte ein Verhältnis zu betrachten sein, nach welchem auf je 50 000 Einwohner eine Parkanlage von 10 ha Größe entfällt. Bei einer Bevölkerungsdichtigkeit von 250 Personen auf 1 ha würde sich dann die öffentliche Gartenfläche zur Stadtfläche wie 1:20 verhalten, wobei die gärtnerisch behandelten Straßen und Plätze nicht eingerechnet sind. Mit Einschluß der letzteren wird man das Verhältnis von 1:10 als ein normales annehmen dürfen, so daß 100 ha Stadtfläche bei fertigem Ausbau etwa in 30 ha gewöhnliche Straßen und Plätze, 10 ha Pflanzungen und 60 ha Bauland zerfallen... Daneben geht die Schaffung eines oder mehrerer größerer Waldparke außerhalb des städtischen Weichbildes. Die Flächengröße von ungefähr 30 bis 40 ha wird den Übergang vom Parkgarten zum Parkwald bezeichnen. (S. 491)

Die Erholungs- und Geselligkeitseinrichtungen sind im Volksgarten, welcher nicht, wie der Herrschaftspark, nur wenigen gehören, sondern Tausenden Genuß bereiten soll, von maßgebender Bedeutung. Eine Wiese für Volksfeste und Kinderspielplätze, besonders abgetrennte Kinderspielplätze, ein Platz für Ball- oder Croquet-Veranstaltungen, ein Turnplatz, eine Reit- oder Rennbahn, ein Schützenstand und ähnliche Veranstaltungen dienen zur Erholung und Unterhaltung der Menge. Ein Teich, teils mit flachen Wiesenufern, teils mit steilen, schattigen Waldbuchten ladet im Sommer zum Gondeln, in der Winterszeit zum Schlittschuhlaufen ein. Außer diesen Geselligkeitseinrichtungen im Freien werden halbverdeckte Baulichkeiten, wie Lauben, Wandelhallen, Aussichtsterassen und dergl. errichtet, und schließlich ist ein geräumiges, geschlossenes Restaurationsgebäude fast stets unentbehrlich... (S. 498)

1.7.6
Verkehr

Baumeister:
Der so mannigfaltige städtische Verkehr scheint einer systematischen Untersuchung und Darstellung zu spotten, und doch sollte die Stadterweiterung im Innern, d. h. die Verbesserung von Breite und Richtung bestehender Straßen, sich nicht auf ein dunkles Gefühl von Gewirre und Engigkeit stützen, sondern auf klare Beobachtungen über das Wesen des Verkehrs. Ebenso sollten neue Verkehrslinien im Außengebiet mit möglichst genauer Einsicht in die Gestaltung und die Bedürfnisse des künftigen Verkehrs entworfen werden. Der städtische Verkehr entsteht aus sehr vielen und verschiedenartigen Ortsveränderungen teils von Personen, teils von Gütern; wir meinen daher, daß seine Auffassung als Problem der Mechanik Klarheit in das verwickelte Bild bringen müsse. (S. 32 f)

Auch ist zu beachten, ob in einem Verkehrsstrom alle Elemente mehr oder weniger gleiche Geschwindigkeiten zeigen, oder ob erhebliche Unterschiede unter denselben Statt finden. Im letzteren Fall ist auf Gelegenheit zur Absonderung zu trachten, um Unannehmlichkeiten zu vermeiden. (S. 33)

(Trennung der Verkehrsarten: Lokalverkehr; Verkehr zwischen Stadt und Land, Durchgangsverkehr. Verkehrszählungen. Beziehung zwischen Frequenz und Straßenbreite. S. 34–49)

(Von einem guten Stadtbauplan muß verlangt werden, daß Wege – vor allem zwischen öffentlichen Gebäuden, Märkten u. dgl. – den Luftlinien möglichst nahe kommen. Steigungen in der Regel nicht über 1:25. In manchen Fällen empfiehlt sich die Anlage abkürzender Fußwege zur Zeitersparnis. S. 93 f)

In einem guten Straßennetz sollen Hauptstraßen und Nebenstraßen unterschieden werden. Jene dienen für sämtliche Gattungen des städtischen Verkehrs, diese hauptsächlich für den Privatverkehr der Anwohner. (S. 95) In architektonischer Beziehung soll ein Straßennetz zunächst bequeme Häuser-Grundrisse gewähren. Deshalb sind rechtwinklige Kreuzungen der Straßen vorteilhaft, und es ist sicherlich verkehrt, schiefe Winkel als Prinzip der Einteilung anzunehmen. Indessen sollte jene Forderung auch nicht übertrieben werden... (S. 96) (Drei Straßensysteme – Rechteck-, Dreieck- und Radialsystem. Erörterung der Vor- und Nachteile. Radialsystem für Stadterweiterungen vorzuziehen. Dazu Ringstraßen, vorteilhaft für Durchgangsverkehr und für Stadtteilgliederung. S. 99–111)

(Neue Straßen möglichst mit vorhandenen Wegen zusammenfallen lassen: weniger Geländeerwerb, Eigentumsgrenzen meist annähernd rechtwinklig zu den Wegen, geringe Erdarbeiten, weil Wege meist schon rationell trassiert. S. 109)

(Straßenbreiten abhängig von Fahrzeuggrößen und Verkehrsfrequenzen: Wohnstraßen 8 m – zweispurige Fahrbahn 5 m + Gehwege –, Durchgangsstraßen 17 m – 4 Spuren mit 10 m + Gehwege – und Hauptstraßen 25 m – 6 Spuren mit 15 m + Gehwege. S. 119)

(Pferdebahnen zweckmäßig im Radialsystem anzulegen. S. 126)

(Dampfbahnen: Lokalverkehr, Verkehr zwischen Stadt und Land, Durchgangsverkehr, Kopfbahnhöfe für Personenverkehr günstiger als Durchgangsbahnhöfe. Umlanderschließung durch Dampfbahn fragwürdig; „eine erhebliche räumliche Trennung zwischen Wohnung und Geschäft würde Änderungen in den deutschen Lebensgewohnheiten veranlassen, welche zwar in Großstädten schließlich unvermeidlich sind, aber vorerst doch mehr als notwendige Übel empfunden werden..." S. 132–142)

(Dampfbahnnetz einer Großstadt sollte drei Ringe mit verschiedenen Durchmessern enthalten: Güterverkehr über Ringbahn an der Peripherie abzuwickeln. Industriebahngeleise liegen zweckmäßiger in Straßen als im Blockinnern. S. 143–153)

(Niveaufreie Kreuzungen mit der Bahn erforderlich. „Die Rücksicht auf künftige Verkehrsentwicklung muß höher stehen als Ersparnis an Baukosten". S. 157)

Sitte:
(Kritische Betrachtung der von Baumeister genannten Straßensysteme. Alle künstlerisch unergiebig, denn „ein Straßennetz dient immer nur der Kommunikation, niemals der Kunst, weil es niemals sinnlich aufgefaßt wird, niemals überschaut werden kann, außer am Plan". Gefahrenträchtigkeit der Kreuzung gegenüber der Einmündung höher, da fünfmal mehr Fahrtrichtungsüberschneidungen. S. 97–101)

Stübben:
Die Verkehrsplätze kennzeichnen sich als große Straßenkreuzungen; sie sind die schwierigsten Punkte des Straßenverkehrs. Die Regelung und Erleichterung desselben ist meistens nicht in der möglichst geräumigen Ausdehnung, sondern in der Einschränkung und passenden Einteilung der Platzfläche zu suchen. (S. 34)
(Bedeckte Passagen in Stadtinnern als Verkaufshallen und Wandelgänge angenehm und zweckmäßig. Vorteile rückwärtiger Erschließungswege. S. 64–66)
Man wird darauf Bedacht nehmen, bei Zulassung von Neubauten auch die engsten Straßen auf wenigstens 6 bis 7 m zu verbreitern und neue Straßenanlagen auch bei der ungünstigen Raumbeschränkung nicht unter 10 m (1907 statt dessen: 8 m) Breite zu gestatten. Bei Straßendurchbrüchen von größerer Verkehrsbedeutung sollte man aber eine Breite von 13 bis 15 m als Mindestmaß festhalten. Für Durchbrüche ersten Ranges sind Breiten von 20 bis 25 m erforderlich. (S. 68)
(26 m Maximalbreite für gewöhnlichen Geschäftsverkehr, 26 m (1907 statt dessen: 22 m) Minimalbreite für Promenadenstraße mit Baumreihen, Wohnstraßenbreiten abhängig von Häuserhöhe. S. 68 f)
Der Anteil der Straßen- und Platzflächen am gesamten Stadtfelde pflegt zwischen 25 (1907 statt dessen: 20) und 50 Prozent zu schwanken; ein gutes Mittelmaß ist 35 Prozent. Die untere Grenze von 25 vom Hundert pflegt auf Unvollständigkeit des Planes, auf zu schmale Straßen oder zu sparsame Anordnung von freien Plätzen hinzudeuten; sie kann aber bei größeren Blockabmessungen (z. B. für Landhäuser oder Fabriken) und geringem Verkehr durchaus angemessen sein . . . (S. 71)
(Steigungsverhältnisse bei Hauptstraßen höchstens 1:50, bei Nebenstraßen 1:40. Minimal 1:200 bis 1:400 wegen Entwässerung. S. 77)
(Regeln für Straßenprofile und Fahrdammbreiten ähnlich Baumeister; Kritik an Sittes Bevorzugung der Einmündung. S. 81–85; 1907: 131)
(Eisenbahnerschließung: Durchgangsbahnhof für Annäherung an Stadtkern schwieriger als Kopfbahnhof, erfordert aber wesentlich geringere Bahnhofsflächen. (S. 215)
(Trennung der Bahn von Straßenebene erforderlich. S. 216) (Güterverkehr zweckmäßig als Ringbahn im Weichbild S. 217)
Die . . . Stadtbahnen haben den Zweck, den Verkehr innerhalb der Stadt selbst . . . auf größere Entfernungen zu vermitteln, entfernte Stadtteile durch schnellaufende Fahrzeuge miteinander in Verbindung zu setzen . . . Sie sollen ein System oder Netz selbständiger, d. h. vom Straßenverkehr (Einschub 1907: und vom Fernbahnverkehr) abgelöster Lokalbahnen sein . . . Die Stadtbahn (wird) durch zahlreiche, schnell einander folgende, kurze Züge oder einzelne Wagen befahren, die an kleinen Einsteigeplätzen in kurzen Strecken Halt machen. (1907 statt dessen: Schnell aufeinander folgende, nicht zu lange Züge, elektrisch betrieben und in Strecken von 0,70 bis 1,00 km Halt machend, dienen dem Massenverkehr am besten). So ist die eigentliche Stadtbahn ein Mittelglied zwischen den . . . Hauptbahnen und den Straßenbahnen . . . (S. 219)
Sehr dichter Straßenverkehr . . . läßt die Anlage und den Betrieb von Straßenbahnen nicht zu; ebenfalls sind dieselben aus einem engen und verworrenen Straßennetz . . . ausgeschlossen. Hier ist die Personenbeförderung im Sammelverkehr für vorgeschriebene Richtungen und Ziele auf Omnibusse, im Einzelverkehr für beliebig zu wählende Richtungen

und Ziele auf Lohnkutschen ... angewiesen. Die zweite Grenze für die Anwendbarkeit der Straßenbahnen wird durch die Fahrtgeschwindigkeit gebildet. Dieselbe darf auf der stark besuchten Straße nicht wesentlich größer sein als diejenige des trabfahrenden Straßenfuhrwerkes; sie beträgt daher in den Städten gewöhnlich etwa 150 m (1907 statt dessen: 180 m) in der Minute, während auf Landstraßen ... eine Geschwindigkeitssteigerung auf 200 bis 300 m in der Minute [12 bis 18 km in der Stunde] für zulässig erachtet wird. (S. 224 f) Die beste Lage des Straßenbahngleises ... ist im allgemeinen die Fahrbahnmitte, weil dabei die Abwässer am wenigsten gestört und das Halten der gewöhnlichen Fuhrwerke am Bürgersteig statthaft ist; zugleich aber macht sich leider der Übelstand geltend, daß Ein- und Aussteigende vom Straßenfuhrwerk leicht überfahren oder geschädigt werden können. (S. 232)

1.7.7
Versorgung

Baumeister:
(Frischwasserversorgung kann der Stadtentwicklung entsprechend durch mehrere getrennte Systeme erfolgen. S. 177)
(Stadtentwässerung erfordert einheitliche Verfahren und „sorgfältig erwogenen umfassenden Plan, welcher namentlich auch Bezirke künftiger Stadterweiterung behufs rationellen Anschlusses berücksichtigt." S. 200)
(Untergliederung nach Regenwasser, Grundwasser, Brauchwasser und Exkrementen. Schwemmkanalisation der Tonnenabfuhr vorzuziehen. Hebung des Kanalwassers durch Pumpen ist teuer. Unterscheidung von Radial- und Zentralsystem der Entwässerung. S. 203–242).

Stübben
(Lage der Versorgungsleitungen im Straßenraum, S. 319)
(Gas- und elektrische Straßenbeleuchtung; dieser gehört die Zukunft. S. 340–343) (Anweisungen für Straßenbeleuchtung: Abstand und Höhe der Lichtpunkte. S. 345–347)
(Weitere Leitungsnetze neben Wasserversorgung, Entwässerung und Beleuchtung: Beförderung von Wasserdampf, Wassergas, Heißwasser, Preßluft, Elektrizität. „Gemeinschaftliche Röhren für Leitungen verschiedener Verwaltungen und verschiedener Art sind im Interesse des Straßenbaues zu wünschen, im Hinblick auf Betriebsunzuträglichkeiten aber nicht unbedenklich." S. 359–364)

1.7.8
Richtzahlen und Orientierungswerte

Baumeister:
(Auswahl aus zahlreichen Angaben über die Fläche des ganzen Stadtgrundrisses auf je 1 Einwohner

Prag 1874, Judenstadt [wohl der dichteste Stadtteil in Europa]	... 7 qm
Danzig innerhalb der Festungswerke; Hamburg innere Stadt	... 18 qm
Paris, Kern innerhalb der inneren Boulevards	... 14 qm
Berlin 1873, dichtester Stadtteil, Spandauer Revier	... 17 qm
Nürnberg innerhalb der Festungswerke	... 30 qm
Hamburg, innere Stadt und Vorstädte	... 40 qm
Berlin, ganzes Weichbild	... 66 qm
London, Gesamtstadt beiläufig	... 100 qm

Interessant wäre die Zerlegung der angeführten Ziffern nach mehreren Richtungen. Man sollte absondern:
a) die mit Gebäuden, privaten und öffentlichen, besetzte Fläche.
b) den freien Raum auf bebauten Grundstücken, Höfe, Gärten
c) ganz unbebaute Grundstücke, Bauplätze
d) die dem öffentlichen Verkehr gewidmete Fläche, Straßen, freie Plätze und Anlagen
e) Wasserflächen.

Hiernach würde das Verhältnis b über die Größe der freien Räume auf den Grundstücken belehren, das Verhältnis $\frac{a+b}{c}$ über die Möglichkeit innerhalb des eingeteilten Stadtbezirkes noch mehr Einwohner unterzubringen. Das Verhältnis $\frac{a+b+c}{d}$ wäre bei Aufstellung von Planentwürfen nützlich, und das Verhältnis $\frac{a}{b+c+d+e}$ für die Beurteilung der allgemeinen Gesundheit wichtig. Es ist uns aber in dieser Richtung nur folgendes Wenige aus statistischen Veröffentlichungen bekannt:

	Berlin Weichbild	Hamburg Innere Stadt	Hamburg mit Vorstädten ohne Vororte
a	} 18	4 }	} 19
b		3	
c	24	0	
d	22	8	14
e	2	3	7
Zusammen	66	18	40

Als beiläufiger Anhalt bei dem Entwurf von Stadterweiterungsplänen... (kann)... das Bauterrain doppelt so groß wie die zum öffentlichen Verkehr bestimmte Fläche (angenommen werden), abgesehen von großen Parks und dergleichen, welche ja auch gewöhnlich von dem eigentlichen Stadtbezirk abgesondert werden. Dies Verhältnis trifft sehr nahe zu bei dem Gesamtgebiete des Berliner Bebauungsplanes und bei dem neu projektierten Stadtteile von Mainz. (S. 334 ff)

Stübben:
(Angaben über Wohndichten und Behausungsziffern in verschiedenen Großstädten als Beleg für den dichtemindernden Einfluß des Einfamilienhauses, etwa in England und in Nordwestdeutschland. S. 16)

(Angaben über geeignete Blockabmessungen: Gewerbe 100 x 200 m, Einfamilienhäuser 80 x 160 m, bei offener Bauweise 100 x 200 m, Miet- und Geschäftshäuser 60 x 120 m, Arbeiterwohnungen 35 x 100 bis 50 x 150 m. S. 55)

Der Anteil der Straßen- und Platzflächen am gesamten Stadtfelde pflegt zwischen 25 und 50 vom Hundert zu schwanken; ein gutes Mittelmaß ist 35 vom Hundert. (S. 71)

(Eine Parkanlage von 10 ha Größe auf je 50 000 Einwohner ist als normal zu betrachten; ergibt bei 250 E/ha 5 % der Stadtfläche, ungerechnet Grünflächen im Zusammenhang mit dem öffentlichen Straßenraum.) Mit Einschluß des letzteren wird man das Verhältnis von 1:10 als ein normales annehmen dürfen, so daß 100 ha Stadtfläche bei fertigem Ausbau etwa in 30 ha gewöhnliche Straßen und Plätze, 10 ha Pflanzungen und 60 ha Bauland zerfallen ... Daneben geht die Schaffung eines oder mehrerer größerer Waldparks außerhalb des städtischen Weichbildes. Die Flächengröße von ungefähr 30–40 ha wird den Übergang vom Parkgarten zum Parkwald bezeichnen. (S. 492)

1.8.1
Gestaltung: Grundprobleme

Baumeister:
Das ästhetische Grundprinzip der Einheit in der Mannigfaltigkeit ist auch von einem Stadtplan oder wenigstens von dessen einzelnen Bezirken zu fordern. Symmetrie gewisser Häusergruppen; malerische Perspektive von Straßen und Plätzen, gut gewählte Aussichtspunkte, anziehende Reihung von Baumassen usw. sind die einzelnen Momente, welche einen befriedigenden architektonischen Eindruck zusammensetzen, aber kaum nach allgemeinen Regeln zu schildern sind ... Weit erheblicher (als die individuelle Ausprägung der Einzelhäuser früher) ... erscheint uns der Unterschied zwischen früher und jetzt, welcher in Richtung und Breite einer Straße liegt. Früher vielfach gewundene Linien, selten gerade Baufluchten von erheblicher Länge, die Häuser oder Häusergruppen oft hervor oder zurück springend, die Breite wechselnd, die Axe unterbrochen durch Monumente und Brunnen. Jetzt dagegen konstante Breite und gerade ununterbrochene Baufluchten auf Stunden Länge! Dadurch entstand dort die auf dem Prinzip der Ungleichheit und Unsymmetrie beruhende malerische Wirkung, während hier höchstens eine plumpe Massenwirkung zu erzielen ist. Nun wollen wir zwar keineswegs jene anscheinend nachlässige Handhabung der Baupolizei empfehlen, um die Häuser aus der Flucht zu stellen, ebensowenig die krumme Linie als Prinzip, welche unser Verkehrswesen einmal nicht verträgt; aber manche jener Momente können noch recht wohl in neuen Stadterweiterungen zum Vorteil des architektonischen Eindrucks benutzt werden.
... Indem früher jedes Privathaus den Bedürfnissen einer bestimmten Familie mit Geschäft und Zubehör entsprach, ... entstand mehr individuelle Eigentümlichkeit und Mannigfaltigkeit bei den Häusern, wogegen die heute vorherrschenden gleichartigen Miethäuser den treuen architektonischen Ausdruck der vermengten und wandernden modernen Gesellschaft geben ... (S. 97 f)
(Nach Anführung einiger Baupolizeivorschriften, die ästhetische Anforderungen enthalten:) Zur Rechtfertigung aller derartiger Vorschriften kann nur angeführt werden, daß es zum angenehmen Eindruck beitrage, wenn die Häuser der Stadt hübsch seien. Aber ist denn das ein notwendiges öffentliches Interesse? Kann man die Ästhetik in gleiche Linie setzen mit Feuersicherheit, Gesundheit und freiem Verkehr? Dieser Irrweg wird dadurch erst recht gefährlich, daß hier sowohl das Gesetz als der Richter von zweifelhafter Autorität sind. Was ist architektonische Schönheit? ... Über den Geschmack läßt sich nicht streiten; und die unvermeidlichen persönlichen Konflikte zwischen Beamten und Bauherren finden keine wissenschaftliche Erledigung. (S. 265)
Ästhetische Vorschriften haben den großen Nachteil, daß sie die Baulust beschränken. Denn was heißt Schönheit im vulgären Sinne? Sie heißt: Das Bauen kostet mehr Geld ... (S. 265)
Ästhetische Bestimmungen sind nur da berechtigt, wenn sie als Bedingungen des Verkaufs von Bauterrain gestellt werden, und hier kann nicht nur jeder private Grundeigentümer, sondern auch die Gemeinde, der Staat dem Geschmack freien Lauf lassen. Vom Standpunkt der Gemeinde ist nur zu überlegen, ob und wieweit die Baulust etwa dadurch beschränkt werden dürfte, und ob dem allgemeinen Wohle das schöne oder vorerst noch das billige Bauen mehr frommt. (S. 267)

Sitte:
Halbwegs mag's noch gelingen, diesem unbewußten Schaffen (der Antike, des Mittelalters und der Renaissance) in einem einzelnen Falle hinter die Kulissen zu gucken, die Gründe der guten Wirkung herauszubringen und in Worte zu schmieden. In dem nächsten und wieder nächsten Falle scheint alles aber immer wieder anders zu liegen und eine Verdich-

tung zu einer allgemein gültigen Hauptregel kaum denkbar. Dennoch muß der Versuch gewagt werden, auch verstandesmäßig uns die Sache klar zu machen . . . die eingeschlichene Krankheit der starren geometrischen Regelmäßigkeit wieder mit dem Gegengifte verstandesmäßiger Theorie zu bekämpfen . . ., um mit Bewußtsein dieselben Mittel wieder zu gebrauchen, welche in den Zeiten traditioneller Kunstübung die Bildner unbewußt auf rechter Fährte erhielten. (S. 23)

Der innere Widerstreit zwischen dem Malerischen und Praktischen kann nicht weggeredet werden; er besteht und wird immer bestehen als ein in der Natur der Sache selbst Gegebenes . . . Überall tritt dem praktischen Künstler die Notwendigkeit entgegen, nur innerhalb der Grenzen des technisch Möglichen seine Ideen zu verkörpern . . . Auf dem Gebiete des Städtebaues sind nun gegenwärtig die Grenzen für künstlerische Ausgestaltung allerdings sehr enge geworden . . . Der Städteerbauer von heute muß sich vor allem an die edle Tugend der Bescheidenheit gewöhnen, und zwar, was das Absonderliche an der Sache ist, weniger aus Geldmangel als vielmehr aus inneren, rein sachlichen Gründen. (S. 118)

Es müßte in die Führung der Straßenzüge absichtlich eine möglichste Mannigfaltigkeit gebracht werden. (S. 151)

Stübben:

Die Anforderungen der Schönheit stehen eigentlich nicht für sich selbständig da. Wie die wirkliche Schönheit sich an die Zweckmäßigkeit unmittelbar anlehnt, so ist auch beim Entwurfe des Stadtplanes die Grundforderung des Schönen durch aufmerksame Befolgung der Verkehrs-, Bebauungs- und Gesundheitsbedürfnisse erfüllt. Im Weiteren handelt es sich dann noch um eine kunstverständige, ästhetisch geschulte Durchbildung im Einzelnen. Die Gebäudemassen und Straßenzüge sind gefällig zu gruppieren, die Hauptlinien entschieden zu betonen, die Kreuzungen und besonders die Knotenpunkte in regelmäßigen oder sonst anziehenden Formen zu gestalten. Für schöne Perspektiven und fesselnde Aussichtspunkte, Ansichten und Gesichtsziele ist zu sorgen. Freie Plätze und Pflanzungen sind in ihren Größenverhältnissen abzustimmen und möglichst geschlossen zu umrahmen; die Einförmigkeit sowohl im Straßennetz, als in der Straßenausbildung und Straßenbreite ist zu vermeiden; in der Profilierung, Bepflanzung und Ausschmückung der Hauptstraßen ist ein angemessener Wechsel durchzuführen; übertriebene Längen gerader Straßen sind zu umgehen; Höhenrücken (convexe Nivellements) sind durch Krümmung, Knickung oder Schmuckanlagen dem Auge zu entziehen. Schließlich verlangt die Schönheit die technisch und künstlerisch möglichst aufmerksame Herstellung der Straßenfläche, der Pflanzungen, Schmuckgegenstände und der zahlreichen, für das Stadtleben erforderlichen kleinen Baulichkeiten auf Straßen und Plätzen. Dabei ist das ästhetische Grundgesetz von der Einheit in der Mannigfaltigkeit niemals zu verleugnen. (S. 50 f)

In früheren Zeiten wurde (1907 statt dessen: Unter Umständen wird) schließlich auch die „Ästhektik", die Sorge für das „schöne" Aussehen der Gebäude mit Vorliebe (1907 entfällt „mit Vorliebe") als ein Gebiet baupolizeilicher Tätigkeit angesehen. So verkehrt auch die Ansicht ist, durch bloße polizeiliche Einwirkung könne man schöne Fassaden und schöne Straßen schaffen . . . so mag es doch Fälle geben (1907 statt dessen: so gibt es doch Fälle), wo die Polizei zwar nicht Schönes zu schaffen, aber doch augenscheinlich „Verunstaltungen" mit Recht zu verhindern sucht. (S. 314)

Eine etwas weitergehende Einwirkung auf die ästhetische Ausbildung der Gebäude, als die Polizei, kann der Eigentümer größerer Grundflächen ausüben, indem er bestimmte Bauvorschriften zur Bedingung des Verkaufs macht. Sowohl Baugesellschaften als Gemeinden haben dieses Mittel mit vielem Erfolge angewendet . . . Aber vor eigentlichen (1907 statt dessen: vor zu weitgehenden) Architekturvorschriften muß auch in solchen Fällen gewarnt werden; auf gesundheitliche Rücksichten [Verbot zu großer Höhen, zu schmaler Baustellen, zu dichter Bebauung], auf die Sicherung eines bestimmten Straßencharakters (Landhäuser, Ausschluß von Gewerben) und auf die Vorschrift echter Baustoffe (Hausteine, Blendziegel) werden sich solche Vertragsvorbehalte in der Regel beschränken. (S. 314)

1.8.2
Gestaltung: Gesamtgefüge

Stübben:
Öffentliche Gebäude, welche nicht in künstlerischer Beziehung zu den Straßenlinien stehen oder eine sonst hervorragende Lage besitzen, sind nicht allein schwer aufzufinden; sie dienen auch viel weniger zum Schmuck der Stadt, weil sie weniger gesehen werden. Vornehmlich die axial errichteten Gebäude verleihen der Stadt einen monumentalen Charakter; sie erwecken den Eindruck der durchdachten Ordnung; sie erleichtern den sicheren und schnellen Überblick über den Stadtplan. (S. 42)

Der Unterschied gegenüber dem reizlosen Rechtecksystem oder irgend einem anderen bloßen Netzschema, welches einer künstlerischen Durchbildung und Zusammenfassung von Straßen, Bauwerken und Plätzen entbehrt, drängt sich dem Beschauer überzeugend auf und belehrt ihn, wie sehr auch der Bau einer Stadt Anspruch darauf erheben kann, ein Kunstwerk zu sein. (S. 206)

Die individuelle Gestaltung der Straßen und Plätze je nach ihrem Zweck kann der modernen Stadt eine noch reichhaltigere Erscheinung verleihen, als sie den Schöpfungen früherer Jahrhunderte innewohnt... Denn was von den Verkehrsanforderungen gesagt wurde, gilt auch für die gesundheitlichen, sozialen und wirtschaftlichen Ansprüche: sie hemmen nicht den Künstler des Städtebaues, sondern sie reichen ihm den Stoff dar, den er zu gestalten und zu durchgeistigen hat. Je individueller und mannigfaltiger dies geschieht, umso besser... Das Einordnen aller Teile in ein übersichtliches Ganzes erleichtert das Zurechtfinden und die bauliche Entwicklung. (nicht 1890; 1907 S. 306)

1.8.3
Gestaltung: Städtische Räume

Baumeister:
Bei der Trassierung auf hügeligem Gelände ist von sehr langen geraden Linien in der Regel abzusehen... Legt man... Gefällsbrüche in die... Straße, so wird der perspektivische Eindruck ungemein ungünstig: die Häuser kommen dem Anschein nach ebensowenig wie die Straße zum ruhigen und sicheren Stehen. Überhaupt paßt die gerade Linie nicht auf wellenförmige Erdoberfläche... (S. 95)... Auch die ästhetische Zusammenhang der Architektur mit Vegetation (ist) nicht zu vergessen. In einer großen Stadt soll das Terrain nicht bloß als Baugrund, sondern auch landschaftlich verwertet werden. Durch Baumwuchs, Schmuckgärten, Rasenplätze kann der Effekt von Gebäuden gesteigert werden... Jedoch verlangt der städtische Charakter, namentlich die Würde öffentlicher Gebäude in der Regel, daß die Vegetation untergeordnet, nur zur Unterstützung verwendet werde... (S. 185)

Der Wunsch, ohne Beeinträchtigung des Straßenverkehrs mannigfaltige Architektur zu ermöglichen – nicht zu erzwingen – könnte übrigens auch ohne Vorgärten erreicht werden. Wenn man die Baulinie etwa 1 bis 2 m hinter die Eigentumsgrenze legt, und bauliche Vorsprünge im gleichen Betrage zuläßt, so wird der Bauende gewiß gern davon Gebrauch machen. (S. 280)

In Straßen mit freistehenden Gebäuden, besonders mit Villen, wäre es in ästhetischer Hinsicht vollends verkehrt, alles an eine gerade Baulinie zu fesseln ... Man lasse vielmehr jedem volle Freiheit, wie er seinen Garten anzulegen und sein Haus hinein zu stellen gedenkt ... (S. 284)

Sitte:

Zu der antiken Regel, die Monumente am Rande der Plätze herum zu stellen, gesellt sich also die weitere echt mittelalterliche und mehr nordische: Monumente, besonders aber Marktbrunnen, auf den toten Punkten des Platzverkehres aufzustellen. (S. 26)

Aber nicht bloß den Monumenten und Brunnen gegenüber gilt die Regel der Freihaltung der Mitte, sondern auch in Bezug auf Gebäude, besonders Kirchen ... (S. 27)

Wir scheinen es gar nicht anders für möglich zu halten, als daß jede neue Kirche mitten auf ihren Bauplatz gestellt wird, damit sie rings herum frei liegt. Diese Aufstellung hat aber nur Nachteile und keinen einzigen Vorteil. (S. 30)

(Unterscheidung von Breiten- und Tiefenplatz führt zu dem Schluß), daß solche Tiefenplätze nur dann günstig wirken, wenn das dominierende Gebäude ... (an einer der Schmalseiten) ... vorwiegende Höhenentwicklung aufweist ... Liegt aber der Platz vor einem Gebäude mit vorwiegender Breitenentwicklung, wie es meist bei Rathäusern der Fall ist, so soll auch der Platz eine ähnliche Breitenbildung erhalten. (S. 45 f)

Ebenso wie die Form der Plätze steht auch die Größe derselben in dem Verhältnisse einer gewissen, nicht streng durchgeführten, aber doch deutlich merkbaren Übereinstimmung mit den dominierenden Gebäuden. Ein zu kleiner Platz läßt monumentale Bauwerke meist nicht zu voller Wirkung gelangen; ein zu großer dagegen ist entschieden noch mißlicher, denn im Verhältnis zu diesem nehmen sich selbst die gewaltigsten Bauwerke klein aus. (S. 48)

(Dabei steht Platzgröße im Verhältnis zur Gebäudehöhe: mindestens das einfache, höchstens das doppelte der vorgelagerten Fassade. S. 51 f)

Der Reichtum gut wirkender Motive wäre allerdings erwünscht, und wenn es anginge, wären Risalite, gebrochene oder gewundene Straßenzüge, ungleiche Straßenbreiten, verschiedene Haushöhen, Freitreppen, Loggien, Erker und Giebel und was sonst noch den malerischen Hausrat der Bühnen-Architektur ausmacht, am Ende kein Unglück für eine moderne Stadt.

Stübben:

Auch die Schönheit verlangt Maßhalten in der Straßenbreite ... Eine der vornehmsten Forderungen der Schönheit ist der Wechsel in der Straßenausbildung, sowohl bezüglich der allgemeinen Form, als hinsichtlich der Breite, der Profilierung und der Ausschmückung. (S. 71–74)

Soll eine Straße dem Schönheitsgefühl entsprechen, soll der Verkehr auf derselben das Auge nicht ermüden, vielmehr ein befriedigendes Bild gewähren, so muß ihre Länge gewissermaßen eine Funktion ihrer Breite sein ... Wir möchten daher das Verhältnis 1:25 als die schönheitliche Grenze für gleichmäßig fallende, gleichmäßig breite, gerade Straßen bezeichnen, auch vor Straßenanlagen warnen, deren Länge 1 km bei gleicher Richtung und Breite überschreitet, in welchen deshalb das Auge auf das entfernte Ende der Straße geleitet wird, wo es die Gegenstände nicht mehr zu unterscheiden vermag. (S. 74)

(Beim Anbau von Straßen am Hang kommen die Häuser) entweder an die Bergseite oder an die Talseite zu stehen. Erstere Anordnung ist im Stadtbauplane zu bevorzugen, weil sie den Vorteil hat, daß den Spaziergängern auf der Straße die Aussicht erhalten bleibt und daß vom Tale her nicht die Hinterseiten, sondern die Vorderseiten der Häuser sich entfalten; letztere Anordnung ... wird dagegen in der Regel für die Hausbewohner angenehmer sein, weil das Haus freier und luftiger steht, nach vorn den Blick auf den Straßenverkehr, nach rückwärts den Blick in das Tal gestattet. (S. 114/116)

Sowohl an Kreuzungen und Abzweigungen als auf der geschlossenen Strecke werden oft erweiterte Straßenteile eingefügt, um in langen Häuserfluchten und reizlosen Straßenzügen Abwechslung zu erzeugen oder bestimmte Punkte hervorzuheben. (S. 132)

Die Vorplätze (öffentlicher Gebäude) sind nur geeignet, die eine Seite des Gebäudes, die Hauptansicht, zur Geltung zu bringen; ihre Größe richtet sich nach diesem Zwecke. Da die eigentliche Verkehrsstraße einen ruhigen Standpunkt nicht gewähren kann, so wird man annehmen dürfen, daß die Tiefe des Vorplatzes ohne die Straßenbreite mindestens gleich der Höhe des Gebäudes sein, besser aber das Anderthalb- bis Zweifache derselben betragen soll. (S. 163)

Monumentale Bauwerke gehören auf die Höhen, öffentliche Gärten in die Täler oder Mulden des Stadtplanes! (S. 165)

Die auf bebauten Plätzen von allen Seiten freistehenden Gebäude sind diejenigen, welche am meisten die Erscheinung der Stadt beherrschen, weil sie mehr als andere geeignet sind, die Richtungen der Straßen zu bestimmen, den Schlußpunkt langer Sehlinien zu bilden... Indes, auch in den Straßenperspektiven ist weises Maßhalten nötig. Lange, breite Verkehrsstraßen können nicht auf zierliche Gebäude oder Standbilder gerichtet werden, ohne die Wirkung der letzteren zu schwächen. (S. 169 f)

Die Regelmäßigkeit der Gestalt ist nicht Bedürfnis, wie bekannte monumentale Plätze uns beweisen. Die Unregelmäßigkeit sollte aber nicht willkürlich oder absichtlich geschaffen werden: sie muß geschichtlich entstehen oder in der Natur oder in den Bebauungsverhältnissen begründet sein. Alsdann kann ein unregelmäßig umbauter Platz sogar besonders schön und malerisch sein. (S. 170)

Die Anlage und die Ausbildung der öffentlichen Plätze bildet die künstlerisch wichtigste Aufgabe des Städtebaues. Die glückliche Lösung dieser Aufgabe gehört zu den Grundbedingungen für die befriedigende Gestaltung der Stadt. (S. 189)

Die wohlüberlegte künstlerische Umschließung der freien Platzfläche ist ein unentbehrliches Mittel, wenn die Aufgabe erfüllt werden soll, trotz der veränderten Gesellschafts- und Verkehrsverhältnisse moderne Stadtplätze wieder auf die künstlerische Höhe antiker Foren zu bringen oder den Schöpfungen der Renaissance gleichzustellen. (S. 195)

Die Größe einer Platzanlage soll sich nach ihrem Benutzungszwecke und nach der Größe der auf oder an dem Platze zu errichtenden Gebäude richten. Aus den Marktgeschäften, aus dem Wagen- und Fußverkehre, aus der Annehmlichkeit gärtnerischer Erholungsplätze und aus sonstigen praktischen Bedürfnissen läßt sich die erforderliche Größe der Platzflächen ableiten; aber die Grenze der zulässigen Abmessungen nach oben und nach unten ist nach künstlerischen Erwägungen festzusetzen. Das verdienstvolle Werk von H. Maertens: Der optische Maßstab etc. [2. Aufl. Berlin 1884] und das vergleichende Studium bekannter Stadtpläne liefern uns hierfür den nötigen Anhalt.

Nach den Maertens'schen, bisher im wesentlich nicht widersprochenen Theorien ist:
1. ein Abstand gleich der „maßgebenden Höhe" des Bauwerkes, also ein Aufschlagswinkel der Augen von ungefähr 45 Grad, besonders geeignet, die Einzelheiten des Werkes zu besichtigen;
2. Ein Abstand gleich der doppelten Gebäudehöhe (Augenaufschlagswinkel 27 Grad) als normal zu bezeichnen, um das ganze Gebäude als Bild für sich zu betrachten, während
3. ein Abstand gleich der dreifachen Höhe (Augenaufschlagswinkel ungefähr 18 Grad) das Bild des Bauwerkes mit der Umgebung vereinigt und die Einzelheiten verwischt; schließlich
4. ein vier- oder fünffacher Abstand überhaupt nur ein malerisches Gesamtbild gewährt, in welchem das Bauwerk wesentlich durch seine Umrisse wirkt. (S. 196)

Daß heute die gänzliche Freistellung der Kirchen vielfach üblich ist, liegt einesteils daran, daß das Bedürfnis des unmittelbaren Zusammenhanges der Kirchengebäude mit Schulen, Klöstern, Wohnungen der Geistlichen usw. abgenommen hat, anderenteils aber an einer zu weit getriebenen Gewohnheit. Aus Zweckmäßigkeitsgründen diese Gewohnheit in geeigneten Fällen zu verlassen, ist nicht bloß unbedenklich, sondern zur Herbeiführung malerischer Wirkungen oft durchaus zu empfehlen. Die Vorschläge Sitte's, welcher die gänzliche Freistellung überhaupt bekämpft, gehen indes in dieser Hinsicht viel zu weit. (S. 201/202)

Auch im weiteren Sinne ist in einem durchdachten Stadtplane eine künstlerische Gruppierung der öffentlichen Plätze anzustreben. Wenn Aristoteles die Vereinigung der öffentlichen Gebäude an einer Stelle der Stadt verlangt, so paßt dies auch heute noch für unsere kleinen Städte und für neue Städtegründungen. (S. 206)

Mehr noch als für Straßen... gilt für freie Plätze die Vermeidung des Konvexen, die Bevorzugung des Konkaven... Noch größer ist die künstlerische Bedeutung der Vertiefung der Platzfläche innerhalb eines höher liegenden Rahmens, wenn es sich darum handelt, Festplätze anzulegen... (S. 208)

(Empfehlung, durch Gestattung von in den Straßenraum vorspringenden Risaliten eine bewegtere Straßenflucht herbeizuführen). Liegt hinter den Vorgärten keine geschlossene Baufluchr, sondern eine Reihe freistehender Gebäude [Villen], so ist die Innehaltung der geraden Baulinie nicht allein unnötig, sondern es ist im Gegenteil erwünscht, daß den einzelnen Bauten in ihrer Stellung hinter der Baulinie volle Freiheit gewährt werde. (S. 305)

Sobald es sich um die Aufstellung eines einzigen Kunstwerkes handelt, ist bei regelmäßigen Plätzen in der Regel die Achsenbeziehung, bei unregelmäßigen Platzflächen das Malerische bestimmend. (S. 409) Auf regelmäßigen Plätzen ist man in der Randstellung zwar wenig beschränkt; aber gewisse Achsenrücksichten lassen sich nicht verleugnen. Ist der Platz von alters her unregelmäßig oder gestaltet sich derselbe infolge künstlerischer Erwägungen oder zwingender Rücksichten des Bebauungsplanes unregelmäßig, so ist man bei der Wahl des Standortes weit freier. Die Offenhaltung der Verkehrslinien, die Bewahrung des freien Blickes auf ein Bauwerk, das künstlerische Gleichgewicht der Massen, nicht die geometrische Symmetrie – dies sind alsdann die leitenden Gesichtspunkte. (S. 415 f)

Niemals darf jedoch der Gartenkünstler der natürlichen Bodenoberfläche Gewalt antun... Sowohl für den Entwurf, als für die Ausführung ist der vollständige Schichtenplan der Gartenanlage unentbehrlich... Die jungen Pflanzungen sind im Waldcharakter zu halten und müssen in der Regel aus den vorherrschenden Bäumen der Landschaft bestehen. Die Gruppierung verlangt natürliche freie Linienzüge... Der Hauptunterschied von Licht und Schatten drückt sich in der hellen Rasenfläche und den dichten, dunklen Gehölzgruppen aus. Die Höhenzüge sind zu bewalden... In großen Zügen, in künstlerisch gesteigerter Perspektive muß das Landschaftsbild in voller Tiefe vor uns liegen. (S. 496 f)

1.8.4
Gestaltung: Einzelelemente

Baumeister:
In architektonischer Beziehung soll ein Straßennetz zunächst bequeme Häuser-Grundrisse gewähren. Deshalb sind rechtwinklige Kreuzungen der Straßen vorteilhaft... Der rechte Winkel hat besonders für den Durchschnittsplan gewöhnlicher Privathäuser in geschlos-

senen Reihen Wert; für originale Leistungen bildet ein schiefwinkeliges Grundstück entweder kein Hindernis oder sogar einen eigenen Reiz. (S. 96 f)

Sitte:
(zitiert die ersten beiden Sätze von Baumeister und fährt fort:) Ja, wo steckt denn der Architekt, der sich vor einem schiefwinkeligen Bauplatz fürchtet? Das müßte ja ein Mann sein, der über die allerersten Anfangsgründe des Grundrißmachens noch nicht hinaus ist ... Die obige Annahme rechteckiger Bauplätze wegen ihrer angeblich „architektonischen" Vorzüge ist grundfalsch. Sie kann nur von solchen geglaubt werden, welche das Konzipieren von Grundrissen nicht verstehen. Sollte es möglich sein, daß alle Schönheit von Straßen und Plätzen einer so nichtigen Täuschung zum Opfer fällt? Fast scheint es so. (S. 93)

Stübben:
An die Formgebung der Nützlichkeitseinrichtungen, wie Laternenpfosten, Warnungstafeln, Verkaufsbuden, Einfriedungen, Prellsteine und dergl. sind weitergehende künstlerische Ansprüche zu stellen als diejenigen, welche bisher in den meisten Städten beobachtet werden ... Für ausgedehnte Wegeflächen empfiehlt sich die Einteilung in Felder und Friese, die Einzeichnung geometrischer und architektonischer Muster durch verschiedene Arten der Pflasterung, z. B. Plattenbahnen und Mosaik ... (S. 207)

(Über Kioske auf öffentlichen Verkehrsflächen:) Die Verkaufshäuschen ... können zur Feilhaltung von Mineralwasser, Limonade, Obst, Backwerk, Zigarren usw. benutzt werden. Wenn sie gut verwaltet, sauber gehalten und an nicht störenden Punkten aufgestellt sind, so dienen sie oft nicht bloß dem Wanderer zur Labung, sondern auch der Straße zur Verschönerung. (S. 399)

Als äußerste Denkmalgröße des menschlichen Körpers ist für städtische Denkmäler ungefähr das Maß von 5,50 m zu betrachten. Von dieser nur für Heroenstandbilder in großartiger Umgebung anwendbarer Höhe steigen die Körpermaße abwärts bis ungefähr 2,70 m; nur in Gärten und Parkanlagen kann man bis auf 1,90 m hinabgehen. (S. 428)

(Bauten in der Landschaft sollten hell getönt werden.) Denn gerade auf den hellen Wandflächen der Gebäude hebt sich das Laub und Gezweig besonders wirksam ab. Allerdings soll man sich hüten, ganz weiße Baulichkeiten zu errichten, welche von ferne zu leicht den störenden Eindruck ausgehängter Wäsche machen, sondern einen lichtgrauen oder hellbräunlichen Ton wählen, der mit dem Grün harmonisch wirkt und die Farben der Landschaft noch satter erscheinen läßt. Für die Dächer ist, da die schwarze Schieferfläche fast wie ein Loch in der Landschaft wirkt, eine rötliche Farbe zu empfehlen ... (S. 500)

1.8.5
Gestaltung: Bestandserhaltung und Denkmalpflege

Baumeister:
Auf der freigelegten Zone der ehemaligen Festungswerke sind sodann neue Straßen zu entwerfen. Vor allem ist dabei die äußere Häuserflucht der alten Stadt zu unterdrücken, denn sie läuft in der Regel nach ganz unregelmäßigen Linien, fällt häufig wohl gar mit der alten Stadtmauer zusammen, und zeigt gewöhnlich die erbärmlichsten Bauten. Man lege also die neue Ringstraße in einen so großen Abstand vor jene Häuserreihen, daß tiefe Blöcke entstehen, in welchen Neubauten noch vorgesetzt werden können. Die letzteren werden zweckmäßig in geschlossener Reihe errichtet, um das dahinterliegende alte Bauwesen ähnlich zu verstecken, wie es bisher die Stadtmauer getan hatte. (S. 113)

Bei der Erweiterung der Städte im Inneren ist ebenfalls auf freie Plätze Rücksicht zu nehmen, wenngleich hier weniger die Gesundheitspflege, als die Freistellung öffentlicher

Gebäude das Motiv bildet. Wie viele schöne und historisch interessante Gebäude stehen noch in unseren alten Städten, sind manchmal an schmalen Gassen und zwischen Umbauten so verborgen, daß man sie kaum entdeckt, viel weniger einen ordentlichen Standpunkt zu ihrer Betrachtung gewinnen kann. Diese Bauten sollten geschont, aber freie Plätze und Straßenachsen vorgelegt werden, natürlich unter sorgfältiger Berücksichtigung und vorsichtiger Restauration der alten herausgeschälten Bestandteile. (S. 183)

Sitte:
Dem Zeitgeschmack genügt es aber nicht, die eigenen Schöpfungen möglichst ungünstig zu stellen, auch die Werke der alten Meister sollen durch Freilegung beglückt werden... Es ist eine förmliche Modekrankheit, dieser Freilegungswahn, den R. Baumeister sogar zur Norm erhebt mit folgenden Worten: „Alte Bauwerke sollten geschont, aber herausgeschält und restauriert werden..." (S. 32/34)

... man (erstrebt) in neuerer Zeit auch eine Freilegung der Plätze... Es kommt dies der Vernichtung der alten Plätze gleich. (S. 44)

Stübben:
Forderungen des Verkehrs, und zwar sehr oft mißverstandene oder anders zu befriedigende, haben leider viele Torbauten noch in unserer Zeit ohne Not in künstlerischer Unkenntnis dem Untergange geweiht. (S. 405)

...wo... Stadttore vor der Niederlegung gerettet werden und die Gestaltung ihrer Umgebung den neuen Verkehrsbedürfnissen angepaßt worden ist, da bilden sie ehrwürdige Zeugen der Geschichte und zum Teile herrliche Denkmale alter Kunst (1907 statt dessen: ... angepaßt worden ist, sind diese alten Baudenkmale nicht bloß ehrwürdige Zeugen der Geschichte, sondern bilden zugleich kraftvolle Verschönerungen der Stadt.) (S. 183; 1907: S. 191)

Aber alle solche Maßnahmen (Verkehrsregulierung, Sanierung alter Stadtteile) sind nicht bloß den neuzeitlichen Bedürfnissen anzupassen, sondern nach Möglichkeit mit dem Schutze des Alten, mit der Denkmalpflege im weiteren Sinne des Wortes, in Einklang zu bringen. (nicht 1890; 1907 S. 227) Eine neue Stadt muß anders aussehen, wie eine alte; denn die Vorbedingungen sind andere. Dennoch aber sind die Städte des Mittelalters und der Barockzeit für uns Fundgruben von Motiven und Vorbildern. (nicht 1890; 1907 S. 314)

1.9
Sanierung und Stadterneuerung

Stübben:
Es wäre töricht, für eine alte Stadt mit geringer Bautätigkeit umfassende Fluchtlinienpläne, Verkehrsverbesserungen und Straßendurchlegungen zu entwerfen;

... fehlerhafter aber ist es, in einer alten Stadt, deren Gebäude lebhaft in der Erneuerung begriffen sind, der Neugestaltung planlos zuzuschauen oder nur gelegentlich das Zurücksetzen von Neubauten vorzuschreiben. Hier ist vielmehr im Inneren, wie im Äußeren eine systematische Bearbeitung und Festsetzung der Bebauungslinien vorzunehmen. (S. 45)

Zu den Erwägungen reiner Zweckmäßigkeit, die bei der Art der Erbreiterung alter Straßen und Gassen in Betracht kommen, gehören ferner die Rücksicht auf die Tiefe der Grundstücke, auf die voraussichtliche Zeit der Erneuerung der Gebäude, auf den zu entschädigenden Bodenwert, auch auf die Höhenverhältnisse... Man wird ferner vorziehen, diejenigen Grundstücke anzuschneiden, welche mit minderwertigen, voraussichtlich aus wirtschaftlichen Gründen in Bälde durch Neubauten zu ersetzenden

Gebäuden besetzt sind, Liegenschaften mit besonders hohem Bodenwert und neuere Häuser aber nach Möglichkeit schonen. (nicht 1890; 1907 S. 230)

... es gibt auch zahlreiche alte Baulichkeiten, Winkelgassen und Ortsteile, gesundheitswidrig und verkehrswidrig, welche nicht bloß keine Schonung verdienen, sondern dem alsbaldigen Abbruch zu überweisen sind, um Luft, Licht und Verkehr auf Grund neuer Straßen- und Blockpläne den Bewohnern zuzuführen. (nicht 1890; 1907 S. 237)

Zweiter Zeitabschnitt: 1895-1915

1. *Ebenezer Howard*
   „To-morrow. A Peaceful Path of Real Reform"
   London, Faber & Faber, 1898
   Zweite, leicht veränderte Auflage:
   „Garden Cities of To-morrow"
   London, Faber & Faber 1902
   Deutsche Übersetzung:
   „Gartenstädte in Sicht"
   Jena, Eugen Diederichs, 1907
   Hier zugrundeliegende Fassung:
   Posener, Julius (Hrsg.):
   „Ebenezer Howard, Gartenstädte von morgen.
   Das Buch und seine Geschichte"
   Berlin, Frankfurt, Wien, Ullstein, 1968

2. *Raymond Unwin*
   „Town Planning in Practice"
   London, Fisher Unwin 1909
   Deutsche Übersetzung:
   „Grundlagen des Städtebaues"
   Berlin, Otto Baumgärtel, 1910

3. *Eugen Faßbender*
   „Grundzüge der modernen Städtebaukunde"
   Leipzig und Wien, Franz Deuticke, 1912

2.1.1
Wesen und Aufgaben des Städtebaues

Howard:
Der Städtebau — als ein auf Denken und Planmäßigkeit beruhendes Unternehmen — ist eine vergessene Kunst, wenigstens in unserem Lande, und diese Kunst muß nicht nur neubelebt, sondern auch von höheren Idealen getragen werden, als man sich bisher träumen ließ ... (S. 179 f)

Unwin:
Die Bewegung in der Stadtbebauung[1] und die Macht, welche durch Gesetzgebung der Stadtobrigkeit verliehen ist, sind starke Beweise vom Zunehmen des Geistes der Gemeinsamkeit. Niemand kann diese Zunahme stärker berühren als den Architekten, der erkennen muß, daß seine Bemühungen, den Entwurf einzelner Bauten zu fördern, verhältnismäßig geringen Wert haben, wenn sie nicht in ein gutes Verhältnis zu den anderen gebracht werden und besonderes Gewicht und Rücksicht auf den Totaleindruck gelegt wird. Unsere Stadtbauentwürfe müssen in Zukunft das Leben und die allgemeine Wohlfahrt in Betracht ziehen. (S. 236 f)

1 im Original: „the town planning movement".

Faßbender:
Der Baukunst hehre Aufgabe ist es, den Menschen nicht nur schöne, sondern auch zweckmäßige und gesunde Wohnstätten zu schaffen.
Diese Aufgabe zu erfüllen, ist in erster Linie der Städtebau berufen, denn er ist grundlegend im gesamten Bauwesen. (S. 1)
„Der Städtebau ist", – um mit Camillo Sitte, dem Altmeister des modernen Städtebauwesens und mit Theodor Goecke zu sprechen – „die Vereinigung aller technischen und bildenden Künste zu einem großen geschlossenen Ganzen; der Städtebau ist der monumentale Ausdruck wahren Bürgerstolzes, die Pflanzstätte echter Heimatsliebe; der Städtebau regelt den Verkehr, hat die Grundlage zu beschaffen für ein gesundes und behagliches Wohnen der nun schon in überwiegender Mehrheit in den Städten angesiedelten modernen Menschen; hat für die günstigste Unterbringung von Industrie und Handel zu sorgen und die Versöhnung sozialer Gegensätze zu unterstützen. So wie das gesamte staatliche, bürgerliche und individuelle Leben den Inhalt des täglichen Gebahrens und Gehabens einer städtischen Bevölkerung bildet, so ist die bauliche Anlage und Ausgestaltung der Stadt hierfür die äußere Form, das Gefäß, das diesen Inhalt einschließt, und deshalb gehört dessen naturgemäße richtige Entwicklung mit unter die wichtigsten Aufgaben moderner Kulturarbeit; der Städtebau hat nicht bloß individuellen und kommunalen Interessen zu dienen, sondern hat geradezu volkstümliche und allgemein staatliche Bedeutung". (S. 1/2)
Der Städebau ist eine höhere Stufe der allgemeinen Baukunst, der er die Wege weist zur Ausgestaltung der menschlichen Ansiedlungen, deren gesunde Beschaffenheit er Hand in Hand mit der Bauordnung bezweckt. (S. 4)
Aufgabe (der Städtebaukunde) ist es, durch weit ausblickende Verbauungspläne, das sind Regulierungs- und Erweiterungspläne, für das Wachsen und Gedeihen der Städte und Orte in baukünstlerischer, verkehrstechnischer, hygienischer sowie auch volkswirtschaftlicher und sozialer Hinsicht für die Zukunft vorzusorgen. (S. 4)
Der Städtebau ist eine Kunst, eine Großraumkunst, an die nicht geringe Schönheitsanforderungen gestellt werden. (S. 6)

2.1.2
Beteiligte Disziplinen

Howard:
Es ist keineswegs nötig und auch gar nicht menschenmöglich, daß der endgültige Plan das Werk eines Einzelnen ist. Zweifellos ist er das Werk vieler Köpfe, die Arbeit von Ingenieuren, Architekten, Landmessern, Landschaftsgärtnern und Elektrotechnikern. (S. 81 f)

Unwin:
Der größte Teil der Arbeit (der Bestandsaufnahme) muß notwendigerweise von dem Sozialwissenschaftler, dem Historiker und dem mit den örtlichen Verhältnissen vertrauten Altertumsforscher übernommen werden. (S. 84)

Faßbender:
Zum Aufbau einer Stadt, dieser größten und mannigfaltigsten Schöpfung der Kultur, müssen die verschiedensten Kräfte zusammenwirken ...
Vornehmlich haben mitzuwirken: Vermessungswesen, Hochbau und Tiefbau, Straßen- und Wasserbau, Eisenbahn- und Brückenbau, Gartenkunst, Bildhauerkunst und auch Malerei; weiters Gesetzgebung, Hygiene, Volkswirtschaft, Sozialpolitik und Verwaltungswesen. (S. 29 f)
Aus der Natur der Sache geht aber hervor, daß beim Bau der Städte der Baukunst die Führung überlassen werden muß. (S. 30)

Aus der Natur der Sache geht hervor, daß bei Städteanlagen der Städtebauer und der Eisenbahntechniker nie selbständig ihre Anordnungen treffen sollen, sondern daß sie stets Hand in Hand dem gemeinsamen Ziele, der organischen und zweckmäßigen Lösung der Verkehrsfrage, zustreben sollen. (S. 36)

Die Aufstellung des Stadtbauplanes kann ein Einzelner, ein im Städtebau bewanderter Techniker besorgen; aber zur Übertragung des Planes in die Natur, zur Ausführung des großen Werkes sind viele Kräfte und geraume Zeit erforderlich. (S. 119)

2.1.3
Anforderungen an den Städtebauer

Unwin:

(Der Städtebauer) sollte sich vor Augen halten, daß es seine Aufgabe ist, den künstlerischen Ausdruck für die Erfordernisse und Bestrebungen der Stadt zu finden – nicht ihr den Stempel seiner eigenen vorgefaßten Ideen aufzudrücken... Er hat... kein Recht, die Funktionen eines Diktators zu übernehmen, der dekretiert, was zum Ausdruck gebracht werden soll. (S. 83)

Jeder, dem diese Notwendigkeit und diese Bedingungen ebenso viele verdrießliche Beschränkungen sind, die ihn hindern, seine eigenen Lieblingsideen auszuführen, täte besser, dieses Arbeitsgebiet aufzugeben. (S. 91)

Faßbender:

Die Aufgaben des Städtebaues gehören wohl zu den größten und schwierigsten, die an den modernen Techniker herantreten und deren entsprechende Lösung ist von weittragender Bedeutung...

Aber nicht jeder Techniker, und sei er der tüchtigste in seinem Fache, ist dieser verantwortungsvollen Aufgabe gewachsen, wenn er nicht das Sonderfach der Städtebaukunst voll beherrscht und wenn er nicht über eine gewisse Reife und Erfahrung verfügt. (S. 5). Es wäre daher im öffentlichen Vorteile gelegen, ... wenn die Stadtregulierungen und -erweiterungen nur von solchen Technikern geplant und durchgeführt würden, welche in der Städtebaukunde wohl bewandert sind. (S. 5)

Bei der großen weittragenden Bedeutung und dem segensreichen Wirken des Städtebaues für das Blühen und Gedeihen der Städte und Orte erscheint es im wohlverstandenen Interesse jedes Staates gelegen, wenn er sich seiner führend und fördernd annimmt, wenn er über die Festsetzung und Ausführung des Planes durch die Gesetzgebung die erforderlichen Bestimmungen trifft und wenn er eigene Lehrstätten für die Städtebaukunst errichtet. (S. 5 f)

Ferner hat die „Zentralvereinigung der Architekten der im Reichsrate vertretenen Königreiche und Länder [Z.V.]" zu Wien... 1908... auf folgende unbedingte Notwendigkeiten hingewiesen:

1. „Errichtung einer selbständigen Abteilung für den Städtebau in dem... Arbeitsministerium... den Statthaltereien und Landesregierungen, ...
2. Gesetzliche Feststellung der Grundsätze für den Städtebau, ...
3. Errichtung von Lehrkanzeln für den Städtebau an den technischen Hochschulen..." (S. 6)

Zur Honorierung von städtebaulichen Arbeiten sei folgendes gesagt: Ihr Wert und ihre Bedeutung liegt nicht in der Lieferung einer großen Menge von Plänen und Zeichnungen mehr oder minder bestechender Art, sondern in der Gedankenarbeit, durch welche grundlegende, weittragende Gedanken und Vorschläge erbracht werden. (S. 122) (Außerdem wird auf einen „Tarif zur Honorierung von Arbeiten im Städtebau" hingewiesen, der von der bearbeiteten Fläche ausgeht und Abstufungen nach dem Schwierigkeitsgrad vorsieht.)

2.2.1
Planungsprozeß

Unwin:
Wenn er (der Stadtplaner) vorwärts wandert, wird in seinen Gedanken ein Bild des zukünftigen Gemeinwesens mit seinen Bedürfnissen und seinen Zielen, welche für ihn die wichtigsten Punkte bestimmen werden; und die Hauptlinien seines Planes sollten so in seinem Geist Gestalt gewinnen, ehe er dazu gelangt, sie zu Papier zu bringen. (S. 92)

Nur unter solchen Umständen (wenn Gebäude und Lageplan zusammen entworfen werden können) ist es möglich, den ganzen Plan in richtiger Reihenfolge zu bearbeiten, zuerst die großen Interessen und Umrisse zu berücksichtigen, dann die Gebäude in ihrer Masse und Gruppierung folgen zu lassen, bis man dann zu den einzelnen Gebäuden selbst kommt ... (S. 238 f)

Faßbender:
Die städtebaulichen Arbeiten gliedern sich folgendermaßen:
a) Anfertigung der Unterlagen; das sind die Lagepläne in den verschiedenen Maßstäben und die Höhenvermessungen ...
b) Arbeit des Städtebauers; das ist die künstlerische, schöpferische Arbeit, mit welcher der Zukunftsplan der Siedlung zu entwerfen ist ...
c) Die Übertragungen der Planvorschläge in die Natur durch Ausmessungen und Absteckungen im Gelände. Diese Arbeiten werden sich über Jahre und Jahrzehnte erstrecken. (S. 114)

Der Planleger hat folgende Arbeiten zu leisten:
a) Lokalstudien und Programmaufstellung.
b) Verfassung der Übersichtspläne ...
c) Verfassung der Verbauungspläne mit Querprofilen der Verkehrswege und Plätze ...
d) Verfassung der Niveaupläne mit Längsprofilen der Verkehrswege, Plätze und Anlagen ...
e) Erläuterung der Arbeit.
f) Anfertigung von Schaubildern, das sind perspektivische oder isometrische Ansichten oder Vogelperspektiven. (S. 116)

Die Notwendigkeit, einen Verbauungsplan aufzustellen, tritt ein:
Wenn die Stadt oder Ort an Bevölkerung zunimmt, Handel und Verkehr sich heben und dadurch eine vermehrte Bautätigkeit sich einstellt.
Wenn durch unglückliche Ereignisse ... der Ort teilweise oder ganz zerstört wurde.
Wenn neues Bauland gewonnen wird, entweder durch Auflassung großer Anlagen [z. B. Festungswerke] oder durch Flußregulierungen oder Trockenlegung sumpfiger Gelände u.ä.
Wenn die Zusammenlegung oder Einverleibung von anrainenden Gemeindegebieten erfolgt. (S. 25) Eine zu späte Planaufstellung hat nicht nur Mängel und Unkosten zur Folge, sondern auch ungünstigen Einfluß auf den Zukunftsplan, der die Fehler meist nicht mehr beseitigen kann ...

Um Schaden und Versäumnisse zu verhüten, kann ein Verbauungsplan nie früh genug aufgestellt werden. (S. 26)

Eine Stadt ist ... ein stets wachsender Körper. In ihrer Weiterentwicklung können Verhältnisse und Umstände eintreten, die man zurzeit unmöglich voraussehen kann ... Für diese soll und muß dann im Stadtgebiet Platz sein und darf ihnen dieser nicht durch voreilig festgelegte Linien des Bauplanes verwehrt werden. Daher sind die nebensächlichen Maßnahmen zwar zu planen, aber nicht durch Beschlüsse unabänderlich zu machen ... Selbstredend wären ... planlos hingestellte Bauten für künftige Anlagen größere Hindernisse, als Planungen auf dem Papier, die mit leichter Mühe abzuändern sind und den neuauftretenden Anforderungen angepaßt werden können ... Aus diesen Gründen ist es ratsam, den Zukunftsplan in Gänze eingehend herzustellen und hierbei die Hauptmaßnahmen für alle Zeiten festzulegen, die Nebenmaßnahmen jedoch nur von Fall zu Fall, wenn es die Notwendigkeit gebietet. (S. 13 f)

2.2.2
Planentwurf

Howard:
Das Wesentliche ist, daß der Plan durchaus einheitlich ist und den Entwicklungsgang der Stadt bis zu ihrem Abschluß ins Auge faßt und regelt, damit sie sich später nicht in ... sinnloser Weise entwickeln kann ... (S. 53)
... Eine Stadt (sollte) in jedem Stadium ihres Wachstums Einheitlichkeit, Symmetrie und Abgeschlossenheit an den Tag legen. (S. 53)

Unwin:
Bei der Anlage von Baugeländen wird die erste Überlegung der möglichst vorteilhaften Anordnung der Gebäude und der Aufteilung des Terrains gelten, während bei der Anlage von Städten die erste Aufmerksamkeit der geschickten Anordnung der Stadt im allgemeinen und der Verteilung der Hauptstraßen zu widmen ist. Wenn die Hauptstraßen festgelegt ... sind, können die innerhalb der durchgehenden Straßen freigebliebenen Stellen mehr nach dem Gesichtspunkte, das Terrain möglichst für die Häuser auszunutzen, und weniger mit Rücksicht auf die öffentlichen Erfordernisse aufgeteilt werden. (S. 168)
Beim Entwurf eines Stadtplanes kann es in der Tat von Nutzen sein, probeweise Bebauungspläne für verschiedene Areale auszuarbeiten. Es kann dies beispielsweise zu der Untersuchung nötig werden, ob die größeren Landparzellen, welche zwischen zwei Hauptstraßen übrig geblieben sind, von solcher Gestalt und Größe sind, daß sie zu Bauzwecken ökonomisch aufgeteilt werden können. Aber wenn solche Entwürfe versuchsweise gemacht werden, sollte die Revision derselben dem Verfasser des Bebauungsplanes für den speziellen Block überlassen bleiben, sobald es an der Zeit ist, denselben zu bearbeiten. (S. 169)

Faßbender:
Es wäre grundverkehrt, einen Generalbauplan nur den gegenwärtigen Verhältnissen anzupassen. Der Städtebauer muß mit starker Vorstellungskraft das Bild der zukünftigen Stadt voraussehen und muß weit ausblickend und vorsorgend seine Maßnahmen planen. Diese sind nicht nur für den derzeitigen Bestand der Stadt und nicht nur für die Bedürfnisse der kommenden Jahre, sondern auch für die Bedürfnisse der kommenden Jahrzehnte, selbst Jahrhunderte zielbewußt zu treffen. (S. 13)
Im Städtebau ist Klarheit und Genauigkeit der Planungen und Vorschläge unerläßlich und ist jede Halbheit zu vermeiden; jede Maßnahme muß vorerst reiflich durchdacht und durchgearbeitet, auf das Ganze bezogen und sodann voll und ganz zur Ausführung gebracht werden, widrigenfalls bittere Verlegenheiten und schwer ins Gewicht fallende Unzukömmlichkeiten entstehen, die seinerzeit mit großen Kosten beseitigt werden müßten ... (S. 27)

2.2.3
Zur Abwägung der Bedürfnisse

Unwin:
Aber während das Problem immer verwickelter zu werden scheint, löst es sich in der Tat von selbst, denn jedes neue Bedürfnis und jeder erwogene Umstand ist ein neues form-

gebendes Mittel ... Hauptziel muß zunächst sein die Bestimmung und klare Vorstellung von der rechten verhältnismäßigen Wichtigkeit eines jeden ... und erst wenn ... alle diese gestaltenden Einflüsse gegeneinander abgewogen worden sind, kann der Zeichner mit Sicherheit anfangen, seine Zeichnung darzustellen. (S. 93)

Faßbender:
Daher ist die Gesamtheit, das öffentliche Wohl, stets in erster Linie in Rücksicht zu nehmen. Aber selbstverständlich darf man bei allen Maßnahmen nicht rücksichtslos gegen Privatinteressen vorgehen, sondern man muß denselben nach Möglichkeit Rechnung tragen, und es ist nur in dem Falle, als das Einzelinteresse dem allgemeinen Interesse widerstrebt, zugunsten des letzteren zu entscheiden.

Ein gerechtes und billiges Abwägen aller Umstände ist daher stets erforderlich. (S. 17)
Es lassen sich vier Hauptfaktoren erkennen, und diese sind:
1. Der Verkehr,
2. die Verbauung,
3. die Anforderungen der Hygiene,
4. die Schönheitsanforderungen. (S. 24)

2.3.1
Zur Entwicklung und zur Kritik der Situation

Howard:
Eine Frage jedoch gibt es, bei deren Behandlung man kaum auf Meinungsverschiedenheiten stößt: Der Umstand, daß das Volk dauernd in die schon übervölkerten Städte strömt und so die ländlichen Distrikte mehr und mehr entvölkert, wird allgemein aufs tiefste von den Anhängern aller Parteien beklagt, nicht allein in England, sondern in ganz Europa, Amerika und in unseren Kolonien. (S. 52)

Was es auch für Ursachen gewesen sein mögen, die in der Vergangenheit dahin gewirkt haben und noch jetzt dahin wirken, das Volk in die großen Städte zu ziehen, sie lassen sich alle als „Anziehungskräfte" bezeichnen. Von diesem Gesichtspunkt aus kann natürlicherweise kein Heilmittel wirksam sein, das auf das Volk oder doch wenigstens einen beträchtlichen Teil desselben nicht größere Anziehungskraft ausübt, als unsere Städte es jetzt tun. Die neu zu schaffenden Anziehungskräfte müssen die alten an Stärke übertreffen. Da nun jede Stadt als ein Magnet und jeder Mensch als eine Magnetnadel angesehen werden kann, so ist es einleuchtend, daß man eine gesunde Neuverteilung der Bevölkerung ohne gewaltsame Mittel nur herbeiführen kann, wenn man neue Magneten von noch größerer Anziehung zu schaffen weiß, als es unsere heutigen Städte sind. (S. 54)

Unwin:
Denn wenn wir das Bauen von Städten erwägen, müssen wir die Verhältnisse der Gegenwart in Betracht ziehen, den Mangel am einheitlichen Stil bei den Architekten und den Mangel einer führenden Überlieferung bei den Bauten. (S. 77)

Wir haben ... auf die Tatsache hingewiesen, daß Städte und Vorstädte das Leben derjenigen widerspiegeln[1], die sie gebaut haben. Tatsache ist, daß unsere Stadtbewohner eigentlich nur aus lauter kämpfenden Vereinen bestanden haben, die wenige gemeinsame Beziehungen zueinander hatten und fast nie zu einer Körperschaft vereinigt waren, was natürlich in den Straßen, Plänen und Baublocks zum Ausdruck kam ...

Zur Zeit des Lehnswesens gab es einen bestimmten Zusammenhang..., der sich im Charakter der Dörfer und Städte ... kundgab ... Die Zunahme der Volksherrschaft hat bisher den einzelnen hilflos in seiner Freiheit gelassen. (S. 236)

[1] sic

Und dennoch bleibt die merkwürdige Tatsache bestehen, daß sich rund um unsere großen Städte unter eben diesen Bauordnungen weite Gebiete entwickeln, die an Trostlosigkeit und purer Häßlichkeit ihresgleichen suchen... Vielem, was wir gemacht haben, fehlt der Hauch der Phantasie und die Wärme der Behandlung... Diese Mangel an Schönheit, an Anmut des Daseins, mehr als irgend etwas anderes, zwingt uns zu dem Geständnis, daß die Ausführung unserer Arbeit im Städtebau während des letzten Jahrhunderts keine schöne gewesen ist. (S. 4 f)

Faßbender:
... insbesonders wuchsen die Großstädte ins Ungemessene und wurden zu Wohnstätten von Millionen und Millionen Menschen. Es hängt dies mit der allgemeinen Zunahme der Bevölkerung auf der Erde zusammen. Nach der Statistik lebten um das Jahr 1800 etwas 175 Millionen Europäer, heute aber sind deren bereits 510 Millionen. (S. 2/3)

Die wenigsten Städte sind in historischer Zeit planmäßig überlegt gegründet worden. Meist entstanden die Siedlungen nach den Zufälligkeiten der Zeit, des Bedarfs und des Ortes...

Als die Städte anwuchsen, breitete sich die Verbauung von ihren Befestigungswerken aus oder überschritt die ursprünglichen Grenzen;...

Auf diesem Werdegange, der durch das Ansetzen neuer Teile an den Kern der Kristallbildung gleicht, sind im Laufe der Zeiten die Städte entstanden, die in unserem Zeitalter ungeheure Ausmaße annehmen... (S. 10 f)

Eine sehr beachtenswerte Erscheinung der modernen Großstädte ist die Entvölkerung des Stadtkerns, d. h. als Wohnstätte. Die City wird immer mehr der Sitz der Zentralstellen und -anstalten des Staates, des Landes und der Stadt, der Sitz der Banken und großen Geschäftshäuser sowie ungezählter Verkaufsläden, Geschäftsstellen und Bureaus, während die Wohnungen immer weniger werden. (S. 31 f)

2.3.2
Planungsgrundlagen: Bestandsaufnahme

Unwin:
Ehe ein Plan für eine Stadt oder für das Projekt einer Stadtentwicklung klugerweise begonnen werden kann, muß eine genaue Aufnahme aller zu berücksichtigenden Umstände stattgefunden haben. (S. 84)

Die Stadt, welche ihre zukünftige Entwicklung zeichnerisch festzulegen sucht, muß sich zunächst selbst durch und durch kennen, muß ihre eigenen Bedürfnisse und Fähigkeiten verstehen. Von der Gründlichkeit dieses Verständnisses wird sowohl der wirtschaftliche Erfolg all ihrer Pläne wie die Erhaltung ihrer Individualität des Charakters abhängen, durch welche allein die Poesie, die sie umgibt, fortbestehen und sich mit ihrem erweiterten Selbst verknüpfen kann. (S. 89 f)

(Es werden kartographische Darstellungen gefordert)... zur Erläuterung solcher Dinge, wie die Bevölkerungsdichtigkeit... die Einteilung in Wohn-, Geschäfts- und Industrieviertel, und in diesen wieder soviel Unterabteilungen, wie wünschenswert erscheinen; ferner die Verteilung der Parks, öffentlicher und sonstiger freier Plätze und deren Ausdehnung. (S. 86)

Ist diese Stadt... eine große, so sollte auch eine sorgfältige Aufnahme des allgemeinen Verkehrs vorgenommen werden, es sollten statistische Tabellen über die Verteilung und die relative Stärke des täglichen Ein- und Ausflutens des Verkehrs in den verschiedenen Bezirken aufgestellt werden. Alle vorhandenen Verkehrserleichterungen[1] sollten in Tabellen-

---
1 falsch übersetzt: „facilities" = Verkehrseinrichtungen

form gebracht und ihre Annehmlichkeiten[2] bewertet werden, soweit sie in Eisenbahnen, Straßenbahnen, Wasserwegen, Straßen, Unterführungen oder Brücken bestehen und sowohl vorgeschlagene wie wünschenswerte Ausdehnungen wären zu kennzeichnen ... (S. 87)

(Es) sollten Pläne hinzugefügt werden, die alle öffentlichen Gebäude darstellen und alle Gebäude und Plätze von historischem Werte, allgemeinem Interesse oder hervorragender Schönheit; wohingegen eine Sammlung von Photographien der letzteren von größtem Werte wäre, die von Standpunkten, welche genau in die Pläne einzutragen sind, aufgenommen würden. (S. 87)

Die geologischen Karten der Generalstabsvermessung werden von Nutzen sein, und alle anderen Resultate von öffentlichen geologischen Nachforschungen sollten gesammelt werden, zugleich mit den statistischen Angaben von Wind und Wetter, von welchen Diagramme angefertigt werden könnten, um klimatische Verhältnisse zu zeigen. (S. 87)

Verzeichnisse der örtlichen Industrien und besonders solcher wären nötig, die Kennzeichen des Wachstums tragen auf Grund von[3] besonderen Erfordernissen, wie ihrer Abhängigkeit von der Lage am Wasser oder an der Eisenbahn, und der erforderlichen Grundfläche für ihre Anlage, im Verhältnis zur Zahl der Angestellten berechnet. (S. 87)

Von allen vorhandenen Be- und Entwässerungssystemen, mit Angabe von Höhe und Tiefe, bis zu welcher sie benutzbar sind, und ihrem Fassungsvermögen bei erhöhter Inanspruchnahme sollten Verzeichnisse angelegt werden. (S. 87)

Alle bemerkten Tendenzen von dem Anwachsen der Stadt sollten festgehalten werden, mit den Anzeichen, die sie geben, mit Rücksicht auf den zukünftigen natürlichen Verlauf ihrer Entwicklung. (S. 87 f)

Es ist sehr wichtig, daß auch Pläne bereit gehalten werden, die die verschiedenen Besitzer des Landes angeben, für welche die Erweiterung in Angriff genommen werden soll ... Örtliche Bedingungen, Gewohnheiten oder Vorurteile, welche die wünschenswerte Größe und Gestalt der verschiedenen Zwecken dienenden Bauplätze berühren und so den Abstand von den neuen Straßen beeinflussen, sollten festgelegt werden, und so könnten Breite, Charakter und die Behandlung neuer Straßen, wie sie sich am besten der Öffentlichkeit anpassen, angeregt werden. (S. 88 f)

Bedingungen die sich mit der Verwendung bestimmter Baumaterialien und aus traditioneller, ortsüblicher Bauart, Baum- und Sträuchertypen, die vorherrschend sind oder sich zur Anpflanzung besonders eignen und jegliche andere Eigentümlichkeiten, welche die Individualität, Volkswirtschaft, Geschichte und das künstlerische Gepräge der Stadt ausmachen[4], sollten sorgfältigst aufgezeichnet werden mit der Absicht, solche Individualität zu erhalten und zu fördern. (S. 89)

Mancher Überschlag ließe sich machen für das, was an Schulen und anderen öffentlichen Gebäuden, an Parks, Spielplätzen und freien Plätzen später erforderlich wäre, so daß passende Stellen für sie vorgesehen werden könnten; ferner wäre es von größtem Wert, allgemeine Anregungen zu geben mit Bezug auf Stellen von besonderer Naturschönheit, auf geschichtliche oder sagenhafte Bedeutung, besondere Aussichten auf die See, einen Flußlauf oder eine entfernte Szenerie oder Blicke auf schöne Gebäude oder Gebäudegruppen, die erhalten oder erschlossen werden könnten. (S. 89)

(Der Planer[5] muß sich) versichern, daß er alle notwendigen Pläne hat; sie sollten auch eine Übersicht aller Bäume enthalten, die wert sind, erhalten zu bleiben, und einen Plan, der die Höhenangaben ... enthält. (S. 91) Die Anfertigung dieser Aufnahmen gehört

---

2 falsch übersetzt: „capacities" = Fassungsvermögen, Leistungsfähigkeit
3 falsch übersetzt: „... tragen, und deren besonderen Erfordernisse"
4 falsch übersetzt: „welche die wirtschaftliche, geschichtliche und künstlerische Individualität der Stadt ausmachen ..."
5 im Original: „designer", in der Übersetzung „Zeichner"

kaum in das Gebiet desjenigen, der den Stadtplan aufstellt.⁶ Sie sollten für ihn gemacht werden und können sehr wohl das Ergebnis freiwilliger Arbeit von seiten der Einwohner sein; die Resultate aus derselben sollten die Grundlage seiner Information bilden... Zu ihrer Auslegung muß er seine Erfahrung und sein technisches Geschick hinzufügen, und in ihrem Lichte muß er seine eigene Aufnahme der Anlage machen; denn keine allgemeine Aufnahme kann den Städteplanenden von der Pflicht befreien, die Anlage, die er ausarbeiten will, gründlich zu studieren. (S. 19)

Faßbender:
Die Größe und voraussichtliche Erweiterungsfähigkeit der Stadt; ihre allgemeine und etwa strategische Bedeutung im Land; die natürliche Bodenformation; die klimatischen Verhältnisse; die Lage gegenüber den Himmelsrichtungen und den vorherrschenden Winden; der landschaftliche Charakter; die ortsübliche Bau- und Wohnweise; die Grundbesitz- und Grenzverhältnisse; die Erwerbsquellen der Bevölkerung sowie ihre Geschäfts- und Verkehrsbeziehungen:
Alle diese Faktoren müssen bei einer Stadtanlage Berücksichtigung finden. (S. 24)
Nur wenn man die drei Hauptmerkmale des Charakters, der Größe und der Zunahmewahrscheinlichkeit einer Stadt oder eines Ortes sich vor Augen hält, wird man den richtigen Maßstab haben, in welcher Weise der Verbauungsplan herzustellen sei, welchen Zuschnitt er im großen und ganzen haben müsse und welche Maßnahmen im besonderen für die Siedlung zu treffen seien. (S. 112)
Nach diesen Feststellungen hat ein eingehendes Studium der Siedlung im allgemeinen und besonderen zu erfolgen und zwar nach Lage, Örtlichkeit, Bau- und Wohnweise, Verkehr, Erwerb, – kurz nach allen für den Städtebau maßgebenden Gesichtspunkten, wie sie eingehender in den vorigen Abschnitten erörtert wurden. (S. 113)
Gleichzeitig... sind die Anforderungen und Wünsche der Gemeindevertretung in bezug auf den zukünftigen Ausbau der Stadt oder des Ortes einzuholen und dann erst ist gemeinschaftlich das Programm zur Herstellung des Verbauungsplanes aufzustellen. (S. 113)

2.4.1
Planungsziele: Allgemeine Wertvorstellungen; für und wider die Stadt

Howard:
Stadt und Land müssen sich vermählen, und aus dieser erfreulichen Vereinigung werden neue Hoffnung, neues Leben und eine neue Kultur entstehen.... Ich hoffe den Leser zu überzeugen, daß dies ausführbar ist – hier und sogleich, und zwar auf den gesundesten Grundlagen, sowohl vom ethischen als auch vom ökonomischen Standpunkt aus betrachtet. (S. 58)

Unwin:
Bisher waren unsere modernen Städte zu sehr bloße Anhäufungen von Menschen; aber unsere Aufgabe muß es sein, diese Ansammlungen in bewußt organisierte Gemeinwesen zu verwandeln, die in ihren Städten neue Heime im wahren Sinne des Wortes finden, sich eines gehaltvolleren Lebens erfreuen, welches der innigere Verkehr mit sich bringt, und in der Organisation ihrer Stadt Wirkungsfeld und Ansporn finden zu Betätigung und Entwicklung der edleren Ziele, die dazu beigetragen haben, sie zusammenzuführen. (S. 7)

Faßbender:
Seinerzeit liebte man die Städte und freute sich, in ihnen wohnen zu können. Leider droht ein Umschwung. Der Aufenthalt in den modernen Städten wird immer unangenehmer und

---

6 im Original: „of the town planner"

unfroher und mehr und mehr wandelt sich die Freude, in der Stadt zu wohnen, ins Gegenteil, das sich bei Großstädten oft zu stetem Unbehagen, ja Widerwillen steigert. (S. 96). Der Mensch ist nicht zum Städter geboren . . . Erst mit zunehmender Kultur sind die vereinzelten Wohnstätten zu gemeinsamen Siedlungen geworden, aus denen im Laufe der Zeiten die Städte und die übergroßen Weltstädte wurden . . . Wie alle Abkehr vom Naturzustande ist auch diese für die Menschheit abträglich. (S. 98)

Zum Heile der Menschen wäre zu wünschen, daß ein Stillstand, eine Umkehr in dieser unnatürlichen Besiedlungsart, in diesem Zusammenballen enormer Menschenmassen eintrete. Veranlassen dies die Menschen nicht selbst, so steht zu befürchten, daß die Natur durch verheerende Krankheiten Abhilfe schafft, wie sie es zu allen Zeiten bei Übervölkerung tat. (S. 63)

2.4.2
Planungsziele: Sicherheit und Ordnung

Howard:
Die Polizeiabgaben werden . . . nicht wesentlich erhöht werden, denn zum größten Teil wird es sich um Leute handeln, die Recht und Sitte achten. Da außerdem nur ein einziger Grundherr, nämlich die Gemeinde selbst, in Frage kommt, würde es auch nicht schwer halten, alle solche Elemente fernzuhalten, gegen die das Einschreiten der Polizei so oft erforderlich ist. (S. 92 f)

Faßbender:
Die Aufstellung eines Verbauungsplanes hat den Zweck, den geregelten Ausbau der betreffenden Siedlung für kommende Zeiten festzustellen. (S. 24)

2.4.3
Planungsziele: Sozialethik und Sozialpolitik

Howard:
Bei einem Volk, das sich selbst regiert, kann eine Stadt, die der Ausdruck der wirklichen Interessen aller ihrer Bewohner sein soll, nur das Ergebnis geduldiger, zielbewußter Arbeit vieler sein. (S. 158)

Hier wie überall im ganzen Plan handelt es sich nicht darum, die Rechte der Individuen zu beschränken, sondern den Spielraum für ihr Wünschen und Streben zu erweitern. (S. 64)

Wir aber wollen . . . dafür Sorge tragen, daß die ungünstig gestellten Gesellschaftsklassen, denen dieser Plan ja hauptsächlich zu Nutze kommen soll, selbst die Grundeigentümer und dadurch diejenigen werden, die „am meisten dabei gewinnen". Dadurch würde ein starker Antrieb für die erwünschte Abwanderung geschaffen . . . (S. 81)

Die Mißerfolge früherer sozialer Experimente sind vornehmlich auf eine vollständige Verkennung des Hauptfaktors in diesem Problem – der menschlichen Natur selbst – zurückzuführen. Diejenigen, die es unternommen haben, neue Formen sozialer Organisation vorzuschlagen, haben nicht klar gesehen, wieviel man von den altruistischen Tugenden der menschlichen Natur im allgemeinen erwarten darf. (S. 116) (Nach Betonung, daß das vorgeschlagene Experiment weder kommunistischen noch sozialistischen Charakter trage:)

Die Menschen lieben vereintes Streben, aber sie verlangen darum nicht weniger nach individueller Betätigung, und sie werden sich niemals damit begnügen, sich nach dieser Richtung hin so wenig auszuleben, wie es ein streng sozialistisches Gemeinwesen mit sich bringt. (S. 118)

Damit kommen wir ... zu dem Hauptunterschied zwischen unserem Plan und den meisten der sozialen Reformpläne, die man bisher vorgeschlagen oder auch schon zu verwirklichen versucht hat. Er besteht in Folgendem: Alle jene Pläne suchten die Individuen in eine große Organisation zu zwängen ... Mein Plan dagegen wendet sich nicht nur an Einzelpersonen, sondern ebenso an Genossenschaften, Fabrikanten, philanthropische Gesellschaften und andere ... und sichert ihnen Bedingungen, die ihnen keine neuen Beschränkungen auferlegen, sondern eher größere Freiheiten garantieren. (S. 119)

Unwin:
Solang die Massen der Menschheit in Baracken und schmutzigen Winkeln hausen und unsere Kinder fern von dem Anblick und Genuß grüner Wiesen und Blumen aufwachsen, solange unser Land allein aufgeteilt wird, um den Interessen einzelner Besitzer zu dienen ohne Rücksicht auf die Bedürfnisse der Allgemeinheit, ist es nicht an der Zeit, an die erhabenste Schönheit des Ornaments zu denken. Uns tut not, am anderen Ende den Anfang zu machen. Unsere gegenwärtige Aufgabe besteht darin, ein festes Fundament zu bauen (S. 6)

Bei der Anlage von Städten wie auch von Geländen ist es von Wichtigkeit, die vollständige Trennung der verschiedenen Bevölkerungsklassen zu verhüten ... Es steht nicht in der Macht des Städtebauers, die Vorurteile der Leute zu ändern, oder die Entstehung eines Ostends und eines Westends in einer Stadt zu verhindern; aber durch Sorgfalt und Vorbedacht kann in dieser Richtung viel erreicht werden.

Innerhalb gewisser Grenzen verursacht die Vermengung von verschieden großen Häusern jedenfalls keine Schwierigkeiten. Vorurteile des Publikums berechtigen keineswegs dazu, ein großes Areal mit Häusern derselben Größe und desselben Typs zu bebauen. Die Entwicklung von Vororten, welche ausschließlich von einer einzelnen Klasse bewohnt werden, ist in sozialer, wirtschaftlicher wie ästhetischer Beziehung schlecht. Sie ist der oberflächlichen und gedankenlosen Stadtentwicklung zur Last zu legen ... Das Resultat derselben ist oft eine schlechte Gemeindeverwaltung und eine ungerechte Verteilung der Lasten der Kommunalsteuern, Mißverständnisse und Mangel an Vertrauen unter den verschiedenen Klassen der Bewohner ... (S. 175)

Faßbender:
Nicht zuletzt hat die Städtebaukunde die Aufgabe, zur Milderung der sozialen Gegensätze beizutragen ... Nicht nur allein für die oberen, vermögenden Klassen hat der Stadtbauplan räumlich Vorsorge zu treffen, sondern auch für den Mittelstand und für die unteren, arbeitenden Schichten. Gerade für letztere ist diese Vorsorge nicht nur erforderlich, sondern auch human. (S. 10)

2.4.4
Planungsziele: Wirtschaftlichkeit

Faßbender:
Ein fachgemäßer Verbauungsplan wird dadurch, daß er die Bodenverhältnisse berücksichtigt, die Straßenführungen und Anlagen dem Gelände anpaßt und hierdurch unnütze und große Kosten verursachende Abgrabungen und Anschüttungen vermeidet, die möglich billigste Ausführung der notwendigen Maßnahmen erreichen.

All dies erweist den großen wirtschaftlichen Wert eines Verbauungsplanes. (S. 7 f)

2.4.5
Planungsziele und Entwurfshinweise: Hygiene

Howard:
(Elektrifizierung der Fabriken zur Reinhaltung der Luft. (S. 63)

Unwin:
(Lange gerade Straßen bei Wind besonders staubgefährdet. (S. 140)
(Gebäudeanordnung soll Besonnung berücksichtigen. (S. 197)

Faßbender:
Das größte Gut des Menschen ist die Gesundheit. Das Zusammendrängen und Verkleinern der Räume, in denen die Menschen den Großteil ihres Lebens verbringen, ist gesundheitsschädlich. Glücklicherweise bereitet sich eine Umkehr durch die überall sich regende Wohnungsreform vor, die nicht warm genug begrüßt werden kann. (S. 19)

Am besten liegen also jene Straßen, deren Fluchten sich gleichmäßig im Verlaufe des Tages in Licht und Schatten teilen, also die von Nord nach Süden gehenden. Nachdem aber nicht alle Straßen einer Stadt diese Lage haben können,... muß man sich nur damit begnügen, bei Neuanlagen die schlechteste Straßeneinrichtung, d. i. direkt von West nach Ost zu vermeiden. (S. 20)

Daher ist es geboten, die Wohnviertel nach Westen, die Rauch, Dunst und üblen Geruch erzeugenden Fabriken und Anlagen aber gegen Osten [Nordost, Ost und Südost] zu verlegen. (S. 20)

(Hochwasserfreiheit des Baugeländes sichern. S. 22) (Forderung nach staubfreien Straßen. S. 36, 43, 44) (Wolkenkratzer vom hygienischen Standpunkt abzulehnen. S. 74)
(Hygienische Voraussetzungen guter Wohnanlagen. S. 76)

Durch die erschreckende Zunahme der Menschen auf dem ganzen Erdball (erwachsen) der Hygiene ganz gewaltige Aufgaben, von deren Bewältigung das künftige Heil der Menschheit abhängt, daher muß für den Ausbau dieser Wissenschaft und deren Anwendung gesorgt werden muß. (S. 80)

Die Großstädte erzeugen eine schlechte Atmosphäre, die oft als gewaltige, trübe Dunstmasse sie einhüllt... Daher sollen die Städte... womöglich von Wäldern, Auen, Wiesen und grünen Fluren umgeben sein, insbesondere in der Richtung, woher die vorherrschenden Winde kommen. Auf diese Weise ließe sich das Lokalklima der Städte bessern.

Sind Wälder in der Nähe, so sollen sie um jeden Preis erhalten und tunlichst vermehrt werden, so daß sie gleichsam Bannwälder für die Gesundheitsverhältnisse der Städte bilden. (S. 104)

Die meisten Menschen und insbesondere die Städter verbringen die größte Zeit ihres Daseins in Wohn- und Arbeitsräumen. Es ist daher eine der wichtigsten hygienischen Anforderungen, daß diese Räume möglichst gesund hergestellt werden. Das einzige Mittel, dies zu erreichen, liegt in einer wohldurchdachten, auf den Grundsätzen der Hygiene aufgebauten Bauordnung... Licht, Luft und Raum für gesundes Wohnen und Arbeiten muß die Richtschnur sein, nach welcher in Hinkunft gebaut werden soll. (S. 111)

2.4.6
Planungsziele: Gestaltung

Unwin:
Jegliche... Eigentümlichkeiten, welche die Individualität, Volkswirtschaft, Geschichte und das künstlerische Gepräge der Stadt ausmachen, sollten sorgfältigst aufgezeichnet werden mit der Absicht, solche Individualität zu erhalten und zu fördern. (S. 89)

Faßbender:
Die schönheitlichen Vorschriften der Städtebaukunde zielen auf die Schaffung von Schönheitswerten ab; diese befestigen und erhöhen die Liebe der Eingeborenen zu ihrer Vaterstadt, ziehen die Fremden an und vermögen Auswärtige zu dauernder Ansiedlung. (S. 8)

2 5.1
Planungsorganisation und Planarten

Unwin:
Es muß eine Abteilung in der örtlichen Staatsbehörde[1] geschaffen werden, welche die Stadtentwürfe durchsieht... Die Abteilung würde vollständig unabhängig von dem Einfluß der örtlichen Baumeister oder Landeigentümer sein, die mit den Stadtbehörden in Verbindung stehen, und daher auf einen Ortsbeamten einen sehr parteiischen Druck ausüben können. (S. 247)

Faßbender:
Bei der großen weittragenden Bedeutung und dem segensreichen Wirken des Städtebaues für das Blühen und Gedeihen der Städte und Orte erscheint es im wohlverstandenen Interesse jedes Staates gelegen, wenn er sich seiner führend und fördernd annimmt, wenn er über die Festsetzung und Ausführung des Planes durch die Gesetzgebung die erforderlichen Bestimmungen trifft... (S. 5 f)

Zum Aufbau, zur Regulierung oder Erweiterung einer Siedlung sind erforderlich: Stadtbaupläne oder Verbauungspläne, das sind Regulierungs- oder Erweiterungspläne, die entweder Generalpläne [solche für das ganze Gebiet der Siedlung] oder Teilpläne [für einzelne ihrer Teile] sein können. (S. 113)

Bei Bestimmungen des Gebietes, über welches sich Generalpläne erstrecken sollen, ist darauf hinzuweisen, daß die Verbauungspläne nicht nur für die Gegenwart zu dienen, sondern auch für den Ausbau und die Entwicklung der Orte in Zukunft zielbewußt vorzusorgen haben; daß sich also der Plan nicht nur über die Verbauung innerhalb ihrer derzeitigen Grenzen zu erstrecken habe, sondern daß es sich empfiehlt, für die spätere Ausdehnung des Ortes noch eine Zone hinzuzuschlagen, deren Ausmaß dem voraussichtlichen Anwachsen der Siedlung in absehbarer Zeit entspricht. (S. 115)

Schließt die Verbauung zweier anrainenden Gemeinden so aneinander, daß bereits eine bauliche Einheit besteht, so ist es aus den im Abschnitt II zur Zusammenlegung von Gemeinden angeführten technischen und administrativen Gründen geboten, den Verbauungsplan nicht selbständig und einseitig für jede der beiden Gemeinden, sondern gemeinschaftlich für das Ganze anfertigen zu lassen. (S. 115 f)

Zur Verfassung der Stadtbaupläne oder Verbauungspläne sind als Unterlagen folgende Plangattungen in den beigesetzten ungefähren Maßstäben erforderlich:
A. Umgebungskarte 1:75 000 oder größer,
B. Übersichtspläne 1:10 000 bis 1:3 000,
C. Lagepläne 1:3 000 bis 1:1 000,
D. Detailpläne 1:500 oder größer,
E. Niveaupläne mit eingezeichneten Höhenkoten oder Schichtlinien [im Maßstabe der betreffenden Pläne]. (S. 114)

Bei einer Stadtregulierung und -erweiterung ist der Städtebauer das beratende Organ; das ausführende Organ aber ist die Stadt selbst durch ihre Vertreung und durch ihr Bauamt,

---

[1] Im Original „Local Government Board", also die Aufsichtsbehörde für die Selbstverwaltungsbehörden bei der Zentralregierung.

indem die Gemeindevertretung den gelegten Plan genehmigt und durch das Bauamt zur tatsächlichen Ausführung bringen läßt. (S. 119)

2.5.2
Planverfahren

Unwin:
Wo zur vollständigen Durchführung irgendeines Planes ein besonderer Grad von Übereinstimmung in Stil und Charakter der Gebäude erforderlich ist, wäre es vielleicht möglich, einen Baumeister zu bestellen, welchen jeder, der außerhalb[1] des von dem Plane ergriffenen Bezirks bauen will, beschäftigen muß. Oder zwei, drei Architekten können ersucht werden, zusammenzukommen, um über Stil und Behandlung einer gewissen Häusergruppe zu beschließen und die Pächter der einzelnen Grundstücke in dieser Gruppe können jeden dieser Architekten gewinnen. (S. 229)

Faßbender:
Teilpläne sollen nur dann angefertigt werden, wenn für das betreffende Gebiet bereits das Verhältnis und der Zusammenhang mit dem Ganzen in bezug auf Verwendungsart, Verbauung und Verkehr durch einen Generalplan festgelegt ist. (S. 116)

Manche Gemeinden meinen, sie hätten richtige „Regulierungspläne", wenn auf den Lageplänen in Linealmanier Planungen eingezeichnet sind und zwar für die Regulierungen in den verbauten Ortsteilen Paare paralleler Linien und für die Verbauung freier Gelände ein schachbrettartiges Netz rechtwinklig sich kreuzender Straßen.

Solche Pläne sind willkürliche Liniennetze, aber keine durchdachten Verbauungspläne ... Es ist daher im eigensten Interesse der Gemeinden geboten, solche Pläne einfach in ihrer Gänze umzustoßen, selbst wenn sie bereits durch amtliche Beschlüsse festgelegt worden wären. (S. 28 f) Es (wäre) ein arger Fehler ... von dem einmal gut befundenen Stadtbauplane später willkürlich abzugehen. Dies darf nur aus besonders gewichtigen Gründen oder infolge unvorhergesehener Umstände und Erfordernisse geschehen, aber nur im Interesse des Gemeinwesens und niemals zugunsten Einzelner. (S. 120)

2.5.3
Verhältnis des Städtebaues zur politischen und administrativen Organisation

Howard:
Der für die Gründung der Gartenstadt maßgebende Plan bedingt eine gewisse wirtschaftliche Selbständigkeit und eine fast völlige Unabhängigkeit von den außenstehenden Bezirksbehörden. (S. 92)

Der Zentral-Verwaltung (oder ihren Beauftragten) werden alle Rechte und Befugnisse der Gemeinde als alleiniger Grundbesitzerin der Gartenstadt übertragen ... Indem sie im Grunde eine öffentliche Körperschaft darstellt und zugleich die Rechte eines privaten Grundbesitzers hat, stehen ihr viel weiterreichende Befugnisse zu, dem Willen der Bevölkerung gerecht zu werden, als dies für andere öffentliche, lokale Köperschaften möglich ist.

Zur Erleichterung der Verwaltung überträgt die Zentral-Verwaltung viele ihrer weitgehenden Befugnisse den verschiedenen Verwaltungsabteilungen. Sie behält jedoch die Bestimmung über

---

1 falsch übersetzt; „... der innerhalb des ..."

1. den allgemeinen Plan für die Erschließung des Stadtgeländes,
2. die Höhe des Etats der verschiedenen Verwaltungsabteilungen, wie Schulen, Straßen, Parks usw.,
3. den Grad der Beaufsichtigung und Kontrolle, die über die einzelnen Verwaltungs-Abteilungen nötig ist und nur den Zweck verfolgen darf, einen einheitlichen und harmonischen Geschäftsgang zu sichern. (S. 97)

Faßbender:
Sachlich ist es gleichgültig, ob der Planleger ortsansässig ist oder nicht, wenn er nur die Eignung als Fachmann im Städtebaue besitzt und die nötigen örtlichen Studien pflegt. Der auswärtige Techniker aber hat sogar den Vorteil für sich, daß er unabhängig und unbeeinflußt von dienstlichen, gesellschaftlichen und anderen Verhältnissen volle Objektivität wahren kann, während der ortsansässige Techniker durch oft unausweichliche Rücksichten gebunden ist. (S. 113)

Wenn auch anfänglich der Zusammenlegung oder Einverleibung aneinanderwachsender Gemeinden größere Schwierigkeiten und Widerstände mannigfacher Art erwachsen, – im Laufe der Zeiten ist eine einheitliche organische Ausgestaltung des vergrößerten Körpers unausweichlich und eine unnatürliche, geteilte Verwaltung unhaltbar. Die Gemeinden kommen über kurz oder lang von selbst (aber meist erst nach bösen Erfahrungen) auf die Notwendigkeit der im Interesse des Ganzen und der Teile gelegenen Vereinigung. Diese wäre daher je früher, desto besser anzubahnen und durchzuführen. (S. 16)

Die Aufstellung und Ausführung eines Verbauungsplanes schließt eine schwere Verantwortung den kommenden Geschlechtern und Zeiten gegenüber in sich; sie kann zum Heile oder zum Unheile führen, daher es Pflicht der Stadtverwaltungen und der mit der Ausführung betrauten Organe ist, sich soviel als möglich mit Lehren des Städtebaues vertraut zu machen. (S. 119)

2.5.4
Beziehungen zum Bürger und zur Öffentlichkeit

Unwin:
Augenscheinliche Vorteile würden entstehen, wenn alle die Menschen, die auf einem begrenzten Gelände wohnen, an dessen Entwicklung, an dem Anlegen ihrer Stadt und dem Bau ihrer Häuser mitarbeiten würden. (S. 243)

Sicherlich müßte eine Stadtobrigkeit, wenn sie eine neue Anzahl von Ortsstatuten vorbereitet, die einen so wichtigen Betrieb wie das Baugewerbe betreffen, gezwungen werden, sich die Mitarbeit aller derer zu sichern, die Interesse daran haben; sie müßte verpflichtet werden, alle Baumeister und Architekten kostenlos mit Abschriften der vorgeschlagenen Verordnungen zu versehen; sie müßte verpflichtet sein, Gelegenheit zu Einwänden und Ratschlägen der Betreffenden zu geben und überhaupt die Frage gründlich erörtern zu lassen. (S. 249)

Faßbender:
Von den vielen und großen Vorteilen eines Stadtbauplanes seien folgende hervorgehoben:
Besteht ein solcher Plan, so ist jedermann, der bauen will, in der Lage, Einsicht in denselben zu nehmen und sich genau zu unterrichten ... (S. 6)
Gleichzeitig ... sind die Anforderungen und Wünsche der Gemeindevertretung in bezug auf den zukünftigen Ausbau der Stadt oder des Ortes einzuholen und dann erst ist gemeinschaftlich das Programm zur Herstellung des Verbauungsplanes aufzustellen. (S. 113)

Howard:
Auch gibt es wenig Dinge, über die das Volk so eifersüchtig wacht, wie über seine Parks und freien Plätze. Ich glaube, man darf überzeugt sein, daß die Bewohner der Gartenstadt es nicht einen Augenblick dulden würden, daß die Schönheit der Stadt unter ihrem Wachstum litte. (S. 140)

2.6.1
Bodenrecht, Bodenordnung, Bodenpolitik

Howard:
(In der Gartenstadt) ist der Besitz einer Körperschaft von Treuhändern übertragen, die den Grundbesitz auch nach Rückzahlung der eingetragenen Schuldsummen im Interesse der gesamten Bevölkerung verwalten. Auf diesem Wege wird der gesamte, allmählich geschaffene Wertzuwachs Eigentum der Gemeinde. Unter diesen Umständen mögen die Grundrenten steigen – bedeutend steigen, aber dieser Wertzuwachs wird niemals Eigentum von Privatpersonen, sondern er wird zur Herabsetzung der Gemeindeabgaben führen. (S. 67).

Was das Gartenstadt-Experiment als Ganzes für die Nation bedeutet, das bedeuten die Unternehmungen, die wir „promunizipal" nennen wollen, für die Gemeinde der Gartenstadt oder für die Gesellschaft im allgemeinen. Wie dieses umfassendere Experiment der Nation zu einem neuen Bodenrecht, das dem allgemeinen Rechtsempfinden entspricht und zu vernünftigeren Anschauungen über Städtebau verhelfen soll, so sind die verschiedenen promunizipalen Unternehmungen der Gartenstadt dazu bestimmt, die Wohlfahrt und Weiterentwicklung dieses Gemeinwesens zu fördern. (S. 109)

Inwiefern ist die Klasse der Grundherren weniger ehrenwert als die der Bürger im allgemeinen? Gebt letzteren die Gelegenheit, Grundherren zu werden und sich die von Pächtern geschaffenen Bodenwerte anzueignen, so werden sie nicht zögern, sich derselben zu bemächtigen ...

Die Individuen, die sich unser Bodenrecht zunutze machen, anzugreifen, ist leicht. Etwas anderes ist es, dieses Bodenrecht zu ändern. Wie aber kann dieser Wechsel bewirkt werden? Meine Antwort lautet: Durch die Kraft des Beispiels, d. h. durch die Verwirklichung eines besseren Systems, dadurch daß man ein besseres Zusammenwirken der gesellschaftlichen Kräfte ermöglicht und sich die Ergebnisse volkswirtschaftlichen Forschens nutzbar macht. (S. 136 f)

Unwin:
Die Magistrate und andere Körperschaften der Verwaltung haben hilflos zugesehen, wie in der Umgebung ihrer Städte ein Gut nach dem anderen mit Gebäuden bedeckt wurde, ohne daß freie Plätze, Grundstücke für Schulbauten oder andere öffentliche Erfordernisse vorgesehen worden wären ... Nachdem nun die Bürgerschaft durch ihre vertretenden Körperschaften beobachtet hatte, wie der Bodenwert bis zur höchsten Grenze geschraubt wurde, sah sie sich gezwungen ... zu solch wucherischen Preisen die noch übriggebliebenen Bruchstücke Landes zu erstehen, um in unzulänglicher Weise wichtigen öffentlichen Bedürfnissen nachzukommen. (S. 1 f)

Wo das Land in kleine Besitztümer geteilt ist, erscheint irgendein solches Recht[1] zur Änderung der Grenzen unerläßlich, um eine gute Anlage zu ermöglichen ... (S. 69)

Bei einem Genossenschaftsbauverein muß man auch einen großen Teil des Gartenlandes für die allgemeine Nutznießung berechnen. Es ist sogar möglich, wenn Häuser an einzelne verkauft werden, eine gewisse, gemeinsame Gartenbenutzung einzurichten, wie es oft in den Mittelpunkten von Plätzen geschehen ist. (S. 240)

1 gemeint ist ein Umlegungsgesetz nach Art der „Lex Adickes"

Faßbender:
Insbesondere die Grund- und Bauspekulanten haben nur ihren eigenen Vorteil im Auge. Bei der Errichtung und bei Ausbau der Wohnstätten sind aber höhere Güter der Bevölkerung zu wahren, als die Interessen der Grund- und Bauspekulanten. (S. 108)

Die Gemeinden müssen beizeiten alle Rechte erwerben, welche die Durchführung eines Verbauungsplanes ermöglichen... Diese Rechte bestehen vornehmlich in jenem der Enteignung (Expropriation), der Zueignung (Inpropriation) und der Neuaufteilung von Grundstücken (Kommassierung). (S. 109)

Demnach ist eine Beitragsleistung zu Straßenherstellungen gerechtfertigt; insbesondere, wenn durch eine solche den Grundeigentümern große Vorteile erwachsen; beispielsweise, wenn auf Neuland ein neuer Straßenzug eröffnet wird und dadurch der bisherige Acker- oder Wiesengrund nunmehr zu Baugrund wird, der doppelt, dreifach, zehnfach oder noch mehr an Wert gewinnt. Billigerweise ist dieser Wertzuwachs denn auch stets bei den Grundabtretungen zugunsten der Gemeinde in Rechnung zu stellen. (S. 125 f)

2.6.2
Planungsrecht (Strukturplanung)

Unwin:
Mit Bestimmtheit aber kann man sagen, daß es nicht wünschenswert ist, mehr als 10 bis 20 Häuser pro acre [auf 8–16 Quadratruten ein Haus] – je nach den Umständen – zuzulassen, und zwar bezogen auf das Nettomaß des Landes, abzüglich der Straßen. Es wird... im Zentrum der Städte Gebiete geben, wo die Gebäude dichter zusammengedrängt sein werden, als dieser Vorschlag zeigt. Aber... wo... Landhäuser gebaut werden, sollte... die Höchstzahl... wenn irgend möglich... auf 10–12 herabgesetzt werden, d. i. auf 16 bis 13,33 Quadratruten ein Haus. 12 Häuser auf den netto-acre Bauland... haben sich als ungefähr richtige Anzahl erwiesen, um Gärten herzugeben, welche groß genug sind... (S. 190) Wenn städtebauliche Entwürfe gute Resultate erzielen sollen... dann muß der Umfang von Ortsbaustatuten sehr ausgedehnt werden... Die Begrenzung der Häuserzahl auf den Morgen, das Bereitstellen von Baustellen für künftige öffentliche Gebäude und andere Erfordernisse, die richtige Verteilung von Werken und Fabriken und viele ähnliche Dinge müssen unter öffentliche Aufsicht gestellt werden, wenn Städte richtig geleitet und nach besten Grundsätzen entwickelt werden sollen. (S. 248)

In Deutschland werden die Städte in Zonen oder Baugruppen eingeteilt... Die Bauplätze sind ferner eingeteilt in Klassen nach der Anwendung,[1] die sie finden sollen... Zugleich ist die zulässige Höhe der Gebäude für die verschiedenen Bauklassen verschieden festgesetzt und in Beziehung zur Straßenbreite gebracht. Insgesamt setzt dieses System die Bauordnungen in den Stand, sich den Forderungen der besonderen Stadtteile mit größerer Genauigkeit anzupassen, als es bei uns möglich ist. (S. 263)

Faßbender:
Ist ein Stadtbauplan vorhanden, der nicht nur allein Baulinie und Niveau für diese, sondern auch Verwendungsart, Bauweise und Gebäudehöhe je nach dem betreffenden Stadtteil vorschreibt, so ist jede weitere Erörterung ausgeschlossen und es erfolgt einfach die Baugenehmigung – oder sie wird begründet abgewiesen. Derart ersparen die Stadtvertretungen und ihre Bauämter fortlaufend viel Arbeit und Zeit. (S. 8)

Für einen wohlüberlegten Stadtverbauungsplan soll der Hauptgrundsatz gelten, daß vom dichtverbauten Stadtkerne die Verbauung allmählich gegen den Rand abnehme und

---

1 im Original „use" = Nutzung

schließlich in die offene Bauweise übergehe; gleichlaufend damit soll die Höhe der Wohngebäude geringer werden. Hand in Hand mit obengenannter Abstufung wird das Straßennetz der Stadt vom engmaschigen im Innern, gegen außen zu weitmaschiger werden. (S. 64 f)

2.6.3
Planungsrecht (Bebauungsplanung)

Howard:
Wir hören dazu, daß die Stadtverwaltung hauptsächlich nur auf die Innehaltung der Fluchtlinien achte, unter Zulassung aller Abweichungen, welche die Harmonie des Ganzen nicht stören, und vor allem eine gesunde Bauweise erzwinge, im übrigen aber dem individuellen Geschmack und Bedürfnis freien Spielraum lasse. (S. 62)

Unwin:
(Kritische Betrachtung der „Bauordnungsarchitektur"; Plädoyer für eine elastischere Handhabung der Vorschriften. S. 245 f)
Der Abstand der Häuser voneinander sollte unabhängig von der Breite des Fahrdammes festgesetzt werden. Daß Höfe und viereckige Plätze breit genug, um Luftzutritt zu gestatten oder an den Enden offen sein sollten, wenn sie klein sind, sind Dinge, die unmittelbar festgelegt werden können. (S. 252)
Der Zielpunkt, den eine Verordnung erstrebt, ist gewöhnlich an sich ein guter und seinem Wortlaut sollte man Aufmerksamkeit widmen, und zwar in der Weise, daß die wünschenswerten Punkte wohl berücksichtigt werden, aber nicht durch zwecklose Vorschriften und unter Beeinträchtigung des Entwurfs. (S. 260)

Faßbender:
Mit dem Verbauungsplane muß Hand in Hand die Bauordnung gehen; nur in dem Zusammenwirken beider kann ein dem Wohle der Siedlung ersprießliches Werk entstehen ... Es sind ... in die Bauordnung vornehmlich einschlägige Bestimmungen aufzunehmen über:
Stadteinteilung,
Bauzoneneinteilung,
Verbauung der Baustellenflächen,
Gebäudehöhen und Geschoßanzahl,
Klassen der Verkehrswege und ihre Breiten,
Höhenlage und Gefälle der Verkehrswege,
Hebung der Überschwemmungsgebiete und anderes. (S. 110)
Es werden sich im allgemeinen folgende Bauweisen ergeben:
Geschlossene, dichte Bauweise,
geschlossene, minder dichte Bauweise,
halboffene Bauweise,
offene, engere Bauweise und
offene, weitere Bauweise.
Durch diese fünf Arten werden sich alle Zwecke des Bauens ... vollkommen erreichen lassen. (S. 65)
Für jede Bauweise, beziehungsweise Bauzone sollen entsprechende Vorschriften für die zulässige Meistverbauung der Bauplätze und für den Bauwich gegeben sein. In der offenen Bauweise soll der Bauwich nicht unter 10 m [also 5 m Abstand beiderseits von der nachbarlichen Grundgrenze] betragen ... Nur bei Kleinwohnhausanlagen [für Arbeiterkolonien u. dgl.] darf ... der Bauwich auf 6 m [also 3 m beiderseits von der Nachbargrenze] verringert werden. (S. 66)
Oft wird die Wohltat einer geräumigen Verbauung ... zunichte gemacht durch die Verbauung des Blockinneren ... zu wirtschaftlichen oder gewerblichen Zwecken ...

Daher ist es angezeigt, bei der Verbauung von größeren Baublöcken auch Innenfluchten anzunehmen, ... Diese Innenfluchten werden parallel mit den Straßen- beziehungsweise Baufluchten in einem Abstand von 14–24 m angenommen, welches Maß bei Anlage von Vorgärten um deren Tiefe zu vergrößern sein wird. (S. 70)

2.6.4
Bauwerksrecht

Unwin:
Es ist auch erforderlich, Bestimmungen zu erlassen über die Verwendung neuer Materialien, wie z. B. Eisenbeton, Betonblöcke und die mannigfaltigen feuerfesten Beton- und Putzmörtel, die man jetzt macht; andererseits sollten die verhältnismäßig hohen feuersicheren Eigenschaften guter Balken und harten Holzes im Vergleich zu eisernen Trägern und Stützen anerkannt werden ... (S. 260)

2.6.6
Erschließungsfragen

Howard:
... Die Kosten für die Anlage neuer Straßen (werden) gewöhnlich nicht von dem Grundeigentümer getragen und auch nicht aus Steuereinnahmen bestritten. Gewöhnlich bezahlt sie der Hausbesitzer, und die Ortsbehörde übernimmt die Straßen später als freie Gabe. (S. 88)

Unwin:
(Darlegung der in England gültigen Regelungen. S. 178 f)
    Wenn Bauten in ausgedehntem Maßstabe von derselben Partei oder Gesellschaft ausgeführt werden, welche für die Herstellung der Straßen aufzukommen hat, ist es wohl besser, sich vorerst mit einem einfachen Bauweg zu begnügen, und die Straße erst dann endgültig fertigzustellen, wenn die Bauten fertig sind und die Straße übernommen werden soll. (S. 180) Die ganze Frage des Charakters der Straßen und der Verteilung von Herstellungs- und Unterhaltungskosten derselben bedarf, wie es scheint, einer gründlichen Untersuchung und es steht zu hoffen, daß das Interesse an solchen Dingen, das durch die Städtebaubewegung wachgerufen ist, ihre Verwirklichung herbeiführen wird. (S. 180)

Faßbender:
(Es ist) ein wirtschaftliches Gebot ..., freies Bauland nicht sofort für vereinzelte Gebäude zur Verbauung aufzuschließen, sondern nur dann, wenn dort eine regere Bautätigkeit voraussichtlich ist. Durch dieses Zurückhalten wird die Gemeinde nicht nur voreilige Auslage für Straßenherstellungen, Wasser-, Licht- und Kraftleitungen ersparen, sondern auch besser in die Lage kommen, größere Erfordernisse voraussehen und danach planliche Vorkehrungen treffen zu können. (S. 14)
    Naturgemäß erfolgt die Vergrößerung einer Stadt überwiegend durch die private Bautätigkeit. Dieser erwachsen durch den Verbauungsplan außerordentliche Vorteile, aber keine so nennenswerten Kosten wie den Gemeinden. Die Lasten der Grundbesitzer und Bauherren werden in Grundabtretungen oder -einlösungen und in Beitragsleistungen zur Herstellung der Verkehrsflächen bestehen. (S. 124)

2.6.7
Kosten- und Finanzierungsfragen

Howard:
Die Einkünfte der Gartenstadt setzen sich einzig und allein aus Pachten zusammen... Die Pachten sollen verwendet werden:
a) zur Zahlung der Zinsen für die Kaufsumme des Grundstückes;
b) zur Ansammlung eines Amortisationsfonds für die Ablösung dieser Kaufsumme;
c) zur Ausführung und Unterhaltung aller öffentlichen Arbeiten, die sonst von Stadt- und anderen Lokalverwaltungen ausgeführt und deren Kosten aus zwangsweise erhobenen Steuern bestritten werden;
d) nach Tilgung der eingetragenen Schuldsummen zur Schaffung eines Fonds für gemeinnützige Zwecke, wie Alters-, Kranken- und Unfallversicherung. (S. 26)

Faßbender:
Oft lassen sich Gemeinden von der Aufstellung eines Verbauungsplanes dadurch abschrecken, weil sie befürchten, daß durch dessen Ausführung unerschwingliche Auslagen erwachsen könnten. Dagegen ist zu sagen, daß bei dem Anwachsen... eines Ortes unausweichlich die dadurch bedingten Herstellungen erfolgen müssen,... daß der Plan aber gerade für eine geregelte... Entwicklung unerläßlich ist und daß gerade bei seinem Mangel ungleich mehr Kosten durch Vorgriffe, Fehler und Versäumnisse erwachsen. (S. 124)

2.7.1
Zur Strukturordnung der Stadt

Howard:
Die eigentliche Stadt... bedeckt ein Areal von 400 ha oder den sechsten Teil der Gesamtfläche und kann in kreisrunder Form gedacht werden; sie mißt etwas über einen Kilometer vom Mittelpunkt bis zur Peripherie. Sechs... Boulevards... durchschneiden die Stadt als Radien und teilen sie so in sechs gleiche Teile oder Bezirke. Im Mittelpunkt befindet sich ein kreisrunder, etwa 2¼ ha großer Platz: eine schöne Gartenanlage mit Wasserkünsten. Um diese gruppieren sich die größeren öffentlichen Gebäude – Rathaus, Konzert- und Vortragshalle, Theater, Bibliothek, Museum, Bildergalerie und Krankenhaus – jedes von geräumigen Gärten umgeben. An diese Baulichkeiten schließt sich ein öffentlicher Park von 58 ha Größe mit weiten Spiel- und Erholungsplätzen, die für jeden Bewohner leicht zu erreichen sind. (Dieser Bereich ist von einem etwa 600 m tiefen Ring von Wohnbauten umgeben, in dessen Mitte die etwa 130 m breite „Große Avenue" verläuft, ein Schulen, Kirchen und Spielplätze aufnehmender Grüngürtel, von Straßen begleitet.)

Am Außenring der Stadt finden wir Fabriken, Lagerhäuser, Meiereien, Märkte, Kohlen- und Zimmerplätze usw. Alle diese Grundstücke liegen an der Ringbahn, welche die ganze Stadt umkreist und durch Anschlußgleise mit der Haupteisenbahnlinie verbunden ist. (S. 61 ff)

Weiterhin ist es ein wichtiger Bestandteil des ganzen Planes, daß jeder Bezirk oder ein Sechstel der Stadt in gewissem Sinne eine Stadt für sich darstellen soll. Auf diese Weise könnten in früheren Entwicklungsstadien die Schulen auch für den Gottesdienst, für Konzerte, als Lesesäle und für Versammlungen aller Art benutzt werden, so daß alle Auslagen für kostspielige Verwaltungs- und andere Gebäude hinausgeschoben werden können, bis das Unternehmen sich in größerem Umfange entwickelt hat. (S. 77)

Unwin:
Es (ist) möglich..., der Ausdehnung, bis zu der eine Stadt sich beständig ohne Lücke,

ohne einen dazwischenliegenden Parkgürtel oder Ackerland erweitern soll, Grenzen zu setzen, und es ist sehr wichtig, diese wenigstens zu sichern. (S. 94)

Es (wird) klug sein, schon in einem sehr frühen Stadium unseres Entwurfes passende Plätze für die Haupt- und Nebenzentren zu wählen und ihre Bestimmung anzugeben, und da diese nicht nur Plätze für die öffentlichen Gebäude, sondern auch als Brennpunkte des öffentlichen Lebens des Gemeinwesens dienen sollen, müssen beide Gesichtspunkte unsere Auswahl beeinflussen. Um sicher zu gehen, daß sie auch wirkliche Mittelpunkte werden, auf denen sich die Bevölkerung mit Vorliebe sammelt, müssen sie entweder selbst Brennpunkte der Hauptverkehrslinien sein oder ganz in der Nähe dieser liegen; das letztere ist in mancher Hinsicht vorzuziehen. (S. 104)

Faßbender:
Die Grundzüge zum Ausbau der Stadt müssen unbedingt für immer festgelegt werden: so das Hauptverkehrsnetz, die Hauptanlagen der Eisenbahnen und Wasserwege, die Stadteinteilung nach der Verwendungsart und Verbauung sowie nach der Windrichtung. (S. 13)
Eine der ersten und grundlegenden Aufgaben ist es, für eine Stadt die Verwendungsart ihrer Teile ... festzulegen ...
Zu Wohnzwecken,
zu Geschäftszwecken und
für Industriebetriebe ...
Selbstverständlich lassen sich diese drei Arten nicht strenge absondern; sie werden sich mehr oder minder vermengen.

Die Verteilung der Verbauung, die Festlegung der drei Verwendungsarten im Stadtgebiete darf aber nicht willkürlich, sie muß naturgemäß, durch die örtlichen Verhältnisse bedingt, geschehen ... Die Wohnviertel brauchen Geschäftsleute, letztere Wohnungen und Arbeitsstätten in der Nähe; und die Industriebezirke wieder Wohnviertel, insbesondere für die Arbeiter. Aber in allen dreien müssen Erholungs- und Vergnügungsstätten, müssen Luftbecken, und genügend Flächen von grünem Land eingestreut sein. (S. 63 f)

2.7.2
Wohnungswesen und Wohnbau

Howard:
(In der Gartenstadt sind 5500 Parzellen für Wohnhäuser vorgesehen mit durchschnittlich 6 x 40 m, mindestens 6 x 31 m Größe. S. 62)

Unwin:
Der moderne Verkehr, besonders die gegenwärtige Art des Motorverkehrs, läßt es nichts weniger als wünschenswert erscheinen, ein Wohnhaus mit der Front an die Straße zu stellen. Staub, Lärm, Geruch sind alles widerwärtige Erscheinungen; und obwohl es auf den ersten Blick verschwenderisch erscheint, wenn man die Hauptstraßenfront nicht ausnutzt, würde es sich in der Praxis nicht so erweisen, da die Nebenstraßen verhältnismäßig wenig Kosten verursachen. (S. 188)
(Nord-Süd-Richtung der Straßen empfehlenswert wegen beidseitiger Besonnung der parallel dazu stehenden Häuser. S. 182)
(Man sollte auch senkrecht zur Straße stehende Zeilen zulassen. S. 185)
(Süd- bis Südwestlage für Wohnzimmer vorzuziehen. S. 185)

Faßbender:
Wohnstraßen haben behufs eines ruhigen angenehmen Wohnens abseits von den Hauptverkehrsadern mit ihrem Lärm und Getriebe zu liegen. Es ist sogar zweckentsprechend, wenn

sie nicht in durchgehenden, sondern in verworfenen Straßenzügen liegen, so daß sie der Verkehr wegen der Umwege meidet ... (S. 42). Im allgemeinen soll man nicht zu große Baublocktiefen annehmen; dann wird die Anfüllung des Blockinnern durch Hinter- und Nebengebäude von selbst ausgeschlossen sein. (S. 70)
Die Grundbedingungen für eine gesunde, freundliche Wohnstätte der Menschen sind: reiner, unverseuchter Boden; reichliche Belichtung der Wohnräume; reine, gesunde Luft; gutes Trinkwasser und ausgiebiger Pflanzenwuchs.
Sind diese wichtigen Bedingungen in einer Stadtanlage vorhanden, so sind sie zu pflegen; wenn aber nicht, so sind sie unbedingt zu schaffen. (S. 76)

2.7.3
Arbeitsstätten

Howard:
(Arbeitsstätten liegen am Stadtrand, durch Ringbahn erschlossen; Elektrizität als ausschließliche Energiequelle, um Rauchplage zu vermeiden. S. 22 f)

2.7.4
Einrichtungen von zentraler Bedeutung

Howard:
(Stadtbezogene Einrichtungen in der Stadtmitte, stadtteilbezogene in dem als „Große Avenue" bezeichneten mittleren Freiflächengürtel. S. 62 f)

Unwin:
Der Hauptzentralplatz würde natürlich von Regierungs- oder städtischen Gebäuden ... in Anspruch genommen werden. Aber auch viele Zentralplätze zweiter Ordnung sind erwünscht. Ein Erziehungszentrum bietet sich von selbst, wo Schulen gruppiert werden könnten in Verbindung mit Kunstschulen, Gymnasien, technischen Unterrichtsanstalten, Spielplätzen und anderem Beiwerk ...
Aber selbst in den Bezirken, Vorstädten, Kirchspielen und Revieren ist es wünschenswert, irgend einen Zentralplatz zu haben. (S. 104)
Es ist keinesfalls leicht, die richtige Entwicklung von Zentralplätzen festzulegen. Wo ein Gut[1] oder ein Bezirk langsam heranwächst, wird bei denjenigen, die an den verschiedenen halböffentlichen Gebäuden, als Kirchen, Geschäftshäusern, interessiert sind, leicht die Neigung vorherrschen, kurzsichtige Aussichten über die zukünftige Entwicklung zu hegen und darauf zu bestehen, daß diese Bauten an Plätzen errichtet werden, die sich an die Gruppen der früher erbauten Häuser anlehnen, so daß es sich leicht ereignen kann, daß der Zentralplatz sich nur in begrenztem Maße und nicht in der ursprünglich beabsichtigten Weise entwickeln kann. (S. 135 f)

Faßbender:
Bei einer wachsenden Stadt steigt im Laufe der Jahre fortwährend das Erfordernis an öffentlichen Gebäuden ... Für diese bestimmt der Stadtbauplan schon im vorhinein in zweckmäßiger Lage die Plätze im Stadtgebiete ... (S. 7)
Es müssen in den übrigen Stadtvierteln, die oft größer als die Altstadt selbst sind, ebenfalls Mitttelpunkte des öffentlichen Lebens geschaffen werden: Teilmittelpunkte oder Bezirkszentren ... Naturgemäß werden sie durch öffentliche Plätze gebildet und an diese oder in deren Nähe sind alle jene baulichen Erfordernisse anzuordnen, welche den Bestand eines Stadtmittelpunktes zweiter Ordnung ausmachen; also Kulturstätten, Nebenämter des

---

[1] falsch übersetzt: „estate" ist hier „Wohnanlage"

Staates und der Gemeinde, Schulen usw. Solche Teilmittelpunkte sind unbedingte Notwendigkeiten einer Großstadt. Fehlt ein solcher einem Stadtteile, so ist dieser nicht nur anderen gegenüber benachteiligt, sondern bleibt auch ein langweiliger und unpraktischer Bestand von Zinshäuserstraßen, dem empfindliche Mängel anhaften, dem gleichsam die Seele mangelt. (S. 67 f)

Eine Stadt erfordert öffentliche Gebäude, Anstalten und Anlagen mannigfachster Art. Es ist nicht gleichgültig, wo diese im Weichbild der Stadt liegen, und ihre Anordnung erheischt Überlegungen nach Art und Zweck. Bezüglich dieser baulichen Erfordernisse, welche sich in drei Arten unterscheiden lassen und bezüglich ihrer Lage sei Folgendes gesagt.
1. Gebäude, welche in den Kern der Stadt gehören . . .
2. Gebäude, welche im Stadtgebiete verteilt sein können und sollen . . .
3. Gebäude und Anlagen, welche am Rande der Stadt oder außerhalb gelegen sein sollen oder müssen. (S. 71 f)

Bezüglich der Schulen ist zu sagen, daß diese möglichst an verkehrsarmen Stellen zu errichten wären, damit die Kinder sie gesichert aufsuchen können. Sehr zu wünschen wäre es, wenn unmittelbar an die Schulen Gärten anschließen würden, wo die Kinder ihre Erholungspausen zubringen und ihre Spiele treiben könnten. (S. 73)

2.7.5
Freiflächen

Howard:
(Zentralpark und „Große Avenue" als innere Freiflächen. S. 62 f)
Für eine beträchtliche Zeit könnte also das für Parks bestimmte Gelände noch als Garten- und Ackerland verwertet werden. Außerdem ist zu bedenken, daß ein großer Teil desselben auch später in seinem natürlichen wiesen- und weidenartigen Zustande belassen wird . . . Außerdem müßte ein beträchtlicher Teil des Parkgeländes für Spielplätze aller Art, wie Cricket- und Lawn-Tennis-Plätze, vorbehalten werden. (S. 90)

Unwin:
Diese (Grün-)Gürtel könnten sehr wohl unsere Gemeinden, Kirchspiele oder unsere Stadtviertel bestimmen, und hierdurch könnten sie dazu beitragen, ein Gefühl lokaler Gebietsgemeinschaft zu befestigen. Als Atmungsorgane der Stadt wären sie unschätzbar, als Aufenthalt für Vögel, als Blumenplätze und als angenehme Spaziergänge um die Stadt, frei vom Lärm und Gewirr modernen Straßenverkehrs, würden sie unendlichen Genuß verschaffen und der Stadt auf wahre und echte Weise etwas ländlichen Reiz gewähren. (S. 96) Auch die Kinder dürfen auf den freien Plätzen nicht vergessen werden . . . (Die Spielplätze) müssen entweder bestimmt umzäunt werden, damit der zertretene Rasen das Ansehen außerhalb der Umzäunung nicht beeinträchtigt, oder noch besser, sie sollten sich in der Mitte von Grasflächen befinden, die so groß sind, daß ihre Abnutzung keine erste Bedeutung hat. (S. 166)

Wir dürfen sehr wohl des Wertes kleiner offener Plätze gedenken, wohin sich die Leute aus dem Getriebe auf der Straße zurückziehen könne, um eine kurze Zeit zu verweilen und auszuruhen; schon kleine Plätze dürften solchen Zwecken genügen. Spielplätze für Kinder können oft in der Mitte eines Baugeländes gewonnen werden, welche ohne die Herstellung einer weiteren kostspieligen Straße für Bauzwecke wenig Wert hätte. Auch Stellen, von denen eine schöne Aussicht zu genießen ist und der Sonnenuntergang beobachtet werden kann, sind oft zu erhalten, wenn nur ein ganz kleines Stück Land diesem Zweck geopfert wird, was viel zu der Freude an der Gegend beitragen kann. (S. 173)

Faßbender:
Die in sehr großen Baublöcken durch Innenfluchten entstandenen Räume können erforderlichenfalls für Anlagen dienen, welche besondere Ruhe und Abgeschlossenheit vom Straßenlärm aber keine Straßenfronten erfordern, so Erholungsstätten, Kinder- und Schulgärten, Eislauf- und Sportplätze u. dgl. (S. 71) Es müssen Erholungs- und Vergnügungsstätten im Freien geschaffen werden, die den Städtern nach der Arbeit Leib und Seele stärkenden Aufenthalt und Bewegung in der frischen Luft, sowie Unterhaltung daselbst gestatten. (S. 98)

Um dem den Großstädtern drohenden Unheil vorzubeugen, ist im allgemeinen erforderlich, der zunehmenden Ausrottung der Bepflanzung im Stadtgebiete Einhalt zu tun und unentwegt für Schaffung neuer Grünanlagen zu sorgen. (S. 100)

Grünanlagen und Blumenschmuck beleben und verschönern die Stadt, Anpflanzungen behindern die Staubentwicklung und das Staubtreiben; Bäume geben kühlenden Schatten und atmen gute Luft aus; Parks und Gärten bilden gesundheitliche Frischluftbecken innerhalb der Häusermassen. Man nennt sie die „Lungen der Städte". Ein anzustrebendes Ideal sind Wälder innerhalb der Städte; sie wären „Gesundbrunnen" für ihre Bewohner. (S. 101)

Mannigfach ist die Art, wie Erholungsstätten für alt und jung zum Nutzen der Stadtbevölkerung geschaffen werden können. Für die Erwachsenen öffentliche Gärten; für die Jugend Tageserholungsstätten, Spiel- und Sportplätze; für den Nachwuchs Kindergärten. (S. 102)

Damit möglichst allen Stadtbewohnern die Wohltat der Grünanlagen zuteil werde, dürfen diese nicht an einzelnen Stellen zusammengedrängt, sondern müssen über das ganze Stadtgebiet verteilt sein, so zwar, daß jeder Stadtteil eine oder mehrere erhalte. Die günstigste Lage größerer öffentlicher Gärten wird zwischen den Hauptradialen sein und zwar in länglicher Form und gleichfalls radial gestellt. (S. 103)

Aber alle diese Maßnahmen werden für die Weltstädte ... nicht ausreichen ... Da muß in erhöhtem Maße, in großzügiger Weise für Anlagen gesorgt werden. Das kann nur derart geschehen, daß man am Umfange der Städte bepflanzte Gürtel von einem oder mehreren Kilometern Breite schafft, also „Grüne Gürtel um die Städte". Diese grünen Stadtgürtel dienten nicht nur allein der Erholung und dem Vergnügen der Städter, sie verhindern auch die zu dichte Verbauung des Stadtgebietes. (S. 103)

Aber auch als Zierde und zur Belebung der Stadtbilder hat das Wasser Bedeutung ... Sind keine Wasserflächen vorhanden, so schaffe man sie künstlich durch Teiche in den öffentlichen Anlagen. Besonders belebend und erfreuend aber wirkt das fließende, sprudelnde Wasser in Auslaufbrunnen, Wasserfällen (Kaskaden) und als Springbrunnen. Der Mensch liebt es, an den Ufern der Gewässer zu wandeln.

Aus diesem Grunde und aus Schönheitsrücksichten sollten die Ufer der Gewässer stets öffentliches Gut sein und ihr Reiz durch entsprechende Maßnahmen gehoben und erhalten werden ... Also auch in diesem Falle ist der Grundsatz, daß das Einzelinteresse dem Gesamten sich unterordnen müsse, sehr berechtigt. (S. 21)

2.7.6
Verkehr

Howard:
(Eisenbahnnetz zwischen den einzelnen Satellitenstädten und zur Verbindung mit der Kernstadt, außerdem Straßenbahn zwischen zwei benachbarten Städten. S. 141 f)

Unwin:
An dem Kreuzungspunkt mehrerer Straßen sollte stets ein freier Platz angelegt werden, um

den Verkehrsströmungen Freiheit zu geben und den verschiedenen Straßenvereinigungen architektonische Wirkung zu verleihen. Diese Punkte sollten in der Hauptsache beobachtet werden mit Rücksicht auf größtmögliche Verkehrsbequemlichkeit und sollten erst in zweiter Linie als besondere Gelegenheit für Gebäudeanlagen betrachtet werden. (S. 108)

Straßen dienen in erster Linie als Fahrwege für den Verkehr. Sie erfüllen außerdem einen zweiten Zweck, indem sich an denselben Grundstücke zur Errichtung von Häusern ergeben. Sie sind von diesen beiden Gesichtspunkten aus zu betrachten und zwar je nach ihrer besonderen Wichtigkeit. (S. 138)

Ein allgemeines Straßenschema kann auf verschiedenen theoretischen Formen fußen; die gewöhnlichste ist die Gestalt eines Spaliers, bei welchem die Straßen nur in zwei Richtungen laufen, wobei sie einander im rechten Winkel schneiden und die Stadt in quadratische oder rechteckige Baublöcke aufteilen. Während diese Anordnung die praktische Ausnutzung der Bauplätze begünstigt, gibt sie zu nicht unwesentlichen Bedenken Anlaß. Es werden ... keine bequemen Wege von und nach dem Zentrum geschaffen, und außer wenn der Verkehr sich in zwei Richtungen bewegt, muß man an zwei Seiten eines Dreiecks entlang fahren, um von Ort zu Ort zu gelangen. (S. 138)

(Auseinandersetzung mit den verschiedenen Arten von Straßenknotenpunkten; Kritik an Sittes einseitiger Bevorzugung der Einmündung; Hinweis auf Henards Vorschlag der Kreisverkehrsplätze. S. 141 f)

Unwin:

Ich neige daher zu der Ansicht, daß gerade Straßen, obschon sie in mittelalterlichen Städten allgemein fehlen und leicht zu einer gewissen Formalität, Steifheit und Einförmigkeit führen, dennoch eine eigene Zweckmäßigkeit und Schönheit zum Ausdruck bringen und beim Entwurf moderner Städte unbeschränkte Anwendung finden dürfen. Überhaupt ist die gerade Linie, wenn man von einer Stelle zu einer anderen zu gehen wünscht, der natürlichste Weg, es sei denn, daß die Beschaffenheit des Bodens oder sonstige Umstände für andere Maßnahmen sprechen. Aber man muß ebenso die Zweckdienlichkeit, die krummen Straßen eigentümlich ist, zugeben; den großen Vorteil, der für den Verkehr in der Änderung der Richtung in Kurven, statt in scharfen Winkeln liegt; dann die Leichtigkeit, mit der krumme Straßen sich der Bodenbeschaffenheit anpassen, bestehende Verkehrswege verbinden, einem Hindernis oder aber einem interessanten Denkmal, das man zu erhalten wünscht, ausweichen. Außerdem bietet die krumme Straße dem Passanten ein fortwährend wechselndes Bild ... (S. 158)

Straßen, welche dem Zuge einer natürlichen Abwässerung folgen, sind daher von diesen praktischen Gesichtspunkten aus erwünscht, und die Bewältigung des Regenwassers ist kaum mit Schwierigkeiten verbunden. (S. 176)

Wenn Straßen an einem Abhang entlang laufen, gräbt man meist die eine Seite ab und schütter die andere an, was, soweit die Straße selbst in Betracht kommt, wohl die sparsamste Maßnahme ist. Aber man wird gut tun, mehr abzugraben als anzuschütten. (S. 176)

Für Hauptverkehrsstraßen wäre ein Gefälle, das mehr als 1 : 30 beträgt, als unvorteilhaft zu bezeichnen, obschon auf kürzere Strecken ein noch steileres Gefälle nicht zu ernsten Bedenken Anlaß gibt, und Straßen mit stärkerem Gefälle angelegt werden dürfen, wenn ausreichende Gründe vorliegen. (S. 186)

Bei der Anordnung von Häusergruppen um grüne Plätze oder Hilfswege[1] herum ist eine große Mannigfaltigkeit der Anlage möglich. Manchmal ist nichts weiter nötig, als ein einfacher Fußweg ... Wo ein Weg oder eine Fahrstraße angelegt wird, ist es am zweckmäßigsten, eine einzige Auffahrt mit einem Platz am oberen Ende zum Wenden der Wagen anzulegen. (S. 219)

---

1 „subsidiary roads" = Nebenstraßen

Faßbender:
Der Fernverkehr wird durch alle von außen in die Stadt mündenden Verkehrswege, also Eisenbahnen, Landstraßen und Wasserwege bewirkt. Vielleicht wird man auch bald den Flugverkehr hinzufügen können. Jede der drei Arten der Verkehrswege ... soll voneinander gesonderte Trassen haben, welche sich nicht mit denen der anderen Arten im Niveau kreuzen dürfen ... Der Ortsverkehr spielt sich auf den Verkehrsflächen der Stadt ab, das sind Plätze, Straßen und Wege, denen noch die Brücken beizuzählen sind. (S. 33)
(Bahnhöfe dezentralisieren und nach Personen- und Frachtenverkehr trennen). Erstere werden eine gute Verbindung mit den innerstädtischen Verkehrsmitteln, letztere mit den Handels- und Industriestätten in der Stadt beanspruchen. (S. 33 f)
(Bahnen nur in Hoch- oder Tieflage durch die Stadt führen; Raum für Vermehrung der Geleise vorsehen. S. 35)
Durch die Eisenbahnen wurde der einstmals große Verkehr auf Reichs- und Landstraßen außerordentlich vermindert. Infolge des großen Aufschwunges des Kraftfahrtwesens |Automobilismus| hebt er sich wieder. Aber ein leidiger Übelstand folgt ihm; das ist die Gefährdung der Fußgänger und Fuhrwerke sowie die Staubplage. Dagegen ist unbedingt Abhilfe zu schaffen ... Staubfreie, gesonderte Straßen und Umfahrungslinien bei Ortschaften werden die Mittel hierfür sein. (S. 36)
Falls die Flugtechnik so fortschreitet, daß zuzuteilen ein gesicherter Flugverkehr möglich ist, so wäre ratsam, daß jene Städte, die eine Flugverbindung anstreben, sich rechtzeitig geeignete Örtlichkeiten für Flugfelder zum Aufflug und Landen, sowie zu Übungen sichern, da sich solche Felder infolge der nötigen Größe, Lage und Bodenbeschaffenheit späterhin nicht leicht anlegen lassen. (S. 37)
Der Ortsverkehr setzt sich zusammen aus dem Verkehr der Fußgänger und Reiter, der Fahrräder, der leichten und schweren Fahrzeuge aller Art (entweder mit Zugtierbespannung oder mit Motorbetrieb); weiters aus dem Verkehr mit Straßenbahnen und Stadtbahnen, endlich aus dem Schiffsverkehr auf den die Stadt durchziehenden Flüssen und Kanälen. (S. 37)
Es ist behufs guter Orientierung in einer Stadt von größter Wichtigkeit, daß in deren Verkehrsnetze |d. i. die Summe aller Verkehrsadern| die Hauptstraßenzüge klar hervortreten und eine entschieden ausgesprochene Richtung nach einem bestimmten Ziele haben; es erleichtert dies ungemein den Verkehr. Das System der Radial- und Kreisstraßen hat diesen Vorzug vor anderen Systemen. (S. 38)
(Kritische Betrachtung des „Dreieck"- und des „Schachbrettsystems", bei dem man) in der Absicht, die Stadt zu durchqueren, bis zur Bewußtlosigkeit im Zickzack gehen muß |so in New York|. Es ist dies ein verwerfliches System. (S. 39)
Bei einer alten Stadt wird es nicht möglich sein, alle Stadtteile nach ein und demselben System zu regulieren. Naturhindernisse oder eigenartige Stadtteilanlagen lassen dies nicht zu. Man wird daher am besten tun, im großen und ganzen das erstgenannte System mit den erforderlichen Radial- und Kreisstraßen sowie auch Diagonalstraßen zwischen beiden, anzuwenden und im besonderen die Regulierung und Erweiterung vollkommen der betreffenden Örtlichkeit und den Verhältnissen anzupassen. (S. 39)
Im allgemeinen ist neu anzulegenden Straßen ein möglichst geringes Gefälle zu geben; dieselben dürfen aber wegen der Entwässerung nie vollkommen horizontal gelegt werden. Für Steigungen im unebenen Gelände sind 3-5 %, höchstens 6 % anzunehmen. (S. 40)
Überkreuzungen bei wichtigen Verkehrsstraßen erfordern eine platzartige Erweiterung. Das Zusammentreffen mehrerer Verkehrsstraßen aus verschiedenen Richtungen Straßen nach einem Punkte, so entstehen sogenannte Sternplätze. Diese bilden unschöne Stadtbilder und sind auch für den sich dort zusammendrängenden Verkehr ungünstig, daher verwerflich. (S. 40 f)

Versetzungen von Straßenführten [Trassen], das heißt kurzes Verwerfen oder Abrücken aus der Geraden, sind zweckmäßig, um überlange, daher langweilige Straßen zu unterbrechen und die aus Verkehrsrücksichten unerwünschten direkten Überkreuzungen zu Straßenerweiterungen zu gestalten. (S. 41)

Verkehrsstraßen haben in bestmöglichster Weise den Verkehr durch das Stadtgebiet und nach außen zu besorgen sowie die wichtigsten Punkte der Stadt miteinander zu verbinden. Auf den Verkehrsstraßen ... wird sich das Geschäftsleben am regsten entwickeln ... Die Breite der Straßen richtet sich nach deren Bedeutung im Verkehrsnetze der Stadt. (S. 42)

(Weitere Unterscheidung von Wohnstraßen, Fabrikstraßen, Promenadenstraßen. S. 42)

Damit ein erhöhter Straßenverkehr sich glatter und gefahrlos abwickeln zu können, ist es angezeigt, neben dem Fahrdamm auch besondere Wege für Radfahrer und Kraftwagen und auf Hauptlinien auch für Straßenbahnen anzuordnen. (S. 45)

(Zum Fußgängerverkehr) Für diesen, den größten Verkehr, hat die bestmöglichste Vorsorge zu walten. (S. 46)

(Zum Radfahrverkehr) Da dieser ein sehr reger ist, besonders in der Provinz, ... so sollten ... in den Stadt- und Ortsgebieten eigene Radfahrwege je nach Bedürfnis angelegt werden. (S. 46 f)

Bezüglich der Gesellschaftswagen, die einst wichtige öffentliche Verkehrsmittel waren und jetzt nur mehr über die Achsel angesehen werden, wäre zu sagen, daß sie doch immer zum Nah- und Kleinverkehr auf gewissen Strecken und zu bestimmten Zwecken für einen Teil der Bevölkerung sehr erwünscht sein werden, besonders wenn sie mit Motoren betrieben sind. Tatsächlich ist der Omnibusverkehr in manchen Großstädten infolge bestimmter Verhältnisse ein bedeutender. (S. 47)

(Eigene Trassen für die Straßenbahn werden empfohlen. S. 48)

Bei der Anlage und beim Betriebe einer Stadtbahn muß als vornehmlichste Richtschnur gelten, daß sie dem täglichen schon gekennzeichneten Pulsschlag des Verkehrs vom Herzen der Stadt zum Rande und umgekehrt diene sowie aber auch die Hochflut des Ausflugsverkehres an Sonn- und Feiertagen bewältigen könne. Erfüllt eine Stadtbahn alle diese Anforderungen nicht, so ist sie verfehlt und wird auch nicht ertragsfähig sein. (S. 48 f)

(Einfaches, weitmaschiges Netz, vornehmlich in Radial- und Kreislinien und in Hoch- oder Tieflage, im Zentrum stets als Untergrundbahn. Das letztere wird auch für die Straßenbahnen gefordert. (S. 49) Bei Anlage des Gesamtverkehrsnetzes einer Großstadt ist es in erhöhtem Maße geboten, einen weitblickenden Generalplan aufzustellen ... kurzsichtig wäre es, nur für solche Stadtteile Linien zu planen, die derzeit dicht bevölkert sind; man muß auch für schwachverbaute Stadtteile, insofern sie den Keim der Entwicklung in sich haben, Linien planen. (S. 50 f)

Es ist somit eine volkswirtschaftliche Forderung ersten Ranges, daß die Zufuhr und Abfuhr der enormen Gütermassen in gesicherter, schneller und auch billiger Weise vor sich gehe. Daher hat der Bahn- und Schiffsverkehr möglichst in alle Verkehrsadern der Weltstadt zu dringen und die Fuhrwerksverfrachtung ist als die teuerste tunlichst zu vermeiden. (S. 52)

(Hinweis auf Kreisverkehr und Fußgängerunterführungen an Kreuzungspunkten. S. 54)

(Vorschlag für drei Verkehrsebenen: Fußgänger überwiegend oben, Fuhrwerke auf dem Boden, Bahnen im Untergrund. S. 55)

Wie ein anschwellender Strom verlangt der Verkehr erweiterte Wege und sucht neue zu gewinnen. Das vollzieht sich mit aller Macht eines Naturgesetzes und dagegen gibt es keinen Widerstand. Es ist daher unumgänglich, dieses Gesetz zu erkennen und danach zielbewußt Maßnahmen zu treffen. Das ist eine der größten Aufgaben des Städtebauwesens ... (S. 60)

2.7.7
Versorgung

Howard:
Die Abfallstoffe der Stadt werden auf dem landwirtschaftlichen Gürtel Verwendung finden. (S. 63) Selbst was die Fragen der Wasser- und Lichtversorgung sowie des Telefonverkehrs angeht, so ist nicht an ein absolutes Gemeindemonopol gedacht. An sich wird ... eine ... Gemeindeverwaltung ... die ... geeignetste Körperschaft für die Übernahme dieser Aufgaben sein. Wenn jedoch eine private gemeinnützige Körperschaft oder eine Gesellschaft sich als leistungsfähiger auf einem Gebiete erweist, so darf ihr nichts im Wege stehen, die Stadt oder einen Teil derselben zu bedienen. (S. 64)
Man hat eingesehen, daß es vom ökonomischen Gesichtspunkt aus vorteilhaft ist, unter den Straßen Tunnels zu bauen, zur Aufnahme von Kanalisations-, Wasser- und Gasröhren, von Leitungsdrähten für Telegraph- und Telephonverkehr sowie für Kraftübertraggung, von pneumatischen Röhren für die Rohrpost usw. Würde eine derartige Anlage schon in alten Städten eine Quelle der Ersparnis sein, so wird dieses in neuen Städten in noch weit größerem Maße der Fall sein. (S. 84)

Unwin:
Wo Häuser in fortlaufenden Reihen gebaut werden, würde es leicht sein, von solchem Mittelpunkt aus heißes Wasser an alle zu verteilen; dadurch würde eine große Ersparnis an Brennstoffen und Dampfkesseln in den getrennten Häusern bewirkt werden. (S. 242)
(Plädoyer für gemeinsame Entwässerungsanlagen bei Reihen- und Gruppenhäusern. S. 261)

2.7.8
Richtzahlen und Orientierungswerte

Howard:
(Stadtfläche 400 ha für 30 000 Einwohner, dazu 2000 ha Grüngürtel mit 2000 Einwohnern. S. 61 f)

Unwin:
(Bebauungsdichte nicht mehr als 10–20, vorzugsweise 10–12 Häuser je acre; entspricht 25–50 bzw. 23–30 Häuser je Hektar Nettobauland. S. 190)
(Grundflächenzahl in Wohngebieten in der Regel nicht über 0,167. S. 192).
(Frontbreiten der Wohngebäude nicht unter 4,60 m, bei drei Schlafzimmern 5,50–6,10 m. Größere Frontbreite bei reiner Südorientierung nötig. S. 192)

Faßbender:
(Wagenspur 2,50 m, zweispurige Straße 5 m; Gangspur 0,65 m, Radfahrweg 1,50 m. Verhältnis Gehweg-Fahrdamm-Gehweg für starken Fahrverkehr 1 : 3 : 1, für schwächeren 1 : 2 :1; Vorgarten nicht unter 5 m, mit Alleebäumen 7 m. Abstand der Bäume untereinander und zur Bebauung mindestens 6 m. S. 43 f)
(Für Baublockgrößen werden Stübbens Angaben zitiert. S. 69)

2.8.1
Gestaltung: Grundprobleme

Unwin:
Schönheit ist ein spröder Begriff, nicht leicht zu definieren, nicht immer durch positive

Anstrengung erreichbar ... Sie ist nicht eine Eigenschaft, die von außen eindringen kann, sondern entspringt dem Geiste, den der Künstler seinem Werke einhaucht ... Solange Kunst als Garnitur, als eine Art Häkelarbeit betrachtet wird,..., wird man sich umsonst der Hoffnung hingeben, daß ihr wahrer Wert erkannt werden möge. (S. 5 f)

(In Auseinandersetzung mit den von Sitte propagierten Gestaltungsgrundsätzen:)

Ein Teil der Unregelmäßigkeit scheint rein aus Freude an derselben, und wenn nicht zwecklos, so doch ohne ausreichenden Grund eingeführt zu sein...[1] Die fortwährende Wiederholung kleiner unregelmäßiger Plätze und Straßenkreuzungen läßt ein Maß künstlicher Nachahmung zufällig entstandener Motive vermuten, das kaum zu glücklichen Ergebnissen in den Händen moderner Baumeister führen dürfte, welche jede Verbindung mit der Überlieferung verloren haben, die sich augenscheinlich als so erfolgreiche Leiterin unserer Vorfahren erwies. (S. 67)

Weil das Zusammenwirken von vielseitigen und komplizierten Einflüssen in der Natur einen Typus von Schönheit hervorbringt, den wir unregelmäßig nennen, darum sind wir noch nicht berechtigt anzunehmen, daß die bloße Unregelmäßigkeit Schönheit sei, oder daß Unregelmäßigkeit im Menschenwerk irgendwie natürlich sei. Ebensowenig können wir die Schlußfolgerung ziehen, daß Regelmäßigkeit nicht Schönheit zeitigt, oder daß es unnatürlich ist, wenn der Mensch seine Arbeit nach strengen Formen richtet. (S. 73)

Die Proportion ist beim Städtebau wie bei der Architektur eine Materie, die sich nicht mit Ziffern lösen läßt, die aber in jedem einzelnen Falle genau erwogen werden muß, zumal eine der Hauptschwierigkeiten, die dem Städtezeichner entgegentritt, die ist, daß er bei der Anlage der Straßen und Plätze oft in völliger Unkenntnis über den Charakter und die Höhe der Gebäude ist, welche sie dereinst umgeben werden. Aus diesem Grunde würde es sich empfehlen, ganz einfachen, in gerader Richtung verlaufenden Linien zu folgen, in Fällen, wo der Zeichner keine Mittel hat, auf die Gestaltung der Gebäude einzuwirken. (S. 117)

Nachdem einmal das (Straßen-)System festgelegt, ist dessen genaue Symmetrie oder Regelmäßigkeit eine Sache von geringer, oft von überhaupt keiner Wichtigkeit. Denn ... das Auge (kann) unmöglich mehr als einen kleinen Teil der Anlage auf einmal überblicken und kann auch über einem großen Terrain weder Entfernung noch Winkel abschätzen, so daß selbst wesentliche Abweichungen von der regelmäßigen Figur wahrnehmbar sind ausgenommen in der Zeichnung auf dem Papiere. (S. 140)

Der Städtekünstler[2] muß sich vor der Ansicht hüten, daß es ein leichtes sei, Zufälle zu entwerfen. Während er also die Schönheit krummer Straßen anerkennen muß, hat er der Versuchung, ziellos geschlängelte Linien zu erzeugen in der Hoffnung, daß daraus glückliche Zufälle sich ergeben möchten, zu widerstehen.

Kurven können natürlich ebenso formal wie gerade Linien wirken ... (S. 158)

Man muß sich davor hüten, einer besonderen Wirkung zuliebe, die man zu erzielen wünscht, die Bequemlichkeit und Freude derer zu opfern, die in den Häusern wohnen sollen; andernfalls dürfte der Entwurf nicht zur Ausführung gelangen ... man muß Schönheitsformen zu finden wissen, welche nicht gegen starke Vorurteile und Wünsche auf seiten der zukünftigen Hausbesitzer verstoßen. (S. 170, 173) Beim Entwurfe eines Geländes führt, wie in der Architektur, die Sucht nach Motiven, nur um ihrer selbst willen, sehr leicht zu überladener Unruhe. Man geht weit sicherer, ob der Plan der freien oder der strengen Behandlung zuneigt, wenn man nichts ohne guten Grund unternimmt. (S. 173)

1 Das Folgende bezieht sich auf ein abgebildetes Beispiel, einen Erweiterungsplan für Grünstadt von Pützer (entnommen aus der Zeitschrift „Der Städtebau")
2 im Original „the town planner"

Faßbender:
Das Schaffen einer schönen Stadt ist ein Kunstwerk allerersten Ranges; eine Aufgabe, die nicht einzelne, sondern nur Generationen von Baukünstlern im Laufe der Zeiten zuwege bringen können. Und auch diese werden es nicht imstande sein, wenn nicht der Zeitgeist und der Kunstsinn der Bewohnerschaft mitwirken. (S. 81)
Die Kunst im Städtebau liegt darin, Schönheiten zu schaffen und Häßlichkeiten vorzubeugen.
Wie in keinem anderen Falle werden die Schönheitsanforderungen mit der Zweckmäßigkeit zu einem harmonischen Ganzen: dem Gesamtbilde der Stadt, in Einklang zu bringen sein. (S. 82)
Die Schönheit des Gesamtbildes der Stadt wird durch die Schönheit ihrer einzelnen Teile bewirkt. Man kann eben eine Stadt nicht auf einmal überblicken, wie eine Gebäude oder ein Denkmal, sondern nur einzelne Teile derselben, die Stadtbilder. Auf die Ausbildung dieser ist daher vor allem Bedacht zu nehmen. (S. 82)
Im allgemeinen wäre sehr zu wünschen, daß beim Ausbau aller Siedlungen ein dem Volksstamme, dem Lande und dessen Klima entsprechender, also ein bodenständiger Stil ihnen den baulichen Charakter, die Eigenart gebe ... Die bodenständigen Stile besitzen einen so großen Formenschatz, der der Weiterbildung fähig ist, so daß Anleihen bei fremden Stilen nicht nötig sind. (S. 92)
Des weiteren könnte man sagen, daß Stil und Bauweise sich unbedingt dem örtlichen und landschaftlichen Charakter anzupassen haben. Man könnte dies durch die einfache Formel ausdrücken: In Welt- und Großstädten baue man großstädtisch, in kleinen Städten städtisch und auf dem Lande (also in Märkten, Ortschaften und Dörfern) baue man ländlich. (S. 93) Erfreulicherweise tritt fast allerorts ein Rückschlag ein und man kommt zur Erkenntnis, daß nicht Reißschiene, Dreieck und Hobel, sondern Natürlichkeit, Schönheit und Geschmack im Städtebau maßgebend sein müssen. (S. 94)
Selbstredend wäre es grundverkehrt, moderne Städte nach Form und Art der mittelalterlichen Städte erbauen zu wollen. Das wäre unmöglich. Aber möglich ist es, auch unseren Großstädten ein künstlerisches Gepräge zu geben und sie dadurch anziehend, liebenswert und schön zu machen.
Das ist Aufgabe der Baukünstler ... Die intime, raumbegrenzte Schönheit der alten Städte wird zur imposanten, weiträumigen Großstadtschönheit werden. (S. 97)

2.8.2
Gestaltung: Gesamtgefüge

Unwin:
Denn in der Tat hängt sehr oft die Schönheit von Städten aus der Entfernung gesehen mehr von den Dächern als von irgendeinem anderen Teile der Gebäude ab. (S. 80)
Man braucht nur einige der deutschen Stadtpläne zu betrachten, deren Entwurf so weit detailliert ist, daß er sämtliche Nebenstraßen und Plätze zeigt, und man wird erkennen, daß der Vorrat an Ideen eines ins einzelne gehenden Städtebauers[1], mögen sie an sich sehr gut sein, kaum ausreicht, um den vielen Straßen, Plätzen und Bauten, deren eine große Stadt bedarf, Abwechslung und individuelle Behandlung zu sichern. (S. 168)

Faßbender:
Es geht nicht an, daß eine Siedlung durchaus in einförmiger, schablonenhafter Weise ausgebaut werde; etwa von einem Ende zum andern mit gleichhohen Gebäuden und gleichbreiten Straßen. Das wäre unzweckmäßig, unschön und langweilig. (S. 64)

[1] falsch übersetzt: „of a particular town planner" — eines einzelnen Stadtplaners

Geradlinigkeit und Symmetrie sind Erfordernisse der Monumentalität und dürfen im Stadtbilde nicht fehlen, besonders nicht in größeren Städten. Architekturplätze, Prunkstraßen und monumentale Anlagen bedürfen ihrer sehr. (S. 84)

Aber ein Übermaß ist im Städtebau geradezu schädlich, wie in allen Dingen; daher sind zu viele lange, gerade Straßen ebenso zu vermeiden, wie zu viel gebogene Straßen. Aus diesen Gründen wird sich ein Verkehrsnetz empfehlen, das abwechselnd gerade, nicht zu lange Straßen und leicht gebogene oder gebrochene Straßen, alle verschieden an Breite, Querschnitt und Ausschmückung aufweist und in dem Plätze und Grünanlagen eingestreut sind. (S. 85)

Zu einem schönen Gesamtbilde einer Stadt sind vornehmlich drei Maßnahmen erforderlich: Harmonische Gestaltung der Plätze, gefällige Straßenführungen und wirksame Gestaltung der Gebäude und Gebäudegruppen. (S. 86)

Die langweilige, unschöne Uniformierung zeigt sich darin, daß ... den Neuanlagen schematische, rechtwinkelige Verbauungspläne zugrunde liegen und im Aufbau zumeist auch Schablonenhaftigkeit herrscht. Die Folge davon ist, daß die neuerstandenen Stadtteile in aller Herren Länder einander gleichen. (S. 91)

2.8.3
Gestaltung: Städtische Räume

Howard:
(In der „Großen Avenue") weichen die Fluchtlinien der Häuser ... von dem allgemeinen Plan des konzentrischen Kreises ab. Sie sind halbmondförmig angeordnet, um eine längere Frontlinie in der großen Avenue zu gewinnen und dem Auge die an sich schon großartige Breite der Avenue noch imposanter erscheinen zu lassen. (S. 63)

Unwin:
Die Idee, einen Mittelpunkt anzulegen, sollte sich nicht nur auf Stadtviertel, Gemeinden und Reviere beschränken. Jedes Gebiet sollte seine besondere Zentralgestaltung oder einen Punkt von allgemeinem Interesse haben, um den herum der Entwurf sich gruppiert, und auf den er zugeschnitten sein müßte. (S. 108)

Eine einfache Platzform kann man an der Vereinigung von vier Straßen gewinnen durch Brechung der Richtungslinien; man erreicht damit, daß der Blick jede Straße hinunter geschlossen ist und eine turbinenartige Figur entsteht. (S. 124)

Selbst in Straßen, für die die Verkehrsrücksichten als die Hauptsache angesehen werden müssen, sollte für eine größere Abwechslung in der Breite und für verschiedenartigen Typus und Charakter gesorgt werden. (S. 146)

Vornehmlich von der Behandlung der Straßenmündungen wird ein großer Teil des Eindrucks, den die Stadt macht, abhängen. (S. 149)

(Die Vorzüge gerader Straßen:) Die Kürze des Weges von Punkt zu Punkt; Bequemlichkeit und Ersparnis bei der Anordnung und beim Bau von Straßenbahnlinien usw.; die Erzielung eines weiten Gesichtsfeldes, welches, durch ein passendes Bauwerk oder eine Aussicht abgeschlossen, großen Reiz besitzt ... Der hauptsächlichste Übelstand ... ist ein Hang zur Eintönigkeit, welche daher rührt, daß das Bild der Straße auf ihre ganze Länge dasselbe bleibt und daß ... die starke perspektivische Verjüngung, in welcher man die Gebäude sieht, leicht jedes Interesse ... vernichtet. (S. 154)

Das Zurücksetzen einzelner Gebäude an der Straße hat nicht nur die Wirkung, daß die eintönige Reihe durchbrochen wird, sondern es gewährt zugleich Gelegenheit, vor etlichen Bauten Vorhöfe anzulegen ... Die Unterbrechung der Baufluchtlinie und die Anlage von

Vorhöfen muß mit großer Zurückhaltung und Umsicht geschehen, wenn die Wirkung erfolgreich werden soll. An Stelle einer ruhigen Einförmigkeit . . . kann gar zu leicht eine ruhelose Einförmigkeit abwechselnder Gebäude und Lücken treten. (S. 156)

Bäume und Rasen bilden den natürlichen Schmuck für Straßen und Plätze, wo immer die atmosphärischen Bedingungen für ihr Fortkommen vorhanden sind . . . Größe und Einfachheit in der Behandlung scheinen für gutes Gelingen unerläßlich . . . Breite Rasenflächen und einfache Massen oder Alleen mit Laubwerk sind meistens wirkungsvoll, wenn sie gut verteilt sind. Aber wenn Flächen in eine Anzahl Beete zerschnitten, und diese wieder abwechselnd mit Blattwerk und Blumen in Mustern gearbeitet werden, so zerstören sie . . . den Eindruck der Ruhe, der für den guten Stadtschmuck nötig ist. (S. 163) Die Wirkung von Alleen ist, wie die Franzosen instinktiv erkannt haben, eine der großartigsten, die sich für Straßendekorationen erzielen lassen, und ohne den eigentlichen Eindruck zu verderben, sind die abwechslungsreichsten Anlagen möglich. Es ist notwendig, die Einheitlichkeit der Wirkung zu wahren, indem eine größere Strecke einheitlich mit nur einer Baumart bepflanzt wird. (S. 163)

Zwar kann eine Masse unregelmäßiger Dächer außerordentlich malerisch wirken, aber wo eine große Menge dieser Formen regelmäßig und geordnet angelegt sind, da darf eine notwendig werdende Unterbrechung dieser genauen Anordnung nur mit gewisser Sorgfalt vorgenommen werden, damit nicht eine störende Note von Unordnung eindringt. (S. 211)

Der moderne Mensch hat die Neigung, sein Haus so zu bauen, daß die Absonderung und der Unterschied von allen Nachbarhäusern hervorgehoben wird; aber durch Schaffung getrennter Einheiten kann keine Schönheit entstehen . . . Es muß unser Bestreben sein, dieser Richtung entgegenzuarbeiten und den Beweis zu erbringen, daß jeder Hausbesitzer viel mehr Genuß hat, wenn die Gebäude so angeordnet werden . . ., daß . . . durch eine gewisse Gemeinsamkeit viel mehr Genuß aus dem zur Verfügung stehenden Stück Land erzielt werden kann als durch Aufteilung in lauter einzelne eingezäunte Fleckchen. (S. 217, 219)

Wo der Zeichner des Planes der Anlage zur Vervollständigung seines Straßenbildes sogar Dachlinien braucht, sollte er imstande sein, Anregungen für die Höhe der Dachrinnen und Firste zu geben; wo er bestimmte Farbenpläne durchzuführen wünscht, sollte er für das Material und seine Verwendung in Übereinstimmung mit diesen Plänen Vorschläge machen können. (S. 229)

Faßbender:

Die Plätze sind die vornehmsten Räume der Städte | man vergleicht auch den Platz mit einem Festsaal |. (S. 37)

Beigefügt kann noch werden, daß man unter Architekturplätzen und -straßen solche versteht, bei denen die Architektur vorherrscht. [Hervorragendes Beispiel: der „Petersplatz" in Rom]. Baumreihen sind da nicht erwünscht, denn sie würden die Gebäude verdecken und dadurch ihre Wirkung benehmen. (S. 38)

Die Bauflucht muß nicht parallel mit der Straßenflucht gehen; ein Abweichen durch Vor- oder Zurückrücken einzelner Gebäude oder ihrer Teile bringt Abwechslung und schönheitliche Momente in den sonst starren Gleichlauf der Straßenwandungen. (S. 40)

Die Plätze sollen im allgemeinen geschlossene Bauanlagen bilden, in welche die Straßenzüge so einmünden oder sie derart durchziehen, daß sie die Geschlossenheit nicht stören. (S. 41)

Plätze dienen auch zur Orientierung in dem Gewirre des Straßennetzes; fehlen sie, so ist dem Fremden das Zurechtfinden nicht leicht. Aber auch der Ansässige legt sich das Aufsuchen eines Punktes nach dem, seinem geistigen Auge vorschwebenden Platze zurecht, und gibt Fragenden meist derart Auskunft, daß er die gesuchte Örtlichkeit nach ihrer Lage zu einem Platze weist. (S. 41)

Die Grundlage für schöne Stadtbilder und schöne Raumwirkungen biete schon die entsprechende Anordnung der Baulinien im Stadtbauplane; ... Eine langweilig angelegte Straße kann durch die schönsten Bauten nicht leicht ins Gegenteil gekehrt werden. (S. 82)

Zur Herstellung eines gelungenen Platz- oder Straßenbildes gehört selbstverständlich auch die Umrahmung mit schönen Gebäuden und mit dazu eine wohlgefällige Umrandung gegen den Himmel: die Silhouette. Bei Schaffung von Stadtbildern muß Schablonenhaftigkeit, Eintönigkeit und Langeweile ferngehalten sein; die Gebäudemassen sollen gefällig gruppiert, die Einzelgebäude wirkungsvoll gestellt werden. (S. 82)

Das Niveau der Plätze und Straßen muß der Länge nach nicht immer eben sein, ein einbezogenes |konkaves| Niveau bewirkt einen angenehmen schönheitlichen Eindruck, während ein gewölbtes |konvexes| Niveau oder gar ein merklicher Buckel im Straßenverlaufe das Gegenteil erzeugen, weil dem Beschauer die Wagen und Fußgänger gewissermaßen jenseits der Erhöhung verschwinden. (S. 82 f)

Auf der Kante von Rainen, welche Hochflächen begrenzen, soll man in der Regel keine Straßen führen, sondern lieber in entsprechenden Entfernungen oberhalb und unterhalb ... Erheischen es die Verhältnisse dennoch, oder will man eigens auf Rainen Aussichtsstraßen schaffen, so darf man nur oberhalb der Kante Gebäude aufführen, aber auf ihr selbst nicht, weil sie hier in die Böschung gebaut werden müßten und noch dazu der anderen Straßenseite die Aussicht benehmen. (S. 83)

In eine starke Böschung oder Lehne zu bauen, ist aus hygienischen und schönheitlichen Gründen zu widerraten. Der im Boden steckende Teil des Erdgeschosses wird schwer oder gar nicht vor Feuchte zu bewahren sein und bei offener Bauweise werden zwischen den Gebäuden unschöne, schlecht oder gar nicht verwertbare Böschungen bleiben. (S. 83)

Um neue Plätze und Straßen in unverbautem Gelände – in „Neuland" – anzulegen, darf diesem nicht durch Abtragen aller Unebenheiten Gewalt angetan werden ... Man muß im Gegenteil den Bodenformen und Besitzgrenzen nachgehen: dann erhält man von selbst in lebensvollen Linien reizvolle und auch praktische Straßenführungen. Wellenförmiger Boden und die Zufälligkeiten der Örtlichkeiten geben den besten Anlaß zu künstlerischen Gestaltungen. (S. 84)

Die Sucht, kerzengerade, möglichst lange Straßenzüge zu machen, welche von trostloser Langeweile sind und das ungehinderte Durchfegen des Windes ermöglichen, ist verwerflich. Der „Begradigungswahn" muß aufhören, sagt Henrici. (S. 84)

Sind überlange gerade Straßen vorhanden oder erheischt sie die Örtlichkeit oder der Verkehr, so unterbreche man sie in gewissen Entfernungen durch kleine Baulichkeiten, Denkmäler, Brunnen oder Baumgruppen, damit das Auge erwünschte Ruhepunkte finde. (S. 86)

Die Öde langer Häuserreihen ist durch Rück- oder Vortreten einzelner Teile oder durch stellenweise Erbreiterung der Straßen zu mildern; es entstehen hierbei durch Abwechslung von Licht und Schatten auch künstlerische Motive. (S. 86)

2.8.4
Gestaltung: Einzelelemente

Unwin:
Wenn Statuen mitten in lebhaften Straßen stehen, kann man sie nicht bequem und ohne Störung betrachten, und ihre Wirkung geht durch den Verkehr völlig verloren. (S. 127)

Nichts bezeichnet gründlicher den schäbigen Charakter der Entwicklung unserer modernen Städte und die Niedrigkeit der Motive, die sie eingegeben haben, als die Behandlung der Plätze hinter den Häusern. Man scheint es gar nicht mehr zu beachten, daß in allen Häusern um solch einen Hof der Blick der Bewohner auf die Rückseite der gegenüberliegenden Nachbarhäuser fällt. Aber gerade, weil sie nicht von der öffentlichen Straße aus zu sehen sind, ist jeder Versuch unterblieben, sie auch nur einigermaßen anständig zu bauen ... (S. 198)

Man sollte Gebäude ... so gruppieren, daß Einheiten größerer Maßstäbe entstehen ... Das Zurücksetzen von drei oder vier Häuserpaaren und die Anlage zusammenhängender Rasenflächen davor, dazu die richtige Behandlung der Häuser an jedem Ende, die wiederum an die Bauflucht vorgerückt werden, bringt schon an sich eine gewisse Gruppierung zustande. (S. 216)

Die Architekten sollten dazu erzogen werden, zuerst daran zu denken, wie ihr Haus seinen Platz in dem schon vorhandenen Bilde ausfüllen wird. Die Harmonie, die Einheitlichkeit, die die Häuser verbindet und in ein Bild zusammenschweißt, ist in solchem Grade die wichtigste Erwägung, daß sie den Vorrang haben sollte. Innerhalb der Grenzen dieser verbindenden Einheitlichkeit ist reichlich Raum für Mannigfaltigkeit vorhanden ... (S. 227)

Man lasse um alles in der Welt den Architekten in Farben schwelgen, lasse ihn Farbenpläne entwickeln. Nach dieser Richtung hin sollte man viel Zugeständnisse machen, sowohl bei dem Plan der einzelnen Anlage wie bei den Gebäuden selbst ... (S. 228)

Wo irgendeine Art von Zaun erwünscht ist, empfiehlt sich doch wohl am meisten ein einfaches Gitter, vorzugsweise von verflochtenen Latten, nicht aufdringlich in der Farbe, welches alle Sorten Kletterpflanzen schnell beranken können. (S. 224)

Es muß mit Sorgfalt eine gewisse Rücksicht auf den Maßstab der benachbarten Häuser geübt werden. Dies soll nicht heißen, daß größere Häuser keinesfalls mit kleineren verbunden werden dürfen, sondern vielmehr, daß bei ihrer Behandlung der Maßstab beider und ihre besonderen Merkmale in solche Beziehung gebracht werden, daß sie eine glückliche Vereinigung darstellen. Solange dieser vergleichende Maßstab angelegt wird, wird sich stets ein großer Vorteil aus der Verbindung von Häusern verschiedener Größe ergeben. (S. 234)

Faßbender:

Dem Stadtbilde zuliebe gestatte man aber niemals ein unvermitteltes Durcheinander von geschlossener und offener Bauweise, so daß Feuermauern gegen Vorgärten und Gärten stehen würden, sondern ordne die Bauweisen stets in geschlossenen Gruppen an. (S. 66)

Gleichwie auf die Einrichtung von Innenräumen der Gebäude, so ist auch auf die Ausstattung und den Schmuck der Plätze und Straßen Sorgfalt zu verwenden, damit sie die Schönheit der Stadtbilder heben und nicht etwa beeinträchtigen. (Folgt Aufzählung der Einrichtungsstücke von Denkmälern und Brunnen bis zu Bedürfnisanstalten und Balustraden. S. 87)

Denkmäler werden vornehmlich auf Stadtplätzen und in öffentlichen Anlagen Aufstellung finden. Auf Plätzen ist es nicht notwendig, daß sie die Platzmitte einnehmen. Eine Wandstellung, d. i. vor einer Platzwand, vor einem Gebäude oder vor einer grünen Wand aus Gebüschen oder Bäumen, welche dann den Hintergrund bilden, ist sehr vorteilhaft für die Wirkung des Kunstwerkes; oft besser als die Stellung in der Mitte. (S. 88)

Nichts trägt so sehr dazu bei, einem Orte einen freundlichen Charakter zu geben, als Blumenschmuck, sei es nun in öffentlichen Gärten, in Vorgärten oder in Hauslauben (Loggien), auf Balkonen, an den Fenstern und auf Lichtmasten u. dgl. Kein Ort versäume, sich diesen Schmuck anzulegen, insbesondere, wenn er auf Fremdenbesuch rechnet. (S. 90)

Häßlichkeiten werden oft auch durch geschmacklose oder schreiende Fassadenfarben bewirkt. Wie entsetzlich wirken in einer Straße oder gar in der freien Natur blau, rosa, grün oder schokoladenfarbig angestrichene Bauten! Am natürlichsten ist es, wenn man den

Putzfassaden eine Steinfarbe gibt und hierzu freundliche, warme Töne wählt. (S. 95)
Aber noch mehr verunzieren ein Straßenbild übergroße und schreiende Reklameschilder sowie dergleichen Annoncen auf Feuermauern ... (S. 95)
Die Vorgärten sollen nicht nur gegen die Straßen, sondern auch gegen die Nachbarn und zwar bis ungefähr 2 m hinter die Bauflucht hinein mit Einblick gewährenden Einfriedungen versehen werden. Auf diese Weise wird verhindert, daß hervorgehende Grenzmauern oder Abplankungen die Straßenbilder beeinträchtigen. Unerfreulich ist es auch, wenn Gärten gegen die Straße mit Mauern oder Planken versehen sind ... (S. 95)

2.8.5
Gestaltung: Bestandserhaltung und Denkmalpflege

Faßbender:
Jede Stadt und jeder Ort sollten „Heimatschutz" und „Denkmalpflege" auf ihre Fahne schreiben. Alte Bauwerke und Denkmäler sind, insofern sie historischen oder künstlerischen Wert besitzen, für immer zu erhalten. Die bodenständige Bauweise soll gepflegt und eine fremde hintangehalten werden. Trotz der Schonung des Alten dürfen aber keineswegs die Anforderungen an modernen Fortschritt und Zeitgeist außeracht gelassen werden. (S. 18)

2.9
Sanierung und Stadterneuerung

Howard:
(Die Gartenstädte werden zu einer Abwanderung der Bevölkerung Londons führen:) Aber das wird aus den verfallenen und verpesteten Häusern werden? ... Diese elenden Spelunken werden niedergerissen werden, und an ihrer Stelle werden Parkanlagen, Spielplätze und kleine Pachtgärten treten ... Auch wird, glaube ich, kaum ein Parlamentsbeschluß erforderlich sein, um diese Wirkung zu erzielen; wahrscheinlich werden die Grundherren unter dem Zwang einer Nemesis, der sie nicht entrinnen können, freiwillig Ersatz für die so lange von ihnen begangene Ungerechtigkeit leisten müssen. (S. 154)
Dem Aufbau neuer Städte muß ein vollständige Umgestaltung Londons entsprechen. Dort dringt die Stadt auf das Land; hier muß das Land in die Stadt dringen. Dort werden Städte unter ganz neuen Bedingungen erbaut: das Land wird zu billigen Preisen erworben und dann den neuen Stadt-Gemeinden übertragen; in London müssen ähnliche Einrichtungen getroffen werden, oder niemand wird mehr bauen wollen ... (S. 155)

Unwin:
(Hinweis auf die erwünschte Beseitigung der „überaus langen" Hintergebäude bei Reihenhausbebauung. S. 198)

Faßbender:
Wenn eine geplante Straße eröffnet wird, dauert es unterschiedlich mehrere Jahre oder auch Jahrzehnte, bis sie vollständig ausgebaut ist. Dann bleibt sie dergestalt, bis die einsäumenden Gebäude untauglich geworden sind, entweder wegen Baufälligkeit (die Lebensdauer eines gewöhnlichen Wohnhauses beträgt ungefähr 100 Jahre) oder weil sie den geänderten Zeitbedürfnissen nicht mehr genügen. Dann erneuern sich die Straßenwände, aber der Straßenzug bleibt. (S. 15)
Wenn nun die Verbauung einer wachsenden Stadt ins Land sich ausbreitet, an die umliegenden Orte herankommt und sie später übergreift, so ist es unmöglich, daß diese

anders gearteten Gebiete gleich Oasen in der städtischen Verbauung bestehen bleiben; sie werden sich dem Gesamtorganismus einordnen müssen. (S. 16)

Die Frage, ob in alten Stadtteilen Straßenerweiterungen und Durchbrüche Platz greifen dürfen, ist unbedingt zu bejahen... Auch erheischt es der Bedarf an Weiträumigkeit, der mit der Vergrößerung einer Stadt auftritt. Weiters verlangt die Hygiene, daß Licht und Luft in die oft viel zu engen alten Straßen, Gassen und Gäßchen gebracht werde.

Es ist nicht notwendig, daß durch solche Erweiterungen und Durchschläge der Charakter der Stadtteile leide; auch hierbei können durch verständige, sachgemäße Raumerweiterungen schöne, einheitliche Stadtbilder erstehen. Sind einer notwendigen Regulierung bedeutsame Bauwerke hinderlich, so sind sie nicht etwa niederzureißen, sondern geschickt zu umgehen. (S. 18)

Manche durch den Verbauungsplan bedingte Regulierungen oder Neuherstellungen werden infolge ihrer Größe oder Kompliziertheit nicht von den einzelnen Haus- und Grundbesitzern allein durchgeführt werden können; hierzu werden vereinte Kräfte, so insbesondere die Mitwirkung der Stadt oder auch des Landes erforderlich sein. Weiters wird sich auch eine gruppenweise Umbauung von Gebäuden dort als vorteilhaft empfehlen, wo etwa durch die örtlichen Verhältnisse der Umbau einzelner Gebäude sehr schwierig oder unzweckmäßig wäre. (S. 119)

Dritter Zeitabschnitt: 1915-1930

1. *Cornelius Gurlitt*
   "Handbuch des Städtebaues"
   Berlin, "Der Zirkel" Architekturverlag, 1920

2. *Karl Brunner*
   "Baupolitik als Wissenschaft"
   Wien, Julius Springer, 1925

3. *K. A. Hoepfner*
   "Grundbegriffe des Städtebaues"
   1. Band Berlin, Julius Springer, 1921
   2. Band Berlin, Julius Springer, 1928

3.1.1
Wesen und Aufgaben des Städtebaues

Gurlitt:
Künstlerischer Städtebau ist, etwa wie künstlerischer Wohnhausbau, ein solcher, der das bequemste, wohnlichste, besteingerichtete, gesündeste, schönste Werk preiswert schafft. (S. 1)
  Der Stadtplan aber ist die Grundlage für das Wohnwesen. Ein verfehlter Plan zwingt Tausende für unabsehbare Zeiten in unerwünschte Lebensverhältnisse. Es greift mithin der Städtebau in das soziale und künstlerische Leben nicht nur unserer Zeit ein, sondern ebenso tief in das der Zukunft. (S. 2 f)
  Städtebau ist der Ausgleich zwischen den verschiedenen Erfordernissen des städtischen Lebens, das Abwägen zwischen dem Werte der sich geltend machenden Notwendigkeiten. (S. 205)
  Der Städtebau hat die Aufgabe, alles das zu bedenken, und anzuordnen, was eine Übervölkerung hintanhalten und Wohnungsgesundheit fördern kann. Er hat also nicht nur Straßen anzuordnen, sondern auch die Bebauungsweise des Baulandes zu regeln. (S. 385).
  Aufgabe der Planung im Städtebau ist es, den verschiedenen Bauarten ihre Stätte anzuweisen, d. h. die Besiedlung des Bodens zu regeln, sie von Zufälligkeiten zu befreien und damit zu einer klaren Gliederung der Stadt zu gelangen. (S. 409)

Brunner:
Bei richtiger Umgrenzung der gesamten Materie der Städtebau- und Siedlungskultur, bei Einbeziehung ihrer primären Grundlagen, ergibt sich eine Prämisse vor dem Einsetzen der technischen Gestaltung: die Lösung ihrer rein kulturellen, ihrer politischen und wirtschaftlichen Voraussetzungen... Baupolitik... ist als eine unerläßliche Ergänzung der Lehren der "Städtebautechnik" und der "Städtebaukunst" zu betrachten. (S. 4)
  Zschimmer definiert das technische Schaffen als "zweckvolles Umgestalten der Naturwirklichkeit, charakterisiert durch den Grundgedanken der von der Technik erstrebten materiellen Freiheit des menschlichen Lebens". (S. 25)
  Die Lehre der Baupolitik (ist) die letzte Vorbereitung, die die Hochschule dem in den Beruf tretenden Architekten und Bauingenieur bieten kann; sie ist gründlicher Aufbau, weiteste Synthese – letzten Endes: Einführung ins Leben. (S. 77)

Hoepfner I:
Die Wissenschaft vom „Städtebau" hat die Aufgabe, die Grundlagen dafür zu schaffen und uns dazu in den Stand zu setzen, die körperliche Gestaltung der Städte in möglichst zweckmäßiger Weise zu lösen. (S. 1)

Das, was wir als eine Stadt bezeichnen, stellt sich heute dar als eine innere Gemeinschaft der verschiedenartigsten Betriebe und Interessen, die in der Platzfrage ihre ganz bestimmten Bedürfnisse haben, deren sorgsamste Berücksichtigung und Befriedigung unumstößliche Notwendigkeit für das Gedeihen des Ganzen ist. Dem Rechnung zu tragen und die entsprechende Vorsorge zu treffen, ist Pflicht der Gemeinde- und Staatsbehörden als Zentralstellen der Gesamtheit, die sich in ihnen verkörpert. (S. 7)

Hoepfner II:
Ich gehe ... von einem Standpunkt aus, der sich meiner Ansicht nach am kürzesten dadurch kennzeichnen läßt, wenn ich „Städtebau" gleich „Stadtkonstruktion" setzte. Ich erkenne die Bedeutung der Stadtschönheit uneingeschränkt an. Aber die Stadt ist kein Werk der freien Kunst. Intuition und Gefühl genügen nicht, um aus ihnen heraus die Anordnung und Formen zu entwickeln. Eine Stadt ist vielmehr ein Zweckgebilde. (S. III)

Erst wenn wir klar überblicken, welche Bedürfnisse der Menschen und Wirtschaft in den Städten erfüllt werden müssen, damit sie gute Siedlungsstätten sind, und welche Vor- und Nachteile der Befriedigung der vielfachen Bedürfnisse je nach der Art erwachsen, in denen man die Gestaltung der Stadt und ihrer Einzelteile löst, erst dann haben wir eine Lehre und eine Wissenschaft vom Städtebau. (S. III f)

Die Schwierigkeit der Schaffung eines Lehrgebäudes und einer Wissenschaft vom Städtebau liegt wohl darin, daß es für Ingenieure nicht genügt, wenn sie allerhand wissen, sondern man muß ihnen das Wissen als Werkzeug in die Hand geben... Also muß man über das Wissen um Früheres und Bestehendes weit hinaus ihren Blick auf künftige Ziele lenken, diese in ihrem Wesen und ihrer Bedeutung klarstellen und dann die Frage erörtern, wie wohl diese Ziele erreichbar sind. (S. VI)

Im übrigen aber hat die Durcharbeitung dieser Fragen mich in meiner Anschauung bestärkt, daß wir künftig im städtebaulichen Gestalten fast alles aus den Bedürfnissen der Gegenwart und Zukunft heraus neu entwickeln müssen, also schöpferisches Gestalten im wahren Sinne des Wortes zu treiben und reinste Ingenieuraufgaben zu lösen haben. Damit ist uns eine Aufgabe gestellt von einer Vielseitigkeit, einem Umfang und einer Bedeutung, die meiner Überzeugung nach auf keinem anderen Gebiet des Ingenieurwesens eine Parallele findet. (S. VII)

Auch von anderer Seite ist schon verschiedene Male festgestellt, wie eng die Stadtform mit allen wirtschaftlichen, kulturellen, verwaltungstechnischen und ethischen Verhältnissen zusammenhängt. Man muß sich aber bewußt sein, daß die Stadtform durch diese Beziehungen nicht nur als Objekt beeinflußt wird, sondern auch ihrerseits subjektiv die wichtigsten Einflüsse ausübt. (S. VII f)

Um durch Wissenschaft zur Klarheit des Handelns zu gelangen auf einem Teilgebiet, wie dem des Städtebaues, gehört nun in erster Linie, daß wir das Gebiet und seine Aufgaben zunächst einmal eindeutig begrenzen und durchschauen ...

Alles nun, was zur Hebung der inneren menschlichen Leistungsfähigkeit durch Gestaltung der Stadt als Siedlungsstätte dient, nenne ich das Stadtbauwesen.

Teilt man das Stadtbauwesen aber andererseits in seine Einzelaufgaben auf, so findet man nunmehr eine Reihe besonderer Untergebiete, und unter diesen grenzt sich ganz von selbst und – wie ich meine – klar und eindeutig der „Städtebau" ab. (S. 6 ff)

Wir müssen demnach zwei Arten von Wissenschaften unterscheiden. Die eine klärt Tatsachen und Zustände auf, stellt lediglich Bestehendes fest ... Ein ganz neuartiges Wirkungsfeld ergibt sich aber, wenn man auf wissenschaftlichem Wege danach strebt, nach allen Richtungen hinsichtlich ihrer Vertretbarkeit, Gültigkeit und Maßgeblichkeit geklärte Regeln und Gesetze zu finden, die den Maßnahmen der Praktiker schnell und unfehlbar Richtung und Sicherheit geben. Diese Klärung der Gesetze des Handelns sind der eigentliche Kern der „Ingenieurwissenschaften" ...

Diese Tätigkeit stellt nun ganz andere Ansprüche als die reine Erkenntnis. Man kann sich dabei nicht auf ein enges Gebiet beschränken, sondern muß z. B. gerade auf dem Arbeitsfelde des Städtebaues unendlich viele Einflüsse, Rücksichten und Erkenntnisse aus allen Wissensgebieten in Betracht ziehen und alle physischen, psychischen und ethischen, menschlichen und wirtschaftlichen Konsequenzen ins Auge fassen und wägen. (S. 25 f)

Ich fasse alle diese Maßnahmen zusammen unter dem Begriff des „Stadtbauwesens":

Für dieses ergibt sich je nach den Gebieten, auf denen die einzelnen Maßnahmen liegen, etwa folgende Unterteilung:
1. Städtebau
2. Städtisches Hochbauwesen,
3. Stadtstraßen-Ausbau,
4. Städtisches Verkehrswesen
5. Städtereinigung.
6. Wasserversorgung

und vielleicht noch gewisse Belange zur Versorgung mit Gas-, Elektrizitäts- und Heizanlagen. (S. 54)

Mit der Bezeichnung „Städtebau" verbinden sich besonders verschwommene, unklare und meist einseitige Begriffe ... Demgegenüber kennzeichne ich den Städtebau folgendermaßen: Der Städtebau behandelt speziell die Bildung der Stadt zum Einheitskörper und die Beeinflussung der Einzelelemente mit Rücksicht auf die Bildung dieses Einheitskörpers innerer organischer Gebundenheit, um der Stadt die ihrem Wesen entsprechende Form zu geben. (S. 56)

Der Städtebau stellt also ganz im besonderen das Gebiet dar, welches aus dem Wesen der Stadt als Organismus die Folgerungen für die Gestaltung des Ganzen und für die Gestaltung der Einzelheiten zu ziehen hat, damit sich diese „organisch" einfügen ... (S. 57)

„Städtebau" ist Programm und Organisation. Er gibt die Richtlinien dafür: Was muß geschehen, wo muß es und wann muß es geschehen ... und was darf nicht geschehen, damit künftige Möglichkeiten nicht vereitelt werden.

Die Folge davon ist, daß auf diesem Gebiet sehr viele Fragen nebeneinander zu erwägen und lange Zeiten hindurch ständig zu beobachten und miteinander zum Ausgleich zu bringen sind. (S. 58)

Alle Einzelfragen aber zusammenzufassen und einer einzigen leitenden Idee unterzuordnen und so aus der Stadtsiedlung ein möglichst vollkommenes Ganzes, und zwar einen Organismus, zu schaffen, das ist die Aufgabe, die innerhalb des Gesamtgebietes des Siedlungswesens dem Sondergebiet des Städtebaues zufällt. (S. 81)

Städtebau ist Stadtplanung – town planning! Zielbewußtes, programmatisches Arbeiten und Wirken, wie es sich aus der Entwicklung der „Städte" zu sozialen Organisamen als unentbehrlich ergeben hat. Der Städtebau soll, mit einem Wort, die Stadt in die geeignete Form oder – vielleicht drückt es der sportliche Ausdruck am besten aus –: er soll sie „in Form" bringen. (S. 83)

Die Wissenschaft vom „Städtebau" hat daher die Aufgabe. klare und unanfechtbare Richtlinien für die Anordnung der Stadtkörper und für ihre Gestaltung im Ganzen und in den Einzelteilen zu finden. Sie muß prüfen, wie und inwiefern die Formung der Stadtkörper in Beziehung und – beeinflußter oder beeinflussender – Wechselwirkung mit den großen Kräften und Strömungen steht, die im Volks- und Wirtschaftsleben am Werke sind. (S. 177)

Städtebau bedeutet Stadtkonstruktion ... Die Aufgaben des Städtebaues ... lassen sich ferner nur innerhalb der Spanne von Jahrzehnten lösen. Und drittens werden sie dadurch erschwert, daß unser Arbeiten und Planen nicht an einer nach feststehenden Naturgesetzen wirkenden und mathematisch berechenbaren Maschine, sondern an einem Organismus und unter Einsetzung von Bedürfnissen, Willen und Widerstreben zahlloser Menschen zu erfolgen und hat deshalb ein weit höheres Maß an Weisheit, Geschick und Zähigkeit erfordert. (S. 193)

Dazu brauchen wir eine Lehre und Wissenschaft vom Städtebau, die nicht Wissen vermittelt, sondern Können, die ihre Schüler befähigt, schaffend tätig zu sein, ihnen feste, klare und beweisbare Richtlinien gibt. Diese muß meiner Ansicht nach zerfallen in:
1. Die Grundbegriffe des Städtebaues. Hierin ist Klarheit zu schaffen darüber, was gebraucht wird und anzustreben ist.
2. Die Konstruktionslehre. Sie hat anzugeben, wie man die Formbildungen findet, die dem Bedarf am weitestgehendsten entsprechen.
3. Die Städtebaupolitik. Sie hat Klarheit zu schaffen, was von dem Erstrebenswerten ausführbar ist und welche Mittel und Wege zu bahnen und einzuschlagen sind, um das tatsächlich zu erreichen, was nach Zweck und Form als erstrebenswert anerkannt ist.

Alle drei Gebiete ergänzen und bedingen sich gegenseitig und bilden eine Einheit. (S. 197)

3.1.2
Beteiligte Disziplinen

Gurlitt:
Der Städtebauer wird jedenfalls gut tun, sehr stark mit „unvorhergesehenen Fällen" zu rechnen ... Der Statistiker, der Volkswirt, der Sozialpolitiker hat ihm die leitenden Gedanken zu leihen, aus denen heraus er sich die Stadt der Zukunft vorzustellen hat. Der Maschinenbauer, der Ingenieur, der Verkehrstechniker und der Architekt habe ihn zu belehren nicht nur darüber, was sie zu leisten vermögen, sondern was sie in Zukunft hoffen leisten zu können. (S. 2)

Aber auch der erfahrene Städtebauer wird der Beihilfe anderer nicht entraten können. Er braucht genaue Kenntnis der örtlichen Verhältnisse, der Absichten verschiedener Behörden, wie etwa der Bahnverwaltung, der Wasserbauämter, der Wohnungsfürsorge, der Ansichten über die Verteilung der Betriebsanstalten auf das Gelände. Er braucht vor allem Rat von den Technikern, die befähigt sind, die Bauten und Einrichtungen zu schaffen, denen er die Stätte bereiten soll. (S. 10)

In diesem Buche wurde versucht, die Grenzen einzuhalten, in denen sich die Arbeit des Städtebauers zu vollziehen hat, den Gebieten gegenüber, die anderen Berufszweigen zuzuweisen sind. Es wurde aber überall darauf hingewiesen, daß ohne einen Einblick in die Aufgaben der Nachbargebiete der Städtebauer nicht auskommen wird, jenen Einblick, der die Schwierigkeiten erkennt und zu ihrer Behebung den geeigneten Fachmann zu finden weiß. (S. 371) Aufgabe der Statistik ist, die gegenwärtigen Verhältnisse klar darzustellen, um somit im Lauf der Zeiten der Entwicklung des wirtschaftlichen Lebens einen gangbaren Weg zu ebnen. Aufgabe des Städtebauers ist, aus der Statistik die Folgen für die Zukunft zu ziehen. Denn sein Werk dient mehr der Zukunft als der Gegenwart. (S. 371)

Brunner:
Wohl wäre ein Kompromiß auch in der Form möglich, daß eigene Kollegien von Vertretern aller Wissensgebiete von Einfluß gebildet würden, welche über Fragen der Baupolitik zu entscheiden hätten; doch kann dieser unvermeidlich schwerfällige Vorgang nur für gesetzgebende und Verwaltungskörperschaften in Betracht kommen. (S. 51)

Was daher nottut, ist der wissenschaftliche zusammenfassende Aufbau des gesamten Stoffes auf Grundlage der Technik und die Einordnung der Sonderarbeit des einzelnen in das Gefüge des Ganzen innerhalb seiner richtigen Grenzen. Dann steht an Stelle der heutigen Arbeitsteilung, die immer Lücken offen läßt, die Arbeitsgemeinschaft, die die Rollen richtig verteilt. (S. 55)

Es ist aus der allgemeinen Erfahrung bekannte Tatsache, daß kaum ein anderes Gebiet so viele Schwierigkeiten im Rechtsverfahren bereitet, als das technische, weil hier eben der Teilnahme des Technikers nicht entraten werden kann, sein meist nur anschauliches Denken aber die begriffliche Verständigung erschwert. (S. 64)

Die Lehre der Baupolitik hat den Techniker in das Gebiet gesellschaftlicher Wissenschaften einzuführen, verwandte Grenzgebiete der in Frage kommenden Disziplinen synthetisch zu einem Gesamtgerüst zu vereinigen, das dann allen idealen Forderungen nach Entwicklung und Wohlfahrt der Menschheit die Wege technischer Verwirklichung weist. (S. 65)

Von Wichtigkeit erscheint es hierbei, die Schäden der weitgehenden Loslösung der einzelnen Spezialwissenschaften von ihrem naturgegebenen ursprünglichen Zusammenhang in der Hinsicht zu beheben, daß dem universell gebildeten Techniker wieder die richtige Vorstellung des Begriffes der „Stadtwirtschaft" als organisches und arteigenes Ganzes vermittelt werde; daß ihm der Baukörper der Stadt, der städtische Verkehr, das Geschäftsleben usw. nicht als gesonderte Erscheinungen vorschweben, sondern daß er innerhalb lokaler Grenzen die Gesamtheit aller an gesellschaftliche Agglomeration geknüpften Zweige des sozialen und Wirtschaftslebens als „Organismus Stadt" begreift. (S. 68 f)

Das wesentliche... ist nicht etwa die Erweiterung der Ausbildung des Technikers auf ein neues Spezialgebiet, sondern die Synthese bestehender Disziplinen zu einem Gesamtbegriff der Städtebaukultur. (S. 75)

Hoepfner II:
Nun muß man aber bei Behandlung städtebaulicher Fragen damit rechnen, daß Ingenieure, Volkswirtschaftler, Hygieniker und noch viele andere daran beteiligt sind. (S. 2)

Wenn man also überhaupt in diesem Zusammenhang den Standpunkt des Architekten in irgndeinen Gegensatz zu dem des Ingenieurs stellen wollte, so kann diese nur in dem Sinn geschehen, daß die „Architektur" nur einen Teil des Gebietes bildet, der Ingenieur aber das Gesamtfeld bearbeiten muß. Dagegen sollen meine Worte nicht besagen, daß der Architekt nicht zum Städtebauer werden könne. (S. 5)

Stehen die Maßnahmen des Ingenieurs, des Juristen und des Volkswirtschaftlers und noch mancher anderer in Ursache und Wirkung wechselseitig in so enger Abhhängigkeit voneinander, so wird eben nicht jeder von ihnen als Sonderfachmann wirken dürfen sondern nur im Orchester, das der Städtebauer dirigiert und in dem Jura, Technik, Wirtschaft usw. zu gemeinsamer Melodie sich zusammenfinden und aufeinander abstimmen müssen. Motiv und Melodie aber müssen aus dem Problem des Städtebaues entwickelt, werden, um es nach dessen klarer Erkenntnis in harmonischer Weise zu lösen. (S. 94)

3.1.3
Anforderungen an den Städtebauer

Gurlitt:
Die ungeheure Verantwortung beruht eben darin, daß des Städtebauers Werk das Dauerhafteste im Gesamtleben der Nation ist. Er darf seine Pflichten den kommenden Geschlechtern gegenüber nie vergessen. Er muß den Mut haben, sich der „praktischen Leute" zu erwehren, die nach dem Augenblicksbedürfnis urteilen. Er soll ihnen auf dem Grunde sorgsamen Erwägens aufgebaute Darlegungen entgegenhalten, was die Bedürfnisse einer nahen und fernen Zukunft sein werden: Er ist den Söhnen für die Kurzsichtigkeit der Väter verantwortlich. (S. 3)
... eine Fülle widerstrebender Fähigkeiten schaffen den zum Städtebau höchster Art berufenen Künstler. Die Frage, ob er Architekt oder Ingenieur, Geometer oder Bauingenieur zu sein habe, ist müßig: Er soll all dies zu gleicher Zeit sein: Vor allem aber ein Mann, der den Wert der Dinge zu schätzen und gegeneinander abzuwägen weiß und der somit zu klarer Erkenntnis der für die Plangestaltung auf die Dauer entscheidenden Anforderungen gelangt. (S. 3)
Es drängt sich daher die Frage auf, wem die Planung anzuvertrauen sei. Es wird diese in einem gewissen Sinne dadurch beantwortet, daß an den Technischen Hochschulen Architekten und Ingenieure sich vereinigt haben, um Lehrkurse für Städtebau einzurichten, das heißt das zu ergänzen, was dem fachgemäß ausgebildeten Techniker beider Fächer an Kenntnis vom anderen Fach noch fehlt, um sich im Städtebau betätigen zu lernen. (S. 10)
Die Kunst des Städtebauers wird ausgeübt auf dem Papier. Er schafft nicht Stadtbilder, Straßenbilder, Platzbilder. Er schafft nur die Grundlage für diese. Er schafft nicht einmal Räume, sondern arbeitet lediglich in zwei Dimensionen. Aber er soll sich eine Vorstellung dessen zu schaffen vermögen, wie die in der dritten Dimension, also räumlich sich entwickelnden Ausgestaltungen seines Planes wirken werden. (S. 11)
Der Städtebauer soll ... die Gesamtheit der örtlichen Interessen vertreten, speziell jene der ihn beauftragenden Gemeinde. (S. 94)
Nur der, der sich des Erreichbaren klar bewußt ist, wird in der Planung vor Enttäuschungen bewahrt bleiben. (S. 384)
Sowenig wie es Aufgabe des Städtebauers ist, die auf dem von ihm planmäßig für die Bebauung vorzubereitenden Gelände entstehenden Bauten zu entwerfen, ebensowenig gehört in sein eigentliches Schaffensgebiet Gärten anzuordnen, Entwürfe für solche aufzustellen. (S. 429)

Brunner
... in der Tat ist der berufene Architekt niemals bloß ein allen soziologischen Fragen abgeschlossener, in seiner Welt technischer Fachkenntnisse und eigener Vorstellung schaffender Künstler, sondern auch stets Bildner der Gesellschaft. (S. 34)
Wenn wir zu der Erkenntnis kommen, daß die „Baupolitik" ein unmittelbares Verbindungsglied zwischen Bauwesen und Sozialökonomie darstellt, so tritt die Frage auf, ob der berufene Vertreter in Lehre und Anwendung der Techniker oder der Sozialökonom sei. (S. 50)
Es ergibt sich aus dem bisherigen, daß die praktische Anwendung der Lehre nur das Ziel haben kann, das Bauwesen in den Dienst bestimmter Erfordernisse der Gesellschaft zu stellen ...
Diesen Bedingungen des technischen Schaffens im Bauwesen, insbesondere im Städtebau- und Siedlungswesen, kann nur bei der Herstellung, also nur durch den Techniker selbst in jedem Sinne entsprochen werden und darum muß er es sein, welcher das Gebiet

der Baupolitik beherrscht und welchem es zukommt, ihre Forderungen zu erfüllen. (S. 50) Wer das Bauwesen nicht beherrscht, (kann) kein Baupolitiker sein. (S. 50)

Wo ist bei der heutigen Berufsteilung der Stand, der mit umfassendem technischen Können hinreichende Kenntnisse und Erfahrungen in sozialer und wirtschaftspolitischer Hinsicht verbindet? Diese „Baupolitiker" in akademischem Sinne sind noch nicht geschaffen und nur ein Kompromiß kann sie ersetzen. Es fordert vom Techniker, daß er sein Wissen durch Erwerbung von Kenntnissen der Gesellschaftswissenschaften vervollständige. (S. 51)

Wenn wir aus den vorhergehenden Darlegungen erkennen, wie vielfältig die Beziehungen der Technik zu staats- und wirtschaftswissenschaftlichen Gebieten sind, dann muß es uns auch unmittelbar erklärlich erscheinen, daß der Gliederung der technischen Ausbildung in vier oder fünf Fakultäten eine Gliederung der sozialen und wirtschaftlichen Ausbildung zumindest nach zwei Gruppen der technischen Fakultäten entsprechen soll. Dies wäre die vorwiegend wirtschaftliche Ausbildung des produzierenden und die vorwiegend sozialpolitische Ausbildung des organisierenden Ingenieurs. (S. 62)

Eine allgemeine rechtswissenschaftliche Unterweisung kommt für den Techniker weder hinsichtlich der Theorie des Rechtes noch auch als Gesamtübersicht über die Gesetzgebung in Betracht; als in den Lehrplan des Technikers kann vielmehr nur derjenige Ausschnitt des Rechtes eingefügt werden, welcher das Gebiet seiner Berufsrichtung betrifft. Theorie und System sind hierbei nur insoweit von Wichtigkeit, als sie für das Verständnis des praktischen Rechtes notwendig sind und dem Techniker den nicht zu unterschätzenden Vorteil des „juristischen", begrifflichen, ordnenden Denkens vermitteln. (S. 64)

Für die volle Erkenntnis der Tragweite der in der Baupolitik vereinigten Fragen, für die richtige Auswertung baupolitischer Leitsätze in der Praxis ist die möglichste Heranführung des Studierenden an die faktischen Erfordernisse der menschlichen Gesellschaft eine unerläßliche Voraussetzung. (S. 70)

Mangels eines ausreichenden Hochschulpraktikums wäre der absolvierte Techniker darauf angewiesen, diese Praxis in der Berufstätigkeit zu suchen. Nun mag dies auf anderen, in sich geschlossenen technischen Gebieten auch vollauf gelingen, das ausgedehnte Gebiet der wirtschaftlichen und sozialen Wechselbeziehungen des Bauwesens kann jedoch in der meist eng begrenzten Berufssphäre des jungen Ingenieurs keineswegs genügend erfaßt werden. (S. 71)

Hoepfner II:

Es scheint mir nichts kläglicher, als dieser zuweilen geradezu kindische Streit, ob der Architekt oder Bauingenieur oder sonst jemand zum Städtebau „berufen" sei. Meinetwegen kann jemand von Haus aus sein, was er will. Jedermann wird aber erst im Städtebau etwas Rechtes leisten, wenn er sich mit heißem Bemühen darin vertieft und, was er auch bis dahin getrieben haben mag, erst einmal „Städtebauer", d. h. etwas Neues und Besonderes wird gegenüber seiner früheren Tätigkeit. (S. 4)

Städtebauliche Vollarbeit leistet nur und somit betätigt sich erst derjenige eigentlich als Städtebauer, der die praktische Verwendbarkeit seiner Erkenntnisse und Feststellungen richtig angibt, also die Folgerungen für die schaffende Tätigkeit prüft und dabei alle die vielen Abhängigkeiten und Zusammenhänge berücksichtigt, die im Städtebau ineinanderwirken. (S. 4)

Man (muß) bei genauer Betrachtung der zu lösenden Aufgaben zu dem Schlusse kommen, daß die Städtebauer eine neue, einerseits zwar mit den bestehenden Ingenieurgruppen dadurch verwandte Kategorie bilden, daß sie nämlich auch Ingenieure sind, andererseits aber eine von allen verschiedene Gruppe darstellen, weil das Wesen dieses Gebietes sich mit keinem der anderen zur Deckung bringen läßt. (S. 5 f)

Der Städtebau ist ein Fach für sich. Wenn man es in seinem innersten Wesen voll erfaßt hat, so weiß man, daß man auf sehr vielen Gebieten zu Hause sein muß, wenn man den Ehrentitel eines „Städtebauers" verdienen will. Wegen dieser Vielseitigkeit der Gesichtspunkte, denen man gerecht werden muß, darf man den Städtebau als die Krone der Ingenieurfächer bezeichnen. (S. 6)

Wenn man vom Wesen der Sache ausgeht, so ergibt sich eben, daß dem reinen Architekten im allgemeinen das rein Praktische ... nicht liegen kann, weil bei ihm das Empfinden eine zu große Rolle spielt. Ebensogut und teilweise mit mehr Recht kann man den Bauingenieuren den Vorwurf machen, daß sie sich dieser Aufgabe nicht genügend annehmen ...

Wenn man diese Aufgaben erfüllt sehen will, erkennt man, daß hier ... eine Lücke klafft ... diese soll man ... ausfüllen, indem man eine neue weitere Fachgruppe, die der Siedlungsingenieure schafft, die gleichzeitig ein Bindeglied zwischen den Architekten und Bauingenieuren bildet. (S. 29 f)

Diese Siedlungsingenieure .. müssen ihr Wirken auf die persönlichen Bedürfnisse der Menschen einstellen ... Sie dürfen sich andererseits nicht begnügen mit der Pflege der Schönheit und der Verkörperung von Zweck und Gedanken in Formensprache, sondern müssen die harten, nüchternen alltäglichen Bedürfnisse des menschlichen Lebens durch Gestaltungen nach dem Bedarf befriedigen unter Berücksichtigung der Forderungen der Betriebe aller Art. (S. 31)

Deshalb muß auch jeder Stadtbauingenieur auf allen Ingenieurgebieten vorgebildet sein ... Damit bringt er in diese Gebiete neue Gesichtspunkte herein, die nur er sachgemäß vertreten kann, weil nur er den Stadtorganismus und seine Bedürfnisse sowie die Wechselbeziehungen zwischen diesem Organismus und den Einzelanlagen genügend zu überblicken vermag. (S. 61)

Der Siedlungsingenieur will seinen Mitmenschen durch sachgemäße und schöne Konstruktion der Siedlungsstätten in ihrem persönlichen Ergehen möglichst günstige Daseins- und Entwicklungsverhältnisse schaffen. (S. 81)

3.2.1
Planungsprozeß

Gurlitt:
So kann ein Städtebauer „natürliche" Lösungen nicht finden, denn das Städtebauen ist an sich schon unnatürlich ... Wir mögen wollen oder nicht, wir müssen im Städtebau mit Überlegung aus der Kenntnis dessen arbeiten, was vorher geleistet wurde. (S. 2)

Daher hat der deutsche Städtebau, seit er begann, theoretisch sich mit den Grundzügen der Planbildung zu beschäftigen, alsbald die Systemlosigkeit zum System erhoben. Das heißt, er hat den Grundsatz aufgestellt, daß die Straße ... entstehen müsse, ... als eine dem Gelände angemessen ausgelegte Verbindung zwischen zwei für den Verkehr wichtigen Punkten; oder als Aufteilung des Geländes durch stille Wohnstraßen, die des Durchgangsverkehrs tunlichst entbehren. Die Lage der Straße muß so gewählt werden, daß sie erfolgreich bebaut werden kann, das heißt: die Planung hat aus bestimmten wohlerwogenen Gründen, aus einer ins einzelne gehenden Erwägung, nicht aber nach einem System, zu erfolgen. Dieser Art Planung zu dienen, ist der Zweck dieses Buches. (S. 239)

Ob aber der deutsche Städtebau wirklich seine Hauptaufgabe in der Ausgestaltung eines äußeren Anblickes suchen und nach diesem seine Planungen regeln wird, bleibt dabei der Zukunft überlassen. Jedenfalls wird er sich schwer dazu entschließen, den Anliegern mehr Zwang aufzuerlegen, als unbedingt nötig ist; der Zukunft aber wird er alle wesentlichen

Gestaltungsmöglichkeiten freigeben. Denn nach uns kommen auch Leute mit eigenen Anschauungen, mit dem Willen, diese durchzuführen, und mit der Absicht, sich von ihren Vorfahren nicht maßregeln zu lassen. (S. 292)

Die sorgfältigsten Vorarbeiten für den Generalbebauungsplan werden doch nur zu unsicheren Ergebnissen führen. Er stellt mithin eine Art Prophetie für die Zukunft der Stadt dar, die von einer auf guten Gründen aufgebauten Überzeugung ausgeht, aber einer solchen, gegen die Widersprüche sich vielfach erheben werden. Diese können auf verschiedenen Meinungen über die Zukunft der Stadt und ihre wirtschaftlichen Verhältnisse begründet sein. Mithin wird der Plan dann am ersten die Zustimmung der Bürgerschaft wie der ihn prüfenden Behörden finden, wenn er sich versagt, in Einzelheiten einzugehen, und nur auf die mit größerem Anspruch auf Anerkennung festzustellenden Haupterfordernisse der Zukunft sich beschränkt.

Die Hauptaufgabe des Generalbebauungsplanes hat darin zu bestehen, die Durchführung großer Gedanken der Zukunft zu erleichtern dadurch, daß diese erschwerenden Maßnahmen verhindert werden. (S. 381). Je größer und weitreichender das Planen erfolgt, desto eher wird es Erfolg für die Zukunft verprechen. Das voreilige Aufstellen eines Teilbebauungsplanes ohne Kenntnis der Einzelabsichten der Beteiligten ist ein Unternehmen, das selten zu guten Zielen führt und auf die Entwicklung der Städte oft unheilvollen Einfluß hatte. (S. 382)

Der Städtebauer kann ferner dadurch regelnd eingreifen, daß er einen Plan für die schrittweise Erschließung des Baulandes schafft, d. h. dafür sorgt, daß von diesem nicht wesentlich mehr der Bautätigkeit zur Verfügung steht, als das augenblickliche Bedürfnis erfordert. Er wird dies tun können, indem er zwar die Hauptverkehrslinien in seinen Erweiterungsplänen festlegt, nicht aber die Einteilung der Wohnviertel, solange hierfür kein Bedürfnis vorliegt; ferner indem die Straßen erst dann gebaut werden, wenn sich ein Bedürfnis nach neuen Wohnstätten einstellt. (S. 388) Der Städtebauer (muß) sich hüten, auf zu ausgedehnte, alsbald in den Einzelheiten fertige Bebauungspläne Wert zu legen. Er wird ... einen Plan zu schaffen haben, der nachgiebig verschiedenen Möglichkeiten der weiteren Ausgestaltung entsprechen kann. (S. 444)

Hoepfner I:
Auf diesem Gebiet nun, über das sich die Tätigkeit des Städtebauers zu erstrecken hat, kann man drei Stufen unterscheiden:
1 den Aufbau des Gesamtkörpers,
2. den Ausbau der einzelnen Viertel,
3. die örtliche Ausstattung und Ausschmückung der Straßen, Plätze und sonstigen Einzelpunkte. (S. 2)

Politik treiben heißt: Bewußtes und wohlüberlegtes Hinarbeiten auf ein für richtig erkanntes, weitgestrecktes Ziel hin und Verfolgung dieses Zieles über alle zeitweiligen Schwierigkeiten hinweg, indem man ihm Schritt für Schritt näher zu kommen stets bestrebt ist. Dabei werden Kompromisse zeitweise unvermeidlich sein ...

Um eine gesunde Politik im Städtebau treiben zu können, wie eine solche von der Kommunalwissenschaft dringend verlangt wird, muß man aber zunächst und vor allen Dingen ein weitschauend aufgefaßtes Ziel ins Auge fassen. (S. 12)

Deshalb ist es notwendig, den Aufbau des Stadtkörpers nicht dem Spiel des Zufalls zu überlassen, sondern nach einem festen, wohldurchdachten Plan zu leiten ... Gruppieren, Disponieren, Organisieren, das ist der Sinn der Arbeit, die im Aufbau des Stadtkörpers zu leisten ist. (S. 7)

Der Inangriffnahme eines (Spezial-) Bebauungsplanes für irgendein noch so kleines Teilgebiet (hat) stets die Bearbeitung des Generalbebauungsplanes voranzugehen. (S. 29)

Man muß stets das Ganze ins Auge fassen, und zwar nicht nur das Bestehende, sondern den Körper, dem die Entwicklung zustrebt, und man muß unter Vorschreiten vom Großen ins Detail die Gestaltung der Einzelteile entwickeln. Man muß die gegenwärtigen Bedürfnisse befriedigen unter stetem Hinblick auf die Zukunftsgestaltung und stets bestrebt sein, dieser die Wege zu ebnen, damit dermaleinst Wichtigeres und Besseres an die Stelle des Gegenwärtigen treten kann. (S. 30)

Hoepfner II:
Dabei ist der Begriff des Gestaltens, das die drei Stufen: der Fassung einer Idee auf Grund der Erkenntnis einer bestehenden Unvollkommenheit, die konstruktive Findung der Form und drittens die Beherrschung und Schaffung der Mittel und Wege zur Verwirklichung des Geplanten, sämtlich als Einheit in sich schließt, für die Eigenart der Betätigung des Städtebauers von ganz besonderer Wichtigkeit. (S. 6)

Wir werden sehen, daß die klare Erkenntnis und wertende Einschätzung der Bedürfnisse, die Formung und die Durchführung im Städtebau ganz eigenartige und sehr verwickelte Probleme in sich schließen und daß nur der auf Erfolg rechnen kann, der sie alle gleichzeitig meistert. (S. 19)

Wenn ich nun sage, ich will die Fragen des Städtebaues wissenschaftlich behandeln, so heißt das demnach: Ich will aus dem Bedarf die Form abzuleiten mich bestreben, ich will die Vorzüge und Nachteile der Lösungen in Betracht ziehen, ich will die Bedeutung der maßgebenden Gesichtspunkte werten und Gesetze suchen, nach denen man aus der Erkenntnis der vorliegenden Verhältnisse heraus leicht, schnell und sicher die erweisbare beste Lösung zu finden vermag. (S. 27)

(Nach Zitat von Unwin, „Kunst heißt das, was gemacht werden muß, schön machen".) Diese Worte sagen, daß Siedlungswesen und Städtebau nicht lediglich eine Frage ist, bei der es sich darum dreht, Bauten und Anlagen zu verschönern, also keine rein äußerlich ästhetische Frage, sondern erst gilt es zu finden, „was gemacht werden muß". Erst die innere Notwendigkeit ermitteln und ihr Genüge leisten, also eine Gestaltungsaufgabe, die durchaus nicht allein in das Gebiet des einseitigen „Architekten" fällt. (S. 37)

Der Städtebauer plant das, was werden soll und muß. Er sucht wirksame und schlummernde Kräfte zu erwecken und zu erfassen, andere zurückzudämmen, er ordnet sie und leitet sie in bestimmte Bahnen, um durch Anpassung aneinander und Ausgleich untereinander die Gesamtheit zu fördern und jeden einzelnen im Rahmen und durch Förderung der Gesamtheit zu heben. (S. 58)

(A. E. Brinckmann wird zustimmend zitiert:) „Es ist nicht mehr die Form, sondern der Formprozeß, den wir, uns kräftigend, miterleben möchten." (S. 96) Das Gegenteil von Politik ist das, was man vulgär „fortwursteln" nennt, während Politik das zähe Verfolgen eines weitgesteckten Zieles bedeutet, bis man es allmählich erreicht. Politik ist zielbewußtes Streben nach dem, was nötig und wichtig ist. (S. 148)

Städtebau bedeutet Stadtkonstruktion... Die Aufgaben des Städtebaues... lassen sich ferner nur innerhalb der Spanne von Jahrzehnten lösen. Und drittens werden sie dadurch erschwert, daß unser Arbeiten und Planen nicht an einer nach festehenden Naturgesetzen wirkenden und mathematisch berechenbaren Maschine, sondern an einem Organismus und unter Einsetzung von Bedürfnissen, Willen und Widerstreben zahlloser Menschen zu erfolgen hat und deshalb ein weit höheres Maß an Weisheit, Geschick und Zähigkeit erfordert. (S. 193 f)

3.2.2 Planentwurf

Gurlitt:
Der Erfolg (von Bebauungsplanwettbewerben) kann sein, daß die verschiedenen Möglichkeiten dargelegt werden, und daß eine oder die andere geschickte Lösung Wege weise, die bisher nicht erwogen wurden. Dort namentlich, wo der geniale Wurf die Entscheidung zu bringen vermag, wo es sich um Lösung einer bestimmten Angelegenheit oder um einen großzügigen Hinweis auf die grundlegenden Fragen einer Neuplanung handelt, wird das Anrufen Vieler gute Ergebnisse bringen. Es wird vielleicht am besten auf den Mann hinweisen, der diese Aufgaben zu lösen am meisten befähigt ist. Die Durchbildung im einzelnen kann aber nur in sorgfältiger Berücksichtigung der unzähligen Einzelheiten von einem Techniker gegeben werden, der aufs engste mit den lokalen Verhältnissen vertraut ist, sei es als Beauftragter oder Beamter der Stadt oder Gemeinde. Es werden Beratungen mit den maßgebenden Instanzen, wiederholtes Durcharbeiten nach den verschiedenartigen Anschauungen, sorgfältige Kostenüberschläge seine Arbeit beeinflussen. Er wird sie den städtischen Körperschaften und den Oberbehörden vorlegen, sie vor diesen zu erläutern und gegen Einwendungen zu verteidigen haben. Er wird sich letzteren nicht verschließen können, da er nicht allein zu entscheiden hat. (S. 10)
Die Schönheit eines städtebaulichen Entwurfs kann vielleicht durch ein Modell, vielleicht selbst noch durch eine Vogelperspektive erläutert werden. Die perspektivischen Ansichten von bestimmten Standpunkten aus mag der Entwerfende schaffen, um sich selbst Rechenschaft von seiner Anlage und der Möglichkeit ihrer Ausgestaltung zu geben. Für andere sind sie zumeist zwecklos aufgewendete Mühe. (S. 11)

Hoepfner I:
Stellt man das Ergebnis dieser Arbeit zeichnerisch dar, so ergibt sich für das Auge unter Umständen noch ein sehr einfaches Bild: ... die bestehende Stadt und das Stadtgebiet ... und dann werden eingezeichnet sein in ganz roher Form, – etwa in mit Buntstift schraffierten Flächen – die einzelnen Gebiete je nach ihrer Bestimmung ... und dann die ungefähre Linienführung der wichtigsten Verbindungsstraßen ... Also es ist nur ein überschlägliches Bild, das man vor sich sehen wird, aber in ihm muß eine Unmenge von Überlegung ... stecken, wenn diese Skizze, auf der die ganze Entwicklung des Stadtkörpers sich aufzubauen hat, eine brauchbare Grundlage bilden soll. (S. 8)
Darauf sei besonders hingewiesen: Eine befriedigende Lösung läßt sich mit Sicherheit nur erwarten, wenn man bei der Ausbildung des Einzelteiles stets die Aufgabe, die er im Gesamtkörper zu erfüllen hat, im Auge behält und von ihr ausgeht ... Aus der Feststellung solcher gesetzmäßigen Zusammenhänge folgt, daß man nicht, wie es vielfach geschieht, bei der Erschließung irgendeines Teilgebietes nur dieses selbst und seinen inneren Ausbau oder allenfalls nur noch seine zweckmäßige Angliederung an den bestehenden Stadtkörper ins Auge zu fassen hat. Man muß vielmehr von vornherein weiter blicken. (S. 11 f)

Hoepfner II:
... zunächst (muß) der zu behandelnde Körper in seinen Einzelteilen, in deren Anordnung zueinander und in seinem Gesamtbilde vollkommen zwecksprechend gestaltet und durchgebildet (konstruiert) sein. Dann erst mag man darangehen, durch Feinheiten in der Einzelausbildung, Gruppierung und Schmückung die Schönheit zu heben. Diese Voraussetzung liegt bei neuzeitlichen Stadtgebilden aber zunächst meistens durchaus noch nicht vor. (S. 5)

3.2.3
Zur Abwägung der Bedürfnisse

Gurlitt:
Der Streit zwischen den einzelnen Städtebauern dreht sich darum, wie groß der Einfluß der einzelnen Grundforderungen zu bewerten ist. Denn das Programm, nach dem er sein Werk einzurichten hat, steht nicht fest und wird nie endgültig festgestellt werden. (S. 2)
Zahlreiche andere Belegstellen könnten weiter beweisen, daß der Gedanke, die Kunst sei im Städtebau eine mehr oder minder unnütze Zugabe, ein Anfügen künstlerischer Formen an praktische Lösungen, eine selbständig nebenhergehende Forderung ästhetisch anspruchsvollerer Leute, eine vom rein praktisch Denkenden abzulehnende Mehrbelastung an Ausgaben und Anforderungen, mithin ein Hemmnis in der glatten Erledigung städtebaulicher Aufgaben, daß dieser Gedanke als überwunden gelten kann. Nicht minder unvollständig ist die Ansicht der Ästhetiker im Städtebau, dieser sei die Kunst, mit Häusern Räume zu schaffen. Es besteht nicht minder die Pflicht, mit Räumen – wenn man Straßen, Plätze, Gärten, Wiesen Räume nennen will – Häuser und Häusergruppen zu schaffen. Die Aufgabe des Städtebaues endet nicht an der Fassade. Der Hof und das Hinterland sind unter Umständen wichtiger als die Straße und der Platz. Denn das Ziel ist die Durchdringung der Arbeit mit den verschiedenartigsten Absichten und Erwägungen, der Ausgleich zwischen dem Widerstrebenden. Darin liegt vor allem der Wert des deutschen Städtebaues ... (S. 4)
Die Forderungen, die an die Planung einer Stadt oder eines Stadtteiles gestellt werden, sind folgende:
Gesundes, preiswertes Wohnen,
bequemer Verkehr,
erfreulicher Anblick.
Früher kam noch hinzu:
Sicherheit gegen feindliche Angriffe.
Schon diese Erwägungen lehren, daß der Städtebau, wie jede Kunst, sich vor dem Systematisieren zu hüten hat. Niemals kann ein System das leisten, was der in jedem Falle notwendig zu anderen Ergebnissen führende erwägende Verstand zu bieten hat. „Richtig" ist nur das, was den jedesmaligen besonderen Umständen entspricht. (S. 8)
Aber dafür ist eben der Städtebauer da, daß er den Anforderungen der Gegenwart die der Vergangenheit und Zukunft entgegenhält und mit weiterem Blick zwischen diesen abwägt. (S. 276)

Brunner:
Schumacher bezeichnet in seinen ... Ausführungen drei Gruppen von Fragen: Verkehrsfragen, soziale Fragen und Gestaltungsfragen als die für die Entwicklung der Stadt maßgebenden ... (S. 3)
Es läßt sich auf dem Gebiete des gesamten öffentlichen und privaten Bauwesens einschließlich des Tiefbaues gar nicht abgrenzen, wo bereits politische und wirtschaftliche Erwägungen einzusetzen haben. Zweifellos ist das Gebiet, auf welchem sie Berücksichtigung finden sollen, bedeutend ausgedehnter als jenes, welches der Einfluß baupolitischer Grundsätze heute in der Tat beherrscht. (S. 6)
... es ist nicht möglich, materielle und geistige Werte auf eine für den Vergleich brauchbare Einheit zu beziehen. Es muß daher technische Arbeit eine besondere Einschätzung dort erfahren, wo ihr Programm vorwiegend geistige Inhalte einschließt. (S. 33)

Hoepfner I:
Aber feste Regeln gibt es im Städtebau eben nicht. Das liegt daran, daß Eigenart und Gewicht der Bedürfnisse und Umstände nicht nur in jeder Gemeinde und jedem Stadtteil,

sondern auch an jedem Punkt innerhalb eines beschränkten Gebietes verschieden sind...
Es gilt also, für jedes der vielen verschieden gearteten Bedürfnisse den rechten Punkt und für diesen die rechte Lösung zu finden. Dazu kann keine Regel und Formel verhelfen, sondern nur eine Beherrschung des Stoffes und Übung im Erkennen der wesentlichen Eigenart des Falles und seiner besonderen Verhältnisse und in der Auswahl der Mittel. (S. 116)

Hoepfner II:
Erst wenn wir klar überblicken, welche Bedürfnisse der Menschen und Wirtschaft in den Städten erfüllt werden müssen, damit sie gute Siedlungsstätten sind, und welche Vor- und Nachteile der Befriedigung der vielfachen Bedürfnisse je nach der Art erwachsen, in denen man die Gestaltung der Stadt und ihrer Einzelteile löst, erst dann haben wir eine Lehre und eine Wissenschaft vom Städtebau. (S. III f)

„Städtebau" ist Programm und Organisation. Er gibt die Richtlinien dafür: Was muß geschehen, wo muß es und wann muß es geschehen... und was darf nicht geschehen, damit künftige Möglichkeiten nicht vereitelt werden.

Die Folge davon ist, daß auf diesem Gebiet sehr viele Fragen nebeneinander zu erwägen und lange Zeiten hindurch ständig zu beobachten und miteinander zum Ausgleich zu bringen sind. (S. 58)

3.3.1
Zur Entwicklung und zur Kritik der Situation

Gurlitt:
Die jüngsten statistischen Aufzeichnungen haben ergeben, daß das Wachstum der Städte nachgelassen hat. In einem der industriereichsten Teile Deutschlands, in Sachsen, steht die Gesamtzunahme etwa gleich mit der Zunahme der großstädtischen Bevölkerung. Der Umstand, daß von weitem Umkreis Männer und Frauen mit dem Rade die Fabrik aufsuchen können, hält den Zuzug in die Stadt auf. Das Rad schafft dem Arbeiter einen viel weiteren Kreis der Arbeitsmöglichkeit. Es löst seine Arbeitsgelegenheit von dem Wohnort ab und hält ihn dabei doch an der Scholle fest. (S. 92 f)

Es ist eine in den meisten Großstädten zu beobachtende Tatsache, daß mit dem Wachsen der Stadt die Bevölkerungszahl der zentral gelegenen Altstadt abnimmt.

Die Statistiker nennen dies die „Aushöhlung der Stadtmitte" oder die „Citybildung"... Diese Aushöhlung wirkt auch auf die Gestaltung der Stadtmitte. Die von der Wohnbevölkerung freigelassenen Geschosse bleiben nicht leer stehen, sondern werden für Geschäftszwecke benutzt. Oder richtiger: die Bedürfnisse der Geschäftswelt drängen die Bewohner aus den Häusern und dem Stadtviertel... (S. 240 f)

Die Veränderung des Stadtkerns bleibt nicht hierbei stehen. Denn die modernen Geschäftsbetriebe erfordern höhere Geschosse, breitere Achsen, ergeben Hausfronten von durchaus verändertem künstlerischem Maßstab, so daß sie dort, wo nicht ein besonders fein sorgender Künstlergeist herrscht, die Nachbarbauten, um den kunsttechnischen Ausdruck zu gebrauchen, „totschlagen"...

Endlich hat der sich überall vordrängende Geschäftsgeist die alten Fassaden durch Veränderungen... entwertet... Der Abbruch der alten Häuser, betrauert von den Kunstverständigen, wird von der Mehrheit der Bürger als „Fortschritt" lebhaft begrüßt. (S. 242)

Brunner:
Die Perioden der Entfaltung oder des Rückganges irgendeiner lokalen Bautätigkeit wirken sich im sozialen und wirtschaftlichen Leben ihres Bereiches noch viele Jahrzehnte später

mit zwingender Gewalt aus. Dennoch kennen wir bis heute weder Ursprung noch Wesen dieses, den Schauplatz des sozialen Lebens mehr oder minder zwangsläufig bestimmenden Geschehens, noch kennen wir die Mittel, mit welchen wir seine Gesetzmäßigkeit zu Nutz und Frommen der Gesellschaft beeinflussen könnten. (Vorwort o. S.)

... erst die gegen Ende des Jahrhunderts begründete Lehre vom modernen Städtebau fand durch Zusammenfassung der Bauwerke, der Straßen, der technischen und künstlerischen Anlagen der Stadt zu einem organischen Ganzen wieder die Brücke zum Leben, dem doch jederzeit ein alles Wissen, alle Kultur einheitlich umfassender Zug eigen sein soll. (S. 1)

Je weiter aber die Untersuchungen der Städtebauer vordrangen, je mehr sie den Inhalt aufdeckten, dem die äußere Form der Stadt, ihre Straßenfronten, die Hülle abzugeben hatte, desto mehr wurde der Städtebauer auch auf die sozialen und volkswirtschaftlichen Fragen aufmerksam, die da mit dem Tiefsten seines Schaffens sichtlich unlösbar zusammenhingen. (S. 1 f)

Der Allgemeinheit aber und dem Großteil der autonomen Körperschaften blieb die Einsicht in die weittragenden Ziele der Baupolitik fremd. (S. 5) ... die zunehmende Erkenntnis des durch den Weltkrieg hervorgerufenen umfassenden Aufschwungs auf allen nationalökonomischen und nationalpolitischen Gebieten lehrte auch den Städtebauer und Siedlungstechniker neue Bedingungen in einem Maße kennen, daß er in ihrer Klarstellung und Erfüllung eine unumgängliche Voraussetzung für die praktische Durchführung seines Projektes erkennen mußte. (S. 6)

Zu Zeiten einer allgemeinen Staatswohlfahrt konnte man die bauliche Entwicklung einer Stadt wohl ruhig der Fürsorge ihrer eigenen Verwaltungsbehörde überlassen. Eine selbständige Kunde vom Städtebau- und Siedlungswesen entstand erst, als die Entwicklung einer großen Stadt, sei es in technischer, organisatorischer oder wirtschaftlicher Beziehung über die Köpfe ihrer Verwaltungsbehörden wuchs. (S. 7) Bis vor dem Weltkrieg waren die großen Stadterweiterungsprojekte auf rein technischen Grundlagen aufgebaut ... Die Projekte der Techniker hatten sich von den politischen Zielen, denen sie zu dienen gehabt hatten, vollkommen entfernt, die Politik aber ließ der Technik allzu freies Spiel, anstatt sich ihrer als ihres wirksamsten Werkzeuges zu bedienen. (S. 10)

Das Band zwischen Sozialethik, Volkswirtschaft und Technik ist in den letzten Jahrzehnten des vergangenen Jahrhunderts gerissen und darin hat letzten Endes alle Not der heutigen Zeit ihren Grund. (S. 11)

Erschwerend für den Aufbau dieser modernen, umfassenden Sozialwissenschaft war der Umstand, daß die Technik in den Technischen Hochschulen ihre selbständige Pflegestätte fand, an welcher der technische Fortschritt sozusagen als Selbstzweck betrieben wurde ...

Wir können sagen, daß dieserart die Einordnung der dem gesamten Bauwesen eigentümlichen sozialen und wirtschaftlichen Gehalte in das System der Sozialwissenschaften noch aussteht. (S. 12)

Nur in den Schäden, die eine unrichtige Entwicklung des Bauwesens dem sozialen Leben schlug, erkannte man untrüglich den sozialen Charakter desselben ... aber diese Untersuchungen behandelten Endergebnisse technischen Schaffens, während die Sozialökonomie als Gesamtwissenschaft die Fülle der Erscheinungen und Vorgänge, die zwischen dem Bauen einerseits und dem Auftreten der Boden- und Wohnungsfrage andererseits liegen, bis heute stillschweigend überging. (S. 21)

Hoepfner II:
Heute kann man das Werden nicht mehr einer langsamen natürlichen Entwicklung überlassen, sondern menschliches Denken und geistige Arbeit müssen sie packen und in geregelte, zielsichere Bahn leiten. (S. 49)

Den Umfang der Aufgabe, die in der „Gestaltung" der Städte gelöst werden muß, kann man daran ermessen, daß die Einwohnerschaft der Städte in der Zeitspanne seit dem 12. Jahrhundert bis 1850 auf etwa 22 Millionen, in den letzten 70 Jahren aber auf 45 Millionen angewachsen ist, so daß in dieser kurzen Spanne an Körpermasse der Stadt etwa ebensoviel neu geschaffen werden mußte, wie in 700 Jahren vorher. (S. 55)

Mag auch das Ausmaß der Aufgabe, die das diesmalige äußerst schnelle und starke Wachstum der Städte stellte, alles früher Dagewesene um ein Vielfaches übertroffen haben, so sind doch auch unsere geistigen Verkehrsmittel und die sonstigen Möglichkeiten, aus schwierigen Problemen durch Studium und gemeinsame Beratung aller Fachkreise einen Ausweg zu suchen, gegen früher ungemein gestiegen. (S. 92)

Da es wissenschaftliche Institute, wie unsere heutigen Technischen Hochschulen in früherer Zeit auf dem Gebiete des Ingenieurwesens nicht gab, so konnte auch das Wissen oder eine „Wissenschaft" auf einem solchen Gebiet, wie dem des Städtebaues, sich während der Pausen ihrer praktischen Anwendung nicht erhalten und nicht fortentwickeln, sondern mußte einschlafen und verlorengehen. Sie muß deshalb bei Eintritt neuen Bedarfs stets von neuem entwickelt werden. (S. 90)

Die wichtigste Lehre also, die wir aus dem historischen Rückblick ziehen können, wird demnach die sein: daß wir fast alles, was wir neu schaffen, auch in seiner Gestaltung neu entwickeln müssen, dagegen nur weniges in Anlehnung an überkommene Beispiele übernehmen können. (S. 98)

Wie man etwa die zwei Jahrhunderte von 1450–1650 als Zeit der großen religiösen Revolution ... auffassen kann, ... wird man dermaleinst auch die Ereignisse von 1750 bis – sagen wir einmal – ungefähr 1950 ansehen als eine einheitliche Entwicklungskette, die ... zur geistigen und allgemein menschlichen Freiheit führte ... durch das Streben der großen Masse des Volkes, zur Geltung zu kommen. Es drückt sich aus durch die großen Probleme der Volkswirtschaft, Volksfürsorge und Volksherrschaft oder, was schließlich dasselbe bedeutet: Sozialismus und Demokratie. (S. 137)

Suchen wir zunächst nach den Ursachen, die zu der im letzten Jahrhundert eingetretenen Entwicklung und zur Wandlung nahezu aller Verhältnisse geführt haben, so möchte ich als deren Urgrund betrachten das Erwachen des Volkes in seiner breitesten Masse aus willig geduldeter Abhängigkeit von Naturverhältnissen, Kirche und Herren aller Art zum Streben nach Freiheit ... (S. 175)

Dem Gedächtnis einzuprägen sind, wenn man die allgemeinen Entwicklungsverhältnisse verstanden hat, insonderheit vier Punkte:
1. Die Stadtform ist ein Spiegelbild der Entwicklungsverhältnisse ... Das bedeutet im Grunde nichts anderes, als daß auch die Stadt ein Zweckwerk ist, nur daß sein Zweck eben Dienst gegenüber Menschen und Wirtschaft ist.
2. Die Straßenzüge und Blockformen haben sich, wo keine gewaltsame Neuordnung später eingriff, durch alle Jahrhunderte erhalten.
3. Wo man die Entwicklung sich selbst überließ, kam man zu äußerlich malerischen Stadtgrundrissen, die das Auge erfreuen, aber zu schlechten Siedlungsverhältnissen im Sinne heutiger sozialer Auffassung.
4. Einzig maßgebender Gesichtspunkt bei den Planungen, wo diese bewußt stattfanden, war die Parzellierung zur Gewinnung von Grundstücken, daneben allenfalls einmal die Sichtbarmachung von Kirchenbauten. (S. 129 f)

3.3.2
Planungsgrundlagen: Bestandsaufnahme

Gurlitt:
Überall ist die Vorbedingung die Anfertigung guter Pläne, das heißt genauer geometrischer Aufnahmen des zu bebauenden Gebietes mit Einbeziehung der Höhenkoten und Horizontalen. Ohne solche Pläne ist das Entwerfen öde Phantasterei, denn es können die Schwierigkeiten nicht berechnet werden, die sich der baulichen Ausführung des Geplanten entgegenstellen.

Es müssen Ermittlungen über Verkehrsverhältnisse und Bevölkerungsdichtigkeit vorliegen, sowohl über die gegenwärtigen als, soweit möglich, über die zukünftigen. (S. 8 f)

Zu den wichtigsten Grundlagen ... gehört die ... Wohnungsstatistik. Für den Städtebauer kommt es darauf an, die Zahlen zur Hand zu bekommen, die ihn berechnen lassen, wie stark die Einwohnerschaft bei Ausbau eines Geländes nach einer in der Stadt oder in anderen Städten üblichen Bauweise werden wird, d. h. sich darüber klar zu sein, wie groß durch Ausbau des Stadtteiles der Wandel und Verkehr der Stadt werden wird. ... Nur sorgfältige Erwägungen dieser Anforderungen werden dem Städtebauer die Handhabe bieten, um seine Planung vor dem Vorwurf zu schützen, daß sie zu voreilig Zukunftsaufgaben in Betracht ziehe.

Aufgabe der Statistik ist, die gegenwärtigen Verhältnisse klar darzustellen, um somit im Lauf der Zeiten der Entwicklung des wirtschaftlichen Lebens einen gangbaren Weg zu ebnen. (S. 371)

Ein Generalbebauungsplan ist mit der Hoffnung auf guten Erfolg für die ferne Zukunft nur auf Grund tiefschürfender Untersuchungen herzustellen. Untersucht muß vor allem werden die Bewegung der Bevölkerung. (S. 380)

... die Wohndichtigkeit ... kann nach verschiedenem Maßstab betrachtet werden: Zunächst nach dem, wieviel Wohnungsfläche auf den einzelnen Bewohner kommt oder wieviel Kubikmeter umschlossenen Raumes jedem zufällt; oder nach dem Maßstab, wieviel Grundstücksfläche auf den Bewohner fällt. Im ersten Falle wird die Grundfläche der einzelnen Geschosse, im zweiten Falle diese multipliziert mit der Geschoßhöhe, beide Male dividiert durch die Einwohnerzahl, für das Grundstück die betreffende Zahl liefern; im dritten Falle wird diese gefunden werden durch Dividieren der Einwohnerzahl in die Zahl der Quadratmeter der Fläche des Grundstücks. (S. 387)

Die Vorbedingung für das Aufstellen eines Bebauungsplanes ist die Beschaffung der kartlichen Unterlagen durch den Feldmesser ... Der Plan muß enthalten: die vorhandenen Wege und Wasserläufe, die Grundstücksgrenzen, die Höhenkurven, die bestehenden Bauwerke sowie die bemerkenswerten Naturgegenstände, als Felsen, Bäume von Wert. Die Benutzung der einzelnen Grundstücke als Ackerland, Wiese, Wald, Gehölz, Garten, Fabrikanlage usw. muß deutlich erkennbar sein. Bei den Grundstücken muß der Hinweis auf die Seite des Grundbuchs sich vorfinden. (S. 400 f)

Nicht minder ist das Gelände auf seine Gesundheit, auf die Tragfähigkeit des Bodens für Bauten und auf die Grundwasserverhältnisse zu untersuchen, eine Arbeit, die im wesentlichen dem Geologen und dem Hygieniker zufällt. (S. 401)

Brunner:
Wenn heutigen Tages für die bauliche Entwicklung einer Stadt vorgesorgt werden soll, so ist der Vorgang im allgemeinen der, daß an Hand der Bevölkerungsstatistik die Bevölkerungszunahme der letzten Jahrzehnte ermittelt und sodann der Umfang der geplanten Städteerweiterung diesem Zuwachsverhältnisse angepaßt wird. Es wird hierbei nicht untersucht, welchen Umständen die bereits stattgehabten Bevölkerungszunahme zuzuschreiben sind ... Derartige Untersuchungen können eben deshalb nicht angestellt werden, weil die

kommunalen Verwaltungen ... nicht in der Lage sind, die Vor- oder Nachteile ihrer Baupolitik richtig einzuschätzen ... (S. 9 f)

Die Angliederung einer besonderen „Statistik des Städte- und Siedlungswesens" erscheint insofern von größter Bedeutung, als diese eben wegen des soziologischen Charakters der Lehre die reichsten Erkenntnisse erschließen kann, Erkenntnisse, welche auf anderem als statistischem Wege nur gefühlsmäßig und daher nur mit weitaus geringerer Stichhaltigkeit geschöpft werden könnten. (S. 69)

Hoepfner II:

Gewisse Kenntnisse des historischen Städtebaues gehören freilich nicht nur zur allgemeinen und fachlichen Bildung ... Besondere historische Studien der Körperbildung einzelner Städte sind ferner von großem Wert, weil eine solche Analyse die individuellen Tendenzen der Entwicklung des betreffenden Stadtorganismus und ihrer dementsprechenden Formbildung erkennen läßt, denen bei Neuplanung sorgsam Rechnung zu tragen der Städtebauer nicht versäumen darf. (S. VII)

3.3.3
Planungsgrundlagen: Forschungsbedürfnisse

Gurlitt:
Die Grundlage der Stadterhaltung ist also die wissenschaftliche Erforschung der Stadt durch Sachverständige, durch die auch die Bürgerschaft erst auf den Wert ihres Besitzes hingewiesen wird. (S. 273)

Brunner:
Im besonderen fällt es den Sozialwissenschaften einschließlich der Volkswirtschaftslehre zu, die Ursachen und Grundgesetze jener vielgestaltigen Erscheinungen sozialer, ökonomischer und kultureller Natur, die das Leben der modernen Gesellschaft erfüllen, zu einem über dem Einzelfall stehenden wissenschaftlichen Begriffsgebäude von Allgemeingültigkeit zu fassen. (S. 12)

3.4.1
Planungsziele: Allgemeine Wertvorstellungen; für und wider die Stadt

Gurlitt:
Die Größe in der Auffassung des deutschen Städtebaues ... liegt (darin), die Forderungen der Bequemlichkeit und des Wohllebens wie den Gewinn einzelner dem Gemeinwohl, namentlich dem Wohl der Arbeitenden, unterzuordnen. (S. 276)

Endlich wird dem Städtebauer obliegen, die Bevölkerungsziffer zu regeln, d. h. die Zahl der Menschen, die auf einem bestimmten Landgebiet, etwa einem Quadratkilometer, wohnen, indem er Grünflächen, breite Straßen oder Fluchtweiten, offene Bauweise anordnet und somit die Zahl der das Gebiet Bewohnenden herabmindert. (S. 384)

Was aber erreicht werden kann, ist im allgemeinen nicht anzugeben, da hier hunderterlei Umstände mitsprechen: Fragen der Bodenpolitik, Wohnungspolitik und der Sozialpolitik, deren endgültige Beantwortung noch aussteht, vielleicht nie erzielt werden wird. Es wird für den planenden Städtebauer gut sein, sich über diese Dinge eine Ansicht zu bilden, ehe er daran herantritt, sie in Plänen zum Ausdruck zu bringen; aber er wird sich von Orts- und Geschäftskundigen auch darüber unterrichten lassen müssen, ob das Erstrebte nicht an dem anders gerichteten Willen oder Können der maßgebenden Mächte scheitern und somit anderem, vielleicht auch Erstrebenswertem, den Weg verlegen wird. (S. 384)

Aufgabe der Planung wird es sein, dafür zu sorgen, daß solche Grundstücke erschlossen und Wohnungen geschaffen werden, nach denen Nachfrage besteht oder auf die man aus hygienischen und sozialpolitischen Gründen die Nachfrage lenken will ... (S. 387)

Brunner:
Soll das moderne städtische Bauwesen nicht nur in technischem und künstlerischem Sinne vollkommene Werke, sondern lebensfähige Organismen voll günstigster Entwicklungsmöglichkeiten schaffen und andererseits hindern, daß bestehende Übel nicht auch nach der im Städtebau so gewichtigen Formel der Zinseszinsenrechnung immer noch zunehmen, so muß die technische Arbeit vielfach anderen, politischen und wirtschaftlichen Erwägungen folgen. (S. 4)

Die Vertreter ihrer Wissengebiete, die Führer im Bereiche ihrer Aufgaben und die mit der Durchführung betrauten Organe der öffentlichen Verwaltung haben die Forderungen, welche einerseits Kulturpolitik und Volkswirtschaft aufstellen, in harmonischen und ökonomischen Einklang mit den praktischen Möglichkeiten zu bringen. welche anderseits die moderne Technik bietet. (S. 9)

Es gibt kaum ein zweites Kulturgebiet, in welchem gleicherweise wie innerhalb des Bereiches der Städtebau-, der Siedlungs- und Verkehrspolitik mangels eines genügenden Kontaktes mit der Wirklichkeit die weittragenden idealen Ziele so sehr zu utopistischen, jeder Verwirklichungsmöglichkeit entbehrenden oder im Falle einer Verwirklichung nachteiligen Projekten verleiten könnten. (S. 70)

Hoepfner II:
Kein Einsichtiger wird leugnen, daß Wissen und Künste aller Art für die Geisteskultur von sehr hoher Bedeutung sind. Ein Unglück wäre es aber, wenn man vergäße, daß die Gestaltung der körperlichen Welt sowohl für die Kultur im allgemeinen wie auch für die reine Geisteskultur im besonderen von gleicher Wichtigkeit ist. (S. 12)

Aristoteles faßt alle Grundsätze des Städtebaues dahin zusammen: Eine Stadt soll so gebaut sein, daß die Menschen zugleich sicher und glücklich gemacht werden. Faßt man das etwas weiter, so kann man etwa sagen: Der Siedlungsingenieur soll die Stadt zum Wohle ihrer Einwohner gestalten, damit diese gesund und froh und leistungsfähig heranwachsen und bleiben, damit ihre Wirtschaft und Unternehmungen, Handel und Wandel gefördert werden und damit die Gesamtheit der Stadtschaft zum Höchstmaß des Erfolges und Glückes befähigt wird. (S. 52)

Denn für uns entsteht daraus die Pflicht, in den Städten, den Siedlungs- und Wohnstätten von 40 Millionen Menschen durch Wasserversorgung, Städtereinigung, Sport- und Erholungsanlagen, Behandlung der Straßen und alle jene Maßnahmen zur wahren und tiefsterfaßten Verschönerung eine Umwelt zu schaffen, in der unsere Volksgenossen physisch, psychisch und ethisch in jeder Weise gefördert und gehoben werden und jede Möglichkeit in dieser Hinsicht, die in den fortgeschrittenen Erkenntnissen zunächst theoretisch schlummern, auch praktisch zur Ausnutzung und Auswirkung zu bringen. (S. 184)

3.4.3
Planungsziele: Sozialethik und Sozialpolitik

Gurlitt:
Nicht aber wollen wir zurückgehen in der Forderung, daß die soziale Fürsorge in erster Linie unsere Baugesetze zu bestimmen hat. (S. 284)

(Es) wird das Bestreben sein müssen, die Höhe der (Dichte-) Ziffern möglichst zu beschränken, und zwar teils durch städtebauliche Maßnahmen, teils durch gesetzlichen, auf die Polizeigewalt des Staates gestützten Zwang. Alle Parteien des politischen Lebens sind sich klar darüber, daß ein solcher Zwang nicht nur zulässig, sondern eine Notwendigkeit sei; denn es darf dem Einzelwillen nicht überlassen werden, menschenunwürdige Zustände zu schaffen und damit die Gesundhaltung der Gesamtheit zu gefährden. Es beruht ja auch nicht auf dem freien Willen der Armen, daß sie schlecht und in überfüllten Räumen wohnen, sondern auf dem Druck der Notwendigkeiten. Es wird also durch Zwang nicht Freiheit, sondern Zwang beseitigt. (S. 384)

(Der Städtebauer kann durch den Plan) gesellschaftliche Stände vom Baulande abschließen oder sie vereinen; und er soll sich der Folgen seines Tuns bewußt sein. Zunächst muß er sich klar sein, inwieweit es wünschenswert ist, die einzelnen Wohnformen voneinander zu trennen, d. h. inwieweit Vorkehrungen getroffen werden sollen, daß verwandte Bauformen nebeneinander in größeren oder kleineren Gebieten entstehen und inwieweit eine Mischung solcher Formen zu erstreben ist. (S. 391)

Durch die schwierigen Fragen, wie die Bodenspekulation, der Bodenwucher, die Wohnungsüberteuerung zu bekämpfen sind, greift der Städtebau somit in das Gebiet der Volkswirtschaft, der Sozialpolitik ... Seine Aufmerksamkeit muß sich darauf richten, daß er das Kommen guter Zustände vorzubereiten hat, indem er Fürsorge für sachgemäße Siedlung trifft ... Führer in seiner Planung sei das vorauszuerkennende Bedürfnis für die verschiedenen Bevölkerungsklassen. (S. 395)

Wenn die Stadtverwaltung dahin wirken will, daß ein seßhafter Mittelstand Hausbesitzer wird, der in dem Hause, das ihm gehört, selbst wohnt und sein Geschäft ausübt, so wird sie diese Absicht durch sachgemäße Anordnung der Blocktiefen ganz wesentlich fördern können.

Bei Gestaltung der Baublöcke handelt es sich demnach um sehr wichtige sozialpolitische Fragen. Sie ist vielleicht die bedeutungsvollste Angelegenheit, mittels der der Städtebauer an der Förderung des Volkswohles mitwirken, den Grundstückhandel regeln, das Wohnungswesen verbessern, in die Bodenpolitik schöpferisch eingreifen kann. (S. 443)

Brunner:
Nachdem die Lehre vom modernen Städtebau als die einer räumlichen Gestaltung des Stadtkörpers ausgebaut war, handelte es sich darum, die Bedingungen klarzulegen, die das zugrundeliegende soziale und wirtschaftliche Gefüge an das räumliche stellte. (S. 2)

Vollends klar in dem Sinne, den sozialen Inhalt als das unmittelbar Wirkende, den volkswirtschaftlichen jedoch als durch ersteren ausgelöst und hinzugekommen zu betrachten, sehen wir aber bei der Erschaffung eines Wohnbezirkes, einer Siedlung ... Sollte diejenige gesellschaftliche Einrichtung, welche hierbei über die Anlage der Straßen, Wege und Anlagen beschließt, welche die Bauordnung bestimmt und damit bereits den Grundstein für die Gestaltung der Baukörper und der Wohnungen legt, vom sozialökonomischen Standpunkt aus nur darüber zu wachen haben, daß bei Anlage und Ausführung den Gesetzen der Wirtschaft richtig entsprochen werde? (S. 35)

Hoepfner I:
Die Menge der Menschen, mit denen man in irgendwelcher Beziehung steht, vermindert sich bei geringerer Haushöhe außerordentlich stark und man kann sich ungleich leichter gegen unvermeidliche gegenseitige Störungen schützen. (S. 55)

Hoepfner II:
Vor allem aber stellt das Siedlungswesen ein besonderes Ingenieurfach dar, weil außerhalb des Bereichs der Werke und Betriebe weitere Gestaltungsaufgaben höchster Bedeutung der Behandlung harren, die darin bestehen, den Menschen in ihrem häuslichen (bürgerlichen) Dasein günstige Verhältnisse zu schaffen. (S. 35)

Es mag zunächst scheinen, als ob alle die obengenannten Dinge, die ich unter dem Gesamtbegriff der „Freiung" der Menschen zusammenfassen will, mit der Gestaltung der

Stadtkörper recht wenig zu schaffen hätte ... Es scheint mir doch, als ob sich dabei viel zahlreichere und wichtigere Beziehungen ergeben, als man anfangs erwarten mochte, und als ob gerade diese Forschungen und Überlegungen geeignet sind, endlich feste Grundsätze für die Stadtgestaltung der Neuzeit zu finden .. (S. 177 f)

3.4.4
Planungsziele: Wirtschaftlichkeit

Brunner:
Wir dürfen die Wirtschaft nicht mit restloser Allgemeingültigkeit als die höchste Zentrale für die Verwendung aller Stoffe und Mittel betrachten, sondern vielmehr annehmen, daß auch sie ihre Aufgaben wieder von einer höheren Stelle, der Politik, erhält. Denn Wirtschaft schlechthin ist auch bei gegebenen Verhältnissen nichts Feststehendes, sondern wird von Geboten der Kultur, von sozialen Gesetzen, deren Wahrung der Staat zu verkörpern hat, bestimmt. (S. 32)

Die industrielle Standortslehre schuf − ausschließlich von den Daseins- und Entwicklungsbedingungen des Betriebes ausgehend − ein wohlausgebautes System der Voraussetzungen des Standortes, der Materialgewinnungsstellen, der Transport-, der Absatzverhältnisse usw. In diesem System spielt das lebendige Element, die Arbeiterschaft, nur insofern eine Rolle, als Städte mit einer großen Bewohnerzahl als Arbeitsplätze gelten und diese den Standort der Industrie ebenso beeinflussen wie die übrigen Faktoren, ja sogar in vielen Fällen den ausschlaggebenden Einfluß ausüben. (S. 41)

Hoepfner II:
Rationalisierung ist die Forderung unserer Zeit und wird es bleiben. (S. 189)

Es mag wohl für die Erkenntnis der Wichtigkeit des Städtebaues und seines Wesens nützlich sein, wenn einmal hervorgehoben wird, wie enge und unmittelbare Beziehungen zwischen seinen Problemen und denen der Produktion und Wirtschaft bestehen. Erst wenn diese Beziehungen überall erkannt und genügend gewürdigt werden, wird man große Kreise unseres Volkes für städtebauliche Fragen erwärmen und als Mitkämpfer gewinnen können, die nur platonische Sympathie für ihn aufbringen, solange lediglich die ästhetische Seite zu sehr in den Vordergund gerückt wird. (S. 194)

3.4.5
Planungsziele und Entwurfshinweise: Hygiene

Gurlitt:
(Bedenken gegen zu viel Straßenland auch aus hygienischen Gründen: Staubentwicklung. S. 47) (Autostraßen im Einschnitt zwischen Gärten führen zur Milderung der Staubbelästigung. S. 89) Den Industrie-Güterbahnhof sollte man nicht über Wind der Stadt gegenüber anlegen, um diese vor Ruß und Staub zu schützen. Es ist also die vorherrschende Windrichtung zu erforschen. Es sollte zwischen Güterbahnhof und Wohnviertel ein breiter Grünstreifen mit Baumbepflanzung angelegt werden, um die Nahliegenden vor Lärm und Belästigung zu bewahren. (S. 97)

(Beeinträchtigung des Wohnens, wenn Bahn in der Stadt auf einem Damm geführt wird. S. 116) (Negative Umwelteinflüsse gehen von Untergrund- und Hochbahn aus. S. 129)

Je mehr der moderne Mensch gezwungen ist, im Lärm zu arbeiten, desto stärker ist sein Bedürfnis, die Erholungszeit in stiller Umgebung zu verbringen, namentlich nachts nicht gestört zu werden. Die Ansicht, man gewöhne sich an den Lärm, ist irrig. Auf Kosten seiner Nerven kann man sich gewöhnen, den Lärm weniger zu beachten, nie aber wird dieser ohne Einfluß auf die Gesundheit bleiben. (S. 145) In zweiter Linie ist die Anlage von Plätzen von den Hygienikern gefordert als ein Mittel, die Dichtigkeit der Bebauung zu mildern und um die Luft der anliegenden Gebiete zu verbessern. (S. 161)

Alle aus hygienischen Gründen gegebenen Verordnungen über luftzuführende Straßenbreiten sind hinfällig gegenüber der Unannehmlichkeit, der verdorbenen Straßenluft durch die Fenster Zulaß zu gewähren... Gerade die an den Hauptlinien des Durchgangsverkehrs meist besonders aufwändig errichteten Gebäude werden auf diese Weise entwertet. (S. 304)

Man hat statistisch festgestellt, daß gewisse Krankheiten, namentlich die Tuberkulose, „Wohnungskrankheiten" sind, deren Bekämpfung mit der Änderung des Wohnwesens zu beginnen hat: mit hinreichender Besonnung, Lüftung, Heizung und namentlich Entvölkerung der zu Wohnzwecken überlasteten Räume. (S. 383)

(Industrieviertel mit Belästigung durch Rauch, Ruß, Staub und Lärm von Wohngebieten trennen und in Lee der Hauptwindrichtung anlegen. S. 417)

Die Auffassung vom Wert der Grünflächen hat mancherlei Wandel erfahren. Zunächst nahm man an, daß durch sie eine Verbesserung der Luft erfolge. Es war viel vom Ozon die Rede, einer Nebenform des Sauerstoffs... Aber die Erzeugung des Sauerstoffs selbst durch einen ansehnlichen Wald spielt für die Stadt kaum eine wesentliche Rolle. Somit werden z. B. in dem Umkreis von Industrievierteln gelegte Grünstreifen die Verschlechterung der Luft nicht wieder aufzubessern vermögen. Diese Arbeit leisten in viel umfassender Weise Niederschläge und reger Luftwechsel durch den Wind. Vor allem aber ist es Aufgabe der Technik, durch Rauchverbrennung und Rauchbekämpfung die durch die Heizungen erzeugten Übelstände zu beseitigen. (S. 427)

Der vorteilhafte Einfluß starker Bewegung der Jugend im Freien, namentlich auf die Entwicklung der Herzen und der Lungen ist von den Ärzten nachgewiesen worden. Diese Beobachtungen haben im wesentlichen den Anlaß gegeben, daß auch die Gesetzgebung sich mit der Frage beschäftigte, welchen Umfange bei Bebauungsplänen für neu zu erschließende Gebiete Freiflächen einzufügen seien. (S. 428)

(Die) wichtigste Aufgabe (der Grünflächen) in der Planung ist, zur Gesundung des betreffenden Stadtgebietes zu verhelfen. (S. 429)

(Zur „Bedeutung der Wasserflächen im Stadtbild":) Es sind nicht nur die oben... erwähnten Gründe des Tiefbauers, die für Anlage von Staubecken sprechen, sondern auch solche der Volksgesundung. (S. 430)

Die hygienischen Fragen sind noch so sehr in Fluß, daß bindende Allgemeinregeln sich nicht aufstellen lassen. Licht und Luft! sind die Forderungen. Sie führten zunächst zu dem Grundsatz, daß die Höhe der Häuser abhängig zu machen sei von der Breite der Straßen... Wenig behandelt sind dagegen die Anforderungen an genügende Luftzufuhr. (S. 444) Jedenfalls wird die Luftzufuhr in einem Stadtgebiet besser werden, wenn dieses nicht zu dicht bebaut und dem Einfall des Windes offen ist, denn dieser wirkt ausgleichend. (S. 446)

Mir sind Untersuchungen darüber nicht bekannt, welchen Einfluß Grünstreifen auf das Abhalten von Rauch für weitere Entfernungen haben. Giftige Gase aus Fabrikschloten machen sich durch Schaden an dem Pflanzenwuchs weithin, oft über einige Kilometer bemerkbar; es weist dies alles darauf hin, daß die für die Gesundheit der Luft nachteiligen Anlagen der Stadt unter den Wind zu verlegen, daß aber gerade hier Grünflächen zur Verbesserung der Verhältnisse doppelt notwendig sind. (S. 447)

Hoepfner I:
Die Fürsorge für das Behagen, die Ruhe und Erholung ist für den Menschen unserer Zeit geradezu ebenso unentbehrlich wie die Nahrung und wie „Licht und Luft". Nicht mit

Unrecht spricht man vom nervenzerrüttenden Hasten unserer Zeit, und dieses trifft das ganze Volk bis in seine einfachsten Schichten hinab. (S. 52)

Diese engen Traufgänge vermeidet man heutzutage aus hygienischen Gründen, da sie dem Luftzug und der Reinigung zu schwer zugänglich sind. (S. 102) Außer dieser unmittelbaren Lichteinwirkung auf die Menschen ist aber für deren Gesundheit die Belichtung der Wohnung und der Straßen- und Blockinnenflächen von hohem Wert. Denn dadurch werden in ihrer Umgebung gesunde Verhältnisse geschaffen einerseits sowohl durch die Abtötung der Krankheitskeime wie durch die Zersetzung organischer Stoffe und andererseits durch die Förderung der Entwicklung gesundheitsnützlicher Organismen... (S. 138 f)

Die äußeren Besonnungsverhältnisse einer Wohnung sind gut, wenn alle Zimmer Sonnendurchstrahlung erhalten, und zwar in möglichst gleichem Ausmaß... Demnach müssen die Außenwände des Hauses, in denen die Fensterflächen liegen, so zur Himmelsrichtung stehen, daß die Sonne die beiden Fensterfronten gleichmäßig treffen und sie möglichst lange bescheinen kann... (S. 144)

Zusammenfassend komme ich also beim Ost-West-Block zu dem Schluß, daß es weder für die Innenräume der Wohnungen, noch für die Hauswände, noch endlich für die Bodenflächen in der Umgebung der Häuser befriedigende äußere Besonnungsverhältnisse bietet. (S. 152)

Immerhin zeigt auch der Nord-Süd-Block einige Mängel. Doch ist er dem Ost-West-Block im ganzen überlegen... Man kann... sagen, daß man in allem desto bessere Verhältnisse schaffen wird, je mehr man in der Richtung der Längsachsen sich der Nord-Süd-Lagerung nähert. Deren Überlegenheit wächst, je geringer die Tiefe des freien Vorraumes im Verhältnis zur Gebäudehöhe ist. (S. 154 f)

Die „Kanalisation" stellt nicht lediglich eine Annehmlichkeit oder gar eine Luxusanlage dar, sondern hat sich als eines der wichtigsten Mittel zur Verhütung von Seuchen erwiesen. (S. 213)

Hoepfner II:
Keine Aufgabe des Stadtingenieurs, außer der des Städtebaues, ist von so tiefgreifender und großer Bedeutung für die Verhältnisse in den Städten, als die der Städtereinigung. Keine ist „idealer"... Dieses allgemeine Feld der Schaffung möglichst „reiner", d. h. zuträglicher Umweltverhältnisse zerfällt nun in drei Wirkenskreise.
1. Die Beseitigung entstandener Abfallstoffe.
2. Die Verhinderung oder mindestens Einschränkung des Entstehens von Abfallstoffen...
3. ... die naturgegebenen Verhältnisse in Boden, Wasser und Luft zu verbessern, z. B. durch Behebung klimatischer Unzuträglichkeiten und dergleichen mehr. (S. 76)

Die Fernhaltung alles dessen, was dem Vergehen geweiht ist, aus der Umgebung des Menschen (ist) ein fundamentales Gebot der Selbsterhaltung und die Vorbedingung der Hebung unseres menschlichen Ergehens. (S. 77)

Nun sind aber mit der Beseitigung der Abfallstoffe die Aufgaben der Städtereinigung noch bei weitem nicht erschöpft. Hierzu kommt zunächst die wichtige Frage der Verhinderung oder mindestens der Einschränkung des Entstehens und der Verbreitung von schädlichen Stoffen, die als Gase, Ruß, Staub und dergleichen mehr die Luft verschlechtern... Erinnert sei auch an die durchaus nicht unwichtige Frage der Insektenbekämpfung. Es gibt auch bei uns Städte genug, in denen Fliegen und Stechmücken den Bürgern jährlich monatelang das Dasein verleiden. Vielfach sind sie Urheber schwerer Epidemien. (S. 78 f)

3.4.6
Planungsziele: Gestaltung

Gurlitt:
Unter einem praktischen Städtebau ist also dasselbe zu verstehen wie unter einem künstlerischen Städtebau: denn eine unpraktische Anlage ist nie künstlerisch und eine unkünstlerische nie praktisch. Auch der Baukünstler hat zweckgemäße Anlagen zu schaffen und der Baupraktiker schöne Anlagen. Denn einer der Zwecke jeder Anlage soll ja die schönheitliche Wirkung sein. (S. 1)

Hoepfner II:
Man sollte nicht zu viel von der „schönen Stadt" reden. Denn was man gemeinhin darunter versteht, dünkt vielen Menschen nicht wichtig genug, um ihr Interesse zu tatbereitem Wollen und Handeln von solcher Stoßkraft und Zähigkeit aufzustacheln, wie es die wahre und viel tiefer greifende Bedeutung des Städtebaues unabweisbar erheischt, wenn das geleistet werden soll, was nötig ist. (S. VIII)
Künstlerische Gestaltung, Zweck und Gedanken in Formen zum Ausdruck zu bringen, das ist Erziehungs- und Wirkensziel der Architekten.
Man sagt wohl, das widerspreche dem Wort Sempers: „Die Baukunst kennt nur einen Herrn, das Bedürfnis!" Aber ist Schönheit nicht auch ein Bedürfnis? (S. 28 f)

3.5.1
Planungsorganisation und Planarten

Gurlitt:
Dem Generalbebauungsplan kommt ferner ein besonderer Nutzen zu: Er weist in packender Weise auf die Gesamtheit der zu lösenden Fragen hin und öffnet den staatlichen und städtischen Behörden und Körperschaften die Augen über das, was in Zukunft zu leisten und daher in Gegenwart vorzubereiten ist. Diese Fragen zu lösen wird nicht nur dem Städtebauer zufallen..., sondern dem Zusammenarbeiten aller Kräfte von Stadt und Land, wie es sich im Städtebau vereint... namentlich aber wird der Sozialpolitiker ein entscheidendes Wort mitsprechen müssen. Alle diese haben der Technik vorzuarbeiten, die im Städtebau ihren Einigungspunkt zu suchen hat. (S. 382)

Hoepfner I:
Der Inangriffnahme eines [Spezial-] Bebauungsplanes für irgendein noch so kleines Teilgebiet (hat) stets die Bearbeitung des Generalbebauungsplanes voranzugehen... (S. 29)
Der Bebauungsplan hat zunächst eine rein technische Bedeutung. Er stellt sich äußerlich dar als Entwurf zur Aufteilung des zu erschließenden Geländes in die Flächen, welche der baulichen Ausnutzung überlassen bleiben sollen, und in diejenigen, welche im öffentlichen Interesse dem Besitz und der Verfügung des Grundeigentümers entzogen werden sollen, um als Straßen oder als öffentliche Plätze und Anlagen u. dgl. mehr zu dienen. Er setzt zu diesem Zweck die „Fluchtlinien" der Straßen und Plätze fest... Alle jene Fragen, wie Bauart und Bauhöhe, Gestaltung des Blockinneren und vieles andere mehr, bleiben im Bebauungsplan selbst ungelöst. (S. 39 f)

3.5.3
Verhältnis des Städtebaues zur politischen und administrativen Organisation

Gurlitt:
Kann Erbbau und Zuwachssteuer bei jeder Art Grundaufteilung ohne weiteres eingeführt werden, so fordert eine geregelte Durchführung der Bodenrente eine gewisse Abgeschlossenheit des zu einer Gemeinschaft zu vereinenden Gebietes, also auch eine Planung, in der sich das Gebiet als Sondergebilde kennzeichnet, sei dies nun ein großer Baublock inmitten der städtischen Häusermasse oder eine Siedlung im freien Lande. Damit gewinnen die Versuche an Bedeutung, durch die Planung geschlossene, dem Durchgangsverkehr versperrte, jedoch an die Verkehrsstraße anliegende Baugruppen zu schaffen, die sich zu selbständiger Verwaltung eignen, also durch das Planen die Bildung von Einzelgemeinden innerhalb der politischen Gesamtgemeinde vorzubereiten. (S. 379)

3.5.4
Beziehungen zum Bürger und zur Öffentlichkeit

Gurlitt:
Eine andere Frage ist es jedoch, inwiefern der Städtebauer sich von den Wünschen der Grundstücksbesitzer und Bauherren beeinflussen lassen soll, ob diesen nicht ebenso berechtigte Wünsche der Mieter entgegenstehen. (S. 134)

Während der Grundbesitz es leicht hat, seinen berechtigten Einfluß auf die städtebauliche Planung geltend zu machen, während ferner der Bauherr oder -unternehmer meist in wirtschaftlicher Beziehung dem Grundbesitzer nahesteht und mit diesem sich über die gemeinsamen Vorteile leicht verständigt, macht sich eine Gruppe von Beteiligten in den Anfangsstufen der Neuentwicklung eines Stadtteiles nicht bemerkbar, nämlich die späteren Bewohner, seien es nun Käufer der Häuser oder Mieter der Wohnungen ... Der Städtebauer und die Behörde haben dafür zu sorgen, daß hierbei der spätere, jetzt noch gar nicht bekannte Bewohner nicht zu kurz kommt. Denn der Einwand, dieser brauche ja ihm nicht Zusagendes nicht zu kaufen oder zu mieten, ist, wie schon gesagt, angesichts der häufig eintretenden Wohnungsnöte hinfällig. Er muß in vielen Fällen Wohnungen, Läden, Werkstätten annehmen, auch wenn sie seinen Wünschen nicht entsprechen. (S. 387)

Hoepfner II:
Städtebau ist eine Frage, die nicht nur alle Städter, sondern die bei der Bedeutung der städtischen Bevölkerung für unser Volkstum das ganze Volk nahe angeht und für die sich jedermann im Volke interessieren sollte, gerade wie jedes Familienglied Anteil nehmen soll an der Gestaltung der gemeinsamen Wohnung. (S. 3)

Stellt sich nun aber jeder ... auf seinen Platz, den er, sei es führend oder dienend, nach bestem Können auszufüllen streben und in dem er sich selbst eine möglichst günstige Daseinsgrundlage schaffen soll ..., so soll er auch bei allem, was ihn selbst oder das Getriebe, dem er angehört, oder was schließlich die Allgemeinheit des Volkes angeht, mitzusprechen, mitzuraten und mitzubestimmen haben ... Das ist die hohe, edle und – richtige Idee. (S. 177)

3.6.1
Bodenrecht, Bodenordnung, Bodenpolitik

Gurlitt:
Es muß erwogen werden, inwiefern die Behörden am Grunderwerb sich zu beteiligen haben, um Einfluß auf die Bodenspekulation zu gewinnen. (S. 9)
Es handelt sich also um eine rechnerische Frage, wie der Grund am stärksten nach den bestehenden Gesetzen ausgenutzt werden kann oder darum, wie die Gesetze zu gestalten sind, daß den Hauseigentümern eine tunlichst große Rente aus ihrem Besitz erwachse, unter Wahrung des erwünschten Grades hygienischer und wohnungswirtschaftlicher Vorteile. (S. 136) Der Grund und Boden ist in den Städten wertvoll, soweit er Bauland ist. Wenn also der Städtebauer Boden der Bebauung entziehen will, so muß er wissen, warum er dies tut. (S. 157)
Es muß anerkannt werden, daß die Spekulation oft sehr bedeutende Erfolge zu verzeichnen hat, daß ihr städtebauliche Aufgaben zu lösen gelang, die auf anderem Wege schwerlich durchzuführen gewesen wären, es sei denn durch die Behörde und das ihr zustehende Recht der Enteignung. Diese aber stellt einen harten Eingriff in das Eigentum dar... Es wird daher selbst von den Verwaltungen der freihändige Ankauf vielfach vorgezogen, wobei diese nicht selten sich der geschulten Hand eines Grundstückshändlers bedienen. Bedarf es doch zumeist zum Eingreifen in ein Stadtgebiet durch die Verwaltung der Genehmigung durch die städtischen oder staatlichen Körperschaften, also des offenen Hinweises auf den bevorstehenden Ankauf. Damit ist meist der billige Erwerb ausgeschlossen, da die Spekulation sofort eingreift. (S. 372) Die einseitige Bereicherung der Grundstücksbesitzer und -spekulanten hat aber auch zu mancherlei gesetzlichen Maßnahmen geführt, deren Ziel die Verbilligung des Wohnens ist. Eine solche ist die Einführung des Erbbaues. (S. 374) (Hinweis auf Wertzuwachssteuer. S. 375) (Hinweis auf Ziele der Bodenreformer unter Hinweis auf den Gartenstadtgedanken. S. 376 f)
Der Grundgedanke der Bodenreform ist etwa folgender: Der hohe Preis des Baulandes und mithin der Mieten ist nicht das Ergebnis von Arbeit, die am Boden geleistet wurde, sondern entsteht aus mühelosem Gewinn. Die Arbeit, die diesen herbeiführte, leistete die Allgemeinheit, die Einwohner der Stadt, die durch ihre Arbeit deren Blühen und Wachsen herbeiführten... (S. 377)
Die Frage geht darauf zurück, wem das Recht am Boden zusteht... ob es möglich sei, ein Gesetz zu schaffen, durch das zum mindesten das Bauland enteignet und in Besitz der Allgemeinheit übergeführt werden kann... Es ergäben sich daraus Rechtsverhältnisse, wie sie in den islamischen Ländern bestehen, durch die die Verschuldung des Bodens unmöglich gemacht, mithin aber auch die Kapitalkraft der Völker herabgesetzt wird. (S. 378)
Es liegt in der Natur des bürgerlichen Lebens, daß der einzelne für sich tunlichst große Vorteile zu erringen sucht. So der Grundstücksbesitzer. Er erstrebt möglichst starke Ausnutzung seines Landes nach jeder Richtung... Dort, wo eine Wohnungsaufsicht nicht vorhanden ist, wo diese nicht durch Gesetze hinreichend gestützt wird, vollzieht sich rasch eine durchgängige Verschlechterung des Wohnwesens... Die Ansicht, daß schlechte Wohnungen unwirtschaftlich seien, weil sie nicht gesucht würden, ist irrig, da es immer Ärmste gibt, die selbst diese annehmen... (S. 384)
Ferner ist den Städten zu empfehlen, daß sie handelnd in den Grundstücksmarkt eingreifen... Die Stadt, die genügendes Bauland in ihren Händen hat, wird dafür sorgen können, daß das Wohnen zu angemessenen Preisen erfolgt: Nicht soll sie versuchen, den Bauenden das Geschäft zu verderben, wohl aber die Spekulation in den für das Gemeinwohl nötigen Grenzen zu halten. (S. 388 f)
Das Fehlen einer gesetzlichen Regelung des Bauwesens führt meist zum Siege höchster spekulativer Ausnutzung... Man kann den Grundsatz aufstellen, daß der Grundzug des

Bauens auf den niedrigen Stand übermäßiger Ausnutzung hinführt, soweit die Gesetze dies gestatten. Daher gehen diese zumeist darauf aus, beschränkende Bestimmungen aufzustellen, über die hinaus das Land baulich nicht ausgenützt werden darf. (S. 396)

Der Wert der Grundstücke ist ... in nicht geringem Maße abhängig von der Gleichmäßigkeit der Bebauung in der nahen oder weiteren Umgebung. Der Hochbau ist keineswegs immer derjenige, der den meisten Nutzen bringt ... Es zeigt sich also ..., daß eine Beschränkung der Bauhöhe nicht notwendig eine Herabminderung der Werte im Grundbesitz bedeutet. Diese Erkenntnis hat dahin geführt, daß die Zonenbauordnungen in vielen Städten sich rasch durchgesetzt haben. (S. 397 f)

Daher ist immer wieder daran zu erinnern, daß die Stadt einen ansehnlichen Teil ihres Vermögens – oder auch ihrer Anleihen – in Bauland anlegt, und zwar daß sie in allen Vierteln, namentlich auch im Freiland, Grundstücke besitzt. Der Städtebauer wird diesen Besitz kennen müssen, wird auf diesem seine Plätze und die an diesen zu errichtenden öffentliche Bauten bei der Planung verlegen, zugleich aber bei der Aufteilung dahin drängen müssen, daß in der Hand der Stadt sich Bauland für womöglich alle Bebauungsarten befindet, so daß im Fall unmäßiger Preissteigerungen oder wüster Preistreiberei sie in den Markt durch Erschließen ihr gehörigen Landes eingreifen kann, indem sie nun ihr Gelände aufteilt und für die gewonnenen Kaufgelder Neuland an anderer Stätte erwirbt. (S. 415)

Während der ältere Städtebau sich um Grenzen wenig kümmerte und dort, wo er überhaupt verbessernd einzugreifen sich veranlaßt sah, ausschließlich in der Umlegung der Grundstücke sein Heil suchte, besteht jetzt zumeist die umgekehrte Absicht: Man hat die Schwierigkeiten einer Umgestaltung der Grundstücksgrenzen erkannt, die die Bebauung oft viele Jahre hinaus verzögert, und ist leicht bereit, die bessere Linienführung der Straßen der bequemeren Durchführbarkeit der Bebauung zu opfern ... Der gewissenhafte Städtebauer wird sich daher fragen, auf welche Seite er sich in jedem Falle zu schlagen hat. (S. 419)

Hoepfner I:

... durch die Genehmigung der Umwandlung eines Landstückes aus Acker in Bauland und die dadurch eintretende Wertsteigerung wird neues Kapital erzeugt ..., auf das der Bodenbesitzer kein angestammtes oder durch Arbeit und Leistung erworbenes Recht geltend machen kann.

Diesen Gewinn mag man ihm neidlos gönnen, sofern dadurch niemand geschädigt wird. Der Genuß dieses Kapitals durch den Bodenbesitzer wird aber ein unredlicher, sofern er auf Kosten der bestmöglichen Befriedigung der Lebensbedürfnisse der Einwohnerschaft entsteht ... (S. 41)

Vor allen Dingen muß man aber feststellen, daß die Schaffung von Gewinnen für den Bodenbesitzer durchaus nicht das wichtigste Ziel bei der Aufstellung von Bebauungsplänen sein darf, sondern weit darüber muß das öffentliche Interesse stehen, das in erster Linie Schaffung einwandfreier Wohnverhältnisse heischt. (S. 70)

Wenn man die für die Bauart und Bauweise maßgebenden Bestimmungen rechtzeitig erläßt, ist es sehr wohl möglich, die etwa entstehenden Mehrkosten für die Schaffung gebesserter Wohnverhältnisse mindestens teilweise auf den Bodenbesitzer abzuwälzen unter Heranziehung des Gewinnes, der bei der Umwandlung seines Grundbesitzes aus Acker und Bauland frei wird. (S. 73)

Hierbei spielen die ganz eigenartigen Verhältnisse, unter denen sich der Grundstücks- und Wohnungsmarkt entwickelt und die von der im freien Warenmarkt maßgebenden Regelung des Preises nach Angebot und Nachfrage grundlegend abweichen, eine bedeutsame Rolle. Unter ihrer Berücksichtigung hat man dann als Ziel zu erstreben, daß die Bodenbesitzer und Bauunternehmer keine übermäßigen und ungerechtfertigten Gewinne erzielen können, die ihnen die Allgemeinheit durch mangelhafte Befriedigung eines ihrer wichtigsten Daseinsbedürfnisse zahlen müßte. (S. 73)

Je teurer der Grund und Boden ist, desto mehr wird der Aufwand für die Wohnung durch den Bodenpreis beeinflußt. Es erhellt daraus gleichzeitig der ungeheure Einfluß, den eine gute Bodenpolitik und Niederhaltung der Bodenpreise auf das Wohnungswesen und auf die Möglichkeit hat, zu einer durchgreifenden Besserung zu gelangen. (S. 96)

Eine zielbewußte Stadtbaupolitik wird also darauf halten, daß sich der Stadtkörper geschlossen nach außen entwickelt, und je nach Bedarf nach und nach bestimmte Flächen für die Bebauung freigeben. Sie hat andererseits aber darauf zu achten, daß sie darin nicht zu engherzig vorgeht, damit sich unter den für den Baumarkt in Betracht kommenden Flächen ein gesunder Wettbewerb entwickeln kann, und nicht eine monopolartige Beschränkung eintritt, deren Folge eine willkürliche Steigerung und Hinaufschraubung der Bodenpreise sein würde. (S. 213 f)

Falsch aber wäre es, mit diesem Hilfsmittel der Umlegung der Grundstücke von vornherein zu rechnen und sich die Aufteilung leicht zu machen ... auch ... bringt die Umlegung Zeitverlust und Kosten mit sich und verteuert so letzten Endes die Wohnung. Deshalb soll sie nur angewandt werden, wenn der Versuch, auf anderem Wege zu einer befriedigenden Lösung zu kommen, gescheitert ist. (S. 216)

3.6.2
Planungsrecht (Strukturplanung)

Gurlitt:
Überall dort, wo man mit wechselnder Verwendung der Grundstücke rechnen muß – und das wird weitaus die Mehrzahl aller Baustellen sein –, soll man sich hüten, Gesetze aufzustellen, die später doch nicht eingehalten werden können oder doch nur unter starker Beeinträchtigung verständiger Ausnützung des Geländes nach neu entstandenen Bedürfnissen. Je mehr die beschränkenden Vorschriften in die Einzelheiten eingehen, desto lästiger werden sie für die Zukunft sein. (S. 296)

Je größer und weiterreichend das Planen erfolgt, desto eher wird es Erfolg für die Zukunft versprechen. Das voreilige Aufstellen eines Teilbebauungsplanes ohne Kenntnis der Einzelabsichten der Beteiligten ist ein Unternehmen, das selten zu guten Zielen führt und auf die Entwicklung der Städte oft unheilvollen Einfluß hatte. (S. 382)

Im allgemeinen gilt von den Bauordnungen wie von allen Gesetzen, daß Einfachheit einer ihrer größten Vorzüge ist. Je mehr die Zonen wechseln, je mehr wird ihre Anwendung in den Augen derer, die ihnen unterworfen sind, als Eigensinn der Behörde und Willkür erscheinen ...

Es wird dies ein Grund sein, sich in den Einzelbestimmungen der Bauordnungen zu beschränken, wenngleich jetzt der Grundzug vorherrscht, von einer gleichmäßigen Bauweise durch weite Gebiete immer mehr zu einer Gliederung des Baulandes nach abgestuften Baugruppen vorzuschreiten, so daß schon innerhalb eines Großblockes zwischen den Hauptverkehrslinien eine angemessene Abstufung im Bauwesen geschaffen wird, d. h. auf beschränktem Gebiet die Bauarten miteinander nach vorher festgestelltem Plan zu wechseln. (S. 390)

Maßgebend für den Städtebauer sind die am Ort bestehenden Gesetze. Aber die Neuplanung für ein größeres Gebiet schafft die Gelegenheit, die Gesetze einer Durchsicht zu unterziehen, etwa für das Gebiet Sonderbestimmungen zu erlassen. Hier also wird die Planung nicht lediglich den bestehenden Gesetzen zu folgen haben, sondern neue Gesetze zu schaffen berufen sein. (S. 395)

Es ergibt sich daraus die dringende Notwendigkeit, die Stadt oder ihre Einzelgebiete in Zonen zu teilen, in denen diese oder jene Bauweise vorgeschrieben ist. Vielfach würde neben der höchsten auch eine Regelung sich empfehlen, die die geringste Ausnutzung des Geländes festgelegt, um somit eine gewisse Einheitlichkeit zu erzielen. (S. 396)

Das Wesentliche in der Zonenbauordnung liegt darin, daß gewissen Teilen der Stadt hemmendere Bestimmungen in der Ausnutzung des Grund und Bodens auferlegt werden. Es wirkt dies zunächst als eine Freiheitsbeschränkung von verschiedener Stärke, also wie eine Ungerechtigkeit gegen einen Teil der Grundbesitzer. (S. 397)

Hoepfner I:
Hierzu stehen . . . in erster Linie als Hilfsmittel zur Verfügung:
1. der Bebauungsplan, und
2. die verschiedenen das Bau- und Wohnwesen regelnden und beeinflussenden Vorschriften und Statute, unter denen die Bauordnung einen besonderen Rang einnimmt und am bekanntesten zu sein pflegt.

Das sind also die Handhaben, die zur Verfügung stehen, um im Ausbau der Wohnviertel Städtebau-„Politik" zu treiben. Ihnen gesellen sich andere wie Bodenpolitik, Steuerpolitik usw. hinzu. (S. 39)

3.6.3
Planungsrecht (Bebauungsplanung)

Gurlitt:
. . . da der Einfallswinkel in Deutschland zumeist mit 45° als ausreichend angenommen wird, jedoch die ganze Front der Häuser als besonnt gefordert wird, so ergibt sich, daß in der Regel die Höhe des Hauptgesimses gleich der Straßenbreite festgesetzt ist . . . Dies Maß ist schon von Leonardo da Vinci angegeben. (S. 132)

(Beschreibung der Rechtswirkung von Fluchtlinien) (S. 246)

Der erfahrene Verwaltungsmann wird bei solchen Baubeschränkungen auf die einfachste Form der gesetzlichen Bestimmung zu kommen suchen. Ausreichende Einheitlichkeit der Gesamtwirkung eines Platzes, einer Straße wird sich leicht dadurch erreichen lassen, daß man die Gesimshöhe, vielleicht auch die Firsthöhe der Dächer beschränkt, da die Anlieger jederzeit wünschen werden, die baulichen Möglichkeiten bestens auszunutzen. (S. 298)

Wer also regelmäßige Plätze entwirft, sollte auch dafür sorgen, daß Ortsgesetze für ihren Ausbau aufgestellt und mit den nötigen Sicherungen für ihren Bestand versehen werden. Er wird beim Antrag eines solchen Gesetzes bald erfahren, daß die Juristen, die Verwaltungsmänner dem Gedanken wenig Begeisterung entgegenbringen, und daß die weiterblickenden, spekulativ schärfer denkenden Anlieger für die ihnen zugedachte Wohltat des Städtebauers kein rechtes Verständnis, ja Mißtrauen zeigen. Ob nämlich solche Gesetze ein Segen sind, bleibe dahingestellt . . . Nach einiger Zeit hat der Verkehr sich gehoben, ein Theater, ein Warenhaus usw. soll errichtet werden. Das Ortsgesetz zwingt dies hinter eine für den Zweck durchaus ungeeignete Architektur, es wirkt als Beeinträchtigung der Ausnutzbarkeit der Grundstücke, also als Schädigung der Anlieger, alles drängt zur Beseitigung des Gesetzes. (S. 340 f)

(Unterscheidung offener und geschlossener Bauweise jeweils mit zahlreichen Untergliederungen teils nach Funktionen, teils nach sozialen Schichten; Gruppenbau als Zwischenstufe) (S. 393 ff)

Ästhetische Anforderungen lassen erwünschen, daß die Straße beiderseits die gleiche Bauweise erhalt, die Grenze zweier Zonen also in die Blöcke zu legen ist, namentlich wenn die Zonenordnung auf die Haushöhe sich bezieht. Womit nicht gesagt werden soll, daß im Verlauf der Straße Wechsel der Bauklassen verhindert werden soll, etwa in der Weise, daß nach der Außenseite der Stadt die Haushöhen geringer werden, ebenso wie eine Abstufung der Höhe von den Verkehrsstraßen nach dem Innern der Wohnblöcke durchaus berechtigt ist. (S. 400)

Im letzteren Fall würden für die Gestaltung dieser Höfe Vorschriften zu erlassen sein, die ihre Größe festlegen, die Zugänglichkeit für die Feuerwehr sichern und ähnliche Anforderungen stellen, so etwa die Festlegung der Hofgemeinschaft, d. h. die im Grundbuche festzulegende Bestimmung, nach der zwei oder viele Anlieger ihre Höfe nach einem Plane anlegen müssen, und daß eine Änderung der Anlage für die Zukunft verboten ist. Es wird damit aus zwei oder vielen Höfen ein größerer, besser durchlüfteter Raum gebildet... (S. 449)

(Hinweise auf die Problematik von Eckgrundstücken mit höherer Ausnutzung. S. 454)

Schließlich ist aber der Verwaltungsjurist dazu da, den Ausweg zu finden und kann der Techniker fordern, daß das Recht nicht verständige Anordnungen hindere, die ja in Bauten vieler Städte ein Vorbild haben. (S. 452)

Hoepfner I:
Der Bebauungsplan hat zunächst eine rein technische Bedeutung. Er stellt sich äußerlich dar als Entwurf zur Aufteilung des zu erschließenden Geländes in die Flächen, welche der baulichen Ausnutzung überlassen bleiben sollen, und in diejenigen, welche im öffentlichen Interesse dem Besitz und der Verfügung des Grundeigentümers entzogen werden sollen, um als Straßen oder als öffentliche Plätze und Anlagen u. dgl. mehr zu dienen. Er setzt zu diesem Zweck die „Fluchtlinien" der Straßen und Plätze fest...

Alle jene Fragen, wie Bauart und Bauhöhe, Gestaltung des Blockinnern und vieles andere mehr, bleiben im Bebauungsplan selbst zunächst ungelöst. (S. 39 f) Die Verwaltung wird aber darüber hinaus bei der Feststellung des Bebauungsplans auch alle die Gesichtspunkte in Betracht zu ziehen haben, die in ihm selbst nicht zur Darstellung kommen... Sie wird deshalb mit der Feststellung den Erlaß von Vorschriften, z. B. über Bauart und Bauhöhe, Gestaltung des Blockinneren usw. und die Sicherstellung der sonstigen Mittel und Handhaben zu verbinden haben... (S. 41)

Nun muß man sich fragen, ob denn bei Anwendung der offenen Bauweise nicht eine Verminderung der Grundstückstiefe gegenüber der bei geschlossener Bauweise angenommenen eintreten kann... Was hätte es für einen Sinn, das Haus vom Nachbarn abzusetzen, dafür aber die Rückfronten der Hausreihen desto näher aneinanderzurücken, für welche ein reichlicher Abstand vielmal wichtiger ist? (S. 110 f)

Die offene Bauweise hat nicht die Vorzüge, die ihr zeitweise nachgerühmt wurden, sofern man nicht einen sehr breiten Wich wählt. Dieser aber ist nur anwendbar bei billigem Boden. (S. 113)

3.6.4
Bauwerksrecht

Gurlitt:
Weiter aber beeinflußte die Hygiene den Grundriß der Häuser durch die Anforderungen, die sie im Sinne der Zuführung von Luft und Licht an die Höfe stellte. Nach dieser Richtung, also hinsichtlich der Ausgestaltung der Rückseiten der Häuser werden auch in Zukunft voraussichtlich stärkere Anforderungen an die Grundrisse der Wohnhäuser gestellt werden. (S. 448)

3.6.5
Sonstige Rechtsvorschriften

Gurlitt:
Das Hauptgewicht bei den zur Pflege des Städtebildes zu erlassenden Gesetzen ist also nicht auf den Stil, sondern auf das Einhalten von Maß und Form zu lenken, so daß der neu zu errichtende Bau die Nachbarbauten nicht in ihrer Wirkung zerstöre. Aber auch hier wird Vorsicht am Platze sein, wenn das Gesetz nicht ... zu einem Hemmnis in der Entwicklung werden soll ... Nur ein solches Gesetz wird Bestand haben, das berechtigte Änderungen im Stadtbilde nicht hemmt. (S. 274 f)

Eine häufig auftretende Bestimmung der Bauordnung ist die auf höhere architektonische Ansprüche, etwa dadurch, daß für Straßen von besonderer Bedeutung das Vorlegen eines den Eindruck der Straßenwand darstellenden Gesamtplanes vorgeschrieben wird, oder daß Rücksicht auf vorhandene geschichtlich oder künstlerisch wertvolle Bauten genommen werden soll. Die Gesetze gegen Verunstaltung des Stadtbildes, wie sie aus den Forderungen des Heimatschutzes und der Denkmalpflege sich ergaben, sind dabei in Betracht zu ziehen ... (S. 400)

3.6.6
Erschließungsfragen

Gurlitt:
Das Sparen am Verkehrsland ist mithin aus mehreren Gründen zu empfehlen. Denn erstens kostet das Land selbst Geld. Selbst wenn nach den Bauordnungen den Stadtverwaltungen das Straßenland kostenfrei überlassen werden muß, bleibt dieser Satz bestehen. Es müssen eben die Kosten des Verkehrslandes auf das Bauland geschlagen werden, dies wird teuer und mit ihm die Miete auf dem beschränkteren Grund und Boden ... Zweitens beansprucht das Straßenland Baukosten und Erhaltungskosten ... Drittens ist das Straßenland unhygienisch. (S. 47)

Ein hohes Haus mit starker Ausnutzung des Grund und Bodens verträgt stärkere Belastung mit Straßenbaukosten, während etwa ein eingeschossiges Arbeiterwohnhaus solche nicht verträgt. (S. 396 f)

Hoepfner I:
Betrachte ich ferner die Wohnstraßen (im Gegensatz zu Verkehrsstraßen) für sich, so finde ich, daß die Mietpreiserhöhung durch die Straßenkosten schon beim 2-geschossigen Haus, vor allem aber beim 2½-geschossigen und Einfamilienhaus gegenüber dem 4-geschossigen so klein ist, daß sie praktisch nur geringe Bedeutung hat. Sie wird jedenfalls durch die Vorzüge hinsichtlich der allgemeinen Wohnverhältnisse um ein Vielfaches aufgewogen. (S. 91)

3.6.7
Kosten- und Finanzierungsfragen

Gurlitt:
Die generelle Berechnung der Kosten der Ausführung schwieriger Arbeiten und die dadurch sich ergebende Gegenüberstellung verschiedener Lösungen wird das Werk erläutern müssen.

Es wird der Nachweis zu liefern sein, welche öffentlichen Gebäude in Zukunft auf dem Gebiete zu errichten sind und wo daher die öffentlichen Ämter rechtzeitig Grund und

Boden zu erwerben haben, um sich vor späterer Überteuerung zu schützen und vielmehr den Vorteil der früheren Kenntnis der Planung der Bodenspekulation gegenüber zu genießen. (S. 9)

Es soll hiermit nicht der Kleinlichkeit das Wort geredet werden. Aber ein Verschwender ist auch der Reiche, wenn er ohne Überlegung ausgibt. Und der Städtebauer soll keinen Quadratmeter Boden hergeben, wenn er sich nicht klargemacht hat, zu welchem Zweck dies geschah. (S. 47)

Selbständige Arbeiterstädte haben für die Bewohner in erster Linie deshalb Nachteile, weil die Lasten der städtischen Verwaltung von einer Gemeinschaft Minderbegüterter getragen werden müssen ... Anders steht es mit Arbeitervierteln innerhalb steuerkräftiger Stadtgemeinden, in denen notwendige Einrichtungen aus dem größeren Säckel bezahlt werden können, und zwar aus dem Gesichtspunkt heraus, daß Gesunderhaltung aller Teile der Stadt für jeden Teil eine Notwendigkeit, mithin eine Pflicht der Gesamtheit ist. (S. 409)

3.7.1
Zur Strukturordnung der Stadt

Gurlitt:
Es müssen daher bei Berührung eines städtebaulich in naher oder ferner Zukunft in Frage kommenden Geländes zugleich mit der Bahnlinie die Hauptlinien des Straßenverkehrs festgelegt und die zukünftige Bebauungsweise beachtet werden, indem man die Nachteile gegeneinander abwägt, die den Staat, die Allgemeinheit, die Stadt und den einzelnen Anlieger betreffen. (S. 95)

Es ist mithin für die Zukunft mit einer Dezentralisation der Städte zu rechnen, mit der Ansiedlung der Industrie in einem weiteren Umkreis sowie mit Auflockerung der Bebauungsdichtigkeit, die im Grunde das Ziel aller Bestrebungen auf Verbesserung des Wohnungswesens ist. (S. 119)

Denn wenn es sich um ein großes Zentrum menschlicher Ansiedlung handelt, darf nicht das Interesse eines Dorfes der Umgebung die wohlerwogenen Pläne für die Gesamtheit durchkreuzen dürfen, ja wird es sich unter Umständen nötig machen, das Dasein dieses Dorfes aus der Karte auszustreichen, wenn es etwa gilt, dorthin einen Industriebahnhof, einen Hafen oder sonst eine der Allgemeinheit nötige Anlage zu schaffen. (S. 119 f)

Jedoch ist das Gesamtziel einer Stadtbahn ein anderes als das der Normalbahn ... Es wird ein sorgfältiger Plan der bestehenden Bevölkerungsdichtigkeit sowie der zu erwartenden die Linienführung zu beeinflussen haben ... Die Frage der Wirtschaftlichkeit wird die Linienführung weiter beeinflussen. Die teurere Linie quer durch die Großstadt, die tatsächlich die von der Masse der Fahrenden gesuchten Stadtteile berührt, ist in der Regel wirtschaftlich richtiger als die wesentlich billigere, die durch das freie Land geführt wird. (S. 120)

Die Planung von größeren Stadtgebieten muß dieser Gestaltung des Lebens entsprechen, Zentralisation des Geschäftslebens und Dezentralisation des Wohnens müssen daher Hand in Hand gehen. Die Anlage von Villenkolonien, Gartenstädten, Arbeitervierteln sind Beweise dafür, wie stark das Bedürfnis ist, die Wohnung von dem Stadtverkehr loszulösen. Die Politik der Stadt aber muß darauf gerichtet sein, diese Anlagen auf eigenem Gebiet zu schaffen. (S. 145)

(Auseinandersetzung mit den verschiedenen Straßensystemen. S. 224 ff)

Somit ergibt sich für den Städtebauer eine Reihe von Aufgaben für den Stadtkern: Regelung der Fluchtlinien, Verbreiterung der Straßen, Anlage von Durchbrüchen, Niederlegung ungesunder Stadtviertel, Zurückführung verkommener Stadtviertel in einen besseren Zustand, Verschönerung, Fürsorge für Besserung der Verkehrsverhältnisse. (S. 246)

Aufgabe der Planung im Städtebau ist es, den verschiedenen Bauarten ihre Stätte anzuweisen, d. h. die Besiedelung des Bodens zu regeln, sie von Zufälligkeiten zu befreien und damit zu einer klaren Gliederung der Stadt zu gelangen. (S. 409)

Ziel der städtebaulichen Aufgabe sollte sein, die Grünflächen so anzulegen, daß man von außen tunlichst tief ins Innere der Stadt im Grünen gehen kann, und zwar abseits vom lärmenden Fahrverkehr, also auch, wenn dies nicht anders erreichbar ist, auf Umwegen; weiter die Sonderung der Wohnviertel von Fabrikvierteln durch breite Grünstreifen; endlich sollten diese in ausreichender Weise überall dort eingeführt werden, wo es sich um die Frage der Auflockerung der Bevölkerungsdichtigkeit handelt, also namentlich in sonst eng zu bebauenden Stadtgebieten. (S. 426 f)

Hoepfner I:

Ebenso wie das heutige Leben uns zu sorgsamstem Haushalten mit der Kraft zwingt, so auch mit der Zeit. Diese Notwendigkeit führt nicht nur zur Forderung, die gegenseitige Lage von Wohn- und Arbeitsstätte auf das sorgsamste gegeneinander abzuwägen (man rechnet hierbei heute nicht mehr nach Kilometern, sondern nach Wegeminuten), sondern sie drängt auch dazu, den Aufbau des Stadtkörpers so zu organisieren, daß jedermann seine Geschäftsgänge und seine Besuche bei Behörden in möglichst kurzer Zeit erledigen kann. Diese sind also an den vom Verkehr ohnehin berührten Punkten zusammenzudrängen. (S. 6)

Bei der Bearbeitung des Ausbaues werden sich im großen und ganzen drei Klassen von Bezirken ergeben haben:
die Industrie-, Gewerbe- und Arbeitsviertel,
die Wohnviertel,
das Geschäfts- und Behördenviertel.
Diese gilt es nun, ihren eigenen Bedürfnissen entsprechend auszubauen. (S. 8)

Eine befriedigende Lösung läßt sich mit Sicherheit nur erwarten, wenn man bei der Ausbildung des Einzelteiles stets die Aufgabe, die er im Gesamtkörper zu erfüllen hat, im Auge behält und von ihr ausgeht. (S. 11)

Die neuzeitlichen Grundsätze für die Gruppierung der Wohnviertel gehen dahin, daß man bis zu einem gewissen Grade Bevölkerungsschichten gleicher Wohnbedürfnisse und gleicher Verkehrsbedürfnisse in gemeinsamen Bezirken vereinigt, Wohnklassen mit voneinander abweichenden Bedürfnissen aber voneinander scheidet.

Für sie alle beruht der Wert der Lage der Siedlungsfläche im Gesamtkörper in hohem Grade auf der Kürze und Bequemlichkeit der Erreichung der Geschäfts- oder Arbeitsstätte von der Wohnung aus und umgekehrt. (S. 22)

Es ist vielmehr darauf hinzuarbeiten, daß die Einwohnerschaft einen möglichst großen Teil aller Bedürfnisse und Annehmlichkeiten für ihre Daseinsführung im eigenen Zirkel vorfindet und des Zwanges enthoben wird, unter Verlust an Zeit, Geld und Gelegenheit fernab an anderer Stelle aufsuchen zu müssen. Deshalb müssen alle Behörden, Anlagen, Geschäfte, Handwerker usw., die ein solches Wohnviertel für sich ... braucht ... an günstigster Stelle angesiedelt werden ... Auf diese Weise entsteht im Viertel ... ein gewisser selbständiger Organismus, der selbst zwar ein Organ des Gesamtstadtkörpers bleibt, in ihm aber seinerseits in vielen Punkten ein eigenes in sich abgeschlossenes Leben führt und dementsprechend mit allem, was hierzu notwendig ist, ausgestattet werden muß. (S. 119)

... wenn man erforscht hat, was der Bezirk braucht und womit er auszustatten ist, muß man auch hier wieder im kleinen verwandte Glieder zu Gruppen vereinigen und zusehen, an welchem Platze man sie am zweckmäßigsten unterbringt, so daß sie selbst günstige Daseinsgrundlagen finden und vom Interessentenkreis möglichst leicht aufgesucht werden können, mit anderen Gliedern des Viertels aber sich so wenig als irgend möglich stören. (S. 119)

Es läge nun theoretisch nahe, die zu erschließende Fläche durch ein ... Rechteck- oder sog. „Spalier"-muster aufzuteilen, dessen Hauptlinien von Nord nach Süd und dessen Querlinien von Ost nach West laufen ...

... Ein solcher schematischer Aufbau für ganze Städte muß als eine naive Lösung angesprochen werden, die der nicht mehr als anwendbar empfehlen kann, der das Wesen der Stadt als Organismus erfaßt hat. Nur derjenige kann es verteidigen, der die Stadt noch als eine im inneren Wesen tote Zusammenlagerung in sich gleichartiger Baukörper auffaßt, welcher er durch die formalistische Behandlung einen strengen Rhythmus mit rein ästhetischen Zielen geben will.

Es genügt, darauf hinzuweisen, daß die früher vorhandene Homogenität des ganzen Stadtkörpers ... heute selbst bei kleinen Städten nicht mehr besteht, und daß es außerdem auch gerade aus diesem Grunde viel wichtiger geworden ist, die verschiedenen Punkte und Stadtteile verschiedener Wesensart im Orte selbst miteinander in Verbindung zu setzen. Das muß mit Rücksicht auf die stark gewachsenen Verkehrsbedürfnisse und die scharfe Ausnutzung der Zeit auf kürzestem Wege geschehen, so daß Radial- und Diagonalstraßen nicht entbehrt werden können. Heute muß also ein unregelmäßiges Straßennetz die ganze Stadt durchziehen. (S. 196 f)

Eine zielbewußte Stadtbaupolitik wird also darauf halten, daß sich der Stadtkörper geschlossen nach außen entwickelt, und je nach Bedarf nach und nach bestimmte Flächen für die Bebauung freigebe. Sie hat andererseits aber darauf zu achten, daß sie darin nicht zu engherzig vorgeht, damit sich unter den für den Baumarkt in Betracht kommenden Flächen ein gesunder Wettbewerb entwickeln kann, und nicht eine monopolartige Beschränkung eintritt, deren Folge ein willkürliche Steigerung und Hinaufschraubung der Bodenpreise sein würde. (S. 213 f)

Hoepfner II:
Es ist nicht unbedingt der rechte Weg, alles aus der Nähe der Wohnung zu verbannen, was mit beruflicher Betätigung zusammenhängt. Wir müssen Mittel und Wege suchen, die Siedlungsstätte zu vollkommener Gestaltung zu führen, indem man für die Unterbringung der Nebenanlagen Richtlinien geschickter Anordnung entwickelt. (S. 44)

Eine wirksame Anregung für ein schnelles Aufblühen bisheriger Kleinstädte kann auch von den Dezentralisationsbestrebungen ausgehen, die unter der Bezeichnung der Trabantenstädte und ähnlicher Benennung bekannt sind. Eng damit verwandt ist die Gartenstadtbewegung, so wie diese in England aufgefaßt wird ...

Alle diese Bestrebungen werden sich praktisch selten in vollständigen Neugründungen ex ovo auswirken, weit häufiger vielmehr in Gestalt der Entwicklung kleiner, bisher im Schatten großer Zentren kümmernder Orte bis zu einem Umkreis von 10–20 km hin. (S. 85, 89)

3.7.2
Wohnungswesen und Wohnbau

Gurlitt:
(Überlegungen zur Straßenrichtung im Hinblick auf das Ziel, „den Räumen womöglich tief einstrahlende Morgensonne zu geben". S. 137) Aber auch in die großen Maschen des Netzes zwischen den Verkehrsstraßen können stille Wohnungen eingebaut werden, wenn der Städtebauer dies sachgemäß vorbereitet.

Erste Bedingung ist, daß er die Eingänge in diese Maschen zweckentsprechend anlegt; ... Die Straßen im Wohnviertel sollen ... etwa im Mühlbrettsystem oder in einer anderen Weise so eingerichtet sein, daß sie für den Durchgangsverkehr ungeeignet ... sind ... (S. 146 f)

Der Vorliebe der Bodenreformer für Flachbau steht die Erkenntnis entgegen, daß in Stockwerken gelegene Wohnungen von den kleinen und größeren Mietern gerne gewählt werden, und daß die Schäden der „Mietskasernen" durch entsprechende Maßnahmen sich beseitigen oder doch einschränken lassen. Gibt es doch Sachkundige genug, die im Hochbau auch für die Zukunft die angemessenste Lösung der Wohnungsfrage erblicken. (S. 381)

Die modernen Bestrebungen in der Wohnungsaufsicht gehen darauf aus, die Wohndichtigkeit zu beschränken und die Wohnungen gesundheitlich auszugestalten. Das letztere ist eine Sache mehr der Bautechnik, also des Architekten, wie des Städtebauers. Um so mehr hat dieser hinsichtlich der Wohndichtigkeit mitzusprechen. (S. 383)

In der Zeit starker Fortentwicklung des Bauwesens, tief eingreifender technischer Verbesserung findet eine allgemeine Entwertung der alten Mietwohnungen statt, vor der die Hausbesitzer nicht geschützt werden können.

Die Preise für Mieten sind daher von vielen Umständen abhängig. Gerade aus diesem Grunde ist es die Aufgabe einer guten Stadtverwaltung, regelnd einzugreifen. Sie wird dies dadurch können, daß sie das Bauland mit kluger Voraussicht erschließt und den Grundstücksmarkt auf feste Grundlagen zu stellen bestrebt ist. (S. 386)

Ziel öffentlicher Bautätigkeit kann und darf nur sein – soweit sie nicht weitgreifende Sozialpolitik oder Armenfürsorge ist –, gute und preiswerte Wohnungen zu schaffen, die als Vorbild für den Privatbau zu dienen haben. Durch solche Anlagen können aber in trefflicher Weise die Bestrebungen auf Besserung des Wohnwesens unterstützt werden. Die segensreiche Wirkung zahlreicher gemeinnütziger Bauvereine ist jetzt schon unverkennbar. (S. 389)

Dem Berliner Hause auf großem Grundstück mit mehreren Höfen und einer großen Behausungsziffer rühmte man nach, daß es zu sozialer Mischung und mithin zum sozialen Ausgleich führe: Im Vorderhaus wohnt der reiche Mann, nach hinten und oben stuft sich die Wohlhabenheit der Mieter ab. Zu Zeiten, als man noch hoffte, durch Wohltätigkeit und herablassenden Verkehr die soziale Frage zu lösen, sprach man viel von der Wochensuppe und den abgelegten Anzügen, die von der „Beletage" ins Hinterhaus wandern. Heute erblickt man hierin nicht mehr einen volkswirtschaftlich wertvollen Gedanken. (S. 410)

Zu diesem Zweck muß der Städtebauer sich Klarheit über die zukünftigen Wohnbedürfnisse zu schaffen versuchen. Dies ist freilich ein schwieriges Unternehmen, da namentlich die Großstadt in ihren Anforderungen ständig wechselt, die Wohnbedürfnisse ebenso wie die Mittel zu deren Befriedigung in einem ruhelosen Wandel sich befinden. Sie äußern sich in erster Linie im Wandel des Grundrisses. Mit der fortschreitenden Zivilisation der Massen und mit dem Siege des sozialen Gedankens wachsen die Anforderungen auch des kleinen Mannes. Es ist nur zu begrüßen, wenn er ein Bad, einen Plantschraum, größere bewohnbare Grundfläche für sich beansprucht ... (S. 443)

Welche Wohnart die beste und daher allgemein anzustreben sei, ist erst in zweiter Linie eine vom Städtebauer zu beantwortende Frage. Er wird sich seine Meinung im Widerstreit der Anschauungen zu schaffen haben, aber auch erkennen, daß er nicht eine Kunst betreibt, in der, wie in der Kunst des Malers, ein Wille zu entscheiden hat. Es gilt vielmehr, vielerlei Willen unter einen Hut zu bringen. Wir haben damit zu rechnen, daß in deutschen Städten das Wohnen in Geschossen, in Mietvillen, Reihenhäusern und Eigenhäusern nebeneinander bestehen bleibt, das heißt, daß keine dieser Bauweisen für uns alleinige Berechtigung besitzt. (S. 44)

In neuester Zeit ist der Ruf im deutschen Städtebau nach typisch einheitlichen Wohnungen entstanden, nach einer schärfer ausgeprägten Wohnsitte. Man dient ihm durch gleichmäßige Aufteilung der Fronten, so daß ein Grundriß für alle Häuser angewendet werden kann. Die Folge ist auch das Streben nach gleichmäßig geordneten Blöcken. Lange Zeit hat man diese „Uniformität" als unwürdig bekämpft, indem man die individuelle Ausgestaltung der Wohnungen als ein geschmackbildendes Mittel der Volkserziehung pries. Heute wird vielfach das englische Beispiel mit seiner starken Ausbildung des Typs als vorbildlich gefeiert ... Und wirklich wird bei dem Wanderleben der Mieter, bei den zahlreichen Umzügen es ein Vorteil sein, wenn Möbel und Gerät in der neuen Wohnung die gleiche Stelle finden wie in der alten. (S. 454 f)

Brunner:
... von rein menschlicher Betrachtung ausgehend, ist die Wohnstätte als eine unumgängliche Daseinsforderung des Kulturmenschen zu betrachten, welche vor allem die Erfüllung seiner persönlichen, natürlichen und kulturellen Bedürfnisse zu gewährleisten hat ... Losgelöst von allen sekundären Beziehungen haben wir die Wohnstätte daher ausschließlich als ein soziales, ja sogar als ein ethisches Bedürfnis zu betrachten. (S. 34)
... und doch hat der ... Mensch, ... die „freie" Wahl des Wohnsitzes ... in seiner der Industrie gegenüber bewiesenen Gefolgschaft ganz einseitig materiellen Gesichtspunkten untergeordnet. Die soziale Wohnungslehre würde sich jedoch überhaupt nicht in einer Einengung der Freizügigkeit der Bevölkerung, sondern vielmehr in einer solchen der Industrie auswirken; diese müßte nur die sozialen Bedingungen der Bevölkerungsverteilung als einen wesentlich mitbestimmenden Faktor in ihre Standortslehre aufnehmen. (S. 44)

Hoepfner I:
Es genügt zur Befriedigung der „Wohn"-Bedürfnisse nicht, daß man ein Obdach findet, das kaum mehr als den notwendigen Schutz gegen die Unbilden der Witterung bietet. Vielmehr liegt im Begriff „Wohnung" die Forderung enthalten, daß sie geeignet sein muß, unsere physische und geistige Gesundheit zu pflegen und zu stärken und in ihr Ruhe, Behagen und Erholung zu finden. Denn in der Wohnung wurzelt der Mensch mit seinen ganzen materiellen und kulturellen Kräften. (S. 33; ähnlich S. 74)
(Ablehnung von Häusern ohne Querlüftung, Hinterhäusern und Mietskasernen) Demgegenüber ist dort, wo das Einfamilienhaus unausführbar ist, wenigstens das zwei- bis dreigeschossige Wohnhaus zu erstreben, in welchem jede Wohnung vom Treppenhaus aus ihren eigenen Zugang hat, also zwei, höchstens drei Wohnungen am gemeinsamen Treppenhaus liegen. (S. 34) (Forderung nach Kellerräumen, Gärten, Blockinnenflächen im Gemeinschaftseigentum. S. 35 ff)
Deshalb ist es nicht richtig, größere Stadtteile lediglich für eine bestimmte Wohnform auszubauen, alles andere aber aus ihnen auszuschließen. Auch da muß eine gewisse Mannigfaltigkeit und Gruppierung stattfinden ... (S. 37)
(Der Vorzug größerer Hausabstände bei höherer Bebauung wird eingeräumt, aber) Die Menge der Menschen, mit denen man in irgendwelcher Beziehung steht, vermindert sich bei geringerer Haushöhe außerordentlich stark und man kann sich ungleich leichter gegen unvermeidliche gegenseitige Störungen schützen. (S. 55)
(Aus Gründen der Wohnungsbesonnung sind Straßen in Nord-Süd-Richtung zu empfehlen. S. 60)
Als solche unvermeidbaren Nachteile der vielgeschossigen Bauweise würden, kurz gesagt, etwa folgende zu nennen sein:
1. Die Beschränkung des Nebenraums und die Erschwerung seiner Benutzung durch die Einwohner.
2. Die Herabsetzung der Wohnsituation.

3. Die Schädigung der Gesundheit der Hausbewohner.
4. Die gegenseitige Störung der Bewohner infolge der gedrängten Wohnweise. (S. 74)
Aus der Entwicklung, die die Grundstückspreise und das Wohnungswesen in der Vergangenheit genommen haben, können wir nun zwei Lehren von grundlegender Wichtigkeit ziehen.
Die erste ist folgende:
Die Wohnung ist nicht eine Ware wie andere. Ihr Preis ist nicht, wie man es von anderen Waren gewohnt, Senkungen unterworfen, wenn das Angebot steigt oder wenn die Herstellungskosten geringer werden, sondern Wohnungen haben die Eigentümlichkeit, nur im Preise zu steigen, aber nicht zu fallen ...
Die zweite Lehre ... ist folgende:
Besteht am Orte ein Wohnungsbedarf ... werden die zu höherem Preis hergestellten neuen Wohnungen sofort maßgebend für den gesamten Wohnungsmarkt des Ortes ... Deshalb muß man sich auf der anderen Seite sorgsam hüten, eine Bauart vorzuschreiben, bei der die Wohnungen nicht zu dem bisher üblichen Preise auf den Markt kommen können. (S. 81 ff)

Je teurer der Grund und Boden ist, desto mehr wird der Aufwand für die Wohnung durch den Bodenpreis beeinflußt. Es erhellt daraus gleichzeitig der ungeheure Einfluß, den eine gute Bodenpolitik und Niederhaltung der Bodenpreise auf das Wohnungswesen und auf die Möglichkeit hat, zu einer durchgreifenden Besserung zu gelangen. (S. 96)

(Entweder breiter Bauwich oder keiner. S. 106) Deshalb muß man Vorsorge zu treffen, daß alle Räume, in denen Menschen sich aufhalten und bewegen, also nicht nur alle Wohn- und Arbeitsräume, sondern auch die Straßenräume und die Innenräume der Blocks bis auf die volle Bodenfläche herab für den Zutritt von „Licht und Luft" in bester Weise zugänglich sind. (S. 138)

Ich finde 3 Punkte, in denen der Wert der Wohnung von den äußeren Besonnungsverhältnissen abhängt, und die somit den Maßstab für deren Güte abgeben. Es sind dieses die Besonnung, die
1. das Wohnungsinnere durch die vorhandenen Fenster,
2. die Außenwände des Hauses,
3. die Bodenflächen in der Umgebung des Hauses erhalten. (S. 142)
(folgt umfangreiches Plädoyer für „Durchsonnung" aller Räume.)

Hoepfner II:
Die Wohnung muß viel mehr bieten als früher. Sie darf nicht mehr nur ein Unterschlupf, ein Dach über dem Kopfe sein. Die Menschen müssen sich in ihr erholen, bilden, nachdenken und müssen sich auf sich selbst sowie auf ihre Stellungnahme in allen Fragen eigenen und öffentlichen Interesses besinnen können ... Die große Bedeutung der Wohnfrage und der gesamten Wohnverhältnisse in weitestem Sinne und ihrer guten Lösung liegt darin, daß nur dadurch die neuen Rechte und Freiheiten zu segensvoller Wirkung gebracht werden können. (S. 181)

3.7.3
Arbeitsstätten

Gurlitt:
(Die Großindustrie) fordert große Grundstücke, gute Verbindungen, namentlich mit der Bahn oder mit Wasserwegen, entsprechende Zufahrtsstraßen, Abtrennung von Wohnstätten, die sie durch Rauch, Ruß, Staub, Lärm belästigen würde, also gesonderte Viertel,

die so zu legen sind, daß die vorherrschende Windrichtung die störenden Elemente nicht den Wohnvierteln zuführt ... Ist jedoch ein gesondertes Industrieviertel geschaffen, in dem nur die unbedingt dort nötigen Aufsichtsbeamten wohnen, so kann diesem eine seinen Anforderungen entsprechende Bauordnung gegeben werden, die dahin wirkt, daß Neubauten besonders gern eben hier aufgeführt werden, mithin ohne Zwang die Industrie zur Ansiedlung und sogar zur Abwanderung aus den Wohnvierteln veranlaßt werden kann. (S. 417)

Hoepfner I:
Dagegen wird es vielfach notwendig sein, noch gewisse Handwerksbetriebe unterzubringen, die auch störend wirken, die aber nicht in so hohem Maße vom Verkehr abhängig sind. Diesen kann man zweckmäßig die nach dem Inneren des Viertels zugekehrten Rückseiten der Geschäftsblocks zuweisen. (S. 129)

Hoepfner II:
(Der Städtebauer) hat dafür zu sorgen, daß alle produzierenden Werke in der Lage sich anzusiedeln vermögen, wo sie allen Bedarf auf kürzestem, billigstem und schnellstem Wege greifbar erhalten und jede Lieferung auf kürzestem, billigstem und schnellstem Wege dem Empfänger greifbar zustellen können. Es müssen sich daraus ganz fest umreißbare Richtlinien für die Lage der Produktionsstätten innerhalb des Stadtkörpers und zu den Wasserwegen und Häfen, Eisenbahnlinien und Bahnhöfen, sowie zu den Durchgangs- und Ortsverkehrsstraßen ergeben. (S. 190)
Der Städtebauer hat Vorsorge zu treffen, daß Gelände für die Industrie in reichem Ausmaß zur Verfügung steht, daß es nicht im Privatwege in jahrelanger Verhandlung mit einzelnen Bodenbesitzern mühselig zusammengekauft zu werden braucht, sondern in Hand der Stadt verfügbar gehalten wird und daß möglichst das Werk keine großen Kapitalien gleich zu Beginn darin anzulegen gezwungen ist, sondern die Möglichkeit hat, es gegen geringe Jahresabgabe zu pachten oder sich sonstwie für künftigen Bedarf zu sichern. (S. 190)
Der Städtebauer hat Vorsorge zu treffen, daß die Werke unter günstigen Bedingungen dort liegen, wo Empfang und Ablieferung aller Stoffe und Waren am billigsten und schnellsten zu bewerkstelligen ist. Die Lager und Verkaufsstellen dort, wo die Ware am bequemsten in die Hand der Interessenten hinüberzuleiten ist. Bureaus und Verwaltungsbauten dort, wo der Verkehr mit allen Stellen am wenigsten Hilfskräfte und Verkehrsmittel beansprucht.
Bestimmend nun für die Lage der Werke, Handelsstätten, Lager, Bureaus, Verwaltungsgebäude usw. ist der Verkehr. (S. 192)
... nicht die Lage der Betriebe und Bauten hat sich nach den Verkehrslinien und Verkehrsanlagen, wie Bahnhöfen, Häfen usw. zu richten. Das war ein lange herrschender und verderblicher Irrtum der betreffenden Verwaltungen, den der Städtebauer bekämpfen muß ... Beide müssen aufeinander eingestellt und so geplant werden, daß beide zu vollem Recht kommen und aus der Gesamtheit ihrer Beziehungen zueinander die beste Lösung gezogen wird. (S. 193)

3.7.4
Einrichtungen von zentraler Bedeutung

Gurlitt:
Plätze soll man ins freie Land hinaus dorthin legen, wo das Kopfgrundstück sich in öffentlichen Besitz befindet. Der Einwand, daß für solche Bauten zur Zeit kein Bedürfnis vorliege, ist mit dem statistischen Nachweis zu beantworten, wieviel öffentliche Bauten, Kir-

chen, Gerichtshäuser, Schulen, Krankenhäuser usw. erforderlich sein werden, wenn erst das betreffende und das dahinter liegende Gebiet bebaut und bewohnt ist. (S. 349)

Innerhalb von Villenvierteln oder doch im Zusammenhang mit diesen wird man Handelszentren in geschlossener Bauweise zu schaffen haben, in denen Läden und Werkstätten angelegt werden können und für die Besitzer dieser angemessene Wohnungen zu finden sind ... Für die Geschäftsleute wie für den Einkaufenden ist es bequem, wenn diese Kaufgelegenheiten zusammengelegt werden, und zwar an Stellen, nach denen ohnehin schon Verkehr besteht: dorthin, wo sich Schule, Post, Kirche, Steueramt u. dgl. befindet. (S. 411)

(Orientierungswerte für Kirchen im Verhältnis zur Bevölkerungszahl, als unsicher bezeichnet)

Nicht minder ergibt der Vergleich der Zahl anderer Anstalten, Gerichte, Postanstalten, Verwaltungsgebäude usw. mit der Gesamtzahl der Einwohner des Reiches einen Anhalt dafür, welche Anforderungen für öffentliche Bauten auf die für das Bebauungsgebiet sich ergebende Bevölkerungszahl notwendig zu stellen sind, ganz abgesehen von allen jenen im einzelnen nicht vorauszusehenden Anforderungen, die das immer verwickelter werdende öffentliche Leben erfordert. (S. 416)

(Orientierungswerte für Friedhöfe und Schlachthöfe. S. 441)

Hoepfner I:
Man muß auch im Wohnviertel für eine kleine Geschäftsgegend zweiter Ordnung sorgen, also Punkte ausbilden, die geeignete Siedlungsverhältnisse für Geschäfte bieten ... An diesen Punkten sollen ferner die örtlichen Behörden und Anstalten gleichfalls möglichst im Zusammenhang mit den Geschäften oder nahe bei ihnen untergebracht werden können, auch Kirche und Schule wird man an ruhiger Stelle in deren Nähe zu errichten haben, so daß es möglich ist, auf einem Gange vielerlei zu erledigen. (S. 38)

Das Gedeihen der Geschäfte und ihre Wettbewerbsfähigkeit untereinander hängt in vielen Branchen und Zweigen nicht allein von deren Güte und Reellität, sondern in hohem Grade auch davon ab, ob sie die Aufmerksamkeit der Menschen auf sich zu ziehen und deren Kauflust anzuregen vermögen. Sie suchen deshalb möglichst verkehrsreiche Lagen auf, und zwar solche Punkte, wo der Verkehr nicht auf Straßenbahnen, Autos u. dgl. an ihnen vorüberhastet, sondern wo der Fußgänger vorherrscht oder wo der Verkehr sich staut und von einer Linie auf die andere übergeht. (S. 128)

Dagegen muß man es sorgsam vermeiden, alle oder auch nur eine Mehrzahl von Plätzen als Geschäftslage auszubilden, da jede Verzettelung schädlich ist. Dafür wird man den einen Geschäftspunkt mit desto mehr Sorgfalt ausstatten und seinem Zweck entsprechend ausbilden, ihn etwa gleichzeitig als Marktplatz ausgestalten und auch die Baustellen für die Kirche und andere öffentliche Gebäude unmittelbar an ihm oder in seiner Nähe angliedern. (S. 129)

Vor allen Dingen ist aber an Kirchen, Schulen, Büchereien usw. zu denken ... Es wird sich oft empfehlen, sie im Innern des Viertels zu Gruppen zu vereinigen in Anlehnung an öffentliche Anlagen oder mindestens in naher Verbindung mit solchen ...

... Diese Bauten mit ihren Plätzen und den Nebenanlagen ... sind geradezu dazu berufen, den Repräsentationspunkt des ganzen Viertels zu schaffen, wie wir uns an solchen in Anlagen vergangener Zeiten so gern erfreuen. (S. 133)

Hoepfner II:
Diese Bauten und Anstalten müssen aber auch in ganz bestimmten Lagen zueinander angeordnet sein ... Deshalb müssen bestimmte Gruppen von Verwaltungsgebäuden zu Komplexen zusammengefaßt werden und zu anderen Gruppen sowie für das in ihnen verkehrende Publikum auch wieder nach wohlüberlegtem Plan in ganz bestimmter Lage in

dem Stadtkörper angeordnet sein. Unordnung und Unvollkommenheit auch in dieser Hinsicht kostet nicht nur Arbeit, Zeit und Kräfte, d. h. Geld, sondern gefährdet das Funktionieren der Organisation und schädigt das Gedeihen des Ganzen. (S. 179 f)

Die Verkaufsläden, Lager, Bureaus der Vermittler usw. müssen dort liegen, wo das Publikum sie ohne unnötigen Wegaufwand, und zwar leicht und selbstverständlich findet. Sie müssen nahe gedrängt beieinander liegen. Sie sind ferner ebenso wie die Werke an ganz bestimmte Lagen innerhalb des Stadtorganismus gebunden. Eine Tatsache, die ihren Ausdruck in dem Drang nach Citybildung findet. (S. 191)

Der Städtebauer ... hat in seinen Planungen die Flächen, die sich künftig zu Geschäftsgegenden entwickeln werden, vorausschauend festzustellen und im Fluchtlinienplan und in der Bauordnung so zu behandeln, daß die Grundstücks- und Blockabmessungen, Straßenführungen und Straßenbreiten sowie die Bauweise ganz dem künftigen Zweck angepaßt sind. (S. 191)

3.7.5
Freiflächen

Gurlitt:
(Forderung nach Grün entlang von Autostraßen und nach Trenngrün zwischen Güterbahnhof und Wohnvierteln. S. 89, 97)

(Vorgarten als Mittel, Gebäudeabstände auch in schmalen Straßen zu sichern. Jedoch „auf der Südseite von Westoststraßen, also im Schatten der Südfront, von vornherein zu verwerfen". S. 137)

... der auf Schönheit bedachte Städtebauer sollte sein Augenmerk darauf richten, daß das Stadtbild durch Wasserflächen und Wasserbewegungen belebt wird. Er wird dabei leicht mit dem den Wasserbau leitenden Ingenieur in Konflikt kommen, denn er wird oft gerade das in Vorschlag bringen, was die Wissenschaft des Technikers als das zu Vermeidende ansieht ... Es handelt sich nämlich für ihn nicht nur um den glatten Ablauf des Wassers, sondern vor allem um die Ausnutzung auch einer bescheidenen Wassermenge zu belebten und belebenden, erfrischenden städtebaulichen Anlagen. (S. 178)

(Gestalterische und funktionelle Ratschläge für den Ausbau von Wasserflächen, Uferanlagen, Brücken. S. 180 ff)

(Funktionelle Nutzung von Grün als Spielplatz wichtiger als ästhetischer Eindruck. S. 367 f)

Der Vorteil der Grünflächen ist dagegen in anderen Gebieten (als im Bereich der Luftverbesserung) zu suchen. Zunächst in dem der Ästhetik, indem es den Augen ein Genuß ist ... Dazu die Absonderung vom Lärm der Straße und von deren Staub, der Einfluß auf die überanstrengten Nerven und vor allem die größere Bewegungsfreiheit, die sich im Spiel, namentlich in dem unter freiem Himmel, äußert. Als ein solches ist auch der Spaziergang der älteren Stadtbewohner zu betrachten ... (S. 427)

Man muß aber auch bei dem Wachsen der Stadt um eine gerechte Verteilung der Grünflächen besorgt sein, so daß die gesundende Wirkung sich allseitig geltend macht. (S. 428)

... Es gilt für den deutschen Städtebau, zunächst das Recht der Jugend auf Spielplätze festzustellen, ein Recht, das ebenso auf die Förderung des Gemeinwohles begründet ist, wie auf den Unterricht. Und diesem Rechte muß in der Planung Raum gegeben werden durch Freigabe von bedeutenden Geländestücken. Auf solchen Spielplätzen soll nicht der Pflanzenwuchs, der ästhetische Grundzug für die Herrichtung maßgebend sein, sondern die spielende Jugend selbst. Ihre Anforderungen sollen entscheiden, alle anderen hinter diese zurückgestellt werden. (S. 435)

(Erläuterung der verschiedenen Zweckbestimmungen von Freiflächen und ihrer Anforderungen. S. 435 ff)

Auch der kleine Mann erhebt Ansprüche auf Grund und Boden. Die Mietgärten, die nach dem ersten Schöpfer, dem Stadtrat Dr. Schreber in Leipzig, vielfach auch Schrebergärten genannt werden, sind zumeist auf der Bebauung noch nicht erschlossenen Landes[1] mit dem Hintergedanken angelegt worden, sie bei fortschreitender Bebauung zu kündigen und zu entfernen. Aber es wird sich in Zukunft wohl zeigen, daß die zum notwendigen Teil einer Stadtanlage werden müssen, der auf die Dauer berechnet ist ... Es wird also Aufgabe des Planes eines neuen Stadtteiles sein, entweder für Hausgärten oder, wo dies nicht geschehen kann, auf den von Häusern getrennt anzuordnende Flächen für Mietgärten zu sorgen. Dabei wird es möglich sein, ohne die Freude des einzelnen an der Ausgestaltung seines Landstückes mit Lauben, Zäunen usw. zu sehr zu beschränken, eine gewisse Einheitlichkeit und künstlerische Anordnung in der Gesamtanlage einzuführen ... (S. 441 f)

Hoepfner I:

(Forderung von 40–60 qm Gartenland je Wohnung) Dieser Gesichtspunkt, daß das Gärtchen eine ruhige Erholungsstätte für die Erwachsenen wie einen Spielplatz für die Kinder in frischer Luft bietet, ist von höherem Wert als der wirtschaftliche Nutzen, den es durch Ausnutzung für Gemüsebau und Kleintierzucht bietet, obwohl auch diese Seite der Sache wohl zu würdigen ist ... Die beste Lösung würde man vielleicht finden, wenn man die ganze Innenfläche nach Abzug der Hofräume in öffentliche Verwaltung nehmen und je nach den Verhältnissen entweder nach einheitlichem Plan als Kleingärten aufteilen und an Liebhaber verpachten oder aber ganz oder teilweise als Innenpark anlegen würde, der nur den Bewohnern des Blocks zugänglich ist. (S. 35 ff)

Besteht aber bei der Bevölkerung ... teilweise das Bedürfnis nach reichlicher bemessenen Gartenflächen, so ist bei der Erschließung des Bauviertels ... dafür zu sorgen, daß besondere zusammenhängende Gebietsteile in unmittelbarer Nähe der Wohnbezirke von der Bebauung ausgeschieden werden, wo die Einwohner ein Landstück für ein Geringes zu pachten vermögen. Die Fürsorge für solche Anlagen ist ebenso wichtig wie die Schaffung von öffentlichen Spielplätzen, Marktplätzen, Schmuckanlagen u. dgl. (S. 52)

Nun kann natürlich nicht jedermann, selbst nicht in bessergestellten Kreisen, sein Eigenhaus mit Garten haben, aber vielen kann man doch annähernd dieselben Annehmlichkeiten verschaffen, indem man geeignete Flächen innerhalb der Viertel von der Bebauung freihält und als Gärten nutzbar macht. Werden solche Anlagen nicht nur vorübergehend, sondern für die Dauer geschaffen, und mit einigen öffentlichen Alleeanlagen, Spielplätzen usw. in Zusammenhang gebracht, so werden sie das – bei Provisorien allerdings oft vorhandene – unerfreuliche Aussehen verlieren ... (S. 127)

Hoepfner II:

Man sollte von der leider eingebürgerten Gewohnheit abkommen, alle Rinnsale und Bäche mit hohen Kosten in unterirdischen Leitungen zu fassen, anstatt sie als belebendes Element zu erhalten und durch Ausbildung als Grünanlagen zur Verschönerung der Siedlung nutzbar zu machen und sie gleichzeitig auch als Vorfluter für die Regenwasserabführung zu verwerten. Man könnte auf diese Art stellenweise Kühlung der Luft in heißer Jahreszeit und eine Erhöhung des Feuchtigkeitsgehaltes erzielen und frische Vegetation schaffen in Hitzeperioden, wo der Anblick der dürstenden Natur auch die Plage der Menschen erhöht. (S. 80)

---

[1] sic

3.7.6
Verkehr

Gurlitt:

Innerhalb einer modernen Stadt teilt sich der Verkehr in den der Fußgänger, der Hand- und Kleintierwagen, der Lastwagen, der im Trabe fahrenden Geschirre, der Reiter, der Fahrräder und Kraftwagen sowie endlich der Straßenbahnen und Schnellbahnen. (S. 12) Verkehrsschwierigkeiten entstehen dort, wo der Bebauungsplan einen Fehler zeigt... Also ist der den Verkehr regelnde Polizist eine Anklage gegen den Städtebauer! Da es aber unbillig ist, vom Städtebauer auf lange Zeit hinaus ausreichende Voraussicht für die Entwicklung unserer Städte und ihrer Verkehrsmittel zu fordern,... kann man die Sache mit gutem Recht auch umgekehrt auffassen: Die Verkehrsschwierigkeiten haben ihren Grund in der übermäßigen Inanspruchnahme der ausgebauten Straße. (S. 12 f)

Aufgabe des Städtebauers ist es aber, auf jeden Fall durch angemessene Anordnungen Verkehrsschwierigkeiten zu beseitigen oder doch zu mildern, und zwar unter möglichst weitsichtiger Berücksichtigung in Zukunft sich ergebender Häufungen und Störungen des Verkehrs. (S. 13)

Vielfach ist ein Fehler unserer Straßenanlagen, daß auf den Fußgängerverkehr zu wenig Rücksicht genommen wird, d. h. daß die Fahrbahnen als die Hauptsache angesehen werden. Namentlich in weniger belebten Straßen sind die durch Laternenpfähle, Alleebäume, Briefkästen, Anschlagsäulen usw. noch eingeengten Fußsteige oft viel zu schmal im Verhältnis zur Fahrbahn. Bei Verkehrsfragen denken allzuviele nur an den Gaul, den Kutscher, den Chauffeur, während vielfach die Bequemlichkeit für den Fußgänger wichtiger ist. (S. 18)

(Funktionelle Untergliederung von Verkehrsarten. S. 21)
(Fußgängerinseln an Straßenkreuzungen und Haltestellen. S. 24 f)

Bei der großen Zahl von Schwierigkeiten, die sich aus der Verbindung von Fuß- und Wagenverkehr in einer Straße ergeben, liegt die Frage nahe, ob man die beiden Verkehrsarten nicht völlig voneinander trennen, also besondere Fahr- und Gehstraßen anlegen könne. (S. 25)

(Nach einer Reihe elementarer Überlegungen zum Verkehr:) Eine Straße kann bei geschickter Planung der Umgebung vom Städtebauer so angelegt werden, daß sie nie einen größeren Verkehr aufzunehmen haben wird. (S. 40)

(Empfehlung, durch Ortsstatut eine spätere Straßenverbreiterung durch Verringerung der Vorgartentiefe zu sichern. S. 43 f)

Es ist nicht ein Beweis von „Großzügigkeit", wenn man alle Straßen tunlichst breit macht: es kann sehr leicht gerade dies zu einer recht verkehrten Pedanterie ausarten, wie sie zum Teil noch unsere Bauordnungen beherrscht. (S. 45)

(Plädoyer für Trennung der Verkehrsarten im Straßenraum. S. 51)

(Zur Frage, ob Einmündung oder Kreuzung vorzuziehen sei, und zur Ausbildung von Kreuzungen. S. 60 ff) Mit der Dezentralisation der Städte, mit der Anlage gesonderter Villenviertel und Fabrikviertel, mit der Notwendigkeit der leitenden Persönlichkeiten, große Strecken frei von hemmenden Einrichtungen rasch zu durchfahren, wird der Kraftwagenverkehr außerordentlich wachsen... Das Bestreben des Städtebauers muß daher, wenigstens dort, wo das rasche Fahren nicht verboten werden kann, sein, dem Automobilverkehr eigene Wege zu schaffen. (S. 87) (Prognostizierung von Autostraßen mit Niveautrennung von kreuzenden Straßen und Auf- bzw. Abfahrten etwa in 1 km Abstand; möglichst im Einschnitt und zwischen Gärten. S. 88 f)

(Eigene Radwege, möglichst schattig. S. 93)

Die Bahn ist ein Lebenselement der modernen Siedlung. Sie ist eine Notwendigkeit für das Aufblühen einer ganzen Gegend. Eine solche wird zu hohen Opfern bereit sein, um ausreichende Bahnverbindungen zu erlangen. Sie wird Benachteiligungen einzelner durch Entschädigungen zu regeln geneigt sein. Aber sie wird auch dafür sorgen müssen, daß der Vorteil nicht mit zu vielen Nachteilen erkauft wird. (S. 95)

Die Nahbahn hat den Zweck, den Mittelpunkt der Stadt mit den im Umkreis liegenden, wirtschaftlich von ihr abhängenden Orten zu verbinden oder dient sogar der Entwicklung von der Stadt aus angelegter Siedlungen. Sie wird gebaut, nicht nur um einem Bedürfnis zu genügen, sondern auch um ein solches hervorzurufen, als Ansporn zur Besiedlung der von ihr berührten, dicht bewohnten oder dicht zu bebauenden Gebiete. (S. 101)

Die Großstadt und die Citybildung, d. h. das Entstehen einer Geschäftsstadt im Zentrum, zu der die im Umkreis Wohnenden sich hindrängen, führt dazu, daß die Bahnlinien einer solchen Städtebahn konzentrisch angelegt werden. (S. 102)

Die ideale Anlage der Stadtbahn ist das Zusammenführen aller Linien nach dem Mittelpunkt der Stadt, wo der Wechsel der Linien für jene erfolgt, die von Vorort zu Vorort gelangen möchten. Oder Anlage eines tunlichst engen Ringes um die Stadtmitte als Vermittler für die Linien, die Vorort zu Vorort verbinden. (S. 120)

(Zu Hoch- und Untergrundbahnen. S. 125 ff)

Alles weist darauf hin, daß die für große Stadtgebiete gleichförmig angeordneten Straßen nicht „normal", sondern Folgen von Gedankenlosigkeit sind. Es ist das Verdienst Th. Goeckes, zuerst entschieden die Trennung der Straßen nach verschiedener Inanspruchnahme gefordert und auf eine dieser entsprechenden Ausgestaltung hingewiesen zu haben. Er unterschied zunächst Verkehrsstraßen und Wohnstraßen. Hinzu kommen noch Prachtstraßen und Lastenstraßen. (S. 139)

Die Verkehrsstraße soll breit sein ... Sie soll so angelegt sein, daß sie jeder denkbaren Belastung genügen kann. Die Verkehrsstraße soll dem Verkehr freie Bahn lassen. Zu wünschen ist, daß sie gerade oder in mäßigen Kurven angelegt werde, selbst in bewegtem Gelände ... Man soll ferner in ihrem Verlauf starke Steigungen vermeiden ...

Man soll dafür sorgen, daß der glatte Verlauf des Verkehrs möglichst wenig durch Straßenkreuzungen gestört wird. (S. 141 f)

Das Ziel des Entwurfs sollte also sein ein weitmaschiges, aber energisch ausgebautes Netz von Verkehrslinien, durch das die Verbindung von Vorstadt zu Vorstadt, nicht bloß von Vorstadt zum Mittelpunkt, erzielt wird und das zugleich dem Handel gute Gelegenheit zur Anstrebung und zur Erweiterung der „City" bietet. (S. 143)

Ringlinien haben nur einen zweifelhaften Wert. Dieser tritt erst hervor, wenn sie durch Tangentialstraßen getroffen werden und somit den Verkehr aus dem umringten Teil abziehen. Kreisförmig um die Stadt herum gibt es keinen selbständigen Verkehr. (S. 143)

... der Platz ist der Raum für den Nachbarverkehr und für den Verkehr im Stillstehen oder in mäßiger, nicht strömender Bewegung, also auch für den Marktverkehr. Es kann ein Teil von ihm Straße sein, also Raum für den Durchgangsverkehr bieten, aber er hört im eigentlichen Sinne auf, Platz zu sein, wenn der Durchgangsverkehr ihn in allen oder auch nur in den wesentlichsten Teilen überflutet. (S. 157)

Hoepfner I:
Die Verkehrsbedeutung der Aufteilungsstraßen ist gering ... Deshalb kann ihre Linienführung wesentlich freier gestaltet werden als die der Verkehrsstraßen und kann auf die örtlichen Verhältnisse weitgehend Rücksicht nehmen. Infolgedessen ist nicht die Lage der Aufteilungsstraßen in erster Reihe maßgebend für die Art der Erschließung, sondern vielmehr die Forderung nach günstiger Gestaltung der Blocks. (S. 42 f)

Dagegen ist die Einfassung mit langen undurchbrochenen Blocks für die Verkehrsstraßen selbst von großem Vorteil. Ich sehe von der Frage der Schönheit absichtlich zunächst ganz ab. Die Straßen werden aber auch desto leistungsfähiger sein, je gleichmäßiger sich der Verkehr auf ihnen abwickeln kann: denn erstens wird der einzelne Verkehrskörper... desto schneller... zu seinem Ziel kommen, je seltener es an der Einmündung einer Nebenstraße... zu stocken... braucht. Zweitens aber kann die Straße... einen desto größeren Verkehr bewältigen..., je weniger... Stockungen zu gewärtigen sind und je größer somit die mittlere Geschwindigkeit ist. (S. 62)

Die Aufteilung des Geländes erfolgt, indem man die für die Bauausnützung bestimmte Fläche mit einem Netz von Aufteilungsstraßen überzieht, deren Maschen die Wohnblocks bilden. Deren Name als „Aufteilungs"- oder „Wohn"straßen drückt die Eigenart ihres Wesens aus, die im Gegensatz steht zu den „Verkehrs"-Straßen. (S. 135)

Die Verkehrsstraße dient in erster Linie dem Verkehr, und zwar dem durchlaufenden Verkehr, der über das örtliche Gebiet hinweg geht... Von den Aufteilungs- oder Wohnstraßen dagegen muß jeder durchlaufende Verkehr sogar auf das sorgsamste ferngehalten werden. (S. 125)

(Forderung nach Einfügung der Verkehrsstraßen in die Topographie. S. 206)

(Auseinandersetzung mit den Für und Wider gerader und gekrümmter Straßen. S. 209 ff)

Hoepfner II:

Es wird eine sehr wichtige Aufgabe des Städtebaues sein, durch wohlüberlegte Anordnung des Stadtkörpers das Überschäumen des Verkehrs unnötig zu machen...

Man kann wohl sagen: Eine Stadt wird städtebaulich desto vorzüglicher sein, je weniger Straßenverkehr man im Verhältnis zur Stärke des inneren Lebens sieht und je weniger Verkehrsmittel sie braucht. Jedenfalls liegt somit zu einem gewissen Teil die Lösung der Verkehrsfrage auf städtebaulichem Gebiet und bildet kein eigenes Sonderfach des Stadtbauwesens. (S. 72 f)

Indessen wird sodann oftmals immer noch ein gewaltiger Verkehr im Innern der Städte übrigbleiben, der auf durchaus natürlichen und gesunden Gründen beruht... Um dem Rechnung zu tragen, müssen zwei Wege beschritten werden: Die Verkehrsregelung und die Hebung der Leistungsfähigkeit der Verkehrsmittel. (S. 73)

... (Man) wird... die Leistungsfähigkeit der Straßen ganz gewaltig steigern können, ohne ihre Gesamtfläche zu vergrößern, sofern man gleichartige Fahrzeuge mit gleicher Geschwindigkeit auf gesonderte Bahnen verweist. (S. 74)

Beispielsweise wird die Wirkung des Automobilverkehrs manche Stadt, die bisher nicht günstig zu den Verkehrslinien lag, nach einer Periode des Schlummerns zu neuem, kräftigem Leben und desto schnellerer Entwicklung erwecken. (S. 85)

... nicht die Lage der Betriebe und Bauten hat sich nach den Verkehrslinien und Verkehrsanlagen, wie Bahnhöfen, Häfen usw. zu richten. Das war ein lange herrschender und verderblicher Irrtum der betreffenden Verwaltungen, den der Städtebauer bekämpfen muß... Beide müssen aufeinander eingestellt und so geplant werden, daß beide zu vollem Recht kommen und aus der Gesamtheit ihrer Beziehungen zueinander die beste Lösung gezogen wird. (S. 193)

3.7.7
Versorgung

Gurlitt:
Beim Planen für ein Gelände ist alsbald daran zu denken, wie die Abführung des Unrates, der Ab- und Tageswässer und wie die Zufuhr gesunden Wassers, also wie Kanalisation und Wasserversorgung eingerichtet werden sollen. Solange diese nicht geregelt ist, kann ein Gebiet nicht als baureif angesehen werden. (S. 402)

Heute wird eine gut verwaltete Ortschaft die Kanalisation nicht mehr entbehren können. In der Regel werden dabei die Leitungen unter die Decke der Straßen zu legen sein. Für den Städtebauer bedeutet dies, daß er seine Straßen so anzulegen hat, daß mit ihrer Hilfe und bei ihrem Ausbau das Netz der Leitungen zweckentsprechend durchgeführt werden kann. Mithin hat der Tiefbauer ein volles Recht, zu verlangen, daß er bei der Planausbildung gehört und an dieser mitzuarbeiten berufen werde. (S. 403)

Hoepfner I:
Die „Kanalisation" stellt nicht lediglich eine Annehmlichkeit oder gar eine Luxusanlage dar, sondern hat sich als eines der wichtigsten Mittel zur Verhütung von Seuchen erwiesen... Aus dem... Grunde wird man auch den Zwangsanschluß an die allgemeine Wasserversorgung verlangen müssen..., womit dann nachweisbar die auf den einzelnen Haushalt entfallenden Kosten entweder ganz gering werden... oder sogar durch den mit ihnen verbundenen Vorteil einen wirtschaftlichen Gewinn darstellen. (S. 213)

Hoepfner II:
Deshalb liegt hier in der Beseitigung der häuslichen Abwässer die große Bedeutung und die eigentliche Aufgabe der Kanalisation als Mittel der Städtereinigung, von der die Ausbildung dieser Anlagen in erster Linie auszugehen hat, während die Abführung der Regenwässer und gewerblichen Abflüsse mehr als Nebenaufgabe zu betrachten ist. (S. 78)
Nun sind aber mit der Beseitigung der Abfallstoffe die Aufgaben der Städtereinigung noch bei weitem nicht erschöpft. Hinzu kommt zunächst die wichtige Frage der Verhinderung oder mindestens der Einschränkung des Entstehens und der Verbreitung von schädlichen Stoffen, die als Gase, Ruß, Staub und dergleichen mehr die Luft verschlechtern. (S. 78)
Schaffensdrang und Schaffenslust wachsen aus sich selbst heraus, wenn gute Verhältnisse der Menschen Dasein umgeben. Der ethische Zustand im besonderen hat als wichtigste Grundlage die Sauberkeit und Ordnung. Diese zu schaffen und zu ihr zu erziehen ist die hohe kulturelle Aufgabe der Städtereinigung. (S. 80)

3.7.8
Richtzahlen und Orientierungswerte

Gurlitt:
In fast allen Kulturstaaten hat sich die Regel eingebürgert, die Straßen in der Weise zu teilen, daß 3/5 Fahrstraße, 2/5 die beiden Fußsteige einnehmen... Es sollte in jeder besseren Straße der Fußsteig so breit sein, daß die Schirme offen tragende Menschen nebeneinander gehen können, also etwa 3 Meter freie Breite haben. (S. 17 f)
(Leistungsfähigkeit der Straßen für verschiedene Fahrzeugarten und Geschwindigkeiten nach Leistle; Kfz je Spur und Stunde bei 20 km/Std. 495, bei 60 km/Std. 398. S. 38)
(Kurvenradien für Straßen verschiedener Zweckbestimmung. S. 57 und 172)
(Steigungen für Straßen verschiedener Zweckbestimmung. S. 170)
(Orientierungswerte für Schulen, Kirchen, Friedhöfe und Schlachthöfe bezogen auf die Einwohnerzahl. S. 415 f, 441)
Nach all diesem ist es durchaus mißlich, bestimmte Maße für die Tiefe und Länge der Blöcke anzugeben. Vielmehr ist es Aufgabe des Städtebauers, dem Bedürfnis nachzukommen und anregend auf Neugestaltungen und Verbesserungen bestehender Verhältnisse hinzuwirken, indem er sich klar macht über die Folgen einer bestimmten Art der Planung. (S. 455 f)

Hoepfner I:
Die „Blocktiefen ohne Vorgärten" zwischen den Vorderfronten der Häuser würden sich somit stellen:
beim 1 geschossigen Haus auf 40–45 m
beim 2 geschossigen Haus auf 55–60 m
beim 3 geschossigen Haus auf 65–70 m
beim 4 geschossigen Haus auf 75–80 m
bei geschlossener Randbebauung. Bei offener Bebauung für große Wohnungen wären zu diesen Maßen mit Rücksicht auf die größere Bautiefe noch 5–10 m zuzuschlagen. (S. 59)

Ich meine, daß man bei wohldurchdachter Anordnung des Gesamtaufteilungsnetzes Blocklängen von 350–400 m als die normalen anstreben soll. (S. 72)

Hoepfner II:
In roher Schätzung kann man annehmen, daß in den Städten auf den Kopf der Einwohner etwa 1 lfd m Straße entfällt, daß also z. B. ein Ort von 30 000 Einwohnern etwa 30 km Straße hat. Der Fläche nach nehmen die Straßen etwa 20–30 v. H. des besiedelten Gebietes in Anspruch. (S. 67)

An Straßen- und Hausmüll hat man in roher Schätzung mit nur etwa je 8–10 000 cbm im Jahr auf je 10 000 Einwohner zu rechnen. (S. 77)

Will man einen Anhalt dafür gewinnen, welche Mengen an Regenwasser zu bewältigen sind, und nimmt man für 10 000 Einwohner eine Siedlungsfläche von 50 ha an und rechnet bei einer jährlichen Niederschlagshöhe von 600 mm mit einem Abfluß von 50 v. H., so würde sich ergeben, daß im Jahr etwa 150 000 cbm Regenwasser abzuführen wären, deren Abfluß sich zudem in der Hauptsache auf ganz kurze Zeit zusammendrängt. (S. 78)

3.8.1
Gestaltung: Grundprobleme

Gurlitt:
Die „normative Ästhetik" ist zumeist kunstschädlich. Ziel dieses Buches ist, den Städtebau, soweit er Kunst ist, von der Herrschaft von Grundsätzen freizuhalten. Die Kunstverwaltung ist aber ein dornenvolles, verantwortungsreiches Amt, für das feste Regeln aufstellen zu wollen ein vergebliches Unternehmen ist, so sehr auch in den Verwaltungsbehörden selbst der Wunsch nach solchen Regeln sich geltend macht. (S. 7)

Dabei wird (der Städtebauer) ermessen müssen, daß es nicht malerische Wirkungen sind, die er zu erstreben hat, sondern plastische. Unter malerischen verstehe ich solche Wirkungen, die sich auf einer Bildfläche darstellen lassen, d. h. die von einem bestimmten Punkt aus gesehen werden. In der theoretischen Behandlung des Städtebaues spielen diese Bilder und Bildchen eine allzu große, unerfreuliche Rolle ... Es gibt keinen sicheren Standpunkt für den Beschauer von Straßen und Plätzen, wie etwa vor einem Bilde. Die Schönheit einer städtebaulichen Anlage beruht auf dem Wechsel der Erscheinungen, der Überschneidungen und auf dem Reichtum dieses Wechsels. (S. 11)

Der Wandel im Geschmack ist abhängig von der Ermüdung des Formgefühls am oft Gesehenen und von der Freude an neuen Eindrücken. (S. 298)

Th. Fischer sagt mit Recht: „Gliederung der Massen nach Herrschendem und Beherrschtem ist eines der wichtigsten Kunstmittel im Städtebau ... Gleichheit bedeutet in der Kunst die entsetzlichste Öde ... Da nützt es auch nicht, die gewaltigsten Massen gleichen Wertes zusammenzustellen ..." (S. 327)

Nur so viel sei gesagt, daß die Symmetrie nicht eine ästhetische Forderung, nicht eine Vorbedingung der Schönheit ist. Und daß eine Symmetrie ohne klare Achse, d. h. ohne deutlich ausgesprochenes Ziel für diese, ein künstlerischer Versuch mit untauglichen Mitteln ist. (S. 351 f)

Die Folge von guten Bildern, die sich im Abschreiten dem Auge darstellen, der Wechsel der Überschneidungen und Beziehungen der baulichen Teile zueinander machen die Schönheit einer Anlage aus; also das, was sich nicht zeichnen oder höchstens kinematographisch im Fahren am Bauwerke entlang photographieren läßt. (S. 352)

Jede Gelegenheit zur Gestaltung eines eigenartigen Stadtbildes muß benutzt werden; denn alles, was gemacht wird, soll sachgemäß ausgeführt werden. Und zu diesem Sachgemäßen gehört auch die ästhetisch befriedigende Form. Denn das Unschöne ist nie sachgemäß. (S. 408)

Hoepfner I:
Die Ausstattung und jeder äußere Schmuck muß seine Berechtigung aus inneren Gründen herleiten und diese müssen sowohl für die Auswahl der zu schmückenden Punkte wie für den Stil der Ausbildung maßgebend sein. Denn wahre Schönheit kann nur auf innerer Begründung und Zweckmäßigkeit fußen, sonst ist sie nur äußerer Tand. (S. 3)

Dabei darf nur das eine unser Leitsatz sein: Stets zu einer Lösung zu gelangen, bei der die jeweils gewählte Form die Vorzüge auch wirklich entwickeln kann, die jeder von ihnen innewohnt. (S. 116)

Hoepfner II:
(Zitat Schumacher:) „Während praktische Absichten den Grundzug dessen festlegen, womit man zu wirken hat, gilt es, die künstlerischen Wirkungen derart zu entwickeln, daß praktischer Zweck und künstlerische Absicht das gleiche werden."

Man wolle einmal darauf achten, wie Denker aller Zeiten sich mit dem Symptom der Wechselwirkung zwischen Gestaltung des Stadtkörpers und dem Leben der Stadt beschäftigt haben. (S. 53 f)

(Zitat Brinckmann:) „Es ist nicht mehr die Form, sondern der Formprozeß, den wir, uns kräftigend miterleben möchten." (S. 96)

3.8.2
Gestaltung: Gesamtgefüge

Gurlitt:
Die Neu-Idealisten im Städtebau wollen die Forderungen der Schönheit in erste Linie gestellt wissen. Und zwar verstehen sie unter Schönheit den Anblick einer Stadt, eines Stadtteiles von außen, von der Straße her. Sie fordern für weite Gebiete einen einheitlichen Plan, den der Künstler zu entwerfen und dem sich jeder Anlieger einzufügen hat; der sich also über öffentliche wie private Bauten erstreckt. Sie erkennen die Schönheit in der von ordnender Hand durchgeführten Beziehung jedes Einzelgliedes zum Ganzen. Otto Wagner sagt, in dieser Weise, also monumental, müsse geplant werden, ohne Rücksicht auf den Radikalismus der Stürmer und das Gejammer des Historiker im Städtebau . . . Darin, daß die Allgemeinheit in billige und gesunde Wohnungen eingepreßt, zur sparsamen Lebensführung gezwungen wird, erblickt er die Notwendigkeit, die Häuser „uniform" zu gestalten, erkennt er das demokratische Wesen unserer Zeit . . . Das heißt: Der Städtebaukünstler entwirft für 2–300 000 Menschen eine Stadt in dem Gedanken, daß jeder einzelne, der sich dort anbaut, und jeder später Lebende, der sich dort einrichten will, wenigstens für die Außengestaltung seiner Häuser den einmal aufgestellten und durch Gesetz dem ganzen Gelände aufgezwungenen Plan hinnehmen muß, daß also für diese Stadt die Kunst mit einem Schlage erledigt ist . . .

Mir will scheinen, daß sich hier das Streben auf Großzügigkeit in der äußeren Erscheinung der Straßen in eine Tat des Verzweifelns an der Möglichkeit sozialen Fortschrittes mit einem schwer erklärlichen künstlerischen Selbstgefühl dahin geeint hat, das zu einer neuen Form des „aufgeklärten Despotismus" führt. (S. 289 f)

Hoepfner II:
Ich kann im „Dorf" wohl die einzelnen Gebäude und Gehöfte, nicht aber das Dorf als Ganzes gestalten... Weil das Dorf eine „Agglomeration" von Siedlungen ist. Bei der Stadtgestaltung tritt dagegen ein wesentlich neuer Gesichtspunkt dadurch auf, daß die Stadt ein „Organismus" ist. (S. 52 f)

(Aus dem Wesen der Stadt als Organimus) ergeben sich dann eine Reihe von Folgerungen und leitenden Gesichtspunkten...
1. ... Jeder Einzelteil muß sich in Platz und Form dem Gesamtgebilde einordnen, und das Ganze ist wieder als Einheit durchzubilden.
2. Nicht nur die Form des Ganzen, sondern auch die Ausbildung der Einzelteile wird weitgehend unter dem Einfluß des Wesens der Stadt, der gesamten wirtschaftlichen, geistigen und ethischen Kräfte stehen...
3. Dazu gehört aber auch, daß man den Stadtkörper mit dem Notwendigen ausstattet, was die Stadt... braucht, um ihr Gesamt- und Eigenleben zu fördern. (S. 53 f)

Es ist falsch, den Aufbau des Gesamtkörpers einer Stadt nach irgendeinem geometrischen Schema und in starrer Durchführung desselben vornehmen zu wollen... jeder geometrische Schematismus widerspricht dem Wesen der Stadt als Organismus. Schemata sind nur geeignet für Idealpläne, nicht für Wirklichkeitslösungen, wie sie das praktische Leben verlangt. (S. 154)

3.8.3
Gestaltung: Städtische Räume

Gurlitt:
Die Prachtstraße soll zwar breit, doch nicht von unübersichtlicher Breite sein... Bezeichnend für sie ist, daß also außer dem Ziel auch die Wände und die Ausbildung des Straßenquerschnittes nach diesem Umstand ausgestaltet werden. (S. 151)

Nach alledem ist die Anlage von Plätzen eine vorzugsweise ästhetische Frage, wenngleich sie abhängig ist von den Forderungen des Marktverkehrs. (S. 161)

(Grün auf dem Platz nicht immer empfehlenswert, am wenigsten Buschwerk. S. 162)

(Der Städtebauer) wird... erkennen, daß für den künstlerisch Denkenden aus den technischen Schwierigkeiten der Bewältigung der Höhenunterschiede ein unvergleichliches Mittel zum Schaffen schönheitlicher Motive gegeben ist... (S. 177)

(Anforderungen an den Standort eines Denkmals. S. 219)

(Zur gestalterischen Bedeutung der Straßenbeleuchtung. S. 221 f)

Die Gerade ist für sich eine überzeugende Gewalt, denn zwischen zwei Punkten gibt es nur eine Gerade. Wird die Kurve vom Städtebauer gewählt, so liegt selten ein durchschlagender Grund vor – wenn das Gelände und andere Umstände ihn nicht bieten –, sie genau so und nicht etwa anders anzulegen, es sei denn die Linie ein Kreisausschnitt. Man hat leicht die Empfindung der Willkür, man erkennt zu deutlich die schönheitliche Absicht... (S. 303) Gewiß wird man gerade, breite, in ihren Wandungen stark die Waagerechte betonende Straßen mit bestem künstlerischen Erfolg dort anlegen, wo im Zielpunkt ein angemessener Monumentalbau ist... Namentlich spricht hierbei das Verhältnis von Länge und Breite einer Straße, Höhe der Straßenwände zu den Massen des Zielbaues mit, der unbedingt die Straße beherrschen muß. (S. 303)

(Bedeutung der Dächer für das Straßenbild, in moderner Großstadt gegenüber früher vermindert. S. 305 f)

Dies führt alsbald zur der Frage über die ästhetische Wirkung der Länge solcher gerader, parallelwandiger Straßen. Die Antwort für den Künstler dürfte sich dahin geben lassen: Soweit das die Straße abschließende Endmotiv künstlerisch ausreicht. Daß viele Kilometer lange gerade Straßen vom Standpunkt des Geometers witzig sind, mag zugegeben werden. Vom Standpunkt des Künstlers sind sie Mißverständnisse. Denn dieser rechnet mit dem Sichtbaren... (S. 310)

Von hoher Bedeutung erscheint mir die Erkennbarmachung der einzelnen Straßen. Sie dient, namentlich wenn eine größere Zahl ähnlicher Anlagen sich aneinanderreiht, als eine Vorbedingung des Zurechtfindens. Erkennbar wird eine Straße zwar durch die kleinen Emailleschilder mit dem Namen, aber in ästhetischer Beziehung erst durch die Ausgestaltung ihrer Bauten. Will man diese vor dem Zuviel des architektonischen Ausbaues bewahren, so muß der Städtebauer dafür sorgen, daß ein markanter Punkt in der Straße geschaffen werde. Es muß ihm eben etwas einfallen, wodurch er die Straße von anderen unterscheidbar macht. (S. 311)

Die praktischen Vorteile gekrümmter Straßen sind unverkennbar. Sie bieten dem in ihnen Fortschreitenden statt der endlosen und sich gleichbleibenden Perspektive ein ständig wechselndes Bild; das einzelne Haus wird stärker übereck gesehen, stellt seine Fassade wirkungsvoller dar; es genügen bescheidenere architektonische Mittel, um ein Haus aus der Menge herauszugeben und damit der Straße einen erkennbaren Charakter zu geben. Denn bei gleichmäßiger Anlage der Straßen... eines Stadtviertels und dazu bei typisch einheitlicher Gestaltung der Häuser kann man nur schwer feststellen, ob man sich in der Straße befindet, die man sucht... (S. 298 f)

Die schöne Seite der Kurvenstraße ist die konkave... Die schwache Seite der Straße ist die konvexe... Mit der Stärke der Krümmung wächst der Vorteil der konkaven auf Kosten der konvexen.

Daher empfiehlt es sich, Kurven in Kreisabschnitten nicht aus dem gleichen Mittelpunkt für beide Seiten zu gestalten und somit im Mittel der Kurvenstraße zu einer Verbreiterung zu kommen, die zu künstlerischer Gestaltung führt. (S. 314)

Eine der vielfach betonten Regeln im Städtebau ist, ansteigende Straßen im Längsprofil leicht konkav anzulegen... Die Konkave wird vom Auge bemerkt, die gleichmäßig ansteigende Schräge nicht. Sie bringt also das Ansteigen stärker zum Bewußtsein... Dagegen sucht man konvexe Straßen zu vermeiden. Der Blick über einen „Buckel" hinweg wirkt dadurch ungünstig, daß von den hinter diesem liegenden Gegenständen der Fuß nicht sichtbar ist, sie also scheinbar in einer Versenkung stehen. (S. 317)

(Zur Bebauung von Anhöhen im Hinblick auf die künstlerische Wirkung. S. 327)

Man soll dafür sorgen, daß die Plätze gelegentlich ihr Antlitz verwandeln können. Wer den Reiz der inneren Boulevards von Paris kennt, der weiß, daß nicht der Städtebauer, auch nicht der Architekt, sondern das ständig sich wandelnde Leben auf ihnen sie zum Ort der Spaziergänge machte. Wer die Straßen und Plätze Italiens kennt, hat ähnliche Erinnerungen eines wechselnden Bildes. (S. 330)

Aus Camillo Sittes Buch „Der Städtebau" hat man die Forderung entwickelt, daß der Platz geschlossen sein solle, wolle er wirklich als Platz wirken. Dieser Satz hat inzwischen mancherlei Beschränkung erfahren: Man hat auch offenen Plätzen das Recht des Bestehens zugestanden...

... In bergigem Land wird man überhaupt viel weniger um Geschlossenheit des Platzes besorgt sein müssen, da die Ruhe des Eindrucks, das Ziel dieser Geschlossenheit, durch die Natur selbst geschaffen wird. Es bewirken also andere Elemente als die architektonischen den Abschluß... (S. 334)

221

Ob ein Platz besser eine regelmäßige oder unregelmäßige Form zu erhalten habe, darüber zu streiten ist wohl müßig. Er soll die Form erhalten, die sich aus dem Zwecke ergibt, und die es den Architekten ermöglicht, die Wände unter Wahrung der Eigenart der einzelnen Bauaufgaben zu einem reizvollen Bilde zu gestalten. (S. 338)

Die uneigentlichste Form eines Platzes ist der Sternplatz..., die der Städtebau des 19. Jahrhunderts so sehr liebte, nämlich das Zusammenführen vieler abgestumpfter Gebäudeteile und breiter Straßen auf einen Mittelpunkt zu... Ästhetisch sind sie so ziemlich das Schlimmste, was der moderne Städtebau geschaffen hat. (S. 342 f)

Nicht zu unterschätzen ist aber auf solchen Plätzen die waagerechte Fläche, sie sei nun gepflastert, mit Kies oder Rasen bedeckt. Es ist ein Irrtum zu glauben, daß man diese durch Bepflanzen mit Blumenbeeten „verschönern" müsse. Nur zu oft bringen kleinliche gärtnerische Motive gerade die gegenteilige Wirkung hervor. Die glatte, kahle, weite Fläche hebt den Bau in der Vornehmheit seiner Wirkung. Denn sie stellt die vornehmste aller Arten des Luxus dar, den mit Raum. Sie schafft, daß die aufsteigenden Linien des Baues entschiedener wirken, sie hebt die Größe des Baues, solange ebene Fläche und Gebäudehöhe in einem rechten Verhältnis zueinander stehen. (S. 348 f)

Die Schönheit des unregelmäßigen Platzes besteht im Reichtum des Wechsels der dem Umherwandelnden sich bietenden Eindrücke. Es handelt sich also hier um die Wechselbeziehung der Wände zueinander, um das Überschneiden der Teile durch andere, um den Aufbau der Massen nach der Tiefe zu, darum, daß der Platz, obgleich eine klar erkennbare Einheit, von den verschiedenen Standpunkten eine Vielheit von Bildern bietet. (S. 355 f)

Hoepfner I:

Mir (erscheint) dieses Verhältnis, bei dem die Straßenbreite etwa gleich der Wandhöhe ist, stets besonders steif und langweilig. (S. 16)

... in den Hausfronten wird die geschwungene Wand und die damit verbundene Verteuerung in seltenen Fällen einmal bei Monumentalbauten berechtigt sein. Im allgemeinen wird man sie aber fast stets vermeiden und in der Straßenfront durch schwachgeknickte Linienführung ersetzen... Das Auge des unbefangenen Beobachters empfindet diese Lösung entweder gar nicht oder mindestens nicht störend. (S. 43)

In der Tat wird das Straßenbild verschönert und damit die Wohnlichkeit des ganzen Bezirks erhöht, wenn jedes Haus im Grünen liegt... Doch auch hierzu müssen, wenn man wirklich einen befriedigenden Eindruck erreichen will, die Breiten der Bauwichs reichlich bemessen sein, sonst wirken sie wie Zahnlücken, und man erreicht keine Verschönerung, die die Kosten aufwiegt, welche dadurch entstehen, daß die Gebäude nach dem Wich heraus mit Fenstern versehen und fassadenförmig ausgestaltet sein müssen. (S. 104)

Selbst dort, wo Unregelmäßigkeit nicht vorhanden ist, sondern eine schematisch rechteckige Aufteilung möglich ist und man zu ihr als der einfachsten und natürlichen greift, wird man künstlich danach streben müssen, durch Abwechslung und Betonung einzelner Punkte das zu erreichen, was sich im anderen Falle durch Anpassung an die bestehenden Umstände naturgemäß und gleichsam von selbst ergibt. (S. 125)

So genügt es auch bei der Straße nicht, daß sie aus schönen Einzelteilen besteht, sondern sie muß auch in ihrer Anordnung schön sein, und muß in dieser Schönheit, Ordnung und Rhythmik zur Wirkung kommen können, damit das Schönheitsempfinden zur Auslösung kommen kann. Hierzu gehört aber, daß man bequem und unbehindert ihren Anblick auf sich wirken lassen kann. (S. 209)

Man wird... sagen müssen, daß die gerade Straße..., wo sich buckelige Hebungen in ihrem Längsgefälle ergeben, nicht als erstrebenswert bezeichnet werden kann. Wenn sich der Wechsel zwischen Hebungen und Senkungen nicht vermeiden läßt..., so hat man dafür zu sorgen, daß die einzelne Strecke, die das Auge gleichzeitig zu überblicken vermag, entweder gleichmäßiges Gefälle aufweist oder besser noch nach hinten zu stärker ansteigt als in ihrem vorderen Teil, oder umgekehrt erst stärker und nach dem Hintergrunde zu schwächer fällt. Man wird also die Straßenlänge in entsprechende Teile zu zerlegen haben, die in sich dieser Forderung genügen, und man wird diese Einzelteile voneinander für das Auge trennen, indem man entweder Berechnungen oder Krümmungen einschaltet oder beispielsweise durch Baumpflanzungen ... den Blick abfängt, oder schließlich kann man auch zu Versetzungen in der Straßenlinie greifen. (S. 209)

Wo kein Anlaß zur Krümmung vorliegt, wird die gerade Straße das natürlich Gegebene sein. Sie willkürlich zu schwingen, wirkt leicht als gesuchte Künstelei und verletzt dadurch ein feineres Empfinden, anstatt es zu befriedigen. Nur sollte man die Gerade nicht auf zu weite Strecken durchführen, weil sonst die Raumwirkung verloren geht, die nur eintreten kann, wenn auch nach dem Hintergrunde hin ein Abschluß vorhanden ist und der Blick sich nicht ins Ungewisse und Verschwommene verirrt ... Erwähnt möge hier ferner werden der Gesichtspunkt, daß die gerade Straße auch im Ausbau der Wandungen mehr eine starre Gemessenheit verlangt und wohl abgewogen und stilgerecht behandelt werden muß (was übrigens mit Einfachheit sich nicht widerspricht), um zu guter Wirkung zu gelangen, als die an sich leichter und gefälliger sich gebende gekrümmte Straße ... Die gekrümmte Straße ist an sich schon leichter, gefälliger und abwechslungsreicher. Der Wechsel des Bildes, das sich beim Durchschreiten in ständiger Wandlung dem Auge bietet, ist unterhaltender und lenkt von eingehender Betrachtung der Einzelheiten ab. Gerade deshalb ist diese Lösung für wichtige Punkte nicht geeignet, aber sehr wohl kann sie dort, wo man damit rechnen muß, daß Unvollkommenheiten in den Einzelbauten sich nicht werden vermeiden lassen, sehr wohltätig sein. (S. 209 f)

3.8.4
Gestaltung: Einzelelemente

Gurlitt:
(Laubengänge) werden an einzelnen Stellen sehr am Platze sein, wo es gilt, aus künstlerischen Gründen Straßeneingänge zu schließen, Zugänge und Anfahrten in öffentliche Gebäude zu sichern, an hervorragenden Bauten oder deren Umgebung ein schönheitliches Motiv anzufügen oder für Spaziergänger gedeckte Wege zu schaffen. (S. 32)

(Wasserflächen als Gestaltungselement. S. 178 – vgl. Abschnitt 3.7.5)

(Brücken als Gestaltungselement. S. 198)

Die neuere Zeit konnte zu keinem guten Ergebnis hinsichtlich der Brunnen kommen, da ihr die städtebaulichen Vorbedingungen fehlten ..., nämlich die reiche Gruppierung des Stadtgrundrisses mit seinen Durchblicken und Linienverbindungen ... (Für Kleinbrunnen) fehlt (es) an den fensterlosen breiten Flächen, die unsere Bauherren jetzt tunlichst vermeiden, obgleich sie doch in alterhaltenen Städten lernen können, welchen Segen sie darstellen als Hintergrund für Zierwerke, die dann trotz ihrer Kleinheit stattlich und schmückend wirken. (S. 209 ff)

Für den Städtebauer kommt noch eine große Menge anderer Anforderungen in Frage, die das moderne Leben stellt. Es heißt, für diese geeignete Aufstellungsorte zu schaffen, die eine würdige Ausstattung der Kleinbauwerke erfordern: Die Wartehallen an den Straßenbahnen, die Ruhebänke, die öffentlichen Aborte, Anschlagsäulen, Verkaufsbuden für Zeitungen, Blumen und Erfrischungen, Umschalthäuser für elektrische Leitungen u.a.m. (S. 213)

Die großen Schaustücke möchte ich in Zierstücke und Denkmäler teilen, das heißt in solche, die dem Platz sich unterordnen oder die ihn beherrschen sollen. Ein Denkmal ist oder soll doch ein zum Gedenken anregendes Mal sein. Es soll zu ruhiger Betrachtung des

ganzen Aufbaues und der Einzelheiten einladen, während das Zierstück der Gesamtwirkung sich unterordnen soll, indem es diese steigert.
Unsere verkehrsreichen Städte bieten daher wenig Platz für Denkmäler. (S. 215)
(Beleuchtungskörper als Gestaltungselemente. S. 220 f)
(Forderung nach Kontrolle der Leuchtreklame. S. 223)
(Zur Frage der Freilegung von Gebäuden:) Ziel ist, ein Bauwerk oder eine Baugruppe zu besserer Ansicht zu bringen. Dabei ist es sehr fraglich, ob es nötig ist, das ganze Bauwerk dem Blick freizulegen. Dies wird der Fall sein bei sehr stark gruppierten Anlagen. Bei regelmäßig gestalteten Bauten ersetzt das Auge unwillkürlich das Verdeckte, wirkt die Überschneidung sogar günstig, zumal wenn diese von Bauten kleineren Maßstabes bewirkt wird, die den freizulegenden Bau größer erscheinen machen. (S. 262)

3.8.5
Gestaltung: Bestandserhaltung und Denkmalpflege

Gurlitt:
(Empfehlung, Wasserläufe möglichst weitgehend im Naturzustand zu belassen. S. 179 ff)
Hieraus ergibt sich eine der am schwersten zu beantwortenden Fragen für den Städtebau, die der künstlerischen Gestaltung der Stadtufer. Das moderne Bauwesen führt dahin, daß zumeist bei ihrer Anlage monumentale Wirkung erstrebt wird ... Die Aussicht auf den breiten Strom, die günstigen Licht- und Luftverhältnisse, die Stattlichkeit der etwa als Allee ausgebildeten Hochuferstraße führen dahin, daß die Häuserfronten aufwendig geschaffen werden können ... Die Ufer erscheinen mithin als einheitliche große Monumentalwerke ... Die Stadt verschwindet hinter zwei großen Fassaden.
Gerade dies ist aber die Schwäche der Anlage ... Wo sie ... ein altes wertvolles Bild zerstört, wird ein künstlerisch denkender Städtebauer versuchen müssen, eine solche Ausgestaltung der Ufer zu verhindern.
Die Schönheit eines malerisch gestalteten Ufers beruht auf dem Wechsel der Formen und auf der überwiegenden Bedeutung einiger Hauptstücke, auf den Beziehungen der Teile zueinander. Die Gefahr für den Städtebauer liegt darin, daß er einen falschen Maßstab in das Bild hineinträgt; *ein* protziger Bau, der Besitzer und Architekt in der Absicht schufen, die Stadtansicht recht energisch zu verschönern, kann das ganze Uferbild verderben; die Maßnahmen des Wasserbaues auf Herstellung einer hochwasserfreien Uferstraße – so technisch richtig sie sein mögen – können dieselbe Wirkung haben: Ja zumeist kann man mit Sicherheit diesen Erfolg voraussagen ... Es ist nicht Romantik, wenn man Achtung vor alten Bauten fordert. Wo solche von Bedeutung in das Uferbild hineinragen, soll man sie vor unpassendem Überdecken oder Übertrumpfen bewahren. Man soll sich Rechenschaft geben über das, was man tut, und bedenken, daß man das Große durch Heranrücken von Kleinem größer macht, während zwei Größen nebeneinander sich bekämpfen. (S. 203 ff)
So sehr ein gebildeter Städtebauer sich davor hüten wird, alte Kunstwerke zu zerstören und zu beeinträchtigen ..., ebensosehr wird er sich vor der Schauspielerei bewahren, die mittelalterliche Tore, Burgen oder Verließe neu schaffen zu können meint, oder glaubt, „im Geiste der Vergangenheit" Altes erneuern und fortführen zu können. Die echte Pietät vor dem Alten hat mit solchen romantischen Spielereien, wie sie bis in die jüngste Zeit ausgeübt werden, nichts zu tun. Viel eher wird man an einem alten Bauwerk die Zerstörung oder Beschädigung einzelner Teile ertragen können. (S. 271)
Es bleibt mißlich, einen Eigentümer zu zwingen, ein einfallendes, hygienisch anfechtbares, den vorliegenden Bedürfnissen nicht entsprechendes Haus im wesentlichen unverändert zu lassen ... Somit wird die Denkmalpflege, selbst wenn sie sich auf ein besonderes

Recht stützt, dem Wunsch auf Erhaltung alter Stadtbilder für sich allein schwerlich überall zu entsprechen vermögen. (S. 272)

Man wird daher gut tun, kunstgeschichtlich, kulturgeschichtlich oder künstlerisch wertvolle Bauten und Baugruppen in dem der Bearbeitung zugrunde zu legenden Stadtplan durch eigene Färbung herauszuheben. Die Wahl dieser Häuser und Baugruppen wird sorgfältig zu treffen sein, und zwar nicht nur von dem Gesichtspunkt aus, ob diese an sich schön sind, sondern ob sie einen für den Charakter der Altstadt maßgebenden Teil ausmachen. (S. 272 f)

Das Hauptgewicht bei den zur Pflege des Städtebildes zu erlassenden Gesetzen ist also nicht auf den Stil, sondern auf das Einhalten von Maß und Form zu lenken, so daß der neu zu errichtende Bau die Nachbarbauten nicht in ihrer Wirkung zerstöre. Aber auch hier wird Vorsicht am Platze sein, wenn das Gesetz nicht ... zu einem Hemmnis in der Entwicklung werden soll ... Nur ein solches Gesetz wird Bestand haben, das berechtigte Änderungen im Stadtbilde nicht hemmt. (S. 274 f)

Die Altstädte sind für mittelalterlichen, bis in die Mitte des 19. Jahrhunderts nicht wesentlich veränderten Verkehr geschaffen. Ohne Gewaltsamkeiten kann man sie nicht für den heutigen Verkehr einrichten. Man muß sich klar sein, daß man sie in ihrem historischen Wesen zerstört, wenn man sie nicht rechtzeitig vom Verkehr entlastet. (S. 276)

Hoepfner I:
Bis auf jeden Baum und jede Buschpartie herab soll man das Bestehende bei der Planung beizubehalten und zu verwerten suchen, indem man immer im Auge behält, daß ihr Ersatz durch Neuanlagen nicht nur Geld und Mühe kostet, die man hätte sparen können, sondern daß man damit auch erst nach vielen Jahren die Wirkung erhält, die im anderen Falle vom Tage der ersten Bauausführungen ab vorhanden gewesen wäre ... (S. 126)

3.9
Sanierung und Stadterneuerung

Gurlitt:
Diese Aushöhlung wirkt auch auf die Gestaltung der Stadtmitte. Die von der Wohnbevölkerung freigelassenen Geschosse bleiben nicht leer stehen, sondern werden für Geschäftszwecke benutzt. Oder richtiger: die Bedürfnisse der Geschäftswelt drängen die Bewohner aus den Häusern und dem Stadtviertel ... Das Wachsen des Grundwertes in der Stadtmitte läßt bald den altvorhandenen Bau als Hindernis in der Ausnutzung des Grundstücks erscheinen, so daß die Rente durch Abbruch und Neubau sich mehrt, das verbaute Kapital sich besser verzinst, das Geschäft besser verwaltet werden kann. Es beginnt also eine Erneuerung der Bauten in der Altstadt, sehr zur Sorge der Freunde der historischen Stadtbilder. (S. 241 f)

Denn in neuen Häusern werden die Fortschritte der Technik benutzt; diese werden von den Mietern gesucht. Es fällt also der Verlust den Besitzern alter Häuser zu, wenn diese in einem unzulänglichen Zustande sich befinden. Es wächst der Anreiz, sie durch neue zu ersetzen, und zwar ist, wenn in den alten Häusern tatsächlich schlechte Verhältnisse herrschen, ihr Abbruch nicht zu beklagen. (S. 386)

Hoepfner II:
Eine grundlegend anders geartete Erscheinung und Aufgabe gegenüber der äußeren Stadterweiterung haben wir dagegen in der inneren Umwandlung bestehender Ortsteile zu erblicken. Den Kreis der Probleme, die sich hierbei ergeben, faßte man wohl früher unter dem Begriff der Sanierung oder Stadtregulierung zusammen. Otto Schilling wählt dafür den Namen „innere Stadterweiterung". (S. 136)

Vierter Zeitabschnitt: 1930–1945

1. *Gottfried Feder*
   „Die neue Stadt"
   Berlin, Julius Springer, 1939

2. *Heinz Wetzel*
   „Wandlungen im Städtebau"
   Stuttgart, Karl Krämer, 1942

3. *Fritz Schumacher*
   „Vom Städtebau zur Landesplanung" und
   „Fragen städtebaulicher Gestaltung"
   Tübingen, Ernst Wasmuth, 1951

4.1.1
Wesen und Aufgaben des Städtebaues

Feder:
Die Kunst des Städtebaues, einst in höchster Blüte stehend, ist in den letzten Jahrhunderten verfallen. Sie muß erst neu erarbeitet werden. Eine neue Wissenschaft einer neuen Stadtplanungskunst konnte und kann nur erwachsen auf dem Boden neuer weltanschaulicher Grundgedanken. (S. 3)

Ein Blick in die Werkstatt unserer Arbeit wird noch mehr den Eindruck vermitteln können, daß es sich hier keineswegs um eine theoretisch konstruierte Arbeit handelt, sondern um lebensnahe Wissenschaft. (S. 14)

Der Städtebauer muß eben seine künstlerische Gestaltungskraft in Zukunft viel mehr von der inneren Struktur des sozialen Gemeinschaft leiten lassen: Das neue Stadtbild muß den Ausdruck dieser lebendigen Notwendigkeiten zeigen, denen der Stadtorganismus zu dienen hat, und darf nicht nur als die leere Form rein architektonischen Gestaltungswillens in Erscheinung treten. (S. 19)

Wetzel:
Baukunst ist Stadtbaukunst, Stadtbaukunst ist Baukunst – das ist für uns die Quintessenz der Sitteschen Lehre. (S. 8)

Was ist das Resultat dieser Entwicklungsreihe? Die Einsicht, daß alle gutgemeinte Stadtbaukunst Schimäre ist, solange sie nicht auf das sichere Fundament der Raum- und Stadtwirtschaft gegründet ist. (S. 10)

Schumacher:
... ein Plan ist die graphisch gefaßte Anweisung für die Grundlinien, nach denen andere Menschen als der Planverfasser zu einer meist noch unbestimmten Zeit etwas gestalten sollen. Das ist ein mageres Objekt, um ohne weiteres die Aufmerksamkeit zu fesseln, und doch kann es eine bedeutsame, für ein Stück Welt entscheidende Sache sein ... Denn das, wovon wir sprechen, ist die Art, wie ein gestaltungskräftiger Mensch einem Stück Welt ein Wachstumsgesetz auferlegen kann, aus dem zur Zeit der Reife erst die Blüte hervorgeht ... Es handelt sich im folgenden nicht darum, diesen Schöpfer ans Licht zu ziehen, sondern

nur darum, eine Vorstellung davon zu geben, wie er arbeitet. Denn dem Werk, das schließlich den schöpferischen Akt bedeutet, geht ein großes Stück Arbeit voran, an dem viele Menschen mitwirken und über die viele zu bestimmen haben. (S. 7)

Das Bemerkenswerte bei diesem Übergang vom ästhetischen zum sozialen Städtebau liegt darin, daß das Objekt seiner Wirksamkeit nicht mehr in erster Linie das architektonische Gebilde ist, sondern der Grund, auf dem es erstehen wird. Und erst damit ist der erste Schritt getan, um die Umwelt wieder zu einem organisch entwickelten Gebilde zu machen. Beim Grund und Boden muß man dabei beginnen, alles andere sind spätere Kapitel, die sich aus diesem Urkapitel des Städtebaues entwickeln: Städtebau ist Bodenpolitik. (S. 11)

Man kann all den unabhängig voneinander fließenden und gegeneinander spielenden Kräften einer Stadt nur gerecht werden, wenn man schon von langer Hand die Interessensphären sondert und gliedert, die nicht feindlich zusammenstoßen, sondern zweckvoll verflochten werden sollen. Das ist zunächst eine gestaltende Aufgabe, bei der gewissenhafte wissenschaftliche Erkenntnis und weitblickende idealistische Phantasie sich in eigentümlicher Weise paaren müssen, ebensosehr aber ist es im praktischen Leben eine taktische Aufgabe, bei der man Zwang und Freiheit weise gegeneinander abwägen muß. (S. 20)

Nicht die sinnvolle städtebauliche Planung des Gesamtkörpers der Stadt allein genügt, die städtebauliche Planung muß von viel weitergreifenden Zusammenhängen ausgehen, wenn sie die Nervenstränge des Lebens wirklich ganz erfassen will: Landesplanung ist das Wort für die Verwirklichung dieser Erkenntnis geworden. Das Wort bedeutet die Forderung, daß die planvolle Gliederung großer Lebenszusammenhänge sich über das Gemeinwesen hinaus auf ganze Lebensräume erstrecken muß. Die Zusammenhänge des ganzen Stückes Welt, in das eine Stadt gebettet ist, bedürfen einer planvollen Ordnung. So schreitet die Entwicklung vom organischen Städtebau zur Landesplanung. (S. 21)

Das Durchdenken der Fragen des Lebens großer Menschengruppen, zu dem die Landesplanung erzieht und immer von neuem anhält, bringt leise eine Blickrichtung hervor, die man, bezogen auf die großen Völker der Erde, mit „Geopolitik" bezeichnet hat; die Gesichtspunkte der natürlichen Entwicklung treten an die Stelle der historischen. Das bedeutet in den enger umgrenzten Kreisen eines Lebensraumes eine Abkehr von historisch gewordenen Hemmungen und eine Rückkehr zu den Weisungen der Natur. (S. 31)

Wenn man ... davon ausgeht, an Hand historischer Erscheinungen verschiedenartige Typen der Stadtgestaltung zu unterscheiden und gegeneinander abzuwägen, vergißt man angesichts der fertig ausgebildeten baulichen Erscheinungen leicht, daß „Städtebau" im allgemeinen mit solcher ausgebildeten Erscheinung zunächst noch nichts zu tun hat, sondern daß er im wesentlichen auf der Kunst beruht, durch zweidimensionale Schöpfungen der dreidimensionalen Schöpfung den Weg zu weisen. Wir haben es zu tun mit Grundrissen, und es entsteht die Frage: Welche Mittel besitzen wir, um für bestimmte Absichten aus der zweiten in die dritte Dimension zu kommen? (S. 38)

4.1.2
Beteiligte Disziplinen

Schumacher:
... die ästhetischen und die praktischen Absichten des Raumgebildes gehen Hand in Hand mit denen der baulichen Massen. Das ist der Punkt, der den Städtebau von vornherein in den besonderen Bereich der Begabung des Architekten verweist, obgleich, wie wir noch sehen werden, so viele Gesichtspunkte, die aus dem Reich des Ingenieurs stammen, in die Arbeit hineinspielen. (S. 11)

4.1.3
Anforderungen an den Städtebauer

Feder:

Die großen Aufgaben, die die Neuordnung des deutschen Lebensraumes stellt, werden einen Wandel auch im technischen Studium erzwingen. Schon vielerorts wird daher jetzt von den Verwaltungsbehörden, besonders von den mit Reichs- und Landesplanung befaßten Dienststellen, bei der Berufung neuer Mitarbeiter die Kenntnis und die Praxis auf dem Gebiet der Reichs- und Landesplanung sowie der modernen Stadt- und Siedlungsplanung verlangt. (S. 430)

Schumacher:

Manchmal vereinte sich noch der künstlerische Solist und der Dirigent in ein und derselben Person, jedoch immer mehr beginnt die Tätigkeit des Dirigenten ein eigener neuer Beruf zu werden. Niemand aber kann ihn gestaltungskräftiger ausfüllen, der nicht auch ein bestimmtes Maß von Fähigkeit zum Solisten in sich trägt. (S. 30 f)

Unsere Zeit hat erst lernen müssen, daß künstlerische Gesichtspunkte nicht bei den Anlagen der Technik halt machen, sondern oft gerade hier besonderer schöpferischer Kraft bedürfen, denn noch ist die unnatürliche Schranke zwischen Architekt und Ingenieur nicht gefallen. Der Städtebauer hat die große und in mancher Hinsicht für das Bild unseres Lebens entscheidende Aufgabe, sie unvermerkt einzureißen. (S. 46)

Der städtebauliche Gestalter muß ein Stück Sozialpolitiker und Wirtschaftspolitiker werden, sonst wird er vergebens versuchen, seine künstlerischen Absichten zum Durchbruch zu bringen. Er kann das nur, wenn er es fertigbringt, sie in den Dienst jener anderen Mächte zu stellen, die das Dasein großer Menschenanhäufungen beherrschen. Nur wenn die Kunst versteht, Dienerin zu sein, kann sie wieder zur heimlichen Herrscherin werden. (S. 52)

Aus organisatorischem Gefühl heraus muß der städtebauliche Theoretiker das Wesen jener Zusammenhänge ergründen und für das Spiel ihrer Wirkungen Gesetze und Ziele aufzustellen verstehen, und aus organisatorischem Gefühl heraus muß der städtebauliche Praktiker die Wege erkennen und zu beschreiben wissen, die jene Gesetze zur Wirksamkeit und jene Ziele zu Taten machen. Dem Gestalter muß sich der Politiker zugesellen. Der Künstler muß „Baupolitiker" werden, nicht um der damit verbundenen Macht willen, sondern um der Kunst willen. Um sie zu retten. Denn ... die Baupolitik hat als letztes Ziel, im Bild unseres Lebens der Kunst wieder den Boden zu schaffen (S. 52)

4.2.1
Planungsprozeß

Feder:

Die vorliegende Forschungsarbeit will damit keineswegs ein Rezept oder ein starres Schema aufstellen, sie will durchaus nicht eine sog. Idealstadt konstruieren und dem Stadtbaukünstler und Planungsarchitekten der zukünftigen Stadt Gewalt antun und seine Gestaltungskraft einengen. Die Forschungsergebnisse sind alle so gehalten, daß jeder mit der Planung einer neuen Großsiedlung oder Stadt Beauftragte zwar alle Elemente, das ganze Handwerkszeug für die „künftige" „zünftige" Siedlung finden soll, daß er aber trotzdem freischöpferisch aus den gegebenen Elementen, je nach der gegebenen Örtlichkeit und dem gegebenen Zweck der einzelnen Stadt den Stadtplan zu einer künstlerischen Einheit zu gestalten vermag. (S. 2)

Aufgabe der Stadtplanungskunst kann ja gar nicht sein, jedes einzelne Haus, besonders in den kleinen Maßstäben (1 : 5 000), in seiner individuellen Eigenart darzustellen. Wo käme man hin, wollte man beim Entwurf einer Stadtplanung auch sofort die einzelnen Gebäudegruppen, Straßenzeilen und Einzelhäuser ausführungsgerecht zur Darstellung bringen. Niemand kann bei einer Entwurfsskizze alle Einzelheiten zeigen. Nur um die großen Linien, den Linienfluß der Straßen, das generelle Straßenbild, um die Platzgestaltung und um die Grünflächengestaltung kann es sich handeln, um die Darlegung der geschlossenen und offenen Baugebiete und eventuell gerade noch um die Sichtbarmachung der Bauzonen. (S. 433)

Wetzel:
Ein Stadtbauplan sollte als Ganzes nicht „stadtbauplanmäßig" festgestellt werden. Er sollte maßgebend sein für das Verkehrsgerüst und für den Umfang und die Grenzen der künftigen Bebauung, nicht aber für die Wohnstraßen im einzelnen, nur für deren grundsätzliche Ausrichtung. Je nach dem anfallenden Bedürfnis erfolgt die Einzelplanung abschnittsweise, immer nach Maßgabe des im Modell fixierten Aufbaugedankens. (S. 16)

Schumacher:
Wenn der einzelne Bau als Teil einer Straße betrachtet wird und die Straße als Ergebnis bestimmt zugeschnittener Bauflächen, so ergibt sich als nächste Stufe der Zusammenhänge: die Baufläche als Element eines Teilungssystems und endlich das Teilungssystem als Element des Stadtganzen. Sobald man aber diese Zusammenhänge in ihrer Notwendigkeit erkannt hat, dreht sich die Blickrichtung des Schaffenden um ... vom Stadtganzen blickt er zum Einzelbau. Erst durch diesen Blick aufs Ganze kann man das innere Verhältnis von ästhetischen und sozialen Fragen des Gestaltens zur höheren Form eines organischen Städtebaus bringen. (S. 12)

... die Vorstellung des Endzustandes ist die einzige Form, bei der die Aufgabe klar umrissen ist, und zugleich die einzige Form, aus der man einen Zwischenzustand mit einiger fachmännischer Sicherheit zu konstruieren vermag.

Das wird man leicht begreifen, wenn man sich klarmacht, daß sich in jedem städtebaulichen Zukunftsplan eigentlich alle Lebensfragen einer Stadt verflechten ...

In einem Zwischenzustand ist es nicht möglich, alle diese verschiedenen, in ihren Auswirkungen oftmals miteinander im Widerspruch stehenden Aufgabenkreise zu überblicken, denn da kommen die Schwierigkeiten, die jenseits dieses Zustandes liegen, noch gar nicht zum Vorschein ... Man darf nicht handeln wie ein Mann, der wirtschaften will, ohne durch ein Budget den Überblick zu gewinnen, wie er den Gesamtverpflichtungen gerecht werden kann, die an ihn gestellt werden. Diesen Überblick gibt erst ein Plan, der das ganze Geflecht der Dinge zu überblicken erlaubt, der versucht, Unzusammenhängendes zu verknüpfen und Widerstrebendes auszugleichen – kurz das, was man „Generalbebauungsplan" nennt. (S. 13)

Dieser „Wirtschaftsplan" wird dann ergänzt durch einen „Fluchtlinienplan", der jene flächenmäßigen Begrenzungen der Bebauung regelt, und einen „Zonenplan", der die räumlichen Begrenzungen der dritten Dimension, also der Bauhöhen, klärt. Als drittes kann dann noch ein „Baugestaltungsplan" hinzutreten, der die feineren Zusammenhänge regelt. Diese Zerlegung in einen übergeordneten Plan und seine Adjutanten ist nicht nur eine Maßregel der zeichnerischen Übersichtlichkeit, sondern erklärt sich auch dadurch, daß die drei Arten der Bestimmung sich im praktischen Leben zeitlich erst nacheinander im Verlauf der immer weitergehenden realen Entwicklung in allen Teilen übersehen lassen. (S. 18)

... die vorausschauende Vorsorge, von der wir sprechen, gilt nicht für das Einzelne, das niemand allzu früh binden kann und darf, sondern für das Große, das gewisser Bindungen bedarf, wenn es nicht der Willkür und dem Zufall überlassen werden soll. Man kann die im ersten Augenblick vielleicht unerwartete Tatsache nicht genug betonen, daß die großen Linien klarer Sonderung und organischer Struktur, die zu Selbstverständlichkeiten unserer

Lebensordnung werden müssen, nicht nur von den Kleinigkeiten unserer willkürlichen Tagesentwicklung totgemacht werden können, sondern ganz gewiß dieses Schicksal erleben, wenn ihnen nicht bestimmte Sicherungen geschaffen werden. Die Tragweite von „Kleinigkeiten" läßt sich gar nicht an diesen selber erkennen. (S. 20)

Dies Abwägen ist nicht etwa nur eine Frage, die dahingeht, wie weit man mit Bestimmungen und Vorschriften gehen kann, sondern sie ist vor allem eine Tempofrage, die dahin geht, wann – das heißt in welchem Zeitpunkt der Entwicklung – bestimmte Bindungen einzutreten haben. Die Wichtigkeit dieser Überlegung ist eine verhältnismäßig neue Erkenntnis. Lange Zeit glaubten auch die guten Städtebauer, daß sie ihre Pflicht getan hätten, wenn sie möglichst viel verständige Bestimmungen in einen „Bebauungsplan" zusammengefügt hätten – die Kunst, diese Bestimmungen richtig ins Leben eingreifen zu lassen, ist erst allmählich zum vollen Bewußtsein gekommen. (S. 21)

Alle solche Vorarbeiten der „Bestandsaufnahme", aus denen eine verantwortungsbewußte Planung hervorgeht, bedürfen bei der Landesplanung eines weit größeren Aufwandes an Kraft als beim städtischen Generalbebauungsplan...

Diese vorbereitende Arbeit aus großen Zusammenhängen heraus ist deshalb besonders wichtig. Das darf aber nicht dazu führen, diese mehr wissenschaftlich eingestellte Seite des Tuns zu überschätzen, sie ist und bleibt nichts anderes als eine Hilfeleistung für das Eigentliche: das Gestalten. (S. 24 f)

...die innere Schau, die sich aus der Verbindung von realen Gegebenheiten und idealen Zielen ergibt, läßt sich nicht einmal andeuten, und doch ist diese innere Schau die Vorbedingung aller lebendigen Arbeit... Die Art, wie der wirklich zum Gestalten Berufene diese innere Schau in technische Maßnahmen umsetzt, ist eine eigene Kunst. Es ist schwer, sie dem Außenstehenden verständlich zu machen. (S. 25)

... die Frage des Tempos der Verwirklichung spielt insofern bei den Plänen der Landesplanung keine Rolle, als sie jeden Augenblick zur Durchführung reif sein müssen, aber in ihrem Wesen nicht davon abhängig sind, wann dieser Augenblick durch die Verhältnisse der Zeit ausgelöst wird. Man kann sagen, daß gerade die Erscheinungen einer Krise die Bedeutung großer, dem Chaos Halt gebietender Planungen unterstreichen. Sie müssen da sein, ehe die gefährliche Bewegung einsetzt. (S. 28)

Wenn das Aufstellen solcher Pläne eine erste Angelegenheit ist, die „Kunst" erfordert, so kann man bei ihrem richtigen Gebrauch zum zweitenmal von „Kunst" sprechen. Es bedarf bei ihrer Durchführung einer großen Lebenserfahrung und eines feinen Gefühls, um zu bestimmen, welche Teile von ihnen man einstweilen offenhalten darf; denn es gibt vieles, was man nicht „auf weite Sicht" zwangsweise vorherbestimmen kann, sondern erst, wenn seine Verwirklichung schon überschaubar ist. Der Weg zwischen Zwang und Freiheit ist für den weisen Lenker nicht nur eine Frage der Richtung, sondern auch eine Frage der richtig gewählten Reihenfolge. (S. 30)

... Landesplanung und Städtebau müssen im Zusammenhang mit dem lebendigen Geschehen in stetem Fluß gehalten werden. Ihre Pläne sind nie fertig. Darin liegt der ungeheure Anspruch, den sie an die Arbeitskraft ihrer Schöpfer stellen, zugleich aber auch der immer neue Reiz, den die enge Verbindung mit dem Pulsschlag der Zeit dem Tätigen gewährt. (S. 31)

Dieser Zwischenzustand zwischen Wachstum und Gestaltung ist das Eigentümliche städtebaulicher Gebilde, und wenn man nach Gesetzen sucht, die für sie maßgeblich sind, so ist dies das erste Gesetz, auf das man stößt: man darf diese Eigentümlichkeit nie zu vergewaltigen trachten. (S. 33) Wenn man ... davon ausgeht, an Hand historischer Erscheinungen verschiedenartige Typen der Stadtgestaltung zu unterscheiden und gegeneinander abzuwägen, vergißt man angesichts der fertig ausgebildeten baulichen Erscheinungen leicht, daß „Städtebau" im allgemeinen mit solcher ausgebildeten Erscheinung zunächst noch nicht zu tun hat, sondern daß er im wesentlichen auf der Kunst beruht, durch zweidimensionale Schöpfungen der dreidimensionalen Schöpfung den Weg zu weisen. Wir haben es zu tun mit Grundrissen, und es entsteht die Frage: Welche Mittel besitzen wir, um für bestimmte Absichten aus der zweiten in die dritte Dimension zu kommen? (S. 38) Man kann ohne Zögern behaupten, daß ein guter Plan nur entsteht, wenn die Phantasie des Schaffenden das Werk bis zu Ende denkt. Die bewußte Ausschaltung der eigenen Person darf erst später einsetzen. Bei einer tüchtigen künstlerischen Kraft braucht man vor dem Einfließen individueller gestalterischer Beengungen nicht bange zu sein; denn wo die Verhältnisse einmal für eine bestimmte künstlerische Lösung geklärt sind, ist der Boden fast immer auch für Lösungen vorbereitet, die anderen Absichten entsprechen. Ein Stück ordnender Vernunft ist gleichsam in das Erdreich gepflanzt, das sich irgendwie als fruchtbringend erweist. (S. 43)

Erst wenn die Ziele erreicht oder wenigstens geklärt sind, die das praktische Gefüge eines städtebaulichen Gebildes stellt, kann das ästhetische Gefüge seine Ziele voll erkennen und die Wege einschlagen, um sie zu erreichen. (S. 46) Bei den Problemen ästhetischer Art setzt sich der Schaffende sein Ziel selber, bei den Problemen soziologischer Art ist ihm meist ein Programm gegeben, dessen Ursprung außerhalb seiner Person liegt. Das Ziel seines Tuns bekommt dadurch einen anderen Charakter: es liegt darin, für dieses Programm, soweit es einen technischen Niederschlag hat, den geeigneten Ausdruck zu finden. Dafür bedarf es oft indirekter Maßnahme, ehe die eigentliche Gestaltung beginnen kann. (S. 49)

4.2.2
Planentwurf

Feder:
An jeden Städtebauer... treten die vier Fragen heran, ... von deren Beantwortung aber ausschließlich das Gelingen eines richtigen Stadtplans abhängt.

I. Was gehört alles in eine Stadt... hinein an öffentlichen Gebäuden, an... Betrieben, ... an Wohnhäusern, ... Garagen, Tankstellen usw.?

II. Wieviel Einrichtungen und Bauten der unter I genannten Art sind notwendig...?

III. Wohin gehören diese Einrichtungen, damit die Berufswege... und die Einkaufwege... nicht zu lang werden?

IV. Wie groß müssen die einzelnen unter I beschriebenen Einrichtungen sein, welche Grundstücksgröße wird benötigt...?

Nur aus der klaren Beantwortung dieser vier Fragen vermag der kommende Städtebauer und Stadtplanungskünstler ein wohl abgewogenes, allen Bedürfnissen des menschlichen Lebens entsprechendes Stadtbild zu formen. (S. 1)

Die Unterlagen für seinen endgültigen Entwurf entnimmt der Planende seinem Wirtschaftsplan, den er je nach Bedarf und Gelegenheit in eine bestimmte Anzahl von Kernen mit einem Inhalt aufgliedert, der den besonderen Anforderungen seiner Aufgabe entspricht. Der Architekt kann nun wirklich Plätze und Außenräume gestalten, die nicht aus einer lebensfernen Idee heraus auf dem Reißbrett konstruiert, sondern durch die Erfordernisse und Bedürfnisse des Gesamtorganismus begründet sind. (S. 468)

Den Charaktertyp der Stadt, wie er an dem neuen Ort entstehen soll, muß man näher umreißen. Alle Punkte der Verkehrslage und der Wirtschaftsstruktur um die Stadt herum müssen genau studiert und in ihrer Entwicklung erkannt werden. Wie weit der Anlaß der Entstehung der Stadt ihr Gepräge gibt, ist ebenfalls zu bedenken. Wie die neue Stadt sich in das organische, vorhandene Leben als neue Zelle eingliedert, welches Nahrungsgebiet sie etwa haben wird und welche ländlichen Gemeinden sie versorgen werden, muß ebenfalls überlegt werden. (S. 470)

In dem daraus entwickelten Lageplan werden dann bereits die topographischen, klimatischen, landschaftlichen und lokalen Eigenheiten besonders berücksichtigt werden müssen. Die städtebauliche Gliederung und Kernbildung, vorher als Schema geplant, muß ebenfalls im Lageplan schon ihren Niederschlag finden. Die verschiedenen Bodenarten müssen entsprechend ihrer Nutzbarkeit bebaut werden ... Die durch die Höhenverhältnisse gegebene Staffelung des Ortes wird man so benutzen, daß einige bauliche Höhepunkte auf die höchsten Erhebungen zu liegen kommen. Das Industriegebiet sollte vom Wohngebiet durch Grün getrennt sein, aber auch nicht allzuweit davon entfernt liegen. All die vielen städtebaulichen, künstlerischen und technischen Gesichtspunkte müssen hier ihre Anwendung finden. (S. 470)

Schumacher:
Bei praktischer Arbeit wird man sich bald bewußt, daß man bei jeder baulichen Einzelhandlung in ein Netz von Beziehungen eingreifen muß, das nur vernünftig geknüpft werden kann, wenn man vom ganzen Zusammenhang seiner Maschen ausgeht. Das schon Gestaltete und das noch Ungestaltete muß ineinandergewoben und das Ganze nach solchen Gesichtspunkten gegliedert werden. Mit einem Worte: städtebauliche Einzelarbeit kann erst gesund und verantwortlich durchgeführt werden, wenn sie sich entwickelt auf dem, was man Generalbebauungsplan zu nennen pflegt. (S. 12)

Wir haben bisher so gesprochen, als ob der Begriff „Freifläche" immer mit einer gewissen Naturverbundenheit zusammenhinge; in Wahrheit berühren wir damit nur seine eine Seite. Wir müssen uns klarmachen, daß auch bei allen Verkehrswegen, vom Standpunkt städtebaulicher Überlegungen gesehen, zunächst der Gegensatz zur Bebauung hervortritt. Wenn man an Zukunftsdispositionen denkt, müssen diese freien Flächen offengehalten werden, wenn man an Gegenwartsverhältnisse denkt, gliedern sie das Bauland. (S. 16)

... mag es sich um jene gewerblichen Siedlungen handeln, die man „Nebenzentren" oder „Trabentenstädte" genannt hat, mag es sich handeln um Vollerwerbssiedlungen und kleinbäuerliche Stellen, oder mögen Vorstadt- und Stadtrandsiedlungen in Betracht kommen, stets ist die erste Frage eine sachgemäße Einordnung in einen Gesamtraum, der im städtebaulichen Sinn durchaus nicht, wie man sich lange einbildete, ein „neutrales Gebiet" darstellt, sondern ein sehr bestimmtes eigengesetzliches Leben hat, ebenso leicht zerstörbar und ebenso schwer gesund weiterentwickelbar wie der Organismus Stadt. (S. 27)

Neben der geographischen Struktur kann die soziologische Struktur zu gegensätzlichen Gesichtspunkten führen ... je nachdem, ob der Sitz eines Herrschenden oder die Bauten einer Gemeinde den Mittelpunkt bilden. (S. 34)

Es leuchtet ein, daß der Gestaltende erst durch eine solche Klarlegung der sozialen Struktur die rohe Form erhält, in die er seine Masse gießen kann, Nur innerhalb einer solchen Form hat das „Kunstwerk", das entstehen soll, einen Sinn. (S. 50)

4.3.1
Zur Entwicklung und zur Kritik der Situation

Feder:
Städtebauliche Fragen oder gar so unendlich wichtige Probleme wie die gute Zuordnung der Wohnstätten zu den Arbeitsstätten traten gar nicht in den Gesichtskreis der Behörden. In wildem Tempo wurde darauflos gebaut. Die Bau- und Bodenspekulation feierte Orgien.

Eine geregelte Stadtplanung gab es nicht. Die Stadtbauämter sanken zu Stadterweiterungsämtern herunter, die in den neuen Vierteln völlig unorganisch, den Gewalttätigkeiten der Bauspekulanten folgend, ihre Baulinienpläne zogen. (S. 12)

Die Einkaufswege der Hausfrauen sind in den Großstädten sehr weit und zeitraubend. Der Tagesbedarf ist meist noch in der Nähe der Wohnung, beim Bäcker, Fleischer usw., zu decken. Bei den neueren Siedlungen jedoch fehlen auch solche Geschäfte, so daß die Hausfrauen „in die Stadt fahren" müssen. (S. 44)

Auf Plänen bestehender Städte ist deutlich eine Kern- und Zellenbildung innerhalb des Gesamtstadtkörpers zu beobachten ... Leider ist ein System dabei nicht klar zu erkennen. Meist sind in diesen Zellkernen auch noch andere Anhäufungen von Gewerbe, Läden u. dgl. zu finden. Ganz typisch ist jedenfalls das überall auftretende Bahnhofsviertel mit seinen Geschäftsstraßen. Auch sonst treten in den sog. Vorstädten, die sich meist außerhalb der früheren Befestigungswerke befinden, Kernbildungen auf. (S. 46)

Die Entwicklung der deutschen Städte im 19. und in den ersten Dezennien des 20. Jahrhunderts steht unter dem segensreichen und zugleich unheildrohenden Gestirn der aufsteigenden Industrie. Erst der Industrie scheint es bestimmt, den entscheidenden volksschädigenden Trennungsstrich zwischen Stadt und Land zu ziehen. (S. 66)

Wetzel:
Die Zielsetzung Sittes war eine grundstürzende Tat, aber dem Meister selbst war es nicht gegeben, für die Praxis brauchbare Folgerungen aus seiner eigenen Lehre zu ziehen ... Die Sittesche Parole: „Bei den Alten in die Schule zu gehen", wurde gründlich mißverstanden. Das Künstlerische wurde mit dem sogenannten Malerischen verwechselt, und eine alberne Spitzweg-Romantik brachte das mit so viel Wärme aufgenommene Buch um den Kredit. Die Sitteschen Erkenntnisse fielen unter den Tisch, von wenigen Ausnahmen abgesehen. (S. 8)

Das Gesetz zur Neuordnung deutscher Städte braust wie ein Fanfarenstoß durch die Rathauskanzleien, und mehr oder weniger betreten schauen sich die Bürgermeister im großdeutschen Vaterland die Bescherung an, die ihre Sachbearbeiter in den letzten Menschenaltern angerichtet haben. (S. 10)

Die Aufklärung hat alle Bindungen der Tradition gelöst. Bis zum Bruch mit der Tradition: Gestaltung aus der Gegebenheit des Bodens – und jetzt: Gestaltung im luftleeren Raum, im Zeichen eines abstrakten Schönheitsideals. Das Auffassen und Ordnen bildhafter Zusammenhänge ist nicht mehr Antrieb und Bindung der schöpferischen Phantasie. Die Zusammenschau ist abgelöst durch die Einzelschau. Ein abstraktes Idealbild vom „Schönen an sich" ist fortan schöpferischer Stimulus. Hier Aufgeschlossenheit und Wirklichkeitssinn, ein triebhafter Instinkt für das „Richtige" – dort akademische Sehkonvention im Rampenlicht eines Bildungsideals. (S. 35)

Es ist eines der bezeichnendsten Merkmale unserer Zeitwende, daß selbst die Technik sich nicht mehr der Erkenntnis verschließt, daß auch sie letzten Endes mit Werten schaltet, die mit Methoden der exakten Wissenschaft nicht meßbar sind. (S. 38)

Schumacher:
Das unverkennbare Anzeichen für die Ungelöstheit aller dieser neuen Anforderungen des Daseins war ein Verfall der künstlerischen Erscheinung unserer Städte. Es war deshalb nicht verwunderlich, daß man den Keim der Krankheit zuerst suchte in einem künstlerischen Versagen und glaubte, sie vom Künstlerischen aus heilen zu müssen ...

Die Baumassen aber sind nicht etwa nur eine ästhetische Angelegenheit, sondern neben dem Wirkungsbild im Straßen- und Platzraum, den sie ergeben, bestimmen sie zugleich den soziologischen Typus des Bauwerks selbst. Besonders in den neuerschlossenen Wohnquartieren einer sich entwickelnden Stadt ist der Zuschnitt des Baublocks maßgebend für diesen soziologischen Typus ...

Erst mit dieser Erkenntnis berührt man die Wurzel der städtebaulichen Aufgabe: neben das rein äußerliche Betrachten der ästhetischen Wirkung, von der aus man in Wahrheit nicht zu reformieren, sondern höchstens einiges zu ,,retuschieren" vermochte, trat das Betrachten der soziologischen Formung der eigentlichen Baumaterie. Ehe es sich um Kunst handeln konnte, handelte es sich um Anstand. (S. 9 f)

Erworbene Baurechte sind nicht viel weniger starr als Mauern, und man kann oft feststellen, daß in einer alten Stadt, die ihr äußeres Gesicht schon viele Male geändert hat, die Besitzgrenzen in allem Wechsel das Beständigste gewesen sind. (S. 50)

4.3.2
Planungsgrundlagen: Bestandsaufnahme

Feder:
Wir haben rd. 72 deutsche Städte mit einer ungefähren Einwohnerzahl von 20 000 auf ihre wirtschaftlich-soziale Struktur im einzelnen untersucht. Wir haben uns dazu zum großen Teil die Adreßbücher der betreffenden Städte beschafft und haben insbesondere im ,,Statistischen Jahrbuch deutscher Gemeinden" wertvolles Material gefunden ... Die Auswertung dieser großen Materialtabelle erfolgte nun Gewerbe für Gewerbe durch Vergleich der gefundenen Zahl mit den einzelnen Städten, Dabei mußten ganz extreme Fälle unberücksichtigt bleiben. (S. 15)

Zu jeder Stadt gehört ein ländlicher Lebenskreis. Man nennt diese Wirtschaftsbereiche auch Einzugsgebiete. (S. 31)

Weitere eingehende Untersuchungen gelten dann dem Lebens- und Wirtschaftskreis der Städte im Hinblick auf ihre Handelsbilanz. (S. 17)

Ein wichtiger Gesichtspunkt bei der Betrachtung vorhandener Städte und auch neuer Siedlungen ist die Marktbildung. (S. 33)

Der Beschäftigungsgrad, d. h. die Anzahl der Erwerbstätigen in bezug auf die Gesamtbevölkerung, ist für die Beurteilung der Wirtschaftskraft einer Bevölkerung, für die Bemessung der benötigten Wohnungen und der sonstigen Einrichtungen gewerblicher und öffentlicher Art sehr wesentlich.

Der Beschäftigungsgrad ist sehr stark abhängig von Familienstand und der Kinderzahl. Bei dem augenblicklichen Bevölkerungsstand von 3.6 Köpfen je Haushalt, sind im Reichsdurchschnitt 58,3 vH Erwerbspersonen in der Bevölkerung vorhanden. (S. 68 f)

Dr. Isenberg ... unterscheidet nach Nah- und Fernbedarfstätigen ... (S. 70)

Im Laufe der Arbeit hat sich für die Ermittlung der öffentlichen Einrichtungen etwa folgende Methode als die günstigste herausgebildet. Wir haben für alle Einrichtungen eine Reihe von Städten befragt, um uns über die Grundstücksgröße, die bebaute Fläche, die Nutzfläche aller Geschosse und die Beschäftigtenzahl ein ungefähres Bild zu machen. (S. 76)

Die Anzahl der Rechtsfälle auf den Kopf der Bevölkerung ist in den einzelnen Gegenden sehr verschieden, Auch die Art der gerichtlichen Tätigkeit hat sehr verschiedenen Charakter. In den Industriegegenden herrscht die Kriminalität vor, in landwirtschaftlichen Gegenden gibt es wiederum sehr viele Fälle in Grundbuchsachen. (S. 77)

Die Morbidität schwankt in den verschiedenen Gegenden Deutschlands erstaunlich. Im allgemeinen sind die Ziffern der erfaßten Krankheitsfälle auf dem flachen Lande am niedrigsten, in den Großstädten mit ausgesprochen industrieller und bergmännischer Bevölkerung bei weitem am höchsten. (S. 229)

Zur Beantwortung der Frage, welche Gewerbe zur Eigenversorgung nötig sind, wurden innerhalb des alten Reichsgebietes zunächst 41 Städte von rd. 20 000 Einwohnern auf ihre gewerbliche Struktur untersucht. Da die Städte allen in Deutschland anzutreffenden wirtschaftlichen Charaktertypen angehören, ist anzunehmen, daß ein Gewerbe, welches sich in sämtlichen oder nahezu allen vorfindet, zu den der Eigenversorgung dienenden gehört. (S. 249)

Wetzel:
Wer sich als Baumeister seiner Verantwortung bewußt ist, der begnügt sich nicht mit der Kenntnisnahme von Quadratmeterpreis und der Existenz eines Baugrundstückes auf dem Meßtsichblatt, der scheut keine Mühe, die Baustelle aus eigener Anschauung kennenzulernen, aus der Ferne, aus der Nähe, zu jeder Tageszeit, bis ihm die Landschaft die geheimsten Züge ihres Wesens offenbart. (S. 36)

Schumacher:
... man muß die Absichten, die man verfolgt, aus dem genauen Studium des vorhandenen Lebens – mag es im einzelnen erfreulich oder unerfreulich sein – entwickeln, sonst knüpft das neue Leben, dem man den Weg weisen will, ganz gewiß nicht an diese Absichten an. Das macht als erstes Vorarbeiten umfassender Art nötig, die mit den Mitteln der Statistik den vorhandenen Zustand, dessen Symptome man meist lediglich zu sehen vermag, so klären, daß deren eigentliche Ursachen zutage treten. So schafft man sich einen Überblick der Berufe und deren Standorte, die Schwankungen in Gewerbe und Industrie, die Verkehrsverhältnisse, die Beziehungen zwischen Arbeiten und Wohnen. Vor allem aber erhält man ein Bild von den Wohnverhältnissen und deren Bewegungen. Geologische, historische und juristische Feststellungen müssen sich an diesen soziologischen Überblick anschließen ... (S. 14)

Man nimmt im allgemeinen an, daß man den Lebensraum kennt, in dem man atmet und wirkt, oder, wo das nicht der Fall ist, ihn verhältnismäßig leicht durch persönliche Beschäftigung mit seinem Zustand kennenlernen kann. Das ist im gewöhnlichen Sinn des Wortes auch der Fall, aber das „Kennen" im Sinne städtebaulicher Arbeit ist ganz etwas anderes als das bloße Kennen aus noch so lebendigem Eindruck: neben dem lebendigen Eindruck muß das Ergebnis zugleich ganz bestimmt registrierbar sein, sonst kann man es in der Arbeit des Planens nicht verwerten. Vergleichsweise gesprochen: der städtebauliche Arzt darf dem Patienten nur nicht die heiße Stirn befühlen; er muß den Grad des Fiebers zahlenmäßig überschauen können, er darf nicht nur den Körper seines Klienten von außen beschauen, er muß auch die Röntgenbilder seines Inneren studieren können. Erst dann ist er imstande, eine Anordnung zu treffen, die sich verantworten läßt. Er muß sowohl das Gesunde wie das Kranke eines Organismus, dem er helfen will, in ganz anderer Weise „kennen" als der Betrachter des täglichen Lebens. (S. 23)

... neben Bodenkarten bedarf man der Grundwasserkarten, neben Bodenbenutzungs- und Flurnutzungskarten aller Unterlagen, die für die Ordnung der Wasserwirtschaft notwendig sind. Denn zu den elementaren Grundlagen unseres Daseins gehört nicht nur der Boden, sondern auch das Wasser, und die kulturtechnischen Maßnahmen, die beide fordern, liegen nicht immer nach der gleichen Richtung, sondern bedürfen oft eines Ausgleiches ihrer Ansprüche. Die Klarlegung der Wasserwirtschaft ist deshalb unter den Maßnahmen der Landesplanung nicht weniger wichtig als die Klarlegung der Bodenwirtschaft. (S. 23)

Bei verantwortungsbewußter Arbeit handelt es sich nicht nur um wirtschaftliche Wertungen, sondern auch um Wertungen, die nicht ohne weiteres auf verstandesmäßigem Wege erkannt werden können: eine Naturschutzkarte ist das Ziel. Solche Karte bezieht sich unter anderen auf die Schönheiten von Landschaftsbildern, vor allen Dingen aber auf die unauffällig, oft sehr versteckt und heimlich lebende Pflanzen- und Tierwelt, deren Erhaltung wichtig ist. (S. 23)

Zu den historischen Elementen des Menschendaseins gehören auch die Besitzgrenzen, die oftmals, wenn man sie für ein größeres Gebiet in ihren Zusammenhängen sichtbar macht, ein sehr charakteristisches Gepräge haben. (S. 24)

Für die Ergründung aller solcher Vorfragen muß die Statistik dienen, aber sie darf nicht etwa in der abstrakten Form der Zahl bleiben, die Zahl muß sichtbare graphische Gestalt gewinnen, wenn sie im gestaltenden Arbeitsvorgang ihre Rechte behaupten will. Hierfür müssen die verschiedensten sinnfälligen Methoden gefunden werden. Man kann die so entstehenden Blätter Röntgenbilder des soziologischen Zustandes einer Gegend nennen, denn die inneren Vorgänge ihres Lebens und der Zustand der wichtigsten Organe ihres Seins, Dinge, die dem Auge normalerweise verborgen sind, werden dadurch sichtbar gemacht. (S. 24)

Alle solchen Vorarbeiten der „Bestandsaufnahme", aus denen eine verantwortungsbewußte Planung hervorgeht, bedürfen bei der Landesplanung eines weit größeren Aufwandes an Kraft als beim städtischen Generalbebauungsplan ...

Diese vorbereitende Arbeit aus großen Zusammenhängen heraus ist deshalb besonders wichtig. Das darf aber nicht dazu führen, diese mehr wissenschaftlich eingestellte Seite des Tuns zu überschätzen, sie ist und bleibt nichts anderes als eine Hilfeleistung für das Eigentliche: das Gestalten. (S. 24 f)

Solche Überlegungen werden dann auch das für uns immer bedeutsamer werdende Luftbild befriedigend und eindrucksvoll erscheinen lassen. Es ist in mancher Hinsicht die Kontrolle für die Art, wie der Boden baulich bestellt ist. (S. 42)

Man muß gleichsam erst die Röntgenbilder des Patienten aufnehmen, ehe man die sichere Richtschnur für eine Weiterbehandlung besitzt. Es ist eine besondere Kunst, die soziologischen Röntgenbilder sichtbar und deutbar zu machen. (S. 50)

4.3.3
Planungsgrundlagen: Forschungsbedürfnisse

Schumacher:
... die soziologischen Verhältnisse müssen durch wissenschaftliche Methoden erfaßt sein, Die Grundlage dafür gibt die Statistik. Man darf nicht annehmen, daß sie bereits in einer benutzbaren Form zur Verfügung steht. Meist müssen ihre Zahlen ganz neu auf das Gebiet bezogen werden, das man bearbeiten will, und meist muß die Fragestellung der Statistik erst dem Bedürfnis der jeweiligen Landesplanung angepaßt werden ... die Art der Frage ist oft ebenso wichtig wie die Art der Antwort. (S. 24)

4.4.1
Planungsziele: Allgemeine Wertvorstellungen; für und wider die Stadt

Feder:
Nach eingehenden Untersuchungen und Überlegungen wurde als beste Stadtgröße die Stadt von rd. 20 000 Einwohnern erkannt. Eine Stadt von 20 000 Einwohnern ist groß genug, um ein selbständiges soziales, kulturelles und wirtschaftliches Leben zu führen ... sie braucht keinerlei besondere Verkehrsmittel, da sowohl die Wege von der Wohnstätte zur Arbeitsstätte als auch die Einkaufswege der Hausfrau und die Schulwege bequem in höchstens 10–15 Minuten zurückgelegt werden können. (S. 14)

Nachteile der Großstadt
1. Kinderarmut...
2. Keine Seßhaftigkeit...
3. Opfer des Verkehrs...

Nachteile des Dorfes
1. Mangelhafte oder gänzlich fehlende zivilisatorische Einrichtungen...
2. Keine Mittelpunktbildung des kulturellen Lebens...
3. Keine Entwicklung des verwaltungsmäßigen organisatorischen Lebens...
4. Kein umfassendes geschäftliches und gewerbliches Leben...
In der kleinen Stadt sind die Nachteile der Großstadt und des Dorfes vermieden. (S. 24 f)

Vorteile der Großstadt
1. Starke Zentralisation...
2. Alle haben den Eindruck, am öffentlichen Leben beteiligt zu sein...
3. Die Großstadt ist ein großer Arbeits- und Absatzmarkt...

Vorteile des Dorfes
4. Unmittelbare Verbundenheit mit der Natur...
5. Wirtschaftliche Selbständigkeit...
6. Beruf wird in gesunder Umgebung... ausgeübt...

Viele Vorteile der Großstadt und des Dorfes werden in der kleinen Stadt glücklich vereint. (S. 26 f) Je enger die Stadt und das sie umgebende Land nahrungsmäßig und wirtschaftlich miteinander verknüpft sind, um so organischer und natürlicher ist der Ablauf des gesamten Lebensvorganges, sowohl auf dem Lande als in der Stadt selbst. Die gegenseitige Befruchtung in kultureller und wirtschaftlicher Beziehung ist so am stärksten. Es geht nicht an, daß in einigen Provinzen des Reiches die Menschen immer dichter zusammengesiedelt werden, während sie von dem sie umgebenden Lande unmöglich leben können. Ihre Nahrung kommt zu einem sorgenerregenden Umfange aus weit entfernten landwirtschaftlichen Gebieten, die ihrerseits wiederum eine bessere Durchsetzung mit Gewerbe oder Industrie begrüßen würden. Die Mehrzahl der neuentstehenden Industriewerke läßt sich ohne besondere Schwierigkeiten in bisher industrielosen Gebieten, die vielfach noch allzu schwach besiedelt sind, ansetzen. (S. 37)

Will man die weitere Verstädterung des Volkes verhindern, so muß man sich entschließen, einerseits die Städte in den agrarischen Provinzen mit Gewerbe oder Industrie (z. B. durch Erteilung industrieller Aufgaben zunächst kleinen Maßstabes) zu durchsetzen, andererseits zu gleicher Zeit in den Industriegegenden (wenn es nicht gerade aus Standortgründen dringend notwendig ist) die Ansetzung weiterer Betriebe energisch abzustoppen, dagegen aber die Landwirtschaft mit allen Mitteln zu intensivieren, um die dort zusammengeballten Menschenmassen möglichst kurzwegig mit Nahrung versorgen zu können. Diese verschiedenen Wirtschafts-, Siedlungs- und Planungsprinzipien für die beiden großen Gruppen von Wirtschaftsstrukturen lassen sich klar erkennen. (S. 63)

Auch eine Gruppe kleinerer Städte gibt es, die im Nahrungsraum der Großstädte Versorgungsaufgaben für diese übernehmen... Dorthin wenigstens soviel Gewerbe als zur Verselbständigung des Ortes notwendig ist, zu verlagern, ist eine wichtige Aufgabe. Ebenso ist es dringend nötig, diese Orte mit besseren Einkaufsgeschäften zu versehen... Bei solchen Trabantenstädten lohnt es sich besonders, neue kulturelle Einrichtungen, wie Veranstaltungsmöglichkeiten für Vorträge, Kinotheater, Bibliotheken, Sportplätze usw., zu schaffen. Dadurch würden viele Menschen von der Abwanderung in die Großstadt zurückgehalten. (S. 68)

Neugründungen sollten normalerweise in schwachbesiedelten Gebieten landwirtschaftlichen Charakters stattfinden...

Wegen der Beschaffung der nötigen Arbeitskräfte für die neuen Industrieanlagen dürften kaum Bedenken entstehen. Es ist immer noch wünschenswert, wenn die jüngeren Bauernsöhne, falls ihnen schon der Beruf ihrer Väter kein Brot mehr bieten kann, anstatt in die volksmordende Großstadt abzuwandern, in ihrer engeren Heimat Arbeit finden. Von vielleicht noch höherem volkspolitischen Werte, wenn auch anfangs wohl schwieriger durchzuführen, wäre die Verpflanzung erbgesunder Arbeiterfamilien aus der Stickluft der Groß- und Weltstädte in die ländliche, naturnahe Sphäre der neuentstehenden 20 000er Stadt. (S. 68)

Das Ideal bleibt immer die Anlage neuer Siedlungen ganz nach den neuen Gesichtspunkten wehrpolitischer, verkehrs-, wirtschafts- und bevölkerungspolitischer Art, wie sie sich aus der Neuordnung des deutschen Lebensraumes aus reichsplanmäßigen Gründen ohnedies ergeben werden. (S. 429)

Die Großstädte sind aus dem bisherigen gesellschaftlichen und wirtschaftlichen Leben heraus entstanden und insofern begründet. Die Großstadt kann also nicht überhaupt abgelehnt werden, sondern sie ist lediglich in der heutigen Form ungenügend und entspricht nicht mehr den modernen Auffassungen, die an eine Gemeinschaft von Menschen gestellt wird, in der jeder ein gleichberechtigtes lebensfähiges Einzelglied der großen Volksgemeinschaft ist.

Erst der Umbau des Reiches (auch der Großstädte) zu organischen Zellengemeinschaften mit größtmöglichster Selbständigkeit wird uns allmählich zu einer neuen Gemeinschafts- und Lebensform hinführen. (S. 472)

Wetzel:

Der repräsentative Ausbau einiger weniger Städte bestimmt das künftige Gesicht der deutschen Heimat nicht. Entscheidend ist das Geschehen in den Dörfern und in den kleineren und mittleren Städten. (S. 10)

Schumacher:

Der gesunde Gedanke einer Dezentralisierung der Städte setzt eine durchgearbeitete Landesplanung voraus, wenn sie in vernünftiger Weise vor sich gehen soll, denn es handelt sich ja nicht etwa nur um das Erbauen neuer Häusergruppen fern von der Stadt, sondern um das Organisieren neuer Lebensverhältnisse mit all ihren Bedürfnissen für menschliche Gemeinschaft. (S. 26)

Der Mut, der zur Gestaltung solcher großen Entwicklungspläne gehört, wie die Landesplanung sie erfordert, ist also nicht nur ein technischer oder fachmännischer Mut, es ist der Mut, den derjenige haben muß, der erkannt hat, daß eine allgemeine Verantwortung für den Gang unserer Lebensverhältnisse auf ihm ruht.

Das Ziel des Tuns, das daraus entspringt, heißt Ordnung. Ordnung ist aber nicht um ihrer selbst willen da, sie ist nur die Vorbedingung zu etwas Höherem. Dies Höhere ist das, wovon wir bei allen unseren Ausführungen kaum gesprochen haben, was aber doch unsichtbar über allem geschwebt hat, es ist das künstlerische Gestalten. Ihm wird der Weg erst wieder frei, wenn Ordnung in den großen Zusammenhängen des Lebens errungen ist. Alle, die an diesem praktischen Ziel durch Verständnis oder durch Tatkraft mitwirken, arbeiten zugleich für ein ideales Ziel, das dahintersteht. Je nüchterner man den Weg dahin zu ebnen sucht, um so eher wird man es erreichen. (S. 30)

Die Gesichtspunkte der natürlichen Entwicklung treten an die Stelle der historischen. Das bedeutet in den enger umgrenzten Kreisen eines Lebensraumes eine Abkehr von historisch gewordenen Hemmungen und eine Rückkehr zu den Weisungen der Natur. (S. 31)

Es kann sich nicht allein darum handeln, zu verändern, zu vertuschen und zu verbessern, so schwer diese Aufgabe auch sein mag. Aus der Erkenntnis des Verfehlten wächst als hohes Ziel eine neue Auffassung des baulichen Berufs: es gilt nicht nur den äußeren, es gilt auch den innerlichen Rahmen für das immer verwickeltere Bild unseres neuzeitlichen Lebens zu schaffen. Dazu genügt nicht die Kunst. Sie muß Schiffbruch leiden, wenn es nicht gelingt, soziale, volkswirtschaftliche und technische Kräfte, die unser Leben lange in getrennten Bahnen durchzogen, zu einer neuen Einheit zusammenzufassen. (S. 51 f)

4.4.2
Planungsziele: Sicherheit und Ordnung

Feder:
Die Verteilung aller Einrichtungen von größerer wehrmäßiger und wirtschaftlicher Bedeutung auf die kleinen Städte in Gestalt kleiner Einheiten ist die beste Sicherheit im Zukunftskriege. Diese Streuung der industriellen und sonstigen Einrichtungen wirkt günstiger als alle sonstigen Abwehrmaßnahmen, weil auf diese Weise der Luftwaffe des Gegners kein lohnendes Ziel geboten wird. (S. 67)

4.4.3
Planungsziele: Sozialethik und Sozialpolitik

Feder:
Die Städte der Zukunft ... werden und müssen organisch aus der sozialen Struktur der Bevölkerung herauswachsen. (S. 1)
Die Städte der Zukunft müssen in Plan und Aufbau, in ihrer harmonischen Eingliederung in Landschaft und Umgebung, in ihrem Verhältnis zu Kreis, Gau und Reich ein lebendiger Ausdruck des neuen Zeitgeistes und des Lebens- und Arbeitswillens des neuen von Adolf Hitler geschaffenen Großdeutschland sein. (S. 2)
Wie das Reich die verschiedenen Aufgaben der Landesverteidigung, der Ernährung, der Erziehung usw. durch einen wohlgeordneten Gliederbau zu erreichen strebt, so kann auch das Bauen und Wohnen nicht mehr als Privatangelegenheit aufgefaßt werden und vor allen Dingen kann es nicht im Belieben der einzelnen Unternehmer, Bauherrn, der Industrie oder des Gewerbes bleiben, wo und wie sie bauen. (S. 18)
Ein Übergang zu einem neuen organischen Städtebau kann eben nur gefunden werden, wenn auch der bisherige Siedlungsbau nicht nur als Häuserbau aufgefaßt wird, sondern als Dienstleistung für eine organische soziale Gemeinschaft. War früher die Wehrhaftigkeit oder der Formalismus entscheidend für die Formgebung der Stadt, so steht heute als Grundpfeiler im Städtebau der Mensch und seine Bedürfnisse. (S. 19)

Schumacher:
Denn solch eine Reform alter verhängnisvoller Pläne läßt sich nicht etwa so durchführen, daß man einfach das Unerwünschte verbietet; man muß auf irgendeine Weise für die wirtschaftlichen Opfer, die man damit verlangt, mit geistigen Mitteln einen Ersatz finden, denn sonst hat die Reform die Wirkung, die Herstellungskosten und damit den Mietpreis der Wohnung zu steigern. Das ist aber nicht der Zweck städtebaulichen Tuns auf dem Gebiet der Wohnsorge; das Problem, um das es sich handelt, ist stets die Sorge für die wirtschaftlich schwächste Schicht, denn sie ist die weitaus größte und die hilfsbedürftigste. (S. 20)

4.4.4
Planungsziele: Wirtschaftlichkeit

Feder:

In übervölkerten Gebieten, die meist stark industrialisiert sind, sollte man nicht nur vorsichtig mit Erweiterungen oder Neugründungen sein, sondern vielmehr sogar versuchen, einen Teil der Industriewerke und damit geeignete Teile der überschüssigen Bevölkerungsmenge in bisher fast rein landwirtschaftliche Gebiete zu verpflanzen, um deren gewerbliche Grundlage zu verbessern. Verbilligte Transportsätze für das benötigte Rohmaterial und die auf dem flachen Lande niedrigeren Lohntarife könnten für die Betriebsleitungen einen Anreiz zur Dezentralisierung der Industrie bilden. (S. 67 f)

Der Lokalmarkt einer Stadt darf in lebenswichtigen Gütern in keinem Falle von auswärtigen Märkten abhängig sein, wenn eine lokale Produktion möglich ist.

Wenn bei der Planung einer Siedlung darauf geachtet wird, daß alle Güter des täglichen Bedarfs, welche am Ort erzeugt werden können, tatsächlich dort hergestellt und nur die überschüssigen Arbeitskräfte in der Ausfuhrerzeugung eingesetzt werden, dann ist, volkswirtschaftlich gesehen, die günstigste Lösung gefunden, da man mit einem Minimum an Transport-, Zwischenhandels- und Lagerkosten auskommt. (S. 249)

4.4.5
Planungsziele und Entwurfshinweise: Hygiene

Feder:

Der Bahnhof, insbesondere der Güterbahnhof, sollte z. B. im Prinzip stets auf der Leeseite, d. h. im Windschatten, liegen (ebenso alle Industrieanlagen, die ja auch vielfach an die Nähe des Güterbahnhofes gebunden sind). Da in Deutschland im allgemeinen die westlichen Winde vorherrschen, ist die Leeseite meist der Osten. Der Zweck der Ansetzung der Bahn- und Industrieanlagen gerade in dieser Richtung liegt auf der Hand. Die Belästigungen der Bevölkerung durch Abgase, Ruß und Lärm sollten tunlichst herabgemindert werden. (S. 47)

4.4.6
Planungsziele: Gestaltung

Wetzel:

„Was praktisch ist, ist schön!" So einfach liegen die Dinge nicht! Wohl birgt die logisch zweckhafte Ordnung den Keim der guten Bildwirkung in sich, aber sie verbürgt sie nicht. Zur zweckhaften Ordnung muß die bildhafte treten. Dem Erdenkloß muß der geniale Schöpfer die Seele einhauchen. Mit dem Geist erkennen, mit der Seele schauen. Die zweckhafte Ordnung ist seit Feder fest begründet, jetzt ist der Weg frei zur bildhaften Ordnung. (S. 10)

Schumacher:

An den Plan, den der Schaffende festlegt, wird die ungeheure Anforderung gestellt, daß er nicht nur ein gutes Zusammenklingen noch ungeborener baulicher Massen hervorlockt, sondern daß er kommenden Architekten die technischen, formalen und wirtschaftlichen Vorbedingungen schafft, unter denen sie ihr bauliches Ziel erreichen können, nämlich den geeignet zugeschnittenen Bauplatz. (S. 41 f)

Wir sind bei unseren heutigen Gestaltungen nicht in einen auch nur ähnlichen sozialen Rahmen gespannt wie frühere Zeiten; das macht sich auch in allem geltend, was ins Reich des Ästhetischen hinübergreift. Es hat zur Folge, daß sich im äußeren Bild unseres Daseins die Gegensätze verschärfen: auf der einen Seite gewaltige bauliche Ballungen ... auf der anderen Seite aufgelöste Massen ... Dazwischen ein repräsentatives Zentrum ... In diesem Zentrum herrschen die Gegensätze am deutlichsten, die auch die monumentalen Anlagen früherer Zeiten regieren; sie werden nirgends ganz ausgeschaltet, aber neben ihnen tritt noch eine andere Forderung der Gesetzmäßigkeit hervor, die in dieser Art neu ist, man könnte sie bezeichnen als: Ordnung im lockeren Gefüge. (S. 49) Ordnung ist aber nicht um ihrer selbst willen da, sie ist nur die Vorbedingung zu etwas Höherem. Dies Höhere ist das, wovon wir bei allen unseren Ausführungen kaum gesprochen haben, was aber doch unsichtbar über allem geschwebt hat, es ist das künstlerische Gestalten. (S. 30)

4.5.1
Planungsorganisation und Planarten

Schumacher:
Ein „Generalbebauungsplan" ist nicht etwa eine einzig genial erfaßte „Karte der Zukunft", sondern ein Instrument, das sich aus vielen Dutzenden von Einzelplänen und Einzelgestaltungen zusammensetzt. Die schließliche Karte, die diesen Namen führt, ist gleichsam nur das Inhaltsverzeichnis eines Buches, dessen eigentlicher Inhalt aus jenen einzelnen Plänen besteht. (S. 14)

So sind denn dem Baulande von jeher einzelne Eigentumsbeschränkungen auferlegt, so daß man nicht ganz „beliebig mit ihm verfahren kann"; diese Beschränkungen, die in Bauordnungen in geistiger Form und in Bebauungsplänen in graphischer Form zum Vorschein kommen können, beziehen sich vor allem auf viererlei: auf die Art der Benutzung eines Baugrundstückes (Wirtschaftspläne), auf die Grenzen seiner flächenmäßigen Bebaubarkeit (Fluchtlinienpläne), auf die Höhe und die Weite der Bebauung (Zonenpläne und Baugestaltungspläne). (S. 17)

Ein großer Entwicklungsplan steht aber nicht allein unter dem Einfluß all jener technisch-sozialen „Vorarbeiten", die wir angedeutet haben. Wenn er unter Leitung der Organe der Raumordnung eine erste Gestalt gewonnen hat, muß er abgestimmt werden mit den verschiedensten Interessenvertretungen, als da sind: die Fachressorts der Gemeinden, der Eisenbahn, der Landwirtschaft, der Industrie usw. Das soll heißen: es muß die ganze Autorität aller maßgebenden Faktoren des öffentlichen Lebens hinter ihm stehen. Dadurch erst erhält er seine Wirkungskraft. (S. 27)

4.5.3
Verhältnis des Städtebaues zur politischen und administrativen Organisation

Feder:
Nur eine überlegene Führung und die Konzentration aller Machtmittel in einer Hand machen solche Bauvorhaben (wie den geplanten Durchbruch der Nord-Süd-Achse in Berlin) überhaupt möglich. Das Zustandekommen solcher Maßnahmen blieb dem Nationalsozialismus vorbehalten. Sie finden in der Geschichte Vorbilder nur in den Park- und Schloßanlagen des Absolutismus und in den Bauten des römischen Imperiums. (S. 18)

Für das wirtschaftliche Gedeihen der neuen Stadt ist es wichtig, daß sie auch das verwaltungsmäßige Zentrum der sie umgebenden Landschaft wird. (S. 100)

Schumacher:
... je mehr Städtebau und Landesplanung in bestimmte feste Organisation eingespannt werden, um so mehr wächst die Gefahr, daß die wissenschaftliche und verwaltungsmäßige

Seite, die unentbehrliche und deutlich sichtbare Teile der Gesamtbetätigung sind, das Bewußtsein der Notwendigkeit dieses künstlerischen Einschlags ersticken ... Wissenschaft, Gesetz und Verwaltung können nur Hilfsorgane des schöpferischen technischen Gestaltens sein, nicht etwa das schöpferische technische Gestalten ein Hilfsmittel von Wissenschaft, Gesetz und Verwaltung. (S. 8)

Alle Arbeit, die sich auf die Gestaltung der Zukunft bezieht, muß mit der Ordnung der wirtschaftsgeographisch und verwaltungstechnisch zusammengehörenden Räume beginnen.

Solche „Raumordnung" gibt den großen Rahmen, in den sich alles weitere einzufügen hat. Man wird diesen Rahmen nicht schaffen können, ohne die Wünsche, Absichten und Pläne der einzelnen kleinen und großen Gemeinden, die er umfaßt, zu kennen und zu berücksichtigen ... (S. 22)

Es geht nicht an, daß in einem so weit entwickelten Lande wie Deutschland an dieser oder jener Stelle nach systematisch überschaubaren Überlegungen gearbeitet wird, und unmittelbar daneben stößt man auf Gebiete, in denen die Entwicklung kleinen verzettelten Willensträgern überlassen bleibt, die weder die Möglichkeit noch die Aufgabe haben, Zusammenhänge zu überschauen und doch in sie einbezogen werden müssen. (S. 29)

Durch diese Auffassung wird eine umstrittene Frage, die mit der behördlichen Beeinflussung der Baugestaltung im Zusammenhang steht, von selber beantwortet. Es ist die Frage, welcher Stelle innerhalb der Verwaltung die Rechte einer solchen Beeinflussung gegeben werden sollen. Es kann nur die gleiche Stelle sein, an der die städtebaulichen Pläne geschaffen werden. Bei einem aus wirklich künstlerischem Gefühl geborenen Plan, auf den man doch hoffen muß, hieße es, einen wesentlichen und unersetzbaren Teil seines Wertes preisgeben, wenn man dessen Ausführung in diesen Fragen der lebendigen Gestaltung anderen Händen übertragen würde als denen seines Urhebers. Wenn man das tut, verkennt man das Wesen schöpferischen Werdens und setzt an seine Stelle ein Stück Verwaltungsmaschinerie. (S. 45)

4.5.4
Beziehungen zum Bürger und zur Öffentlichkeit

Feder:
Aber nur für Zeiten des Übergangs ist diese Regelung von oben die einzig mögliche Methode; sie muß, um wirklich Leben zu gewinnen, in den festen geistigen Besitz nicht nur der Planungsbehörden, sondern der gesamten Architektenschaft und des ganzen Bau- und Wohnungswesens übergehen. Das Gefühl dafür muß erst erweckt werden, daß eine Stadt oder eine Siedlung nicht nur eine Anhäufung von gleichen oder verschiedenen Wohnungseinheiten ist, sondern daß jede Siedlung einer Unzahl von Bedürfnissen und Einrichtungen der sozialen Gemeinschaft entsprechen muß. Das Nebeneinander und die Verstricktheit der einzelnen Teile unserer Städte und Siedlungen muß einer planvollen klaren Ordnung weichen, damit sich die einzelnen, in sich selbst zwar möglichst geschlossenen Glieder zu einem lebensvollen Gesamtorganismus in kraftvoller Harmonie zusammenfügen. Was wir suchen und finden müssen, ist eine Gemeinschaftsorm, in der sozusagen jeder durch und für den anderen lebt. (S. 19)

Schumacher:
Denn es liegt in der Natur städtebaulicher Arbeit, daß sie an vielen Punkten auf das Verständnis des Nichtfachmannes angewiesen ist, und schließlich ist die Gedankenwelt, die sie berührt, ja auch bedeutend genug, um hoffen zu können, daß die Zeit nicht mehr fern ist, wo jeder Gebildete sich über dieses Gebiet zu unterrichten für ebenso nötig hält wie etwa die bildenden Künste. (S. 7)

Man sieht, das, wovon wir sprechen, ist im Leben einer Menschengemeinschaft ein gar wichtiger Faktor, und man wundert sich manchmal darüber, daß diese Seite schöpferischen Tuns nicht allgemeines brennendes Interesse erregt. In Wahrheit erklärt sich das aus der Schwierigkeit, Dinge klarzumachen, bei denen lokale Kenntnis, zeichnerischer Plan und erleuchtendes Wort zusammenwirken müssen, wenn man sie verstehen will. (S. 14)

4.6.1
Bodenrecht, Bodenordnung, Bodenpolitik

Feder:
Sicher ist aber, daß für die Neuanlage einer ganzen Stadt nicht etwa städtische Bodenpreise in Frage kommen können in Höhe von 2–5 RM je qm..., sondern nur zusammenhängende Flächen, die zur Zeit land- oder forstwirtschaftlich genutzt sind. (S. 476)

Schumacher:
Auf der einen Seite geht man von der Auffassung aus, als ob jedes Stück Boden die innere Berufung in sich trüge, Bauland zu werden und jede Behinderung dieses Prozesses durch Maßnahmen der öffentlichen Hand eine Beeinträchtigung von Rechten bedeutet, die irgendwie abgegolten werden muß. Auf der anderen Seite geht man von der Auffassung aus, daß jedes Stück Boden zunächst keine andere Bedeutung hat, als die, das zu sein, was es ist: Wald, Acker, Wiese...
Dieser Gegensatz ist in Wahrheit weit mehr als eine begriffliche Streitfrage, er ist der Gegensatz zweier Weltanschauungen. Das Schicksal städtebaulicher Arbeit hängt davon ab, welche von beiden siegt. (S. 25)
Für uns ist es wichtig, daß bei der Gliederung großer Lebensräume die Möglichkeit eröffnet wird, Wald und Acker von der Gier der Stadt, die immer eine Baugier ist, zu schützen. Damit erhält der Boden eine neue Rolle beim Planen zukünftiger Entwicklungen: er ist nicht mehr Beute, er ist Gesetzgeber des Siedelns. (S. 25 f)

4.6.2
Planungsrecht (Strukturplanung)

Feder:
Das Wohnsiedlungsgesetz vom Oktober 1933 war der erste grundlegende Schritt zu dieser Neuordnung. Ein weiterer Schritt war das Ermächtigungsgesetz vom 3. Juli 1934, das die Genehmigungspflicht für alle Bauvorhaben größeren Umfangs festlegte, damit die Regierung Einblick und Überblick über die beabsichtigten Bauvorhaben gewinnen konnte, um sie zu überprüfen, ob die einzelnen Durchführungen auch den siedlungspolitischen Absichten der Reichsregierung entsprechen. Dieses Gesetz bedeutet den grundsätzlichen Bruch mit der bis dahin geltenden Baufreiheit. (S. 18)

Schumann:
So etwa baut sich das auf, was mit dem Gedanken eines „Generalbebauungsplanes" einer Stadt zusammenhängt: der Feldzugsplan für ihre Erweiterung. Es war die Sendung der Generation, die an der Jahrhundertwende zur Verantwortung kam, das Bewußtsein für die Notwendigkeit eines solchen systematischen Instrumentes aus unklaren ästhetischen Forderungen heraus Punkt für Punkt zu erringen. (S. 21)

4.6.3
Planungsrecht (Bebauungsplanung)

Schumacher:
... es ist wesentlich, daß dieser Bebauungsplan je nach Art und Tempo der realen Entwicklung in Teilplänen entsteht, die nur das festlegen, was wirklich überschaubar ist. Innerhalb dieser örtlichen Zerlegung geht dann aber zugleich eine begriffliche vor sich: der „Fluchtlinienplan" gibt die Linien der Geländeerschließung, der „Zonenplan" die Vorschriften der praktischen Nutzbarkeit, der „Baugestaltungsplan" etwaige Vorschriften der räumlichen Ausbildung, die auch mit „ästhetischen" baulichen Regelungen zusammenhängen können. (S. 21)

Was die Allgemeinheit gestalterisch interessiert, sind alle die Maßnahmen, die eine gewisse Einheitlichkeit und Ruhe im bunten Bilde verschiedener Bauabsichten mit sich bringen können. Dazu gehört in hohem Maße etwas, was vielleicht im ersten Augenblick als nebensächlich erscheint, nämlich einheitliche Durchbildung der Einfriedungen und der Vorgartenbehandlung. Sie kann oft ein stärker bindendes Band einer Straßenansicht bilden als irgendeine Linie im Aufbau der Gebäude. Daß bei diesem Aufbau die einheitliche Höhe des Hauptgesimses und des Dachfirstes oftmals sehr erwünscht ist, braucht kaum gesagt zu werden, aber es ist kein Universalmittel. Manche Großstadtstraße hat dadurch zwar Ruhe, aber eine totenähnliche Ruhe erhalten, die bedrückend wirkt.

Damit ist die Gefahr ganz allgemein angedeutet, die in allen behördlichen Reglementierungen des architektonischen Aufbaues liegt ... „Aufbaupläne", durch die die ganze architektonische Gestaltung so gut wie festgelegt wird, werden nur da am Platze sein, wo tatsächlich bestimmte städtebauliche Absichten durchgeführt werden sollen und nur so mit Sicherheit erreicht werden können. (S. 44 f)

Wenn man den künstlerischen Geist, der in einem Plane steckt, in die Wirklichkeit überführen will, ist eines der wichtigsten Mittel dafür, seine gesetzeskräftige Festlegung so vorsichtig wie möglich zu stufen. Nur ganz allmählich in wohlabgemessenen Abschnitten dürfen sich aus allgemeinen Grundlinien, deren gesetzliche Festlegung man nicht vermeiden kann, die mehr ins einzelne greifenden gesetzeskräftigen Bestimmungen entwickeln. Sobald der städtebauliche Leiter bis zur lebendigen Arbeit anderer Baukünstler vordringt, kann er den Sinn seiner Absichten um so leichter und wirkungsvoller erreichen, je weniger er seine Hände selber durch unverrückbare Bestimmungen gefesselt hat. (S. 45)

4.6.6
Erschließungsfragen

Schumacher:
Es ist sehr falsch, beim Begriff „Siedeln" zuerst an das Errichten von Bauten zu denken. Das ist erst das letzte Kapitel. Alle die schwierigen Fragen der Erschließung eines bisher unberührten Bezirks für die Bedürfnisse des Menschen gehen voran: die Verkehrsbeziehungen, die Wasserversorgung, die Abwässerungsmöglichkeiten, die Schulfragen, die Regelungen der neuen Bodenstruktur. Dann erst kommt das Bauen. (S. 24)

Die Streusiedlung, bei der bald hier, bald da ein Haus oder eine kleine Häusergruppe im freien Raum wie ein verirrter Fremdling steht, ist das Charakteristikum unserer Landschaft geworden: wo aber die neuen Baustellen zusammengefaßt werden, reihen sie sich meist ohne innere Bindung am Rand der großen Straßenzüge auf, an denen Parzelle neben Parzelle gedankenlos erschlossen wird. Es wird mit Recht von „Parzellen-Reihengräbern" gesprochen.

... diesen ertötenden Erscheinungen kann man nur entgegenarbeiten, wenn man nicht nur die Gesamtdisposition des Bodens, sondern auch seine Erschließung in die ordnende Hand bekommt. (S. 27)

4.6.7
Kosten- und Finanzierungsfragen

Feder:
„Was kostet die Stadt?" In überraschend kurzer Zeit gelang die Beantwortung der Frage, die wohl zum ersten Male in der gesamten Städtebaugeschichte gestellt worden ist. Das war nur möglich, weil in der vorliegenden Arbeit die für die Erbauung einer ganzen Stadt erforderlichen Einzelpositionen schon zusammengetragen und beschrieben waren ...
Natürlich handelt es sich nur um eine Schätzung, die aber genügend fundiert ist, um für überschlägige Berechnungen als Richtwert zu dienen. (S. 17)
Die Zahlungs- und Handelsbilanz einer Stadt ist das finanzielle und wirtschaftliche Spiegelbild fast aller gewerblichen, wirtschaftlichen und öffentlichen Einrichtungen eines Gemeinwesens. (S. 52)
(Bericht über Verfahren zur Kostenermittlung für Grund und Boden, Straßen, öffentliche Gebäude, Wohnbauten, Versorgungsbetriebe und Grünflächen. S. 476 f)
(Es) wird sich ... erweisen, daß die völlige Neugründung von aus sich heraus lebensfähigen Siedlungsorganismen unendlich viel leichter und einfacher, hygienischer, in jeder Beziehung bevölkerungs- und sozialpolitisch besser und letzten Endes sogar billiger ist, als die bisher geübte Methode! (S. 478)

4.7.1
Zur Strukturordnung der Stadt

Feder:
Die Stadt der Zukunft wird dem Leben und der Arbeit der Bevölkerung in ganz anderer Weise dienen als es die chaotisch gewachsenen Häuseransammlungen unserer modernen Großstädte tun können. (S. 1)
Die Grundelemente jeder Stadt sind die Gebäude, die Häuserblöcke, die Straßen und die Plätze. Im Stadtplan treten uns als Gerippe der ganzen Planung die Straßen entgegen. (S. 3)
Wenn heute in Berlin die durchschnittliche Entfernung der Wohnstätte von der Arbeitsstätte für den werktätigen Menschen 51 Minuten für den einmaligen Weg beträgt, wenn also jeder Mensch im Durchschnitt nahezu 2 Stunden je Tag verliert und gezwungen ist, sie auf den Berliner Verkehrsmitteln zuzubringen – 2 Stunden, die ihm am Leben und an der Arbeit fehlen – so offenbaren sich darin ungeheure Schädigungen persönlicher und sachlicher Art. (S. 12 f)
Dieser Stadtorganismus wird sich zusammensetzen aus einer ganzen Reihe von Zellen, die sich dann zu Zellverbänden innerhalb verschiedener Unterkerne um den Stadtmittelpunkt herum gruppieren ... Die Gliederung des einzelnen Zellkerns muß so gestaltet werden, daß sich das Leben jedes Ortsteils klar auf seinen Mittelpunkt orientiert und von da weiterfließen kann zu den nächsthöheren Kernbildungen bis zum Stadtmittelpunkt. (S. 19)
Der Gesamtplan der Stadt ist so aufzubauen, daß sie sich, ohne ihren Charakter zu verlieren, entsprechend den auftretenden Bedürfnissen weiter entwickeln kann. Das Wachstum einer Stadt sollte jedoch dort seine Grenzen finden, wo dem Erwerbstätigen bei

weiterer Ausdehnung des Stadtgebietes unverhältnismäßig lange, daher zeitraubende und kostspielige Wege von der Wohnstätte zur Arbeitsstätte zugemutet werden müßten. (S. 30)

Die ... in einer 20 000er Stadt meist nur einmal vorkommenden Einrichtungen lassen sich ebenfalls durchaus planvoll in das Gesamtstadtbild eingruppieren ... Aus dem Zweck und der Funktion der verschiedenen Institutionen ergibt es sich von selbst, ob sie im Zentrum des Hauptkerns bzw. in seiner nächsten Nähe oder aber besser in den Außenbezirken untergebracht werden sollten.

So entsteht die Aufteilung des Stadtplans in 1. einen Zentralkern, 2. die westlich der Stadt angegliederten Einrichtungen, 3. die östlich der Stadt vorgelagerten Flächen ... Dabei soll natürlich, wie auf anderen Gebieten nicht etwa ein starres Schema gegeben werden, sondern es ist der Gestaltungskraft des Planers vollkommen überlassen, je nach den örtlichen Gegebenheiten andere Anordnungen zu wählen. (S. 46 f)

Auf alle Fälle ist aber klar, daß eine gewisse Gruppe von Einrichtungen, die der Organisation der Verwaltung, der Ordnung und der Sicherheit im Orte dienen und die meisten der Einrichtungen höherer Ordnung, des Staates, des Landes, in den Mittelpunkt der Stadt gehören ... Die kulturellen, sportlichen, sanitären und bestimmte soziale Einrichtungen bevorzugen die westlichen Gegenden, und sollten deshalb in einem grünen Kern vor der Stadt zusammengefaßt werden ... Die dritte Gruppe setzt sich zusammen aus den Einrichtungen der Arbeit, der Versorgung und des Großverkehrs nach außen. Auch hier läßt sich bei kraftvoller Durchbildung eine gewisse Ordnung erzielen. (S. 47)

Grundsätzlich sollte ein landwirtschaftlicher Nahversorgungsgürtel entsprechend der Einwohnerzahl um jede Siedlung gelegt und von allen Besiedlungen frei gehalten werden. Die Ausdehnung des Nahgürtels ändert sich mit der Ertragsfähigkeit des Bodens. Ein Durchbrechen obigen Grundsatzes kann unter Umständen nur durch das Vorkommen von Bodenschätzen gerechtfertigt werden, die Sondernutzungen bedingen. (S. 447)

Die Zusammenfassung von Zellen innerhalb der Großstadt, in denen die Erwerbstätigen von ihrer Wohnung zur Arbeit nur 20 Minuten Zeit benötigen, ist eine erste generelle Forderung, die nach den Feststellungen dieser Arbeit aufgestellt werden muß ... Alle Menschen, die in einem solchen Stadtteil wohnen, sollten nicht nur möglichst in demselben arbeiten, sondern auch die öffentlichen Einrichtungen, die Gewerbe und Läden, die für die Bevölkerung des Viertels notwendig sind, sollten, soweit sie nicht in genügendem Ausmaße entwickelt sind, in jedem Stadtteil angesetzt werden. Dies hindert nicht, daß in der Innenstadt ein repräsentatives Verwaltungs- oder Regierungsviertel entsteht, das den Stadtteilen die Gemeinsamkeit verleiht und den ganzen Organismus der Großstadt zusammenfaßt. (S. 473)

Schumacher:

...das ungehinderte Weiterwuchern selbst einer an sich geordneten Bebauung erzeugt jene unförmigen Klumpenstädte, die immer neue versteinerte Ringe in das freie Feld vorschieben ... Dieser Gefahr läßt sich nur dadurch entgegenarbeiten, daß solches drohende ringförmige Städtegebilde ganz bewußt umgestaltet wird in eine Form, bei der das Freiland mit langen Armen in die Baumassen eingreift, radial und Siedlungszellenabtrennend. Ist das erreicht, so können die Siedlungsarme wachsen, ohne daß dadurch das freie Land weiter vom Kernpunkt der Menschenwohnungen fortgeschoben wird. (S. 15)

Das Gliedern von Arbeiten und Wohnen aber ist eine Sache, die von Anbeginn einer ganz klaren und unzweideutigen städtebaulichen Politik bedarf, wenn Menschen mehr oder minder dicht gedrängt es nebeneinander aushalten sollen ... Wenn der Charakter der heutigen Stadt so ganz anders geworden ist als der älterer Städte ..., so liegt das in erster Linie daran, daß es im Wesen unserer wirtschaftlichen Entwicklung begründet ist, Arbeiten und Wohnen tunlichst trennen zu müssen. Der Übergangszustand, in dem sich die Trennung in Form eines willkürlichen Durcheinanders zu vollziehen begann, bildet eine der schlimmsten Wunden am Körper der heutigen Stadt, eine Wunde, die alle Kunst städtebaulichen Arzttums in absehbarer Zeit nicht zum Heilen bringen kann. (S. 18)

... ebenso wichtig (wie die Pläne des Verkehrsnetzes) sind manche andere Pläne, wie beispielsweise der Übersichtsplan über die Kraftleitungen, denn die großen Hochspannungskabel, die unsere Landschaften zu durchziehen pflegen, wirken beinahe ebenso gliedernd wie Schienenstränge, da unter ihnen jede bauliche Benutzung unterbunden ist. – Oder der Plan der Wasserversorgung, denn in ihm müssen unter anderem die weiten Striche freigehalten werden, die für die Galerien der Tiefbrunnenbohrungen nötig sind, wenn eine Stadt nicht durch Quellwasser, sondern durch Grundwasser versorgt wird ... Oder der Plan der Abwasserleitungen, die da, wo leistungsfähige Vorfluter fehlen, oft zu großen Regulierungen der kleinen Wasserläufe oder zu noch weitergehenden technischen Anlagen zwingen, wenn die Grundbedingungen der wachsenden Bevölkerungsausbreitung gesund bleiben sollen. (S. 26)

Ein Stück Stadt kann man ja nur dezentralisierend abspalten, wenn man mit den Menschen zugleich deren Arbeitsmöglichkeit, also ein Stück Industrie oder Gewerbe zu verpflanzen vermag, und dazu bedarf es sehr bestimmter Vorbedingungen, die neu geschaffen oder aus vorhandenen Keimen weiterentwickelt werden müssen. (S. 26)

Allmählicher Übergang aus geschlossener Bebauung in offene Bauweise, langsam abflachende Ballungen, dabei aber eine bestimmte Begrenzung, das ist das, was wir, vom Standpunkt der vorhandenen Städte aus betrachtet, anstreben müssen. Die Tendenz zu ihrer Auflösung in „Stadtrandsiedlungen" kann dafür nur dann eine Handhabe bieten, wenn man diese Bewegung so im Zaume hält, daß nicht die widerrechtliche Behausung der „Wohnlaube" daraus wird. (S. 28)

Das erste Ziel für das soziale Gefüge einer Stadt ist ein möglichst bequemer und einfacher Zusammenhang zwischen Arbeiten und Wohnen. Daraus ergibt sich, daß es notwendig ist, den Standort der meisten Berufe Hand in Hand mit der Anlage der Wohngebiete aufzulösen und sie zu verteilen... Es gilt, die Industrie an geographisch geeigneter Stelle zusammenzuballen... Ähnlich kann man innerhalb der Wohngebiete danach streben, die dort bis zum gewissen Grade unentbehrlichen Kleinbetriebe... in „Industriehöfen" und... Märkten zusammenzufassen. Es gilt ferner, der Geschäftswelt ein Zentrum zu schaffen... Solche „City"-Bildung rechtfertigt sogar eine über das Normale hinausgehende Bauhöhe, wenn die Umstände nicht erlauben, das Ziel anders zu erreichen. (S. 50 f)

4.7.2
Wohnungswesen und Wohnbau

Feder:
Wenn man das Wohnungsbild der vorhandenen Städte von 20 000 Einwohnern betrachtet, so kann man feststellen, daß der überwiegende Teil der Bevölkerung in Miethäusern wohnt. Trotz der mitunter ziemlich engen Bauweise der Miethäuser sind die Bewohner der Natur noch wesentlich näher als in den Großstädten. Eine gewisse Anzahl von Menschen wird immer wieder in Miethäusern unterzubringen sein. Die dreigeschossige Miethausbebauung läßt eine viel größere Bevölkerungsdichte auf den Hektar genutzter Fläche zu als die Einzelhausbauweise. Selbstverständlich sollte drei die höchstzulässige Zahl der Geschosse sein. Die Finanzierung der dreigeschossigen Miethausbauweise ist leichter. (S. 48)

So erscheint es aus all diesen Gründen ratsam, daß etwa 20–30 vH Wohnungen als Mietwohnungen erstellt werden. Diese Aufteilung in Mietwohnung und in Eigenwohnung finden wir übrigens auch ungefähr in den vorhandenen Städten von 20 000 Einwohnern wieder. (S. 48)

247

Entsprechend der Bebauungsform scheint es angebracht, daß man für die Mietwohnungen, wenn auch nicht für alle, Kleingärten von etwa 200 qm vorsieht; sie können zwischen den dreigeschossigen Blocks liegen oder sich als Grüngebiete zwischen die einzelnen Stadtteile schieben, um so die städtebauliche Struktur klarer zu machen. Die Miethausblöcke sollten übrigens nicht ringsum geschlossen sein, sondern hufeisenförmig oder besser zeilenartig angeordnet werden. Dies ist aus Luftschutzgründen notwendig, wie auch ein Abstand von mindestens 40 m von Hausfront zu Hausfront eingehalten werden sollte. (S. 50) Bei Doppel- und Einzelhäusern ist ebenfalls nicht gar so viel Land unmittelbar beim Hause notwendig. 600 qm (höchstens 800 qm) sind ausreichend, Nur so wird die Siedlung einigermaßen geschlossen erscheinen. Die Einsparung ist bedeutend. (S. 50)

Wetzel:
Das freistehende „Eigenheim" mit Einliegerwohnung, womöglich in Würfelform mit Zeltdach, das ist das Ideal des Bausparkassensparers. Dieses Haus ist der Schrecken des Städtebauers. Es ist der Typ des einstigen Herrenhauses, in einer unmöglichen Verkleinerung zur Dutzendware abgewandelt. Aus einer Unwahrheit und Halbheit kann niemals etwas Rechtes werden. Man fahre durch die deutschen Lande – wo man auch hinschaut, tritt dieses Haus in Massen auf und frißt sich an den Rändern unserer Städte wie Unkraut in die Landschaft ein, auf Kosten einer klaren, sauberen Auseinandersetzung zwischen Stadt und Landschaft. (S. 16)

Schumacher:
Diese Sorge für die hygienisch einwandfreie billige Kleinwohnung kann nicht ernst genug genommen werden, denn in einer richtig ausgewogenen Großstadt umfaßt die billige Kleinwohnung etwa 83 % aller Wohnungen, ist also für das eigentliche Gewebe des Stadtkörpers von ausschlaggebender Bedeutung. Man kann es deshalb als ein erstes Ziel dieses Teils der städtebaulichen Arbeit bezeichnen, eine Gegend möglichst angenehm so aufzuschließen, daß ein möglichst niedriger Wohnungspreis in ihr entstehen kann. (S. 11)
... deutlich ... ist das Hochhaus als Wohnform abzulehnen. Wenn wir auf die Zonenpläne der Wohnquartiere blicken, darf es keine Rolle spielen. (S. 19)
In einer Epoche offensichtlichen städtebaulichen Unverstandes ... zeigte sich eine Zonungspolitik, die beherrscht war von dem Gedanken, das sozial und hygienisch unbedingt Unerträgliche zu verbieten, sonst aber den Interessen der Grundbesitzer, die natürlich auf möglichste Ausnutzung des Bodens zielen, so weit wie möglich entgegenzukommen. Das hat zu einer sozialen Charakterlosigkeit geführt, die weit schlimmer ist als alles, wovon wir eben sprachen: Das Mietshaus von fünf und sechs Geschossen wurde geboren ... mit Licht und Luft raubenden Hinterflügeln und Hinterhöfen. Mit einem Worte: es entstand die „Mietskaserne", die den Etagenhausbegriff so in Verruf gebracht hat ... (S. 20)
Dies Ideal ist das kleine Einzelhaus mit Gartenfleck. Zu seiner Verwirklichung müssen Bebauungsplan und Bodenpolitik in zielbewußter Weise ineinandergreifen. In einer Großstadt wird daneben immer auch für eine reformierte Form des Stockwerksmiethauses ein Bedürfnis bleiben; bei drei, höchstens vier Geschossen werden ihm sozial keine Bedenken gegenüberstehen, zumal man durchaus die Möglichkeit besitzt, auch bei dieser Wohnform der einzelnen Familie ein Gärtchen zu verschaffen. (S. 20)

4.7.3
Arbeitsstätten

Feder:
Es ist nicht möglich, eine Siedlung oder Stadt planmäßig zu entwerfen, ohne zu gleicher Zeit auch deren wirtschaftlichen Gesamtorganismus zu bedenken. (S. 54)

Von wesentlicher Bedeutung ist, welcher Beschäftigung die in einer Siedlung neu angesetzten Menschen nachgehen, d. h. womit sie ihren Lebensunterhalt verdienen. Gerade bei der Neusiedlung von Industrien ist es wünschenswert, nicht nur eine einzige Erwerbsgrundlage zu schaffen, die bei einer Krise in diesem Gewerbe die ganze Bevölkerung brotlos machen würde. Es muß vielmehr eine möglichst breite vielfältige Erwerbsmöglichkeit geschaffen werden. (S. 68)

Die Siedlungsgröße bedingt die Auswahl und Zahl der zur Eigenversorgung einerseits nötigen und andererseits möglichen Gewerbearten. (S. 249) Einzelhandel mit Lebens- und Genußmitteln: ... Um eine Übersetzung mit allzu vielen kleinen Läden zu vermeiden, wird vorgeschlagen, etwa 120 Betriebe für die Planung zugrunde zu legen, anfänglich aber nur 100 einzurichten ...

Das Gewerbe muß in möglichst gut verteilter Form entsprechend der Bevölkerungsdichte in die Siedlung eingebaut werden, da es sich um Handelszweige handelt, in denen Artikel des täglichen Bedarfs verkauft werden. Der Aktionsradius der Lebens- und Genußmittelbranche ist verhältnismäßig klein ... Die Größe der Genußmittelgeschäfte und die Anzahl hängt von der Lebenssitte der Bevölkerung ab, die sehr stark mit der sozialen und wirtschaftlichen Struktur der Stadt, den Einkommensverhältnissen und den Luxusbedürfnissen der Bewohner im Zusammenhang steht (S. 258 ff)

(In ähnlicher Weise werden für alle weiteren Gewerbearten Empfehlungen bezüglich Anzahl und Standortwahl der Betriebe gegeben. S. 249-428)

Beim Entwurf des Bebauungsplans selbst stellte sich immer wieder heraus, daß man, um überhaupt zu einer städtebaulichen Gestaltung kommen zu können, gewisse Vereinheitlichungen für die Handwerkerhaustypen vornehmen muß. Selbstverständlich kann dies nur insoweit geschehen, als man dabei nicht die Eigenheiten der Betriebe vergewaltigt. Da die größte Anzahl der Läden in der Innenstadt liegt, scheint es uns gegeben, in einem dreigeschossigen Miethaus das untere Stockwerk jeweils für den Gewerbetreibenden umzugestalten. Auf diese Weise liegen die Läden innerhalb der dichtesten Besiedlung. Besonders die nicht geräusch- und geruchverbreitenden Handwerke und Läden sind in der dreigeschossigen Miethausbebauung am besten untergebracht. Falls in den Unterkernen der Stadt, mit ihrer nur zweigeschossigen Bebauung, solche Gewerbe oder Läden angesetzt werden müssen, wird man zu einem Reiheneinzelhaustyp übergehen. (S. 423)

Der praktische Gebrauch der Arbeit ist etwa folgendermaßen gedacht: Gegeben ist in der Regel die Zahl der in einem neu aufzubauenden Werk benötigten Erwerbstätigen, für welche eine neue Siedlung zu schaffen ist. Diese Zahl A bildet den Ausgangspunkt für alle Berechnungen der Größe der künftigen Siedlung.

Diese im Werk beschäftigten Arbeiter sind nicht in der Eigenversorgung der Siedlung tätig, sondern beschaffen gleichsam die Sachwerte und Zahlungsmittel, mit welchen die Dinge für die Siedlung gekauft werden müssen, welche in dem Wirtschaftsorganismus der Siedlung selbst nicht erzeugt werden können. (S. 569)

Bei der Dimensionierung der Gewerbe wird man so verfahren, daß man bei der ersten Planung die von uns ermittelten Angaben zunächst vorsieht. Ein Herabsetzen der Quoten und eine Verminderung ist nicht zu empfehlen. Es ist besser, etwas zu verkleinern, eventuell offen gelassene Baustellen mit Wohnhäusern zu bebauen, als nachträgliche Vergrößerungen vorzunehmen. Es besteht hier einerseits die Gefahr, daß man sich das Stadtbild in ähnlicher Weise wie bisher verdirbt, wenn man zu kleine Werte zugrundelegt. Andererseits möchte man eine Übersetzung ebenfalls tunlichst vermeiden. Es gibt also nur den einen Ausweg, normale Werte der Planung zugrunde zu legen und beim Bau zunächst mit geringeren Zahlen zu arbeiten. Den weiteren Ausbau bis zu den normalen Anteilen kann man erst nach eingehender Beobachtung der Wirtschaftsentwicklung vornehmen. (S. 470 f)

Wie wir aus der Zusammensetzung der Erwerbstätigkeit gesehen haben, sind auch viele Industrien, von denen behauptet wird, daß man sie nur in der Großstadt ansetzen kann, auch in kleineren Städten in Wirklichkeit vorhanden und lebensfähig, ja sogar konkurrenzfähig. Auch ein Ausbau der kleinen Städte mit Industrie ist also außerordentlich ratsam. (S. 472)

Schumacher:
Gestaltung und Erschließung eines Industriegebietes ist dadurch zu einem der kunstvollsten Mechanismen unserer Zeit geworden. Aus den jeweiligen Gesichtspunkten der Heranbringung, Sammlung, Umladung und Verteilung der Rohstoffe oder der fertigen Güter gehen die leitenden Gedanken der Anlagen hervor, je klarer, einfacher und schematischer sie in ihren Grundlinien sein können, um so besser wird auch das Gesamtbild werden, das sich ergibt. Von „Harmonie" wird man bei ihm nicht sprechen können, weil die Gebilde der Industrie völlig verschiedene Gestalt zu haben pflegen, deshalb wird die Klarheit eines ordnenden Prinzips in der Organisation der Zusammenhänge um so wichtiger. (S. 18 f)

Vielleicht wird dieses Prinzip reinlicher Scheidung, das sich bezüglich Wohngegend und der Gegend industrieller Arbeit als Wunsch bereits allgemein durchgesetzt haben dürfte, sich auch bezüglich derjenigen Bezirke immer mehr durchsetzen, die der Arbeit dienen, die sich ohne Werkstatt nur in Büros abspielt: der Geschäftsgegend. Hier ist es nicht das negative Moment der Störung, das den Antrieb gibt, und deshalb hat hier die städtebauliche Gesetzgebung, die naturgemäß in erster Linie unter dem Gesichtspunkt des Schützens steht, nur wenig eingesetzt. Man muß darauf rechnen, daß das praktische Interesse diese Sonderung vollzieht, denn die Konzentrierung der Geschäftsgegend ist für die Abwicklung des Arbeitslebens eine große Erleichterung. Man kann deshalb in einer lebendigen Stadt mit Sicherheit damit rechnen, daß sich die „City-Bildung" von selber vollzieht. Aber das ist ... keine Lösung, denn das allmähliche Herüberwuchern eines Geschäftsviertels in eine benachbarte Wohngegend erzeugt innerlich sowohl wie äußerlich die übelsten Erscheinungen. Es kann also städtebaulich nur ein Ziel sein, auch Geschäftsgegenden wenigstens an gewissen Kernpunkten einer Stadt planmäßig festzulegen. (S. 19)

4.7.4
Einrichtungen von zentraler Bedeutung

Feder:
(An öffentlichen Einrichtungen werden 52 Arten aufgeführt und in 6 Gruppen unterteilt:)
I   Einrichtungen höherer Ordnung,
II Kommunale Verwaltungen und Sicherheit,
III Versorgung,
IV Geld und Verkehr,
V   Bildung und Kultur,
VI Gesundheit, Krankheit, Tod.
(Für alle Arten werden aus Umfrageergebnissen abgeleitete quantitative Angaben, Beispiele baulicher Lösungen und Standortempfehlungen dargelegt. S. 75–248)

Schumacher:
Kein Wohnbezirk ist gut gestaltet, der nicht aus dem Platz für Schule, Bezirksverwaltung und gegebenenfalls einer Kirche einen Mittelpunkt vorbereitet, der meist erst im Laufe der Zeit seine volle Ausgestaltung erhalten kann. Bringt man ihn mit Anlagen für Spiel und Sport in eine gewisse Verbindung, so kann das sehr stattliche Räume ergeben, in denen sich die Durchschnittsbebauung lockert.

Auch an die Errichtung von Läden und Handwerksstätten, Gaststätten, Kinos und Berufsgärtnereien, um nur einiges zu nennen, ist innerhalb eines Wohngebietes schon bei Gestaltung des Planes zu denken. Die meisten dieser Bauanlagen verlangen einen vom

Wohnhaustyp abweichenden Zuschnitt ihres Bauplatzes, was in dem für die Ausführung durchgearbeiteten Plan zu berücksichtigen ist. (S. 43)

4.7.5
Freiflächen

Feder:
Neben dem sog. Wochenmarkt gibt es in Städten von 20 000 Einwohnern immer noch einen Jahrmarkt mit bedeutend größerem Umfang. Er ist stets verbunden mit anderen Veranstaltungen. In vielen Städten reicht der Hauptplatz oder Marktplatz hierfür nicht aus, so daß man damit auf größere Plätze an der Peripherie der Stadt geht. Meist sind dies die Flächen für Volksbelustigung in der Nähe des Schützenhauses, die heute gleichzeitig als Aufmarschplätze angelegt werden müssen ... (S. 179)

Da der Hauptplatz des Ortes meist größeres Ausmaß hat, und in Zukunft, wenn man alle Umstände bedenkt, etwa 4000–5000 qm groß sein kann (60 x 80 m = 4800 qm), so wird auf dem Hauptplatz meist eine gute Gelegenheit für Aufmärsche vorhanden sein. Durch das Rathaus am Hauptplatz ist auch die Möglichkeit gegeben, von einem Balkon den Redner sprechen zu lassen. Hiermit ist auch der überlieferte Gedanke wieder aufgegriffen und kann neue Gestalt gewinnen. (S. 179)

Der Schulgarten wird nur selten in den Abmessungen angelegt werden können, die den Idealforderungen nahe kommen. Am ehesten können diese auf Schulgrundstücken an der Grenze der Stadt verwirklicht werden, da dort meist mehr Land verfügbar ist. (S. 182)

Der Friedhof sollte im Zuge des öffentlichen Grüns liegen, damit er nach einer Reihe von Jahren als Parkanlage der Allgemeinheit nutzbar gemacht werden kann. Die neuen Gräber werden dann auf weiteren für den Friedhof geeigneten Gebieten angelegt. Auf diese Art wird es vermieden, daß die Stellen häufig schon nach kurzer Zeit wieder belegt werden. Ferner ist es wichtig, darauf zu achten, daß ein Teil der Friedhofs mit Wald besetzt ist und ein anderetr Teil Wiese oder Weideland bildet. Im Waldfriedhof werden die Gräber angelegt, bei denen stehende Steine aufgerichtet werden, während auf dem Wiesenland die Gräber untergebracht werden sollten, die nur mit einer waagerechten Steinplatte versehen werden. (S. 247)

Die in das Häusermeer eingelagerten Grünflächen sind die Lungen der Großstädte und spielen als solche eine große Rolle für die Gesundheit der Bewohner. Die Stadtgürtel und Parkanlagen müssen in einem bestimmten Verhältnis zu der Größe der Stadt stehen und so verteilt sein, daß ihre Auswirkungen möglichst allen Stadtteilen gleichmäßig zugute kommen. So unentbehrlich ausgedehnte Grünflächen innerhalb des Stadtkörpers für die Großstadt sind, so sehr schrumpft ihre Bedeutung für die kleine Mittelstadt von etwa 20 000 Einwohnern zusammen. Hier wird man solche Anlagen größeren Ausmaßes, falls überhaupt erforderlich, tunlichst an die Peripherie der Stadt verlegen, da schon bei einer Landzuteilung für die Wohnungen eine genügend starke Durchgrünung eintritt und die unmittelbare Nähe des umliegenden flachen Landes für ausreichende Durchlüftung des Stadtkörpers sorgt. (S. 448)

Schumacher:
Die Freiflächen und nicht die Bauflächen stehen dabei im Vordergrund. Deshalb ist das Wort „Bebauungsplan" irreführend, aber es ist, historisch gesehen, sehr bezeichnend, denn lange Zeit betrachtete man eine solche Planung vorwiegend von dem Gesichtspunkt aus, die Bebauung auf noch unerschlossenem Gelände zu entwickeln. Seine nicht minder wichtige Bedeutung liegt darin, die Nichtbebauung in einem bestimmt umrissenen Gebiet fest-

zulegen. In vieler Hinsicht ist das sogar der schwierigere und deshalb wichtigere Teil der Aufgabe ... (S. 15)

Die Freiflächen eines Stadtplanes sind nicht etwa einfach das, was bei einem richtigen Lenken des baulichen Wachstums zwischen den Siedlungsmassen übrigbleibt, nein, auch sie müssen, ebenso wie die Baumasse, nach zwingenden logischen Gesetzen organisch wachsen. „Freiland" ist kein negativer oder neutraler Begriff, sein Wesen muß in allen Teilen aus Elementen zusammengesetzt sein, die für das Ganze eines Gemeinwesens vieler Menschen zweckdienlich sind. (S. 15)

Um jene gliedernde Wirkung erzeugen zu können, von der wir erst sprachen, reichen öffentliche Grünflächen und Spielplätze, selbst wenn eine Stadt ihren Forderungen freigebig entgegenkommt, auch nicht annähernd aus. Man muß also auch alles andere Freiland, das im Organismus einer Stadt eine Rolle spielt – Wasserflächen, Friedhöfe usw. – mit diesen Grünzügen örtlich zu möglichst großen Komplexen vereinigen. (S. 16)

Der landwirtschaftlich benutzte Boden wird kleiner aufgeteilt und immer hochwertiger bestellt, und so bildet sich an festen Stellen jenes Kleingartenland, das gegenwärtig, wo es meist nur provisorisch die noch nicht bebauten Flächen der Großstadt benutzt, durch jede Regung der weiterwachsenden Stadt mit trauriger Unerbittlichkeit vertrieben wird. Auch wenn eine Stadt bestrebt ist, in ausgiebiger Weise Streifen von Dauerpachtgärten mit ihren Grünanlagen zu verbinden, wird sie dem Bedürfnis, das hier vorliegt, nicht gerecht werden können. Eine Lösung dieser Kleingartenfrage wird erst vorstellbar, wenn es gelingt, im Privatbesitz verbleibendes Freiland organisch dem Baugebilde der künftigen Großstadt einzufügen. (S. 16)

... unsere heutigen Vorstellungen von einer lebendigen Kultur lassen sich nicht in Mauern allein fassen, sie werden erst erfüllt durch Anlagen, bei denen der Raum unter freiem Himmel sich mit geschlossenen Gebäuden verbindet. Spielflächen, Sportplatz und Erholungsanlage sind ein untrennbarer Teil dessen geworden, was wir mit dem Begriff „Kultur" verbinden, und in der Art, wie diese Verbindung städtebaulich vollzogen wird, liegt eines der schönsten und wesentlichsten Ziele des Gestaltens. (S. 51)

4.7.6
Verkehr

Feder:
In den Städten von 20 000 und unter Umständen bis zu 40 000 Einwohnern kann auf solche, die allgemeine Lebenshaltung nur verteuernde Verkehrsmittel verzichtet werden, da bei vernünftiger Planung nennenswerte Entfernungen innerhalb des Stadtwesens nicht in Frage kommen, das Gesamtvolumen nicht zu groß und der Organismus nicht zu kompliziert wird. (S. 43)

Von allen öffentlichen Einrichtungen einer Stadt beanspruchen die Anlagen des Personen-, ganz besonders aber des Güterbahnhofs die ausgedehntesten Geländeflächen. Ihre Größe ist dabei oft nur zum geringsten Teile von der Einwohnerzahl der Stadt abhängig ... Eine größere Rolle spielt schon die Besiedlungsdichte der ganzen Umgebung. Die ausschlaggebenden Faktoren aber sind ...
1. Wirtschaftliche ...
2. Verkehrstechnische ...
3. Topographische ...
4. Strategische ... (S. 117)

Hat man in der Lage des Bahnhofs freie Wahl, so sollte er möglichst östlich der Stadt angelegt werden. Die an den Bahnhof anschließenden Industrien erzeugen großenteils soviel Rauch und Geräusch, daß Wohngebiete noch weiter östlich davon möglichst vermieden werden sollten. Die Vereinigung des Personenbahnhofs mit dem Güterbahnhof ist aus betrieblichen Gründen erwünscht, jedoch gibt es Fälle, in denen eine Vereinigung nicht gut möglich ist... Der Güterbahnhof entwickelt sich von der Stadt aus gesehen in natürlicher Weise jenseits der Gleisanlagen für den Personenbahnhof (also noch weiter östlich). (S. 120)

Die Lage des Flugplatzes ist am günstigsten im Norden oder Süden der Stadt, da bei der Landung und beim Start (gegen oder mit Wind) in der Hauptsache östliche bzw. westliche Richtungen bevorzugt werden. Das Empfangsgebäude muß selbstverständlich an der Hauptverkehrsstraße, möglichst nach der Stadt zu, angeordnet werden. Genauere Angaben sind leider nicht möglich. (S. 121)

Schumacher:
Immer mehr müssen wir Autoweg und Schienenstrang als sich ergänzende Mittel betrachten und müssen im Häusermeer der Stadt den Raum offenhalten, um einen möglichst ungehinderten Anschluß an die Mittel des Großstadtverkehrs zu gewährleisten... Das hat da, wo man die Dinge noch frei in der Hand hat, zu dem geführt, was man im Ruhrkohlenbezirk „Verkehrsbänder" genannt hat, Streifen, die für die Entwicklung künftiger Verkehrsmittel vorbehalten bleiben. Sie haben eine wichtige Nebenwirkung, denn sie führen unmittelbar zu einer Taktik der Verkehrsüberlegungen, die dahin geht, die gliedernden Verkehrsträger so zusammenzulegen, daß das eigentliche Siedlungsfleisch möglichst wenig durch sie zerfetzt wird. Die Freiflächen des Verkehrs und die Freiflächen der Erholung spielen in dieser Hinsicht den Bauflächen gegenüber eine völlig verschiedene Rolle, die ersten zerschneiden, die zweiten verschmelzen, beides ist gleich wichtig für das schließliche Wesen der Bauflächen. (S. 17)

4.7.7
Versorgung

Feder:
(Im Rahmen der öffentlichen Einrichtungen werden günstige Standorte, Größe und Kapazität, wirtschaftliche und technische Bedingungen sowie Stellenwert in der Eigenversorgung erörtert mit Bezug auf
    Wasserwerk
    Elektrizitätswerk
    Gaswerk
    Städtischer Wirtschaftshof
    Schlachthof
    Kanalisation
    Straßenreinigung
    Müllabfuhr
    Bedürfnisanstalt
    Feuerwehr
    Rettungswache. (S. 149–173)

Schumacher:
... zu den elementaren Grundlagen unseres Daseins gehört nicht nur der Boden, sondern auch das Wasser, und die kulturtechnischen Maßnahmen, die beide fordern, liegen nicht immer nach der gleichen Richtung, sondern bedürfen oft eines Ausgleichs ihrer Ansprüche. Die Klarlegung der Wasserwirtschaft ist deshalb unter den Maßnahmen der Landesplanung nicht weniger wichtig als die Klarlegung der Bodenwirtschaft. (S. 23)

Die gute Lösung der Abwässerung ist die hygienische Grundlage dieses Lebens, das mag berechtigen, daß man sie als „pars pro toto" aus dem ganzen System technischer Anlagen heraushebt, die eine moderne Stadt zu einer großen Maschine machen. Das erste Ziel des Gestaltens kann nur die Sorge sein, daß diese Maschine funktioniert. (S. 46)

Man kann die Durchführung aller Absichten, die mit baulichem Gestalten in Zusammenhang stehen, unendlich erleichtern, wenn man innerhalb dieses technischen Adersystemes die Führung alles dessen, was beweglich bleibt, zum Beispiel die Kraftleitungen, so mit den minder beweglichen Elementen zusammenkoppelt, daß die Stränge der mechanisierten Kräfte den Boden nicht zu oft durchschneiden, sondern möglichst beieinander bleiben.

Das technische Gefüge, das so entsteht, behält in seinen Gelenken eine gewisse Beweglichkeit, aber meist nicht in seinem zum großen Teil unsichtbaren System. (S. 46)

4.7.8
Richtzahlen und Orientierungswerte

Feder:
Dem praktischen Leben abgelauscht, überall fußend auf den wirklichen Zuständen, immer kritisch den gefundenen Ermittlungen gegenüberstehend, ob sie in ihrer derzeitigen oder gewordenen Form auch wirklich den Bedürfnissen und dem Leben der Allgemeinheit richtig und gut zu dienen vermögen, sind unsere Richtzahlen ermittelt worden. (S. 2)

Wir haben ursprünglich geglaubt, daß die Richtwerte für die Zahl der anzusetzenden gewerblichen Betriebe verhältnismäßig leicht ermittelt werden könnten durch einfache Division der bei der Betriebszählung gefundenen Ziffern in die Reichsbevölkerung. Unsere Arbeit wurde damit begonnen, daß wir die etwa 200 verschiedenartigen gewerblichen Betriebe, die es nach der Reichsgewerbestatistik gibt, jeweils in die 65 Millionen der deutschen Reichsbevölkerung dividiert haben. Wir mußten aber sehr bald erkennen, daß die hierbei gefundenen Zahlen durchweg unzutreffende Werte ergaben, weil z. B. bei den Parfümerieläden die landwirtschaftliche Bevölkerung anteilmäßig bestimmt nicht in der gleichen Weise mit solchen Einrichtungen versehen ist wie die Städte oder gar die Großstädte, daß also die gefundenen Zahlenwerte zu niedrige Ergebnisse zeigten, als für Städte der gewählten Größe vorzusehen waren. (S. 15)

Wer aber eine städtische Siedlung bauen will, braucht Erfahrungswerte, an welche er sich bei seinen Entwurfsarbeiten anlehnen kann. (S. 30) Einen weiteren Richtwert (neben der ungefähren Größe des Einzugsgebietes für eine Stadt von 20 000 Einwohnern, die am Beispiel mecklenburgischer und ostpreußischer Kleinstädte mit rund 70 000 ha angegeben wird) erhält man durch den Hinweis, daß für jeden Deutschen im Vaterland eine Fläche von 0.74 ha zur Verfügung steht . . .

Man bekommt . . . einen ungefähren Begriff von der Größe des Hinterlandes, wenn man die Anzahl der Einwohner einer Siedlung mit dieser Zahl (0,74 ha) multipliziert. (S. 38).

Als Personenzahl je Haushaltung kann man für die 20 000er Stadt einen Wert von etwa 3,44 annehmen . . . Die kleineren Gemeinden mit weniger als 2 000 Einwohnern zeigen einen höheren Familienstand, wie er als allgemein erstrebenswert hingestellt werden kann. Die Personenzahl je Haushaltung beträgt hier 4,26. (S. 49 f)

Das Verhältnis der Erwerbstätigen zu den übrigen Volksgenossen bewegt sich immer um einen Richtwert herum, der sich nur in schwachen Grenzen verändern kann. Handelt es sich um ein wachsendes Volk mit großer Kinderzahl, so rechnet man nur etwa 48 vH der Gesamtzahl als erwerbstätig. Diese dürften allerdings vollbeschäftigt sein. Befinden sich die Geburtsziffern im Rückgang, so steigt die relative Zahl der Erwerbstätigen auf etwa 58 vH, jedoch ist deren Arbeitskraft schon nicht mehr voll ausnutzbar. So wird der 48−58-Hundertsatz ein Anhaltspunkt sein können... Daher kann man zur Zeit als normal für eine Stadt von 20 000 Einwohnern etwa 55,5 Erwerbstätige vH der Bevölkerung annehmen. Daß dieser Hundertsatz etwas unter dem Reichsdurchschnitt von 58,3 vH liegt, ist sehr einleuchtend, da die Großstädte wegen ihrer Kinderarmut immer über dem Durchschnitt liegen werden. (S. 69 f)

Die Auswertung zur Ermittlung von Richtwerten baut sich folgendermaßen auf:
Grundstücksfläche...
Bebaute Fläche...
Flächer aller Geschosse...
Beschäftigte... (S. 78)

Wir schlagen also vor, etwa 7,5–8 ha Sportplatzfläche für eine Stadt von 20 000 Einwohnern in Ansatz zu bringen... (S. 213)

Ganz allgemein soll noch einmal audrücklich darauf hingewiesen werden, daß die von uns gegebenen Zahlenwerte lediglich als Richtwerte zu betrachten sind, die von Fall zu Fall unter Ansehung der örtlichen Verhältnisse entsprechenden Abwandlungen unterliegen. (S. 254)

Die durchschnittliche Gesamtfläche je Kopf des Einwohners beträgt 1330,90 qm... 158,4 qm je Kopf würde nach denselben Angaben die Fläche des eigentlichen bebauten Stadtgebietes ohne land- und forstwirtschaftliche Flächen ausmachen, d. h. eine Stadt von 20 000 Einwohnern würde ein bebautes Stadtgebiet etwa von 3 160 000 qm = 316 ha haben (abgerundet also 300 ha)... Wenn man das ganze Stadtgebiet einschließlich land- und forstwirtschaftlicher Flächen betrachtet, so würde eine Stadt von 20 000 Einwohnern einen Raum von ungefähr 2,800 ha einnehmen. (S. 443 f)

Die Flächengröße der Siedlung wird in erster Linie durch die Zahl ihrer Bewohner bedingt. Diese ergeben sich aus der Zahl der Erwerbstätigen in dem neu zu errichtenden Industriewerk. Auf einen Erwerbstätigen entfallen etwa 3 weitere Familienangehörige, da die Familie zur Zeit etwa 4,2 Personen beträgt. Für die sich hieraus ergebende Personenzahl sind die in der Eigenversorgung der Siedlung zur Deckung des täglichen Bedarfs arbeitenden Erwerbstätigen, sowie anderer Einrichtungen, wie Verwaltung und Versorgung nach den aufgestellten Tabellen zu bestimmen, immer unter Hinzurechnung der entsprechenden weiteren Familienangehörigen.

In fremdversorgender Industrie beschäftigt: A. In Eigenversorgung beschäftigt 39 vH der Gesamterwerbstätigen (G)...

$$\frac{A}{G \cdot 39/100}^{1} \quad G = \frac{A \cdot 100}{61}$$

Bezüglich der gesamten Bevölkerung (B) beträgt der Anteil aller Erwerbstätigen 55 vH...

$$\frac{B}{G} = \frac{100}{55,5} \quad B = \frac{G \cdot 100}{55,5}$$

für eine Stadt von 20 000 Einwohner sind diese Verhältniszahlen am zutreffendsten:
$$B = 20\,000$$
$$G = 11\,100$$
$$A = 6\,771$$

Somit könnten beispielsweise von 11 100 Gesamterwerbstätigen einer 20 000er Stadt 6 771 in Fremdindustrien beschäftigt werden... Das Resultat dieser Berechnungen ist die Auf-

---

1 ergibt keinen Sinn; vielleicht verdruckt statt G = A + G · 39/100.

stellung einer Erwerbstätigenbilanz, einer Einwohner-, einer Flächen- und Gebäudebilanz. Auf der Grundlage dieser Werte wird der erste Planungsentwurf aufgestellt. (S. 469 f)

Viele von den allgemeinen Angaben lassen sich auch auf andere kleinere oder größere Siedlungseinheiten übertragen... Fast alle Abschnitte kann man mit einigen Einschränkungen, die man bei kleinerer oder größerer Gemeinde machen muß, auch auf andere Siedlungsgrößen, wenn man mit Vorsicht vorgeht, anwenden. Das Verhältnis der ortsfremden und ortseigenen Beschäftigten wird sich allerdings ändern... Am stärksten jedoch wird die Veränderung in der wirtschaftlichen Struktur des Ortes sein beim Aufbau der eigenversorgenden Gewerbe und öffentlichen Dienste. (S. 472)

Schumacher:
Man strebt danach, daß mindestens 6,5 qm öffentliche Grünflächen auf den Kopf der Bevölkerung in einem Stadtgebiet zur Verfügung stehen sollen. (S. 15)

... der anfangs als unerreichbares Ideal betrachtete Grundsatz: 2,5 qm Spielfläche auf den Kopf der Bevölkerung, beginnt sich durchzusetzen... (S. 16)

4.8.1
Gestaltung: Grundprobleme

Wetzel:
In keiner Situation fehlen die Zufälligkeiten, die dem Planer ein geometrisch exakt erdachtes Ordnungsbild durchkreuzen. Aber darin bewährt sich ja erst die Stadtbaukunst, den Schein einer klaren Ordnung zu wahren. (S. 23)

Planbild und das Ortsbild als gebauter Plan sind zwei in ihren Wesen ganz verschiedene Dinge. Ein Plan wird in der Projektion betrachtet, ein Ortsbild in der Perspektive aus normaler Augenhöhe. Die exakte Geometrie ist ein Ordnungsprinzip, das sich abstrakt auf mathematische Gesetze gründet. Die optische Geometrie verfolgt dasselbe Ordnungsziel, folgt aber der Gesetzlichkeit des Sehvorgangs des Auges. (S. 23)

Schumacher:
Lange Zeit waren Bebauungspläne in erster Linie Straßenpläne, und man ging unbewußt aus vom Bild der negativen Masse, nämlich der Lufträume zwischen den Baukörpern, die wir Platz und Straße nennen, und ihrem Funktionieren. Der Schaffende aber muß zugleich ausgehen von der positiven Masse – er modelliert ja in Baumassen –, und die unsichtbaren Gesetze, welche das Schicksal seiner Baublöcke bestimmen, sollten ihm noch wichtiger sein als die Aufgaben, denen die negativen Massen dienen. Ganz ähnlich wie beim einzelnen Architekturwerk stets der doppelte Bewußtseinsvorgang von außen und innen waltet, so geht auch hier ein doppelter Bewußtseinsvorgang im Schaffenden vor sich... (S. 11)

... die Sprache des Gestaltens ist ja eine zeichnerische Sprache, und sie kann nur das voll verarbeiten und berücksichtigen, was sich in ihren Ausdrucksformen kundtut. (S. 23)

Tragen die Sterngestaltungen (der meisten Idealstadtentwürfe), auch wenn sie wie in Karlsruhe zur Ausführung gelangt sind, deutlich den Stempel der Entstehung auf dem Papier, so ist das bei den regelmäßigen Gestaltungen, die auf dem rechten Winkel beruhen, durchaus nicht notwendigerweise der Fall. Die Absteckung in der Natur führt gleichsam von selber zu dieser Gestaltungsform..., weil es den Vorstellungen des menschlichen Geistes eingeboren ist, die Materie gemäß dem rechtwinkeligen Achsensystem zu organisieren, das wir unserem Raumbegriff zugrundelegen, und das schließlich nicht etwa nur eine mathematische Abstraktion ist, sondern eine Abstraktion unseres menschlichen Körperbaus.

... Das ist für die Frage städtebaulichen Gestaltens eine wichtige Erkenntnis, aber man darf sie nicht falsch verstehen. Sie bedeutet nicht etwa, daß jede rechtwinkelige Struktur diese innere Belebung besitzt, sondern nur, daß sie diese Belebung besitzen kann. Wir sind von so unendlich vielen Beispielen umgeben, wo das nicht der Fall ist, daß man zunächst die fruchtbaren Seiten der rechtwinkeligen Struktur hervorheben mußte, damit ihr Mißbrauch sie nicht übertönt. (S. 35)

Die erdachten Städte, bei denen der Stadtplan und die Architektur, der er als Wegweiser dient, gleichzeitig entstehen konnten (oder wo dies wenigstens an den entscheidenden Punkten der Fall war), haben, vom Standpunkt des Schaffenden gesehen, einen ungeheuren Vorteil vor denjenigen Städten, deren Plan sich erst bei der Materialisation durch eine noch unbekannte künftige Architektur bewähren soll ... Wenn die Architektur bereits mitentstehen kann, regiert sie den Plan, wenn sie der Zukunft vorbehalten bleibt, ist es umgekehrt. Da regelmäßige Raumbildungen in diesem Fall kein Wagnis mehr sind, können sie mannigfachere Formen annehmen; die künstlerische Aufgabe ist grundsätzlich betrachtet „leicht" zu nennen. (S. 36)

In den meisten Fällen wird der städtebauliche Gestalter sich dahin bescheiden müssen, daß das Mittel, um seinen künstlerischen Willen zum Ausdruck zu bringen, innerhalb des Schemas gewisser Höhen- und Benutzungsbestimmungen in den Linienzügen eines kartenartigen Gebildes besteht ... er wird sich durch verschiedene Versuche davon überzeugen, daß der Spielraum ... nicht zu eng ist, dann aber wird er diese persönliche Arbeit ganz auslöschen und sich nur noch als Wegbereiter für die Arbeit anderer baukünstlerischer Willen fühlen. Unvermerkt aber wird er diese Willen, ohne sie zu fesseln, doch zu beeinflussen versuchen. (S. 38)

An sich ist der Wunsch nach malerischen Stadtbildern sicher keine Sünde, aber wenn man sie zum Ziel der Gestaltung macht, kann er es werden. Er lenkt die Phantasie in eine falsche Richtung. „Motive" sind in einer Zeit mit schwankender Formensprache meist ein Unglück, das hat uns die trostlose Buntheit moderner Städte deutlich genug gelehrt, aber das ist es nicht allein: der städtebauliche Linienzug ist überhaupt nicht dafür da, um Gelegenheit zu Motiven zu geben, er hat eine weit stärkere künstlerische Bedeutung, die in keiner Weise verwischt werden darf.

Was wir meinen, ist eine geheimnisvolle Macht, die dem simplen Liniengebilde eines Planes innewohnen kann, auch ohne daß ihn bereits dreidimensionale Gestaltungen ergänzen. Das Liniengebilde kann innerlich so belebt sein, daß es eine suggestive Kraft besitzt. Diese Kraft besteht nur dann, wenn es der Niederschlag einer deutlich ausgeprägten Raumvorstellung ist. Nicht das Motiv, der Raum steht im Vordergrund des Interesses. (S. 38 f)

Unter den Zielen, die optischen Charakter tragen, kann man wohl als erstes nennen: Beruhigung des Blicks. Das ist ein Streben, das auf sehr mannigfache Weise verfolgt werden kann. Die einfachste Art ist gegeben durch Regelmäßigkeit im Grundriß und Einheitlichkeit im Aufbau. Es wäre auch die sicherste Art, wenn man sich nicht daran erinnern müßte, daß es auch tote Regelmäßigkeit und tote Einheitlichkeit gibt ... neben dem stillen Frieden oder dem stolzen Selbstbewußtsein, das in einheitlichen Häuserzeilen hervortreten kann, steht die leichenhafte Ruhe, die in neueren Straßen durch äußerlich erzwungene Einheitlichkeit nur zu oft herrscht. Das ist keine Beruhigung des Blickes, sondern eine Lähmung. (S. 46)

Es ist aber die Besonderheit der Baukunst den anderen Künsten gegenüber, daß sie nicht nur auf das Schauen, sondern auch auf das Bewegen des Menschen einen maßgebenden Einfluß ausübt. Die Architektur bemächtigt sich gleichsam des ganzen Körpers des Menschen. In der Verbindung des motorischen und des optischen Erlebnisses entsteht der unergründliche Zauber, den schön gefügte Städte oder Stadtbezirke auf uns ausüben. Wir können manchmal in ihnen die höchsten Kunstleistungen erleben, ohne dabei überhaupt an Kunst zu denken. Darin liegt ein hoher Triumph. (S. 48 f)

Wenn auch eine Zusammenfassung der Hauptstellen der öffentlichen Hand schon aus Gründen praktischer Natur erstrebenswert ist, so spielt hier doch ein anderer Grund eine wohl noch stärker wirkende Rolle; die Repräsentation. Es muß ein selbstverständliches Ziel der Gestaltung sein, das Zentrum der Kraft wirkungsvoll herauszuarbeiten ...
Die Organisation der Verwaltung gibt die Leitpunkte eines Netzes, das sich über die ganze städtebauliche Gestaltung legt. Solch Sichtbarmachen einer das Leben durchwirkenden Kraft wird auch dann ein Ziel bleiben, wenn die gegebenen Bedingungen es nicht erlauben, so ungestört zu arbeiten, wie das bei Gründung einer neuen Stadt auf dem neutralen Untergrunde des Papiers möglich ist. (S. 51)

4.8.2
Gestaltung: Gesamtgefüge

Wetzel:
Jedes Bauvorhaben, und sei es noch so unscheinbar, muß im Modell in der Zusammenschau auf seine Übereinstimmung mit dem Gesamtstadtbild geprüft werden. Nur so ist es denkbar, ein Wunschbild zu verwirklichen, das als ein Stadtbild mit dem Stempel unserer Zeit nicht mehr ein Schandfleck ist in unserem Heimatbild. (S. 16)
Landschaftsgebunden, situationsgebunden — was für die Stadt in ihrer Ganzheit gilt, für die geometrischen Örter ihrer Ränder und Zentren, ihre Schlüsselpunkte des Raumgerüstes, das gilt auch für die Abschnittsgrenzen eines jeden Straßenraumes, und sei er noch so unscheinbar und unbedeutend. (S. 21)

Schumacher:
Man kann, wenn man von künstlerischen Gestaltungsfragen handelt, noch mit einiger innerer Sicherheit vom „Bauwerk" als von einem allgemeingültigen Oberbegriff sprechen, der Begriff „Stadt" erlaubt das nicht mehr. Wir haben ein Gebilde vor uns, das niemals fertig ist, sondern dessen Wesen auf Wandel und auf Wandelbarkeit beruht — ein Gebilde, das im einfachsten Fall von einem bestimmten Künstlergeist erdacht, aber selten auch von ihm „gemacht" ist —, ein Gebilde, das im Regelfall nicht aus einem einzigen Künstlerwillen hervorgeht, sondern die verschiedensten Ursprünge zeigt, ja, bei dem der bewußte künstlerische Wille oftmals selbst da nicht mit Sicherheit angenommen werden kann, wo wir heute eine künstlerische Wirkung sehen. Eine Stadt, ja jede wirklich bemerkenswerte Siedlung ist eben ein Gebilde, das nur halb, wie ein Kunstwerk, gestaltenden Absichten entspringt, zur anderen Hälfte aber, wie eine Pflanze, aus Bedingungen der jeweiligen Außenwelt ihr Wachstumsgesetz erhält. „Außenwelt" bedeutet dabei aber nicht nur eine geographische Bodenformation, sondern zugleich das, was man eine bestimmte „geschichtliche Jahreszeit" nennen möchte. Weit mehr als beim Einzelbauwerk spielen beide Faktoren als gestaltende Kräfte mit. (S. 33)
... das Wunschbild der heutigen Großstadt wird von einer mathematisch beeinflußten Phantasie beherrscht. Aber die heutige „Großstadt", ja auch die heutige große Stadt, ist ihrem Wesen nach nicht mehr ein Gebilde, das sich einem einzigen Grundgedanken fügen kann. Sie setzt sich zusammen aus Distrikten, die in ihrem soziologischen Charakter ganz verschieden sind, ja man kann diese Differenzierung als einen Zug ihrer Eigenart bezeichnen. Der Distrikt der repräsentativen Stadt und der Geschäftsstadt, der Industriestadt und der Wohnstadt, die sich in mannigfachen Typen stuft, alle diese Bezirke unterscheiden sich immer deutlicher voneinander, und es wäre durchaus falsch, sie unter ein Gestaltungsgesetz zwingen zu wollen. (S. 37)
Die große Stadt ist heute also ein zusammengesetztes Gebilde aus verschiedenen Gestaltungsaufgaben geworden, und das ist gleichbedeutend damit, daß sie nicht mehr in ein

eindeutiges Schema der Regelmäßigkeit gepreßt werden kann, sondern daß ihre regelmäßig gestaltete Struktur sich in alle möglichen Formen — nicht etwa der Unregelmäßigkeit, sondern der frei bewegten Ordnung — auflösen kann. Das ist die Plattform, auf der sich die Gegensätze der städtebaulichen Gestaltung, die sich zunächst schroff gegenüberzustehen schienen, vereinigen können, ohne daß in solcher Vereinigung ein schwächlicher Kompromiß liegt. (S. 37)

Die Ergebnisse dieser Modellstudien, die den Bauenden zur Verfügung gestellt werden, geben die Richtschnur für den architektonischen Aufbau, aber sie bleiben beweglich; wirklich bindend festgelegt werden die Verhältnisse erst am für die Ausführung bestimmten Projekte. Es ist somit durchaus möglich, das Modell nach etwa auftretenden überzeugenden Absichten der ausführenden Architekten entsprechend abzuändern und aus der Abänderung etwaige Folgen für die noch unausgeführte Umgebung zu ziehen. Kurz, die Vorarbeit des Städtebauers gibt eine durchdachte Form, aber die Form bleibt elastisch.

Besonders wenn man es mit der reformierenden Weiterentwicklung schon mitten in ihrer Entwicklung stehender Städte zu tun hat, wird man nur mit diesem Mittel des modellmäßigen Bauens ein erträgliches Gesamtbild erzielen können. (S. 45) Je mehr es uns gelingt, aus den Einzelaufgaben, die uns die heutige Stadt in bunter Fülle stellt, ein organisches Gebilde zu machen, um so mehr wird sich unser Bewußtsein von der Schönheit entwickeln, die auch mit einer Ordnung in lockerem Gefüge verbunden sein kann. (S. 49)

4.8.3
Gestaltung: städtische Räume

Wetzel:
Die Wohnstraße: sie mag vom Planer so vortrefflich angelegt sein wie sie will; ohne eine verständnisvolle Mitarbeit der Baubehörden, der Baumeister und namentlich der Bauherren ist noch keineswegs ein gutes Straßenbild im Enderfolg gesichert. Stellt man die Anbauvorschriften auf und fragt den Bürgermeister nach seinen Wünschen, so ist die Antwort regelmäßig dieselbe: „zweigeschossige Einfamilienhäuser in offener Bauweise". (S. 16)

Die Grundfläche ein langgestrecktes Rechteck, das Dach ein Satteldach, jeweils mit gleicher Neigung, ein Rahmentyp, dem jedes Haus sich fügt, ist die Voraussetzung für eine „nachbarliche" Note. Mit dem konsequenten Festhalten am Rahmentyp ist aber noch lange nicht alles gewonnen . . .

. . . Ob Giebel- oder Traufenreihung, auf das Haus und den Abstand von Haus zu Haus, auf die Straßenbreite und Vorgartentiefe ist die Tiefe des Straßenraumes abzustimmen, der Straßenraum als „Nachbarschaft" muß immer überschaubar bleiben. (S. 18 f)

Sei es in Städten, sei es in Dörfern, von jeher war ein gut angelegter längerer Straßenzug in eine Folge von wohnlichen, überschaubaren Straßenräumen aufgegliedert. Die Raumabschnitte sieht der Stadtplaner vor, die Ausführenden sind aber meist geneigt, aus Unachtsamkeit die in der Planung ausgewiesenen Abschnittsgrenzen zu verwischen. Nicht vom Hochbauer droht hier die Gefahr, der Tiefbau-Ingenieur ist als der Straßenbauer bei dem Kapitel „Abschnittsgrenzen" wesentlich beteiligt. (S. 20)

Im Planbild, in der Horizontal-Projektion, erscheint die Abschnittsgrenze als Brechung oder Versetzung der Baufluchten. Selbst eine im Plan kaum merkbare Zäsur tritt in normaler Aughöhe gesehen im perspektivischen Bild der Straße schon überraschend stark in Erscheinung. (S. 20)

Das Gestaltungsmotiv „Abschnittsgrenze" kann aber nicht ad libitum verwendet werden. Nur in der Zäsur, die die Landschaft diktiert, etwa im Scheitel einer Bodenwelle oder -senke, wird die Zäsur im Straßenzug als selbstverständlich überzeugen. Mit dem Bruch in der Bauflucht (Horizontalvisierbruch) muß immer ein Bruch im Gefälle der Straße (Längsvisierbruch) zusammentreffen. Mit gutgemeinten Planierungsarbeiten kann der Straßenbauer alles verderben. (S. 20)

Die Abschnittsgrenzen sind markiert durch leichtes Abknicken der Straßenflucht und Wechsel im Gefälle an den Verknüpfungsstellen. (S. 21)

Was die Gestaltung der Plätze betrifft, fast immer vermißt man die Fähigkeit, einen Stadtraum festlich und zugleich wohnlich zu gestalten. Fast in der Regel ist der Platz eine Leere, eine unüberbaute Fläche, an deren Rändern beiläufig auch Gebäude stehen. (S. 22)

Ein Platz, ein Stadtraum, wird erst reich und lebendig wenn jedes der Bauwerke, die ihm umsäumen, je nach dem Range, der ihm zusteht, auch voll und ganz zur Geltung kommt. Vom wichtigsten Gebäude muß jeder unwillkürlich angezogen sein, die übrigen Gebäude sind nur Folie, ihr Bild darf sich erst nach und nach entrollen. Kein Bau darf „schwimmen" oder sich im Bild „verlieren"... (S. 26)

...wo liegt der Schlüssel zum Geheimnis der stimmungsvollen alten Plätze? Auf die Behandlung der Fassade, reich oder anspruchslos, kommt es in letzter Linie an. Viel wichtiger ist es, daß der Fassade eine Basis, ein Platz als Vorplatz zugeordnet ist, der sie ergänzt und in der Wirkung steigert und ihr im Ausmaß auf den Leib geschnitten ist. (S. 26 f)

Schumacher:
Wenn die Grundrißgestalt eines Platzes mit einer regelmäßigen Kurve arbeitet – Kreis, Halbkreis, Segment, Ellipse –, ist seine Aufbauabsicht eindeutig gekennzeichnet: sie kann nur bei einheitlicher Architektur befriedigend sein... die rechtwinkligen Platzformen (besitzen) nicht diese eindeutige Suggestionskraft, es sei denn, daß sie durch regelmäßige, zum Polygon herüberleitende Eckabstufungen... sich den Ausbildungen mit gekrümmten Linien nähern. Natürlich lassen sich die Absichten eines genau quadratischen Platzes, wie er in klassizistischer Zeit vorkommt, oder eines rechteckigen Platzes, der ganz symmetrisch gegliedert wird..., auch nicht mißverstehen, aber es ist in solchen Fällen nicht mehr die Linie als solche, die diese Wirkung ausübt, sondern der Zusammenhang von Platz und Straße: es ist die absolute Symmetrie im Gefüge von Platz und Öffnung...

...ein Platzgrundriß erhält seine latente Dynamik nicht nur durch die Raumform als solche, sondern auch durch die Art, wie die Zugänge in ihn münden. Soll ein unsymmetrisch angelegter Zugang nicht willkürlich oder unorganisch wirken, so muß ihm irgendeine Betonung im Platzfeld gefühlsmäßig entsprechen. (S. 39 f)

Wenn der Architekt eine ausgesprochene Vorliebe für Plätze mit gleichmäßig ausgestalteter Architektur zeigt, so hängt das nicht zum wenigsten damit zusammen, daß er diese abschließende Silhouette so gestalten kann, daß der offene Himmel zu einer dem Raum in bestimmter Weise formenden Decke wird. Die unregelmäßige, „malerische" Wirkungen erzeugende Silhouette lenkt das den Beschauer „menschlich" umfangende und beruhigende Raumgefühl ab und weist ihn in ganz andere Gefühlssphären: statt des Beruhigenden wirken Reizungen auf ihn ein. Solche Reizung kann nach der Seite des Fröhlichen und des Festlichen liegen, aber auch nach der Seite des Herrischen, ja des Übermenschlichen. (S. 40)

Wie der Gestalter bei noch unbestimmter architektonischer Zukunft der unregelmäßigen Ausbildung bis zu einem gewissen Grade die Wege weist, läßt sich in jedem einzelnen Falle nur erfühlen, nicht beweisen. Es ist aber keine Frage, daß auch der aus künstlerischem Gefühl geborene unregelmäßige Plan suggestive Kräfte besitzen kann, die ohne weitere graphische Anweisung die architektonischen Betonungen des Platzbildes an die gewollte Stelle legen. (S. 40)

Die Wände der „Korridorstraße" können sehr verschiedene Architekturen aufnehmen, und nur wenn sich der Straßenraum deutlich dadurch schließt, daß der Korridor von einem markierten Ausgangspunkt zu einem markierten Endpunkt führt, empfinden wir für diese Seiten die Nötigung zu gleicher Massenwirkung, die sich im Hauptgesims und First ausspricht. Das bedeutet die Neutralisierung zweier Raumseiten zugunsten der Akzentuierung der Kopfseiten: es ist für die Rolle der Straße als ästhetisches Raumgebilde der bedeutsamste und zugleich der klarste Fall. (S. 41)

Soll die Straße auch ohne markierten Ausgangs- und Endpunkt als Raum ein ästhetisches Eigenleben haben, so gibt es dafür manche Hilfsmittel der Grundrißgestaltung. Bei einer geraden Straße ist das einfachste ein leichtes Versetzen ihres Laufs beim Einmünden einer Querstraße, so daß das Raumgefühl durch einen Gebäudeteil abgefangen wird, der in ihr perpektivisches Bild einspringt. Einem ähnlichen Zweck dient die leichte Krümmung der Straße, die verhindert, daß der Blick ins Wesenslose schweifen muß. Sie gibt ihm allerdings auch keinen festen Ruhepunkt, so daß man von einem sich weiterspinnenden Raumgefühl sprechen kann. Solche Krümmung braucht nicht die beiden Seiten gleichmäßig zu ergreifen, sondern eine Abweichung von der Parallelität der Wände durch die Ausbuchtung der einen Seite ist ein sehr oft angewandtes Mittel der Belebung. (S. 41)

Dem Innen und Außen des Einzelbauwerks entsprechen Bauplatzaufteilung und Baumasse, die durch den Zuschnitt des Baublocks und durch die ihm anhaftenden baupolizeilichen Bestimmungen gegeben werden. Unlösbar aber mit diesem Doppelverhältnis steht jetzt ein drittes Verhältnis im Zusammenhang, das auf der Rolle beruht, den diese durch den Plan hervorgelockte Baumasse als Element der Bildung eines Außenraumes besitzt. Dieses dreigliedrige Verhältnis zu regeln ist die gestalterische Aufgabe des Städtebaues. (S. 42)

Die Forderung der Blockdurchlüftung hat sich beim heutigen Kleinwohnungsbau (durchgesetzt) ... Dabei sind die mannigfachsten, oft höchst geistreichen Systeme herausgekommen, aber es ist bemerkenswert, daß ihnen allen das am wenigsten Geistreiche, nämlich die Aufschlitzung der Fläche in einfachen „Zeilenbau", den Rang abgelaufen hat. Das kann vom Standpunkt der Gestaltung recht gefährlich werden, denn nur einer sehr geschickten Hand gelingt es, den Zeilenbau durch kleine liebevolle Hilfsmittel zu einer erträglichen Wirkung zu bringen.

Im allgemeinen kann man wohl sagen, daß seine Wirkungen nur dann befriedigend behandelt werden können, wenn er auf nicht zu große Flächen beschränkt bleibt. Dann lassen sich die Kopfenden der Zeile wie eine Folge rhythmisch verteilter Hauskörper an einer durchgehenden Straße reihen; am liebsten nur auf ihrer einen Seite. (S. 42)

Aus all dem ergibt sich, daß das Ziehen von Fluchtlinien sowie die Anordnung der Hausgruppen und der einzelnen Häuser nicht nach vorgefaßten Formvorstellungen erfolgen darf, sondern in erster Linie dem Gesetz der besten Leistung unterliegt. Daraus folgt, daß Gestaltungsgrundsätze, die aus dem Erbe der barocken Raumvorstellungen stammen und überwiegend auf symmetrisch geordnete Raumfolgen abzielen, für den Aufschließungsplan von Wohn- und Gewerbegebieten fast immer wenig geeignet sind. Ganz besonders kommen solche städtebaulichen Grundrißformen von einfach regelmäßiger geometrischer Art nicht in Frage für private Einzelhaussiedlungen. Dagegen verträgt sich sehr wohl mit der Beachtung der Grundforderungen der guten Besonnung, einfacher Grundrißbildung und günstigen Gartenzuschnittes eine planmäßige und überlegte Verteilung der möglichst einfach gestalteten Hauskörper, die im Endergebnis weniger den von Fassaden umgrenzten geschlossenen Straßen- und Platzraum will, als vielmehr ein bei aller Straffheit des Grundgedankens lockeres Raumbild erstrebt. (S. 42)

„Grün- und Freiflächen" ... tragen ihre raumbildenden Gesetze in sich selbst. Das soll heißen: innerhalb der von Architektur gebildeten Grenzen schaffen solche Anlagen die gewollten Raumbegrenzungen durch die Mittel der Pflanzung. Da diese Pflanzung nicht wie die Gebäudewand an die zwingenden Forderungen dahinterliegender Zwecke gebunden ist, sondern nur ihren eigenen ästhetischen Absichten nachzugehen braucht, ist die

Grünanlage für sich betrachtet unendlich viel leichter gestalterisch zu regieren als das steinerne Raumgebilde. (S. 43)

Es gehört zu den größten Reizen, die aus städtebaulichem Schaffen hervorgehen können, die lockeren Räume der Grünanlage so mit den starren der Architektur zu verbinden, daß sie wie deren naturnotwendiges Ausklingen wirken. (S. 43)

(Anzustreben ist) eine Bereicherung des künstlerischen Bildes ... (durch) ... Entwicklung des Raumganzen als rhythmisches Gebilde ... Schon in dem Zustand städtebaulicher Arbeit, der sich im linearen Plan ausdrückt, vermag solche rhythmische Gliederung einzusetzen. Sie spricht sich aus in der Art, wie durch Straßenabschnitte und Blockzuschnitt, oder auch wie durch die Linienführung der Straße und die in ihr vorbereiteten Betonungen ein Gesetz waltet, das in die Gesamtmasse bestimmte Bewegungsabschnitte bringt, die eine innere Struktur vorbereiten. Diese Struktur tritt erst ganz zutage, wenn der lineare Rhythmus sich im plastischen Rhythmus fortsetzt. Er findet in den Linien, die sich gegen den Himmel abzeichnen, seinen stärksten Ausdruck. (S. 47 f)

4.8.4
Gestaltung: Einzelelemente

Feder:
Bezüglich der einzelnen Häuschen wird man zweifellos zu einer gewissen Uniformierung kommen können, müssen und dürfen. Genau so wie die Menschen selbst in tausendfacher Gleichförmigkeit in gleichen Dienstleistungen auch nur gleiche Lebensansprüche erfüllen können, genau so wird diese Einheitlichkeit und Gleichgerichtetheit auch sehr weitgehend gleichartige Raumbedürfnisse hervorrufen. (S. 435 f)

Schumacher:
In den Bezirken des Wohnens ist das Schema eines Bauhaustypus die erzeugende Zelle seiner Formung, in den Bezirken individueller Baulichkeiten deren besonderes Programm. Dieses Schema oder dieses Programm verlangt einen bestimmten Zuschnitt der Bauplätze. Der Blick des verantwortungsbewußt Schaffenden ist deshalb ebensosehr auf den Zuschnitt der Bauplätze gerichtet, den seine Blockgestaltung festlegt und der besonders in Wohngegenden das soziale Schicksal der Zukunft bestimmt, wie auf die Raumwirkung, die diese Blöcke hervorbringen. Dieser doppelte Gesichtspunkt trifft erst den Kern städtebaulichen Gestaltens. (S. 41)

Das Einfügen in die gegenwärtige oder beabsichtigte Umgebung kann schon eine Einwirkung auf Lage und Stellung baulicher Anlagen bedeuten, denn oftmals sind sie, besonders in kleineren Orten, für deren eigentümliche Bauweise wesentlich. Das gleiche gilt für die Gestaltung des einzelnen Baukörpers, der die erste Bedingung[1] nur erfüllen kann, wenn er klar nach bestimmter Absicht erfolgt ist und diese Absicht nicht etwa durch unangemessene Anbauten verwischt hat. Bei dieser Massengestaltung spielt das Dach die entscheidende Rolle. Nicht nur seine Gestaltung als solche ... kommt in Betracht, sondern auch die Firstrichtung und vor allem das wichtigste: das Dachdeckungsmaterial. (S. 44)

Nimmt man sich aber einmal dieser Frage (des Baustoffs) an, so darf man sich nicht einfach mit dem Generalbegriffen „Putz" oder „Backstein" begnügen, man muß versuchen, den charaktervollen ortsüblichen Putz und den ortsüblichen Backstein wieder zu beleben. Das ist ein viel wesentlicheres Mittel als das Anknüpfen an bestimmte Formen. Das Bestimmen von Formen sollte in diesem Kapitel der behördlichen Beeinflussung der

---

[1] bezieht sich auf die weiter oben zitierte Formulierung der Baugestaltungsverordnung: „Ausdruck anständiger Baugesinnung"

Baugestaltung ganz ausgeschaltet sein, denn es führt schon im Einzelfall nur zu leicht zu Unnatur. Als Leitmotiv für das von behördlicher Stelle Gewünschte kann es nur Mißverständnis und Verknöcherung zeitigen. (S. 44)

Ungewöhnlichen und deshalb nicht ohne weiteres abschätzbaren baulichen Gebilden gegenüber haben wir erst einen sicheren Anhaltspunkt für unser Gefühl, wenn wir sie messen können an Bauwerken, deren architektonische Elemente – z. B. Fenster und Türen – deutlich mit der Menschengröße in Beziehung stehen. Es ist eine wichtige Aufgabe städtebaulicher Taktik, große bauliche Wirkungen dem Auge nicht unvermittelt zu bieten, sondern nebensächliche Gebilde so ins Bild zu schieben, daß der Beschauer sich ohne verstandesmäßige Überlegung durch den unmittelbaren Eindruck ihrer Zusammenstellung der wahren Größen bewußt wird. (S. 47)

4.8.5
Gestaltung: Bestandserhaltung und Denkmalpflege

Feder:
Diese Wahrscheinlichkeit, daß man irgendeinen kleineren Ort oder eine kleinere Stadt als Kern oder Unterkern für eine neue Stadtgründung benutzen wird, sagt aber natürlich gar nichts gegen die grundsätzliche Richtigkeit der Bemessung unserer Richtwerte für eine geschlossene Neusiedlung in der gedachten Einwohnerzahl. Nur als Warnung muß gesagt sein, daß man sich in diesem Falle von dem Vorhandensein älterer Baulichkeiten nicht sklavisch beeinflussen lassen darf. Hier müssen mit künstlerischem Empfinden die alten Teile umgebaut und ganz in den neuen Stadtplan eingefügt werden. (S. 429)

Schumacher:
Bei der Weiterentwicklung einer Gegend handelt es sich in erster Linie um ihre Veränderungen, das ist das unvermeidliche Schicksal, aber eine geschickte Hand kann diese Veränderungen in ihrer Schmerzhaftigkeit mildern, wenn die historische Struktur dem Umgestaltenden deutlich im Bewußtsein steht. (S. 24)

4.9
Sanierung und Stadterneuerung

Feder:
Unsere Forschungsarbeiten galten gleicherweise der „Arbeit am Alten" wie der „Gestaltung des Neuen".

Die Arbeit am Alten befaßt sich in erster Linie mit den gegebenen Zuständen in unseren Großstädten, im Industriegebiet und sieht als wichtigstes Mittel für eine Verbesserung der gefundenen Zustände eine durchgreifende Altstadtsanierung, Auskernung der überbauten Wohnblocks und Errichtung von Siedlungen im Weichbild der vorhandenen Großstadt möglichst unter Verbesserung der schlechten Zuordnung der Wohnstätte zur Arbeitsstätte. (S. 14)

Schumacher:
Innerhalb der Probleme, die beim Aufstellen eines Generalbebauungsplanes auftauchen, gibt es zwei grundsätzlich verschiedene Aufgabenkreise: der eine umspannt die Umentwicklung des Bestehenden, der andere die Neuentwicklung des Werdenden. (S. 12)

Literaturverzeichnis

1. Abercrombie, Patrick, „Town and Country Planning", 2. Aufl. Oxford 1943.
2. Adams, Thomas, „Outline of Town and City Planning", New York 1936.
3. Albers, Gerd, „Über das Wesen der räumlichen Planung", in: Boettger, Alfred und Wolfram Pflug (Hrsg.): „Stadt und Landschaft, Raum und Zeit", Köln 1969, S. 77 ff.
4. Albert, Hans, „Traktat über kritische Vernunft", Tübingen 1968.
5. Arminius (Adelheid Gräfin Dohna-Poninski), „Die Großstädte in ihrer Wohnungsnot und die Grundlagen einer durchgreifenden Abhilfe", Leipzig 1874.
6. Bauer, Catherine, „Planning is Politics – but are Planners Politicians? ", Pencil Points, März 1944.
7. Baumeister, Reinhard, „Stadterweiterungen in technischer, baupolizeilicher und wirtschaftlicher Beziehung", Berlin 1876.
8. Behrens, Peter, „Städtebauliches", in: Grohmann, Will (Hrsg.): „Zwischen den beiden Kriegen – Bildende Kunst und Architektur", Berlin 1953, S. 458 ff.
9. Bellamy, Edward, „Looking Backward 2000–1888", Boston 1889.
10. Benevolo, Leonardo, „Geschichte der Architektur des 19. und 20. Jahrhunderts", München 1964.
11. Bernoulli, Hans, „Die organische Erneuerung unserer Städte", Basel 1942.
12. Blum, Otto, G. Schimpff und W. Schmidt, „Städtebau", Berlin 1921.
13. Blum, Otto, „Städtebau", 2. Aufl., Berlin 1937.
14. Blunck, Carl (Hrsg.): „Heinz Wetzel", Tübingen 1958.
15. Branford, Victor und Patrick Geddes, „The Coming Polity", London 1919.
16. Braybrook, D., und Ch. E. Lindblom, „A Strategy of Decision – Policy Evaluation as a Social Process", Glencoe 1963.
17. Brinckmann, A. E., „Stadtbaukunst", Berlin 1920.
18. Bruch, Ernst, „Berlins bauliche Zukunft und der Bebauungsplan", Deutsche Bauzeitung, 4. Jahrgg. 1870, S. 71 ff.
19. Brunner, Karl, „Baupolitik als Wissenschaft", Wien 1925.
20. Buchanan, Colin, and Partners, „South Hampshire Study", London 1966.
21. Conrads, Ulrich, „Programme und Manifeste zur Architektur des 20. Jahrhunderts", Berlin/Frankfurt/Wien 1964.
22. Cooley, Charles Horton, „Social Organization", New York 1909.
23. Damaschke, Adolf, „Aufgaben der Gemeindepolitik", 5. Aufl., Jena 1904.
24. Davidoff, Paul und Thomas A. Reiner, „A Choice Theory of Planning", Journal of the American Institute of Planners, XXVIII, Mai 1962, S. 103 ff.
25. Dyckman, J. W., „The Practical Uses of Planning Theory", Journal of the American Institute of Planners, XXXV, 1969, S. 299 ff.
26. Eberstadt, Rudolf, „System und Prinzip in der Berliner Stadtverwaltung", Preußische Jahrbücher, Berlin 1893, S. 19.
27. Eberstadt, Rudolf, „Handbuch des Wohnungswesens und der Wohnungsfrage", Jena 1909.
28. Eberstadt, Rudolf, Bruno Möhring und Richard Petersen, „Groß-Berlin, ein Programm für die Planung der modernen Großstadt", Berlin 1910.
29. Ehlgötz, Hermann, „Städtebaukunst", Leipzig 1921.
30. Eitelberger v. Edelberg, Rudolf, „Über Städteanlagen und Stadtbauten", Wien 1858.

31. Etzioni, A., „The Active Society: A Theory of Societal and Political Processes", New York 1968.
32. Faßbender, Eugen, „Grundzüge der modernen Städtebaukunde", Leipzig und Wien 1912
33. Feder, Gottfried, „Die neue Stadt", Berlin 1939.
34. Fischer, Theodor, „Sechs Vorträge über Stadtbaukunst", München 1920.
35. Ford, James, „Slums and Housing", Cambridge, Mass., 1936.
36. Freyer, Hans, „Die deutsche Stadt – Geschichte und Gegenwart" in: „Entwicklungsgesetze der Stadt", Köln-Opladen 1963.
37. Fritsch, Theodor, „Die Stadt der Zukunft", Leipzig 1896, 2. Aufl. Leipzig 1912.
38. Geddes, Patrick, „Cities in Evolution", New York 1950 (Erstveröffentlichung 1915).
39. Gloeden, Erich, „Die Inflation der Großstädte und ihre Heilungsmöglichkeit", Berlin 1923.
40. Goecke, Theodor und Camillo Sitte, „An unsere Leser", Der Städtebau, 1. Jahrg., 1904, S. 1.
41. Goecke, Theodor, „Allgemeine Grundsätze für die Aufstellung städtischer Bebauungspläne", Der Städtebau, 3. Jahrg., 1906, S. 3 f, S. 25 f.
42. Gropius, Walter, „Flach-, Mittel- oder Hochbau? ", in: „Rationelle Bebauungsweisen", hrsg. v. CIAM (Internationale Kongresse für Neues Bauen), Stuttgart 1931, S. 47 ff.
43. Gurlitt, Cornelius, „Handbuch des Städtebaues", Berlin 1920.
44. Harris, Britton, „The Limits of Science and Humanism in Planning", Journal of the American Institute of Planners, XXXIII, 1967, S. 324 ff.
45. Hassert, Kurt, „Die Städte, geographisch betrachtet", Leipzig 1907.
46. Hassinger, Hugo, „Über Aufgaben der Städtekunde", Petermanns Mitteilungen 1910, S. 289 ff.
47. Hegemann, Werner, „Der Städtebau nach den Ergebnissen der allgemeinen Städtebau-Ausstellung in Berlin", 2 Bde, Berlin 1911 und 1913.
48. Hegemann, Werner, „Das steinerne Berlin", Berlin 1930.
49. Heiligenthal, Roman, „Deutscher Städtebau", Heidelberg 1921.
50. Henrici, Karl, „Beiträge zur praktischen Ästhetik im Städtebau", München o. J. (um 1895).
51. Hercher, Ludwig, „Großstadterweiterungen", Göttingen 1904.
52. Hilberseimer, Ludwig, „The New City", Chicago 1944.
53. Hoepfner, K. A., „Grundbegriffe des Städtebaues", 2 Bde, Berlin 1921 und 1928.
54. Hoepfner, K. A., „Ingenieurwesen und Städtebau", Die Baupolitik, 1. Jahrg. 1926, S. 8 ff.
55. Howard, Ebenezer, „To-Morrow. A Peaceful Path to Real Reform", London 1898; in späteren Auflagen „Garden Cities of To-Morrow".
56. Jones, Thomas Jesse, „The Sociology of a New York City Block", New York 1904.
57. Kassner, C., „Die meteorologischen Grundlagen des Städtebaues", Städtebauliche Vorträge III, Heft 6, Berlin 1910.
58. Kneller, Friedrich, „Die Sammeltangente", Berlin 1931.
59. Kühn, Erich und Paul Vogler (Hrsg.), „Medizin und Städtebau", Berlin, München, Wien 1957.
60. Langen, Gustav, „Stadtplan und Wohnungsplan", Leipzig 1927.
61. Lavedan, Pierre, „Qu'est-ce que l'urbanisme? ", Paris 1926.
62. Le Corbusier, „L'urbanisme", Paris 1924; deutsch: „Städtebau", Stuttgart 1929.
63. Le Corbusier, „An die Studenten/Die Charte d'Athènes", Reinbek bei Hamburg 1962.
64. Lesser, Willy, „Die leitenden Gesichtspunkte im Städtebau einst und jetzt", Beilage zur Hygienischen Rundschau, Nr. 3, XXX. Jahrg. S. 82.
65. Lotze, Hermann, „Geschichte der Ästhetik in Deutschland", Stuttgart 1868.
66. Lowry, Ira S., „A Short Course in Model Design", Journal of the American Institute of Planners, XXXI, 1965, S. 158 ff.

67. Luhmann, Niklas, „Moderne Systemtheorien als Form gesamtgesellschaftlicher Analyse", in: Habermas, J./Luhmann, N., „Theorie der Gesellschaft oder Sozialtechnologie", Frankfurt/M 1971.
68. Morris, William, „News from Nowhere", London 1891.
69. Mumford, Lewis, „The Culture of Cities", New York 1938.
70. Mumford, Lewis, „The City in History", New York 1961.
71. Nußbaum, Hans Christian, „Die Hygiene des Städtebaues", Leipzig 1907.
72. Nußbaum, Hans Christian, „Verdient die offene oder die geschlossene Bauweise den Vorzug? ", Der Städtebau, 1. Jahrg. 1904, S. 29 ff, 42 ff, 103 ff.
73. Park, Robert E., Ernest W. Burgess und Richard D. McKenzie, „The City", Chicago 1925.
74. Penck, Albrecht, „Die Lage der deutschen Großstädte", Berlin 1912.
75. Pfeil, Elisabeth, „Großstadtforschung", Bremen 1950, 2. Aufl. Hannover 1972.
76. Poëte, Marcel, „Introduction à l'urbanisme", Paris 1929.
77. Popper, Karl R., „Die offene Gesellschaft und ihre Feinde", Bern 1958.
78. Rainer, Roland, „Städtebauliche Prosa", Tübingen 1948.
79. Rechenberg, Fritz, „Das Einmaleins der Siedlung", Berlin 1940.
80. Regional Survey of New York and its Environs, New York 1927–32.
81. Reichow, Hans Bernhard, „Organische Stadtbaukunst", Braunschweig 1948.
82. Rey, A. Augustin, Justin Pidoux, Charles Barde, „La science des plans de villes", Lausanne und Paris, 1928.
83. Riehl, Wilhelm Heinrich, „Die Naturgeschichte des deutschen Volkes als Grundlage einer deutschen Sozialpolitik", Stuttgart 1861.
84. Salomon, Herrmann, „Die hygienischen Vorbedingungen für Ortsansiedelungen", Städtebauliche Vorträge III, Heft 2, Berlin 1910.
85. Schilling, Otto, „Innere Stadterweiterung", Berlin 1921.
86. Schmidt, Robert, „Fehlerquellen deutschen Städtebaus", Der Städtebau, 14. Jahrg. 1927, S. 12 ff.
87. Schultze-Naumburg, Paul, „Kulturarbeiten", Bd. IV, „Städtebau", 2. Aufl., München 1909.
88. Schumacher, Fritz, „Kulturpolitik. Neue Streifzüge eines Architekten", Jena 1920.
89. Schumacher, Fritz, „Wesen und Organisation der Landesplanung im hamburgisch-preußischen Planungsgebiet", Hamburg 1932.
90. Schumacher, Fritz, „Probleme der Großstadt", Leipzig 1940.
91. Schumacher, Fritz, „Vom Städtebau zur Landesplanung" und „Fragen städtebaulicher Gestaltung", Tübingen 1951.
92. Schwagenscheidt, Walter, „Die Raumstadt", Heidelberg 1949.
93. Siedler, Wolf J. und Elisabeth Niggemeyer, „Die gemordete Stadt", Berlin 1964.
94. Sierks, Hans Ludwig, „Wirtschaftlicher Städtebau und angewandte kommunale Verkehrswissenschaft", Dresden 1926.
95. Simmel, Georg, „Die Großstädte und das Geistesleben", in: Die Großstadt, Vorträge und Aufsätze zur Städteausstellung, Dresden 1903.
96. Sitte, Camillo, „Der Städte-Bau nach seinen künstlerischen Grundsätzen", Wien 1889.
97. Sombart, Werner, „Der Begriff der Stadt und das Wesen der Städtebildung", in: Archiv für Sozialwissenschaft und Sozialpolitik, Tübingen 1907.
98. Stübben, Joseph, „Städtebau", Darmstadt 1890, 2. Aufl. Stuttgart 1907, 3. Aufl. Leipzig 1924.
99. Stübben, Joseph, „Vom Städtebau in England", Städtebauliche Vorträge IV, Heft 8, Berlin 1911.
100. Tessenow, Heinrich, „Handwerk und Kleinstadt", Berlin 1919.
101. Unwin, Raymond, „Town Planning in Practice", London 1909; deutsch: „Grundlagen des Städtebaues", Berlin 1910.
102. Unwin, Raymond, „Nothing Gained by Overcrowding", London 1918.

103. Wagner, Martin, „Städtische Freiflächenpolitik", Berlin 1915.
104. Wagner, Otto, „Die Großstadt. Eine Studie über diese", Wien 1911.
105. Weber, Adna Ferrin, „The Growth of Cities in the 19th Century", New York und London 1899.
106. Weber, Alfred, „Über den Standort der Industrien", Tübingen 1909.
107. Wetzel, Heinz, „Wandlungen im Städtebau", Stuttgart 1942.
108. White, Morton, und Lucia White, „The Intellectual versus the City", Cambridge, Mass. 1962.
109. Wolf, Paul, „Städtebau", Leipzig 1919.

Neben den sozialen Aspekten der Stadtplanung sind in unserem Land bisher die ökonomischen weitgehend zurückgetreten. In der BRD kennen nur wenige Ausbildungsinstitute für Architekten und Planer das Lehrfach Ökonomie. Eine ökonomische Theorie der Stadt ist hierzulande nahezu unbekannt, deutschsprachige Literatur zum Thema fehlt völlig.

Barnbrock versammelt und kommentiert in seinem Reader Texte, die den Städtebauern und Planern eine Einführung in die ökonomischen Aspekte und Grundlagen der Stadtplanung geben sollten. Die einzelnen Beiträge sind geordnet unter den Gesichtspunkten einer allgemeinen Einführung in den Problemkreis der Stadtökonomie, grundsätzlicher Beiträge, auf deren Basis eine ökonomische Theorie der Stadtplanung für die BRD entwickelt werden kann und schließlich solcher Beiträge, die einen hohen Bezug zur Praxis vermitteln.

Jörn Barnbrock (Hrsg.)
Materialien zur Ökonomie der Stadtplanung

(Bauwelt Fundamente, Bd. 45)
ca. 230 Seiten, Folieneinband

Alfred Weber
Industrielle Standortlehre

William Alonso
Standorttheorie

August Lösch
Das Wesen der Wirtschaftsgebiete

William Alonso
Eine Theorie des städtischen Grund- und Bodenmarktes

H.W. Richardson
Der städtische Wachstumsprozeß

Wilbur Thompson
Interne und externe Faktoren bei der Entwicklung der städtischen Wirtschaft

Mason Gaffney
Grundrente, Besteuerung und öffentliche Politik

William Alonso
Das Gleichgewicht der Haushalte

Edwin S. Mills
Der Wert städtischen Bodens

Mason Gaffney
Boden und Rente in der Wohlfahrtsökonomie

Richard A. Walker
Die städtische Grundrente. Eine Untersuchung zu ihrem Verständnis

BERTELSMANN FACHVERLAG

Bei Fragen zur Produktsicherheit wenden Sie sich bitte an:
If you have any questions regarding product safety,
please contact:

Birkhäuser Verlag GmbH
Im Westfeld 8
4055 Basel, Schweiz
productsafety@degruyterbrill.com